高等职业院校技能型人才培养优质教材
机械制造与自动化专业群城市轨道交通机电技术专业新形态一体化教材

城市轨道交通

电梯系统运行与维护

主　编◎刘　超　孟利勇　袁　泉

参　编◎张　杨　万学春　邹伟全

西南交通大学出版社
·成　都·

内容简介

本书通过电梯的定义、分类、结构组成及工作原理、控制方式等进行介绍，使读者对日常生活接触的电梯有基本的了解和认知；同时，以地铁车站内的电梯为例，对电梯的结构组成、运行管理及维护保养等进行叙述，读者对城轨交通车站电梯有进一步的认知。

本书可作为城市轨道交通机电技术专业或相关专业的高职高专教材，也可供相关企业作为培训教材，或供相关领域技术人员参考。

图书在版编目（CIP）数据

城市轨道交通电梯系统运行与维护 / 刘超，孟利勇，袁泉主编. —成都：西南交通大学出版社，2022.5

ISBN 978-7-5643-8464-7

Ⅰ. ①城… Ⅱ. ①刘… ②孟… ③袁… Ⅲ. ①城市铁路－交通设施－电梯－运行－高等职业教育－教材 ②城市铁路－交通设施－电梯－维修－高等职业教育－教材 Ⅳ. ①U239.5

中国版本图书馆 CIP 数据核字（2021）第 253514 号

Chengshi Guidao Jiaotong Dianti Xitong Yunxing yu Weihu

城市轨道交通电梯系统运行与维护

主编 / 刘　超　孟利勇　袁　泉

责任编辑 / 刘　昕

封面设计 / 吴　兵

西南交通大学出版社出版发行

（四川省成都市金牛区二环路北一段 111 号西南交通大学创新大厦 21 楼　610031）

发行部电话：028-87600564　028-87600533

网址：http://www.xnjdcbs.com

印刷：四川森林印务有限责任公司

成品尺寸　185 mm × 260 mm

印张　20.25　字数　529 千

版次　2022 年 5 月第 1 版　印次　2022 年 5 月第 1 次

书号　ISBN 978-7-5643-8464-7

定价　58.00 元

前言

随着我国经济持续发展和人们生活水平的提高，城市轨道交通行业也进入了高速发展的阶段，电梯作为一种重要的交通运载工具被广泛应用于地铁、轻轨等各城轨交通车站，其安全运行需由大量的专业人员通过定期的维护保养来实现。目前我国熟悉城轨交通车站电梯的高素质技能型人才较少，远远不能满足城轨交通行业的用人需求，为此，编者根据我国职业教育的特点及城市轨道交通机电技术方面的人才培养要求，结合自身多年的轨道交通企业实践以及铁路职业院校相关专业的教学、科研经验，在参考一些教材及文献资料的基础上编写本书。

与国内同类教材相比，本书有以下主要特点：

（1）以“实用、适用、够用、易用”为原则，将城轨交通车站电梯系统及维护的因知必会理论和实践的知识进行精炼，以城轨交通车站广泛应用的电梯、自动扶梯、自动人行道、无障碍升降机等作为主要学习内容，确保学习的有效性和针对性。

（2）通过循序渐进、通俗易懂的方式进行内容的合理编排，方便不同层次的读者理解和认知。

（3）将电梯及城轨交通方面的标准规范有机融合，确保相关概念及论述的规范性和专业性。

（4）通过现场实拍图片及主流电梯设备实操规程，使学习内容更加贴合实际，方便读者在该领域工作时能快速适应。

（5）书中内容既有城轨交通的专业特色，同时在民用领域方面也具有通用性，读者可在城轨交通及民用领域融会贯通及应用。

全书主要内容包括 6 大部分：绪论、电梯系统、自动扶梯系统、自动人行道系统、无障碍升降机、城市轨道交通电梯设备的安全及维护管理。

本书为广州铁路职业技术学院资助编写的机械制造与自动化专业群城市轨道交通机电技术专业新形态一体化教材，是广州市第三批特色学院——轨道装备制造学院、广东省双一流专业群建设计划、国家高水平专业群建设成果，同时也是城市轨道交通机电技术专业教学资源库配套教材之一。

本书由广州铁路职业技术学院刘超、袁泉以及东莞誉达电梯有限公司孟利勇担任主编，广州铁路职业技术学院张杨、万学春、邹伟全参编。其中，刘超编写模块一、二、三，模块五的项目一、二、三、四，并进行统稿；袁泉编写模块五的项目五；孟利勇编写模块四，提供相关参考素材并对书中内容及文字进行校核；张杨编写附录 A、B；万学春编写附录 C；邹伟全编写附录 D。

本书在编写过程中，得到广州铁路职业技术学院领导及老师们的大力支持，其中陈敏教授对书稿编写及出版予以统筹规划和指导，城市轨道交通机电技术专业团队教师提供了宝贵意见。予以大力支持的还有广州地铁集团有限公司及深圳市地铁集团有限公司等企业的技术人员、郑州铁路职业技术学院及昆明铁路职业技术学院等兄弟院校相关专业教师、广州市广数职业培训学院的许志才院长和黄钊副院长、深圳市捷时行教育科技有限公司的黄万洲常务副总经理等，在此表示衷心感谢，同时也非常感谢书中所附标准规范、视频、参考文献等的各位作者。

由于编者水平有限，加之编写时间仓促，书中难免有不当和疏漏之处，恳请广大读者批评指正。

编　者

2022 年 3 月

目录

绪　论

一、我国城市轨道交通发展概况

依据 GB 50490—2009《城市轨道交通技术规范》，城市轨道交通（Urban rail transit）是指采用专用轨道导向运行的城市公共客运交通系统。其系统包括：地铁系统、轻轨系统、单轨系统、现代有轨电车、磁浮系统、自动导向轨道系统、市域快速轨道系统。

城市轨道交通（简称城轨交通）具有运能大、速度快、安全准时、成本低、节约能源、乘坐舒适方便以及能缓解地面交通拥挤和有利于环境保护等优点，常被称为“绿色交通”。

据中国城市轨道交通协会数据统计，截至 2021 年 12 月 31 日，中国内地累计有 50 个城市投入运营城轨交通线路 9 192.62 km，其中地铁 7 253.73 km，占比 78.9%。其他轨道交通运营线路分别为轻轨 219.80 km、跨座式单轨 144.81 km、市域快轨 952.75 km、有轨电车 503.33 km、磁浮交通 57.90 km 等。

以广州地铁系统为例，作为服务于广东省广州市和珠江三角洲的城市轨道交通系统，广州地铁自 1997 年 6 月 28 日正式开通以来，截至 2021 年 12 月 31 日，已有 17 条运营线路，运营里程为 564 km，共设车站 290 座，换乘站 40 座，最高日客运量为 1 157 万人次。

由此可以看出，我国的城市轨道交通系统中地铁的运营里程最长，随着经济建设的不断发展，地铁系统在城轨交通系统的建设中将发挥更多的作用。与此同时，为保证地铁车站的正常运营，还需配套相关的乘客输送设备，电梯就是其中必不可少的设备之一。

二、城市轨道交通电梯应用概况

在人们日常生活中，电梯是常见的一种方便快捷、可载人载货的运输工具，它通常安装在建筑中，是集机、电、控制等技术为一体的设备，也称电梯设备。

除在民用领域如商场、机场、码头、展览馆、酒店、办公住宅楼等场所外，电梯在地铁等城轨交通系统中也大量应用。可以说，城轨交通车站一般都会配置电梯。

以广州地铁为例，仅 2019 年，广州地铁集团有限公司就为线路全长 279.3 km、车站 140 座的 10 条新建线路采购 2 477 台公共交通重载型自动扶梯、402 台电梯、24 台自动人行道、10 台爬楼机等电梯设备。由此可见，全国所有的城轨交通车站，对电梯设备将有更多的需求，同时也需要有更多的相关专业人员对电梯设备进行维护管理以确保其安全运行。

目前国内城轨交通系统的电梯设备，主要有垂直电梯、自动扶梯、自动人行道，另外还包括配套辅助使用的楼梯升降机、爬楼机等。常用电梯品牌主要有日立、三菱、奥的斯、蒂森、菱王、海诺等。详情可参考附表 B。

对地铁车站，其垂直电梯、楼梯升降机、爬楼机等均为无障碍设计。乘坐轮椅或行动不便人员，均可在工作人员陪同及操作下安全乘坐。

三、城市轨道交通电梯技术发展

作为常用的运载工具，无论何种类型的电梯设备，都应具备安全、可靠、便捷、智能、节能、舒适等性能。

随着科技不断的发展，越来越多的新技术应用于现代电梯上，使电梯的功能日益丰富和完善。在现有技术的基础上，未来电梯技术的发展趋势主要有几个方面：

1．安全保护技术

保障乘客的乘梯安全，是电梯技术发展的第一要素。随着现代建筑高度的不断增加和电梯速度的不断提升，电梯运行的故障风险也会有所增加。因此，需要开发技术更先进更安全的驱动电机、制动器、曳引绳、感应器等，对电梯进行全方位的多重保护，使电梯的运行更加平稳、噪声更小、制动更加灵活可靠，并在保障乘客安全的同时让乘客有更舒适的乘梯体验。

2．节能环保技术

除安全外，节能环保是当今世界所重点关注的主题之一。在地铁系统中，电梯和中央空调空调一样，都属于非常耗电的设备。因此，国内很多地铁车站的电梯，普遍采用永磁同步曳引机作为牵引动力，不但可缩小机房占地面积，并且具有能耗低、节能高效、提升速度快、环保等优点，每年可节约大量的运行成本，已成为当今电梯驱动的主流。未来随着科技的不断进步和发展，更多的节能环保技术将应用于电梯。例如，可采用电梯节能逆变电源装置，将电梯运行产生的再生电能回收储存，并将储存的电能逆变为符合要求的三相工频正弦波交流电给电梯供电，既可使电梯减少市电消耗，起到节能的作用，又可在市电中断或故障后保障电梯继续安全运行。

3．智能感应技术

通过开发智能光幕、智能 AI 摄像头、夜间防范直驶功能、宠物提醒功能等，让电梯更加智能化。例如，日立电梯开发的智能光幕达到业界领先的 189 束光束，可以最大程度上快速响应遮挡信号，防止乘客意外夹伤；另外，升级后的光幕具有智能处理能力，系统能够自动识别被污垢阻挡或损坏的光幕单点，标记为失效光束，让电梯继续正常运行，减少无效停梯的时间。

4．抗菌杀菌技术

电梯作为公共场所的运载工具，其相对封闭的空间和轿厢内操纵箱上的手动接触按键，容易造成病菌的传播。为降低病菌传播的风险，采用银离子抗菌技术制作的抗菌按钮或无接触浮空按钮等，可大幅降低按键交叉感染的风险。同时还可采用空气抑菌净化系统、智能紫外线杀菌系统，对电梯轿厢的封闭空间进行高效及时的杀菌处理，可有效抑制新冠病毒等在公共环境下的扩散，为乘客打造健康卫生的乘梯环境。

5．物联网技术

物联网技术目前为国家重点发展的战略性新兴产业，借助物联网技术，可实现用户、大数据系统、维保站、配件中心的相互联通，有利于电梯设备的管理向智能化、精细化、网络化方向转变，有利于企业提高产品及服务质量，提高监管效率，增强社会监督的透明度，提高乘客的使用满意度。其具体作用：

（1）通过对电梯各种故障、运行、统计信息进行采集、分析，不断提高产品质量和服务质量；

（2）电梯维护保养单位和使用单位及时掌握电梯的故障信息，及时通知专业技术人员到现场解救被困乘客、排除故障；

（3）电梯维护保养单位可远程对现场维保人员进行监督和技术支持，以确保其及时准确地完成维保工作及应急救援；

（4）便于组建统一的监管平台，提高监管效率；

（5）可提升产品竞争力；

（6）统一物联网技术的标准可以减少行业整体投入，节约社会成本，有利于各电梯公司研发自己的电梯运行安全监管系统，提高监管系统的可靠性、实用性和一致性。

此外，为指导督促有关单位加强电梯安全管理，保障电梯安全运行，国务院办公厅于 2018 年出台了《关于加强电梯质量安全工作的意见》，提出未来将推行“电梯设备+维保服务”一体化采购模式，依法推进按需维保，推广“物联网+维保”等新模式，全面提升维保质量。

借助物联网技术，未来乘客还可以通过手机端进行电梯的呼梯和控制运行，使乘坐电梯更加智能和便捷，万物互联正逐渐成为现实。

6．智能管理技术

目前，国内许多一线城市都在大力发展智慧地铁建设，构建以工业互联网、物联网为基础，人工智能为核心，乘客和设备为对象的数据驱动体系架构，积极推动轨道交通产业向数字化转型和智慧化升级，未来城市轨道交通的地铁设备可实现更安全的运营、更智慧的服务、更高效的管理。例如，通过收集分析电梯使用等情况，对电梯有可能出现的故障进行智能判定，提前做好相关的维护保养，可确保电梯工作期间的可靠运行，避免电梯因中途故障而影响正常的交通秩序。

四、学习城市轨道交通电梯专业知识的必要性

随着城市轨道交通的快速发展及电梯设备的大量应用，未来需要更多与电梯专业相关的技术人员进行电梯设备的运行控制、维护管理、技术开发等。只有具备一定的城市轨道交通电梯专业知识，将来才能更好地从事相关岗位的工作。

模块一
电梯系统

内容导读

无论在民用领域还是城轨交通系统，电梯都是必不可少的一种方便、快捷的运载工具。电梯主要设置在地铁车站的入口到站厅、站厅到站台等位置，同时为无障碍设计，可方便普通乘客、轮椅乘坐者或行动不便人员乘用。

本模块的主要学习内容包括：电梯的通用基础知识；电梯的结构原理。

通过学习，读者可了解电梯的概念、类型、基本参数、常用术语、结构组成、工作原理等，为后续电梯的安全乘用、维护管理、检修的学习打好基础。

学习目标

（1）掌握电梯的概念、作用、分类、应用场合。

（2）熟悉电梯常用的基本参数及概念。

（3）熟悉电梯的常用术语概念。

（4）熟悉电梯的结构组成、工作原理等。

（5）了解与电梯相关的标准规范。

项目一　电梯的通用基础知识

知识点一　电梯的概念及基本参数

一、电梯的概念

依据 GB/T 7024—2008《电梯、自动扶梯、自动人行道术语》，电梯（Elevator；Lift）定义为服务于建筑物内若干特定的楼层，其轿厢运行在至少两列垂直于水平面或与铅垂线倾斜角小于15°的刚性导轨运动的永久运输设备。

在实际应用中，电梯的概念有广义和狭义之分，如表 1-1 所示。

表 1-1　电梯的广义和狭义概念

概念类型		定　义	依　据
广义概念	电　梯	电梯——是指动力驱动，利用沿刚性导轨运行的箱体或者沿固定线路运行的梯级（踏步），进行升降或者平行运送人、货物的机电设备，包括载人（货）电梯、自动扶梯、自动人行道等	《特种设备安全监察条例（中华人民共和国国务院令第 549 号）》，第八章附则，第九十九条
狭义概念	电　梯	电梯（Elevator；Lift）——是指服务于建筑物内若干特定的楼层，其轿厢运行在至少两列垂直于水平面或与铅垂线倾斜角小于 15°的刚性导轨运动的永久运输设备	国家标准 GB/T 7024—2008《电梯、自动扶梯、自动人行道术语》
	自动扶梯	自动扶梯（Escalator）——是指带有循环运行梯级，用于向上或向下倾斜输送乘客的固定电力驱动设备	
	自动人行道	自动人行道（Passenger conveyor）——带有循环运行（板式或带式）走道，用于水平或倾斜角不大于 12°输送乘客的固定电力驱动设备	
注：（1）狭义概念上的电梯，通常指的是垂直上下运行的电梯，即垂直电梯（以下简称“直梯”）。 （2）如无特别说明，本书中讨论的电梯，通常是指狭义概念上的垂直电梯			

由上可知，广义上的电梯，是垂直电梯、自动扶梯、自动人行道等的统称，通常也称为电梯设备；狭义上的电梯，是单独指的垂直电梯、自动扶梯、自动人行道等。

以地铁车站为例，其电梯设备的应用如表 1-2 所示。

表 1-2　地铁车站电梯设备的应用

名　称	电梯设备及外形	应用场合
垂直电梯	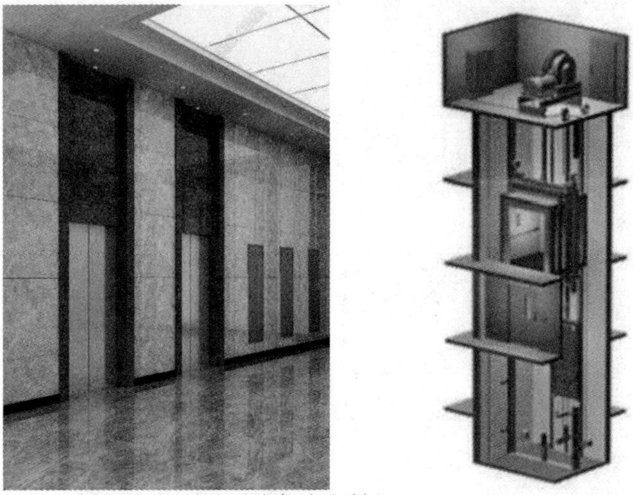 （有机房电梯）	地铁段场及办公楼（段场指的是车辆段、停车场等）

续表

名　称	电梯设备及外形	应用场合
	 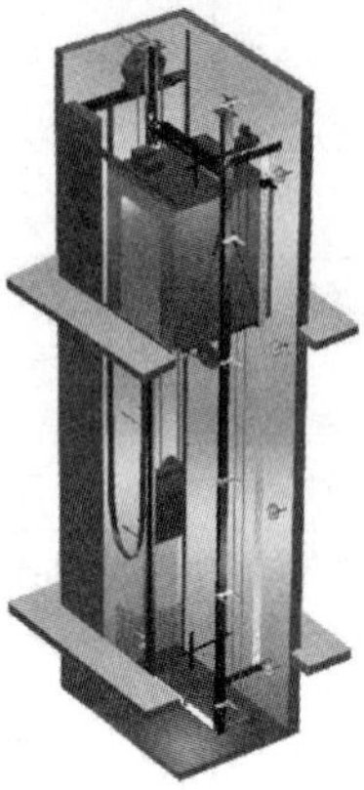  （无机房电梯）	地铁车站地面入口至站厅、站厅至站台
自动扶梯	 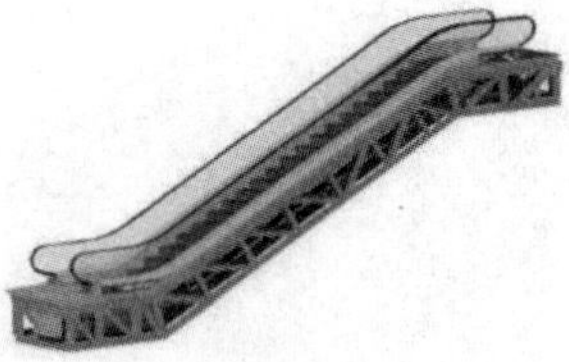	地铁车站地面入口至站厅、站厅至站台
自动人行道	  （水平式自动人行道）	地铁中转站站厅或车站与商业中心的接驳位置

除常规电梯设备之外，地铁车站的进出口楼梯等处，通常还配置无障碍升降机，如楼梯升降机（又称斜挂式无障碍升降机）、爬楼机等，供轮椅乘坐者或行动不便人员使用，如图 1-1 所示。

（a）楼梯升降机　　（b）爬楼机

图 1-1　无障碍升降机

二、电梯的基本参数

电梯的基本参数，主要有乘客人数、额定速度、额定载重、检修速度、提升高度等。

1. 额定乘客人数

又称定员，为电梯设计限定的最多允许乘客数量（包括司机在内），单位：人。

每个电梯轿厢内的铭牌上都标示有额定载重和额定乘客人数，两者的关系：客梯的额定乘客人数 = 电梯的额定载重（kg）/75（kg），所得数值取最接近的整数，75 kg 为成年男子参考质量，如图 1-2 所示。

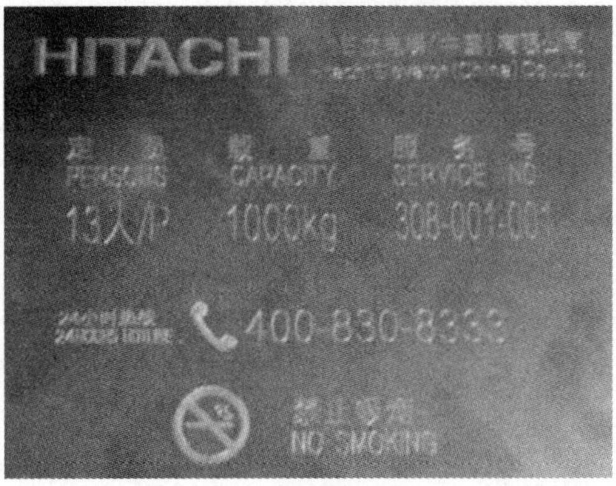

图 1-2　电梯轿厢铭牌

2. 额定载重

电梯设计所规定的轿厢载重，单位：kg（千克）。

常用的额定载重（kg）：320、400、450、600/630、50/800、900、1 000/1 050、1 150、1 275、1 350、1 600、1 800、2 000、2 500 等。

地铁车站电梯的额定载重一般为 1 350 kg、1 600 kg，地铁车辆段及停车场电梯的额定载重一般为 1 000 kg、1 350 kg、1 600 kg、630 kg。

3. 额定速度

电梯设计所规定的轿厢运行速度。单位：m/s（米/秒）。

常用的额定速度（m/s）：0.4、0.5/0.63/0.75、1.0、1.5/1.6、1.75、2.0、2.5、3.0、4.0、5.0、6.0 等。

地铁车站电梯的额定速度一般为 1 m/s，地铁车辆段及停车场电梯的额定速度一般为 1 m/s、1.5 m/s、1.75 m/s、2.5 m/s。

4．提升高度

从底层端站地坎上表面至顶层端站地坎上表面之间的垂直距离，即电梯从最低楼层到最高楼层之间的运行距离，单位：m（米）。

三、地铁电梯的主要技术参数

以广州地铁为例，地铁电梯的主要技术参数，如表 1-3 所示。

表 1-3　地铁电梯的主要技术参数

序　号	项　目	单　位	技术参数
1	电梯类型	—	无机房电梯、有机房电梯、消防电梯车站
2	额定载重	kg	车站：1 350、1 600；车辆段及停车场：630、1 000、1 350、1 600
3	额定速度	m/s	车站：1.0； 车辆段及停车场：1.0、1.5、1.75、2.5
4	层门及轿厢门	—	中分两扇密封自动门，当开门开度为 1 500 mm 时，采用中分四扇密封自动门
5	驱动方式	—	交流无齿永磁曳引机驱动

注：不同的地铁车站，其电梯的主要技术参数也有所不同。具体可参考当地的地铁电梯相关参数。

知识点二　电梯的分类

电梯的类型有很多，可根据用途、速度、拖动方式、驱动方式、驱动结构、控制方式、机房配置、减速方式等方式进行分类。

一、按用途分类

按用途的不同，电梯可分为乘客电梯、载货电梯、客货电梯、病床电梯、杂物电梯、观光电梯等。

1．乘客电梯

又称客梯，为运送乘客而设计的电梯，代号：TK。其中，T 代表电梯，K 代表乘客。其他通途的电梯代号，以此类推，如图 1-3 所示。

图 1-3　乘客电梯

客梯具有功能齐全、安全、舒适、平稳、轿厢装饰美观、停层精确、运输效率高等特点，广泛用于车站、机场、商场、办公楼、酒店、高层住宅等客流量较大的公共场所。

在地铁办公楼、停车场等的电梯，一般为乘客电梯。

2．载货电梯

又称货客电梯，是以运送货物为主，同时允许有人员伴随的电梯，代号：TH。如图 1-4 所示。

图 1-4　载货电梯

货客电梯具有载重大、耐用、防滑、运行速度低、轿厢空间大、轿厢装饰简单等特点，通常用于工厂、车间、仓储、商场、物业中心等运送货物频繁的场所。

3．客货电梯

以运送乘客为主，可同时兼顾运送非集中载荷货物的电梯，代号：TL。

与客梯类似，客货电梯具有载重较大、轿厢装饰简单，运行速度低等特点，通常用于商场、办公大楼等客货同时运载情况较多的场所。

4．病床电梯

又称医用电梯，为运送病床（包括病人）及相关医疗设备的电梯，代号：TB。如图 1-5 所示。

图 1-5　医用电梯

医用电梯具有运行安静且平稳、运行速度低、轿厢长度较长等特点，属于乘客电梯的一种，通常用于医院、医疗中心、疗养院、保健院等场所。

5．住宅电梯

又称住宅梯，为服务于住宅楼供公众使用的电梯，代号：TZ。

住宅电梯可分为公用住宅（公寓）电梯和家庭（私人住宅）电梯。公用住宅梯规格与客梯相同，属乘客电梯的一种。

住宅梯具有轿厢空间大、轿厢装饰简单、能容纳家具搬运等特点，其载重一般略小于乘客电梯，通常用于居民住宅楼等服务度对象相对固定场所。

6．杂物电梯

又称服务梯、传菜梯，为服务于规定层站固定式的提升装置，代号：TW。如图 1-6 所示。

图 1-6　杂物电梯

服务梯具有轿厢空间小、结构简单、运行楼层数少、额定载重小、运行速度慢、轿厢内不允许人员进入等特点。其额定载重通常为 40、100、250 kg，额定速度为 0.25、0.40 m/s，通常用于酒店、图书馆、办公楼等场所，如酒店里餐厅的传菜、图书馆的图书搬运、办公楼的文件资料搬运等。

7．观光电梯

为井道和轿厢壁至少在同一侧透明，乘客可观看轿厢外景物的电梯，代号：TG。如图 1-7 所示。

图 1-7　观光电梯

观光电梯具有轿厢外观美观、轿厢装饰讲究、视野开阔、载客同时兼具观光作用等特点。其井道壁和轿厢壁有一面或几面为透明材料制作，乘客在乘坐电梯时，可以观看轿厢外的景物，属乘客电梯的一种，通常用于购物中心、宾馆、酒店、风景区等场所。

8．非商用汽车电梯

又称汽车电梯，为轿厢适于运载小型乘客汽车（如私人汽车）的电梯，代号：TQ。如图 1-8 所示。

图 1-8　非商用汽车电梯

汽车电梯具有轿厢空间大、载重大、速度低、防夹、防滑、设置前后贯通门等特点。属货梯的一种，通常用于汽车销售中心、汽车 4S 维修店、车站、楼顶设停车场的大型商场等场所。

9．家用电梯

又称私人住宅电梯、别墅电梯，安装于私人住宅中，仅供单一家庭成员使用的电梯，如图 1-9 所示。

图 1-9　家用电梯

别墅电梯具有结构简单、空间小、载重轻、载客人数少、运行速度慢、安全可靠等特点，其私密性相对其他电梯更高些，属住宅电梯的一种，通常用于别墅、高档住宅小区等场所。

10．消防员电梯

又称消防员专用梯、消防电梯、消防梯，是设置在建筑的耐火封闭结构内，具有耐火封闭机构、防烟前室和专用电源，在正常情况下为普通乘客使用，在建筑发生火灾时其附加的保护、控制和信号等功能专供消防员使用的电梯，如图 1-10 所示。

图 1-10　消防电梯

建筑物中，预定用于消防员进入消防电梯的入口层，为消防员入口层。在井道外面，设置于消防员入口层的开关，为消防电梯开关。火灾发生时，消防电梯在消防员控制下运行，供消防人员进行灭火与救援使用。

消防电梯通常用于高层公共建筑。例如，高度超过 24 m 的一类建筑物和超过 32 m 的二类建筑物都应设置消防电梯。除常规电梯外，地铁车站一般都会设置消防电梯。

11．其他用途电梯

除上述电梯外，还有防爆电梯、矿井电梯、冷库电梯、船用电梯等其他用途电梯。由于篇幅有限，在此不一一论述。

二、按速度分类

按运行速度的不同，电梯可分为低速电梯、中速电梯、高速电梯、超高速电梯。

1. 低速电梯

为运行速度小于 1 m/s 的电梯，通常用于中、低楼层，如住宅电梯、医用电梯、杂物电梯、载货电梯、货客或客货混载电梯等。地铁车站里的无障碍电梯，一般为低速电梯。

2. 中速电梯

又称快速电梯，其运行速度大于 1 m/s 且小于 2 m/s，通常用于小高层（7 ~ 9 层的建筑）或高层（10 层以上建筑）的乘客电梯、住宅电梯以及地铁车辆段、停车场的电梯，一般为中速电梯。

3. 高速电梯

为运行速度大于 2 m/s 且小于 4 m/s 的电梯，通常用于 10 层以上商业建筑。

4. 超高速电梯

为运行速度大于 4 m/s 的电梯，通常用于高层（10 层以上建筑）或超高层（总高度为 100 m 以上）商业建筑。

三、按驱动方式分类

按驱动方式的不同，电梯可分为交流电梯、直流电梯、液压电梯、齿轮齿条电梯、螺杆式电梯、直线电机电梯。

1. 交流电梯

为曳引电动机采用交流异步电动机来驱动轿厢升降的电梯，代号：J。

交流电梯按控制方式的不同，又可分为交流单速电梯、交流双速电梯、交流调压调速（简称 ACVV）电梯、交流变压变频调速（简称 VVVF）电梯。

（1）交流单速电梯。单速三相异步电动机的常用极数为 4 极、6 极，通常用于额定速度小于 0.5 m/s 的低速电梯，如杂物电梯。

（2）交流双速电梯。通过变极对数的方式来对电梯进行调速。通常用于额定速度小于等于 1 m/s 的低速电梯。

（3）ACVV 电梯。在电梯的启动—加速—稳速—制动减速的过程中，采用调压调速的控制方式，即连续改变施加在电动机定子绕线上的电压进行调速，通常用于额定速度小于等于 2 m/s 的低速、中速电梯。

（4）VVVF 电梯。采用变压、变频调速的控制方式，通常用于额定速度大于 2 m/s 的高速、超高速电梯。

2. 直流电梯

为曳引电动机采用直流电动机驱动轿厢升降的电梯，代号：Z。

直流电梯通常用于额定速度大于 2 m/s 的高速电梯。

3．液压电梯

又称液压梯，靠电力驱动液压泵输送液压油到液压缸，直接或间接驱动轿厢的电梯（可以使用多个电动机、液压泵或液压缸），代号：Y。如图 1-11 所示。

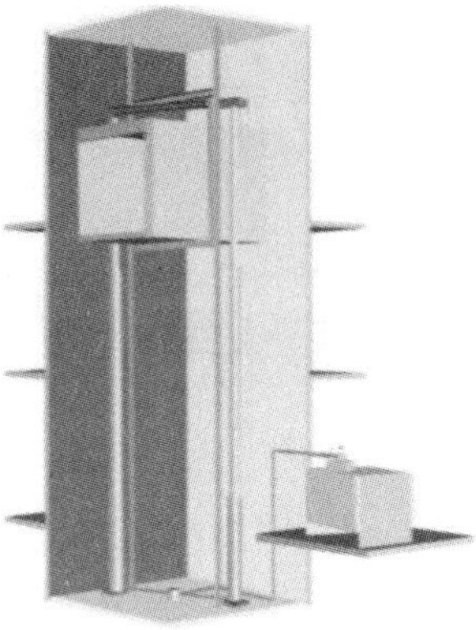

图 1-11　液压电梯

液压电梯具有运行平稳、舒适、低噪声、井道利用率高等特点。除非有附加要求，液压电梯的额定速度不应大于 1 m/s。

液压电梯可用于车站、中低层住宅、商场、车库、停车场的汽车电梯等场合。由于提升高度有限，一般不超过 10 m，所以应用的场合相对较少。在地铁车站的入口处安装可垂直升降的无障碍升降机，一般采用液压方式或螺杆式驱动。

按支承方式（即液压缸与轿厢的连接方式）的不同，液压电梯可分为直接驱动液压电梯和间接驱动液压电梯。

（1）直接驱动液压电梯。

为液压缸直接与轿厢架连接，同步驱动轿厢运行的电梯。

按轿厢和液压缸的连接方式的不同，直接驱动液压电梯又分为直顶式液压电梯和侧顶式液压电梯（又称背包式、偏载式液压梯），如图 1-12 所示。

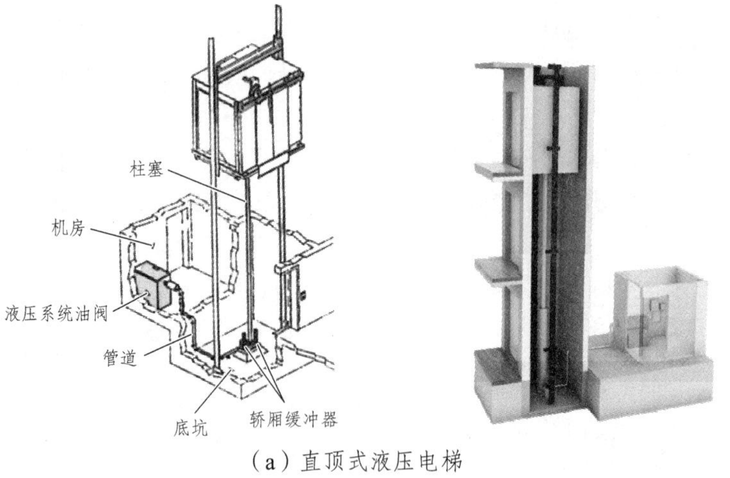

（a）直顶式液压电梯

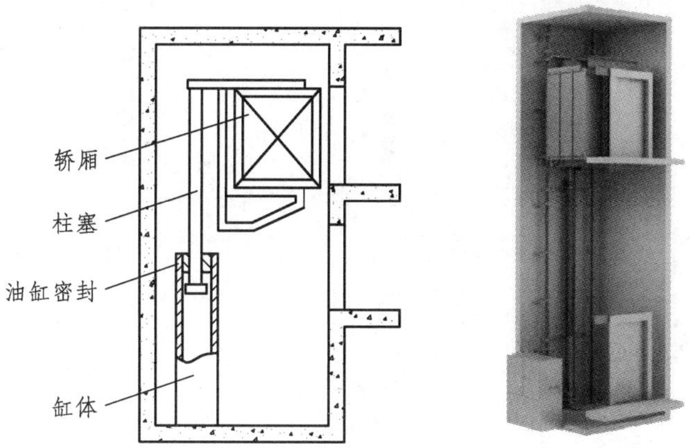

（b）侧顶式液压梯

1—轿厢；2—柱塞；3—油缸密封；4—缸体。

图 1-12　直接驱动液压电梯

直顶式液压梯的油缸一般采用单缸或多缸。若采用双缸直接侧顶式布置，可适用于重载货梯，其受力平衡性较单缸侧顶式更好。

（2）间接驱动液压电梯。

又称非直顶式驱动液压梯，是借助于悬挂装置（绳、链）将柱塞或缸筒连接到轿厢的液压电梯，如图 1-13 所示。

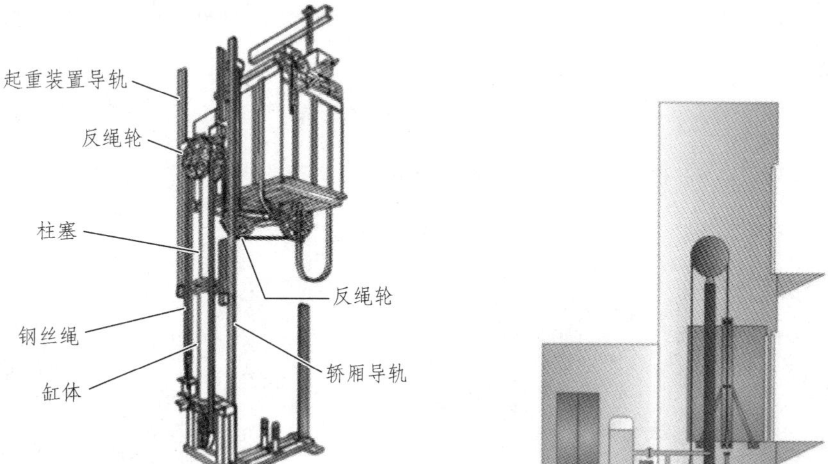

图 1-13　间接驱动液压梯

在液压电梯中，间接驱动应用较多，通常用于电梯额定速度不大于 0.63 m/s 的低速电梯，如别墅电梯、载货电梯等。地铁车站的垂直式无障碍升降机，也有采用此方式，如图 1-14 所示。

图 1-14　垂直式无障碍升降机（液压式）

4．齿轮齿条电梯

为通过安装于电梯的轿厢上电动机-齿轮传动机构，驱动齿轮在固定于构架上的齿条上爬行来拖动轿厢升降的电梯；通常用于建筑工地施工升降机等，如图 1-15 所示。

（a）齿轮齿条配合

（b）施工升降机

图 1-15　齿轮齿条电梯

安装在地铁车站公共通道入口处的楼梯升降机或家用座椅电梯等，亦采用齿轮齿条驱动，如图 1-16 所示。

（a）楼梯升降机

（b）家用座椅电梯

图 1-16　楼梯升降机、家用座椅电梯

后续介绍的自动扶梯，除了采用常规链条驱动，也有部分采用齿轮齿条驱动。

5．螺杆式电梯

为通过螺杆驱动轿厢升降的电梯，如图 1-17 所示。

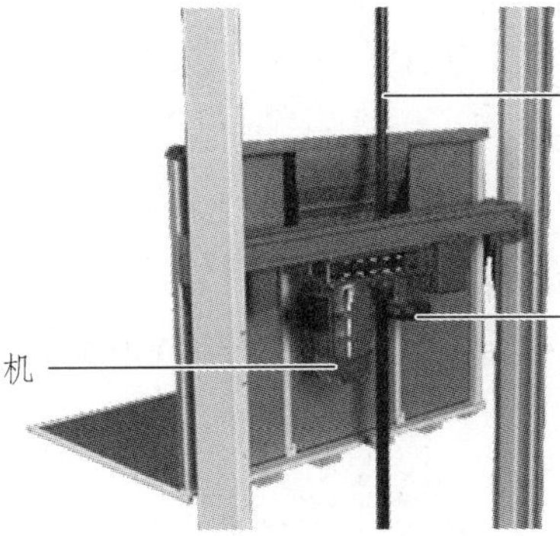

图 1-17　螺杆式电梯

螺杆式电梯采用电动机作为动力源，电动机通过皮带与螺母（设置在轿厢外）相连，而螺母齿纹与螺杆齿纹之间阴阳啮合，当电动机工作时，驱动螺母在螺杆上运动，从而带动轿厢作上下运动。

螺杆式电梯具有无需底坑、节省空间、结构简单、安全平稳等特点。其缺点是机械噪声较大、运行速度较慢、舒适感相对曳引式和液压式的差。

螺杆式通常用于额定速度不超过 0.6 m/s、轿厢行程不超过 12 m 的别墅电梯。在地铁车站，部分垂直式无障碍升降机也有采用螺杆式，但相对液压式的少，如图 1-18 所示。

图 1-18　垂直式无障碍升降机（螺杆式）

6．直线电机驱动电梯

为采用直线电机驱动轿厢升降的电梯。与其他类型电梯不同，直线电机驱动电梯无需曳引钢丝绳，只利用动、静两磁性线圈通电后产生同性相斥的原理来驱动轿厢运行。其应用范围较少，通常用于别墅电梯。

四、按驱动结构分类

按驱动结构的不同，电梯可分为曳引驱动电梯、强制驱动电梯、液压驱动电梯。

1．曳引驱动电梯

提升绳靠主机的驱动轮绳槽的摩擦力来驱动轿厢升降的电梯，具有安静平稳、节能环保、安全、舒适、快速等优点，如图 1-19 所示。

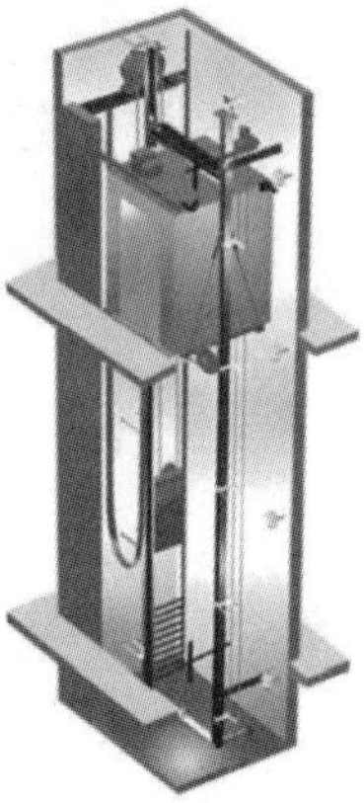

图 1-19　曳引驱动电梯

其广泛应用于车站、机场、商场、会馆、商业中心、酒店等场所，在所有类型电梯中应用范围最广。在地铁站厅至站台的电梯，均为曳引驱动，如图 1-20 所示。

图 1-20　曳引驱动电梯

2．强制驱动电梯

为用链或钢丝绳悬吊的非摩擦方式驱动的电梯，包括卷筒式电梯，如图 1-21 所示。

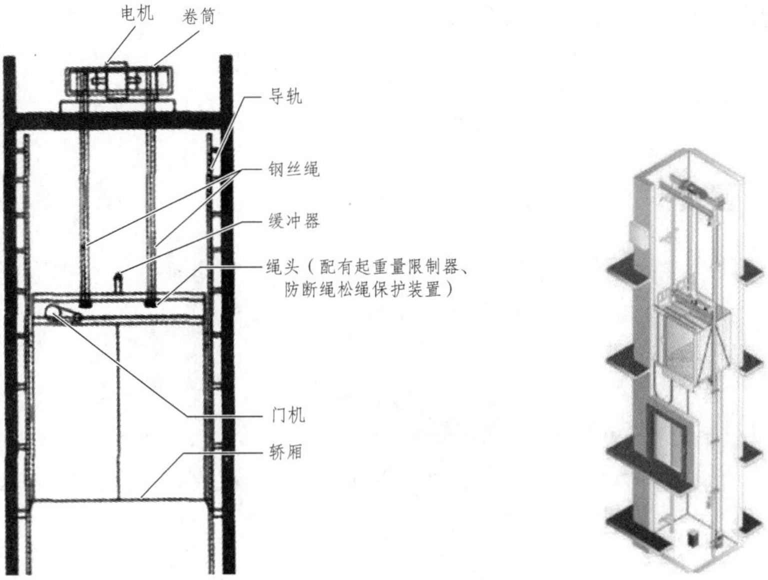

图 1-21　强制驱动电梯

其优点：井道面积的利用率高比传统的曳引式电梯最多可以提高 30%；结构简单，维护成本低；安全性方面，不会出现曳引电梯冲顶或蹲底的现象。不足之处是运行速度低、提升高度有限（通常不超过 15 m）、电机功率大且能耗高。

其可应用于别墅电楼等，为无机房电梯。

3．液压驱动电梯

为依靠液压驱动的电梯。

液压驱动电梯的直接驱动和间接驱动，如图 1-22 所示。

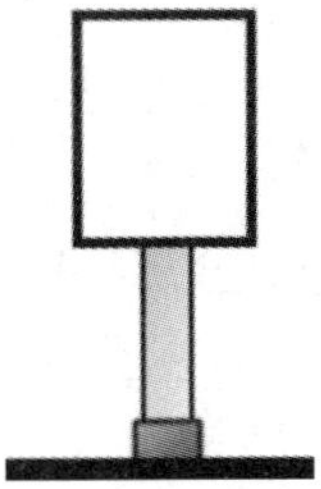

（a）1∶1 直顶式

（b）1∶1 直顶式（两节式）

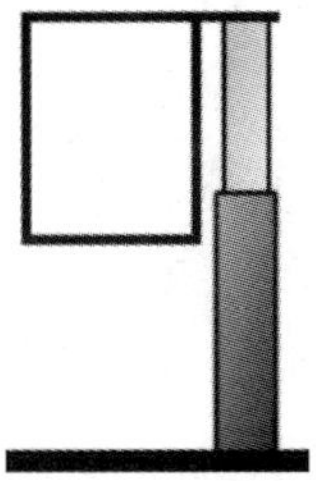

（c）1∶1 侧置直顶式

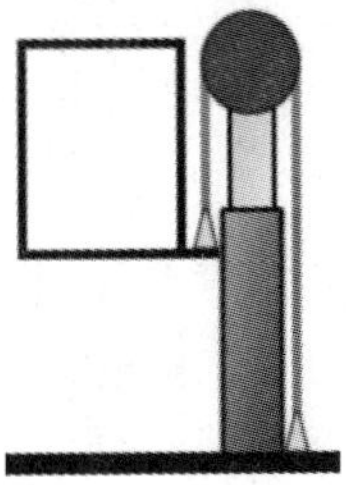

（d）1∶2 侧顶式

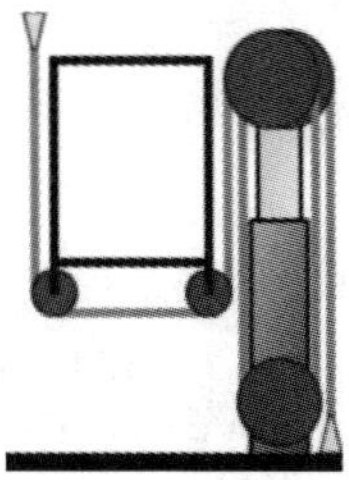

（e）1∶2 侧顶循环式

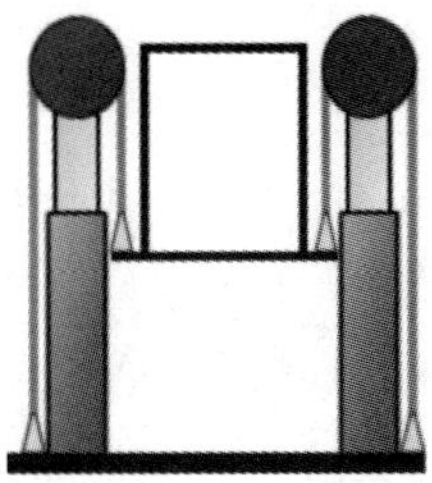

（f）1∶2 双臂侧顶式

图 1-22　液压驱动示意

其优点是对土建结构要求低，不会出现超速失控，乘客被困时容易实现自救。缺点是有一定的机械噪声，液压油容易泄露，舒适度较曳引式的差。

相关液压驱动电梯的信息可参考前文论述。

五、按控制方式分类

按控制方式的不同，电梯可分为手柄开关操纵电梯、按钮控制电梯、信号控制电梯、集选控制电梯、下集选控制电梯、并联控制电梯、群控电梯。

1．手柄开关操纵电梯

又称轿内开关控制电梯，即电梯司机通过转动手柄位置（开断/闭合）来操纵电梯运行或停止的电梯，通常应用于老式电梯，例如，要求轿门上装有透明玻璃窗或使用栅栏的轿门，井道壁上有层楼标记和平层标记，供司机判断停层时刻（手柄复位时刻）。

电梯运行时快到达层站时，电梯司机在电梯停靠站地坎上下 0.5 ~ 1 m 的平层区域内将手柄开关回归零位，电梯则开始作减速运行，直至平层并停止。

2．按钮控制电梯

为由轿厢内操纵盘上的选层按钮或层站呼梯按钮来操纵的电梯，属于自动控制程度不高的简单控制方式，通常应用于老式电梯、货梯。

某层站乘客将呼梯按钮按下，电梯就启动应答。在电梯运行过程中如果有其他层站呼梯按钮按下，控制系统只能把信号记存下来，不能去应答，而且也不能把电梯截住，直到电梯完成前应答运行层站之后方可应答其他层站呼梯信号。

3．信号控制电梯

为把各层站呼梯信号集合起来，将与电梯运行方向一致的呼梯信号按先后顺序排列好，依次应答接运乘客的电梯，通常应用于老式电梯。

电梯运行取决于电梯司机操纵，而电梯在何层站停靠由轿厢纵盘上的选层按钮信号和层站呼梯按钮信号控制。电梯往复运行一周可以应答所有呼梯信号。

4．集选控制电梯

为信号控制的基础上把召唤信号集合起来进行有选择的应答的电梯，应用于中间层之间有上行和下行相互运行需求的场合，如办公楼、酒店等，可用于单梯或群控电梯。地铁车站的电梯一般为集选控制。

集选控制又可分为全集选控制（又称全向集选控制、上下集选控制）、下集选控制。

集选控制中，每个中间层站需要上行和下行的两个按钮，以便乘客选择方向。端站只需一个方向的按钮（上行或下行）。根据电梯运行方向，按照逻辑顺序依次应答已登记的同一方向所有层站呼梯信号和操纵盘上的选层按钮信号，并自动在这些信号指定的层站平层停靠。电梯运行响应完所有呼梯信号和指令信号后，可以返回基站待命；也可以停在最后一次运行的目标层待命。

除具有信号控制电梯的所有功能外，集选控制电梯还能通过转换开关来实现有司机或无司机的操纵。

5. 下集选控制电梯

又称下行集选控制电梯，或上行调配下行集选控制电梯，为集选控制的一种，一般应用于住宅楼，不适用于宾馆、办公楼。

下集选控制电梯，通常表现为电梯层站只有一个外呼梯按钮（下行呼梯按钮），电梯上行只响应轿厢内呼信号，下行时才响应外呼信号。

下集选控制中，不管电梯是否能立即应答，都会登记层站呼梯信号。在每一层站通过揿压呼梯按钮，都会登记呼梯信号。如果电梯空闲或向下运行，在向基础运行过程中，将从高到低依次应答层站的呼梯请求。轿内已登记的指令一直保持，直到按运行方向的逻辑顺序应答。

下集选控制适用于基站以上楼层间互相无乘客通行和基站下无层站的场合。乘客使用电梯从基站到达想去的服务层站，反之亦然。每一个层站都只有一个呼梯按钮。

6. 并联控制电梯

并联控制电梯为运行时，两台电梯共同处理层站呼梯信号，共用层站外召唤按钮，可应用于商业中心、酒店、商场等。

并联的各台电梯本身都具有集选功能，可相互通信、相互协调，根据各自所处的层楼位置和其他相关的信息，确定一台最适合的电梯去应答每一个层站呼梯信号，从而提高电梯的运行效率。

例如，对两台并联控制的电梯，乘客只需按一次呼叫按钮，主板接到指令后，智能选择附近电梯运行到服务层。

7. 群控电梯

为将两台以上电梯组成一组，由一个专门的群控系统负责处理群内电梯的所有层站呼梯信号的电梯，多用于高层或超高层建筑。

群控系统可以是独立的，也可以隐含在每一个电梯控制系统中。群控系统和每一个电梯控制系统之间都有通信联系。群控系统根据群内每台电梯的楼层位置、已登记的指令信号、运行方向、电梯状态、轿内载荷等信息，实时将每一个层站呼梯信号分配给最适合的电梯去应答，从而最大程度地提高群内电梯的运行效率。群控系统通常还可选配上班高峰服务、下班高峰服务、分散待梯等多种满足特殊场合使用要求的操作功能。

群控电梯可采用集选、下集选的控制系统，是目前最先进的控制方式。

六、按机房配置分类

按有无配置机房，电梯可分为有机房电梯、无机房电梯。而有机房电梯，按机房的大小，又可分为大机房电梯、小机房电梯，如图 1-23 所示。

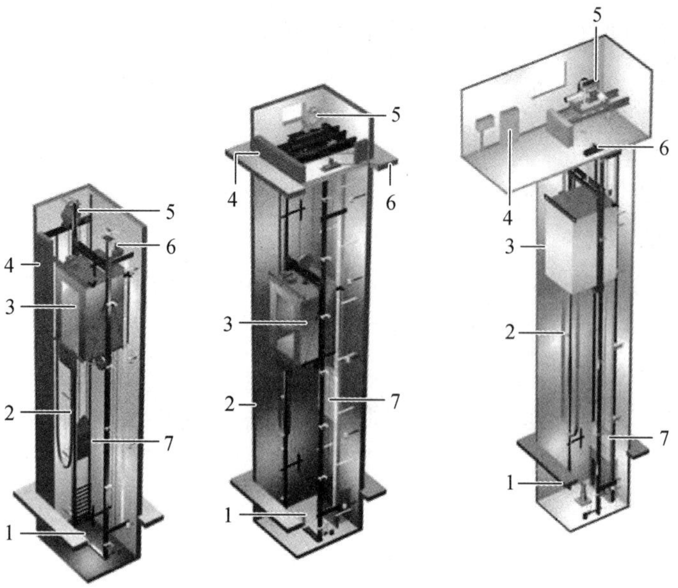

（a）无机房电梯　　　（b）有机房电梯（小机房）　　（c）有机房电梯（大机房）

1—控制柜；2—轿厢；3—随行电缆；4—轿厢缓冲器；5—曳引机；6—限速器；7—对重装置。

图 1-23　无机房电梯、有机房电梯

1．有机房电梯

为需要建筑物提供封闭的专门机房用于安装电梯驱动主机、控制柜、限速器等设备的电梯。按机房大小的不同，有机房电梯又可分为小机房电梯、大机房电梯，如图 1-24 所示。

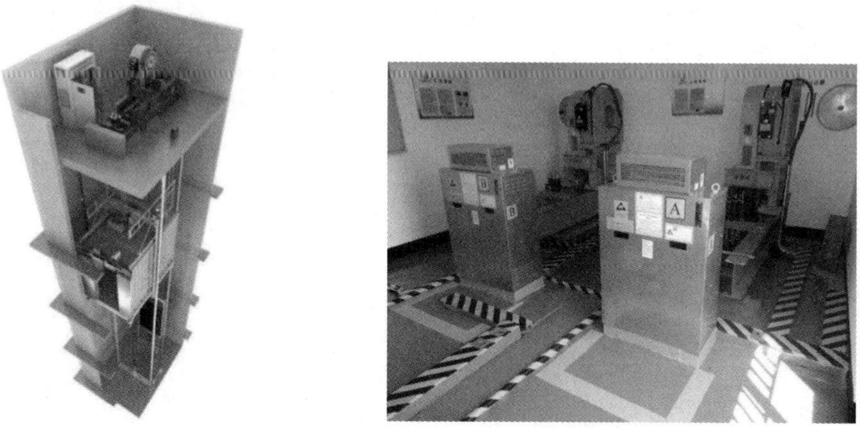

（a）小机房电梯　　　　（b）大机房电梯

图 1-24　小机房、大机房电梯

（1）小机房电梯。机房面积与井道横截面面积大小相近，具有结构紧凑、轻盈小巧、安装及维护方便、节省空间等特点，常用于楼层不高的建筑中。

（2）大机房电梯。机房面积大于井道横截面面积，主要应用于高层建筑且电梯数量较多、载重较大的场合。地铁的办公楼、停车场等，一般采用大机房电梯。

2．无机房电梯

为不需要建筑物提供封闭的专门机房用于安装电梯驱动主机、控制柜、限速器等设备的电梯。设置在地铁站厅至站台的无障碍电梯，一般为无机房电梯，如图 1-25 所示。

图 1-25　无机房电梯

动力源采用无齿轮曳引机，一般可设置在井道顶部的安装架上。

无机房电梯具有节省建筑空间、节约建筑材料和成本、安装维护方便、可提高建筑物设计自由度等特点。

七、按减速方式分类

按电梯的曳引机有无配置减速箱，电梯可分为有齿轮电梯、无齿轮电梯。

1．有齿轮电梯

为曳引电动机通过减速箱（如蜗轮蜗杆减速箱、斜齿轮减速箱、行星齿轮减速箱等）将动力传递给曳引轮并通过曳引钢丝绳带动轿厢升降的电梯，通常用于大机房电梯，如地铁办公楼里的电梯，如图 1-26 所示。

图 1-26　有齿轮电梯的曳引机（带减速箱）

2．无齿轮电梯

为曳引电动机不通过减速箱，直接将动力传递给曳引轮并通过曳引钢丝绳带动轿厢升降的电梯，通常用于小机房电梯、无机房电梯。地铁站厅至站台的无障碍电梯，通常为无机房的无齿轮电梯，如图 1-27 所示。

图 1-27　无齿轮电梯的曳引机（不带减速箱）

八、按有无司机操作分类

按有无配置司机操作，电梯可分为有司机电梯、无司机电梯。

1．有司机电梯

为由专职电梯司机操作运行的电梯，如图 1-28 所示，主要应用于医用电梯、货梯、建筑工程施工电梯等需要有专人操作的场所。

图 1-28　有司机电梯

2．无司机电梯

为无需专职电梯司机，由乘客自己操作运行的电梯，主要应用于各类乘客电梯等。目前绝大部分的乘客电梯为无司机电梯。

知识点三　电梯的常用术语及功能

一、电梯常用基础术语

为更好理解电梯相关的专业知识，依据 GB/T 7024—2008《电梯、自动扶梯、自动人行道术语》，电梯的常用基础术语释义如表 1-4 所示。

表 1-4　电梯常用基础术语

序号	术语	释义
1	额定乘客人数	电梯设计限定的最多允许乘客数量（包括司机在内），单位：人
2	额定速度	电梯设计所规定的轿厢运行速度，单位：m/s
3	检修速度	电梯检修运行时的速度，单位：m/s
4	额定载重	电梯设计所规定的轿厢载重，单位：kg
5	提升高度	从底层端站地坎上表面至顶层端站地坎上表面之间的垂直距离，单位：m
6	机房	安装一台或多台电梯驱动主机及其附属设备的专用房间
7	辅助机房	又称隔层、滑轮间。因设计需要，在井道顶设置的房间，不用于安装驱动主机，可以作为隔音层，也可用于安装滑轮、限速器和电气设备等
8	层站	各楼层用于出入轿厢的地点
9	层站入口	在井道壁上的开口部分，构成从层站到轿厢之间的通道
10	基站	轿厢无投入运行指令时停靠的层站，一般位于乘客进出最多并且方便撤离建筑物大厅或底层端站
11	预定层站	又称待梯层站。并联或群控控制的电梯轿厢无运行指令时，指定停靠待命运行的层站
12	底层端站	最低的轿厢停靠站
13	顶层端站	最高的轿厢停靠站
14	层间距离	两个相邻停靠层站层门地坎之间的垂直距离
15	井道	保证轿厢、对重（平衡重）、液压缸柱塞安全运行所需的建筑空间。注：井道空间通常以底坑底、井道壁和井道顶为边界
16	单梯井道	只供一台电梯运行的井道
17	多梯井道	可供两台或两台以上电梯平行运行的井道
18	井道壁	用来隔开井道和其他场所的结构
19	底坑	底层端站地面以下的井道部分
20	底坑深度	底层端站地坎上平面到井道底面之间的垂直距离
21	顶层高度	顶层端站地坎上平面到井道天花板(不包括任何超过轿厢轮廓线的滑轮)之间的垂直距离
22	开锁区域	层门地坎平面上、下延伸的一段区域。当轿厢停靠该层站，轿厢地坎平面在此区域内时，轿门、层门可联动开启
23	平层	在平层区域内，使轿厢地坎平面与层门地坎平面达到同一平面的运动
24	平层区	轿厢停靠站上方和（或）下方的一段有限区域。在此区域内可以用平层装置来使轿厢运行达到平层要求
25	再平层	又称微动平层。当电梯停靠开门期间，由于负载变化，检测到轿厢地坎与层门地坎平层差距过大时，电梯自动运行使轿厢地坎与层门地坎再次平层的功能

续表

序　号	术　语	释　义
26	越程	运行中的电梯轿门地坎超过最上层或最下层厅门地坎平面时的状态。为使电梯及时停车，可设有极限开关强制停车
27	轿厢出入口	在轿厢壁上的开口部分，它构成从轿厢到层站之间的正常通道
28	电梯司机	经过专门训练、有合格操作证的经授权操纵电梯的人员
29	轿底间隙	轿厢使缓冲器完全压缩时，从底坑地面到安装在轿厢底下部最低构件的垂直距离（最低构件不包括导靴、滚轮、安全钳和护脚板）
30	轿顶间隙	对重使它的缓冲器完全压缩时，从轿厢顶部最高部分至井道顶部最低部分的垂直距离
31	电梯曳引形式	曳引机驱动的电梯，曳引机在井道上方（或上部）的为上置曳引形式；曳引机在井道侧面的为侧置曳引型式；曳引机在井道下方（或下部）的为下置曳引型式
32	电梯曳引绳曳引比	悬吊轿厢的钢丝绳根数与曳引轮轿厢侧下垂的钢丝绳根数之比

二、电梯常用功能术语

电梯常用功能术语及释义如表 1-5 所示。

表 1-5　电梯常用基础术语

序　号	术　语	释义
1	火灾应急返回	操纵消防开关或接受相应信号后，电梯将直驶回到设定楼层，进入停梯状态
2	消防员服务	操纵消防开关使电梯投入消防员专用状态的功能。该状态下，电梯将直驶回到设定楼层后停梯，其后只允许经授权人员操作电梯
3	独立操作	又称专用服务。通过专用开关转换状态，电梯将只接受轿内指令，不响应层站召唤（外呼）的服务功能
4	紧急电源操作	当电梯正常电源断电时，电梯电源自动转接到用户的应急电源，群组轿厢按流程运行到设定层站，开门放出乘客后，按设计停运或保留部分运行
5	自动救援操作	又称停电自动平层。当电梯正常电源断电时，经短暂延时后，电梯轿厢自动运行到附近层站，开门放出乘客，然后停靠在 该层站等待电源恢复正常
6	防捣乱功能	当检测到轿内选层指令明显异常时，取消已登记的轿内运行指令的功能
7	地震管制	地震发生时，对电梯的运行做出管制，以保障电梯乘客安全的功能
8	超载保护	电梯超载时，轿内发出音频或视频信号，并保持开门状态，不允许启动
9	满载直驶	轿厢载荷超过设定值时，电梯不响应沿途的层站召唤，按登记的轿内指令行驶
10	门受阻保护	当电梯在开、关门过程中受阻时，电梯门向相反方向动作的功能
11	提前开门	为提高运行效率，在电梯进入开锁区域内，在平层过程中即进行开门动作的功能
12	驻停	又称退出运行。一旦启动此功能开关，电梯不再响应任何层站召唤，在响应完轿内指令后，自动返回指定楼层停梯

续表

序号	术语	释义
13	语音报站	语音通报轿厢运行状况和楼层信息的功能
14	关门保护	在关门过程中，通过安装在轿厢门口的光电信号或机械保护装置，当探测到有人或物体在此区域时，立即重新开门
15	对接操作	在特定条件下，为了方便装卸货物的货梯，在采取了适当的安全措施之后，在轿门和层门均开启的情况下，在规定距离内，使轿厢从平层位置低速向上运行，与运载货物设备相接的操作
16	检修操作	在电梯检修状态下，手动操作检修控制装置使电梯轿厢以检修速度运行的操作
17	隔层停靠操作	相邻两台电梯共用一个候梯厅，其中一台电梯服务于偶数层站，而另一台电梯服务于奇数层站的操作

知识点四　电梯的使用条件及型号含义

一、电梯的使用条件

为确保电梯能够安全可靠运行，依据 GB/T 10058—2009《电梯使用技术条件》，对于额定速度不大于6.0 m/s的电力驱动曳引式和额定速度不大于0.63 m/s的电力驱动强制式的乘客电梯和载货电梯，正常使用条件如下。

（1）安装地点的海拔高度不超过 1 000 m。对于海拔高度超过 1 000 m 的电梯，其曳引机应按GB/T 24478—2009《电梯曳引机》对电梯曳引机的要求进行修正。

（2）机房内的空气温度应保持在 + 5 ~ 40 °C。

（3）有合适的湿度。例如，运行地点的空气相对湿度在最高温度为+40 °C 时不超过 50%，在较低温度下可有较高的相对湿度，最湿月的月平均最低温度不超过+25 °C，该月的月平均最大相对湿度不超过 90%。若可能在电气设备上产生凝露，应采取相应措施。

（4）供电电压相对于额定电压的波动应在 ± 7%的范围内。电压过大或过小，都容易导致电机损坏。

（5）环境空气中不应含有腐蚀性和易燃性气体，污染等级不应大于 GB 14048.1—2006《低压开关设备和控制设备 第 1 部分：总则》规定的 3 级。

二、电梯的型号含义

我国电梯的型号编制组成要素有产品类型、产品品种、拖动方式、改型代号（小写字母）、额定载重、额定速度、控制方式等。

常规电梯型号的编制规则，如图 1-29 所示。

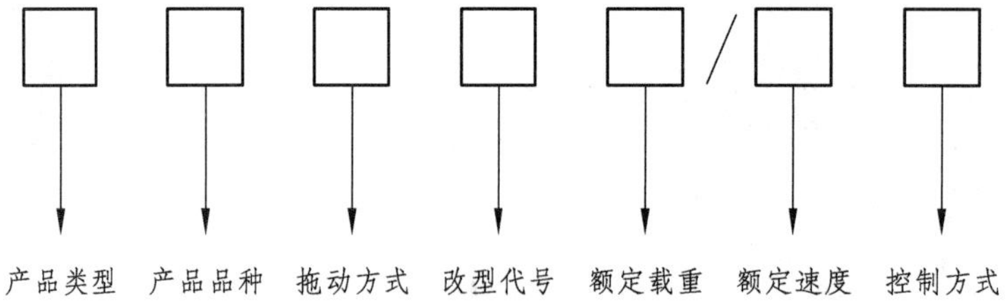

图 1-29　电梯型号编制规则

电梯型号编制符号对应如表 1-6 所示。

表 1-6　电梯型号编制符号对应

编号	符号对应
产品类型	电梯（T）
产品品种	乘客电梯（K）、住宅电梯（Z）、观光电梯（G）、病床电梯（B）、载货电梯（H）、客货电梯（L）、杂物电梯（W）、非商用汽车电梯（Q）
拖动方式	交流（J）、直流（Z）、液压（Y）
改型代号	用小写字母表示。产品每经过一次较大改型则用一个字母表示，若无改型则可省略；也可用拖动类型的调速方式表示
额定载重	电梯设计所规定的载重，即电梯铭牌上的载重
额定速度	电梯设计所规定的运行速度
控制方式	自动门采用手柄开关控制（SZ）、手动门采用手柄开关控制（SS）、自动门采用按钮开关控制（AZ）、手动门采用按钮开关控制（AS）、信号控制（XH）、集选控制（JX）、并联控制（BL）、梯群控制（TQ）、微机控制（**Z）（如：JXW——微机集选控制，BLW——微机并联控制）

例如，TKJ 1600/1.8-BL 的型号含义为交流乘客电梯，额定载重为 1 600 kg，额定速度为 1.8 m/s，并联控制。以此类推。

不同的厂家（尤其是国外的厂家），其电梯型号编制规则也有所不同，详情可参考电梯生产厂家的相关资料手册。

项目二　电梯的结构原理

知识点一　电梯的基本组成

电梯的基本组成通常包括 4 大空间和 8 大系统。

一、电梯的空间组成

按电梯建筑空间的位置关系，电梯的 4 大空间包括机房部分、层站部分、轿厢部分、井道和底坑部分。

以有机房电梯为例，电梯的空间组成如图 1-30 所示。

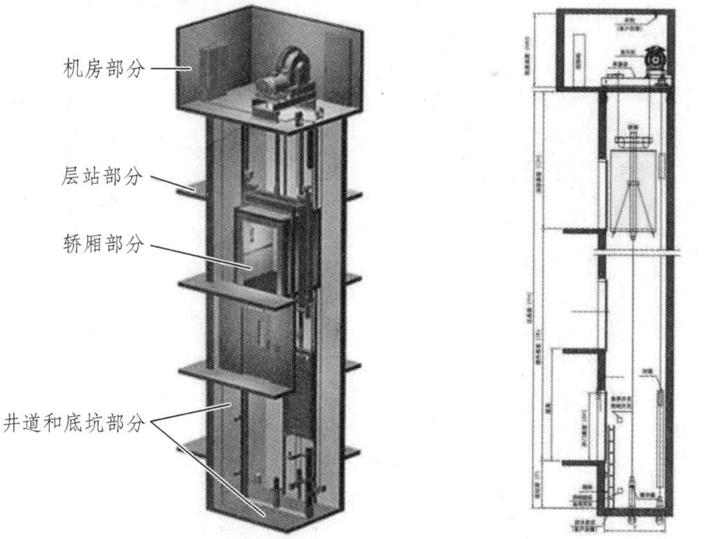

（a）电梯的空间部分　　（b）电梯的井道立面图

图 1-30　有机房电梯的空间组成

（一）电梯机房部分

为安装一台或多台电梯驱动主机及其附属设备的专用房间，如图 1-31 所示。

图 1-31　电梯机房

电梯机房位于井道的正上方最高处。主要设备有控制柜、拖动系统、驱动主机、主开关、紧急操作装置、其他附属设备等。

因设计需要，在井道顶设置的房间，不用于安装驱动主机，可以作为隔音层，也可用于安装滑轮、限速器和电气设备等的房间，称为辅助机房、滑轮间或隔层，也称为第二机房。一般情况下，一部电梯采用一个机房；若采用 2∶1 等大比数的曳引方式，则需要设置辅助机房以放置曳引钢丝绳的固定装置、限速器等。

机房的高度一般为 2 ~ 2.8 m，辅助机房的高度一般不小于 2 m。

1．机房的布置方式

以有机房电梯为例，按机房布置方式的不同，有机房电梯可分为机房上置式电梯、机房下置式电梯、机房侧置式电梯，如图 1-32 所示。

（a）上置式机房

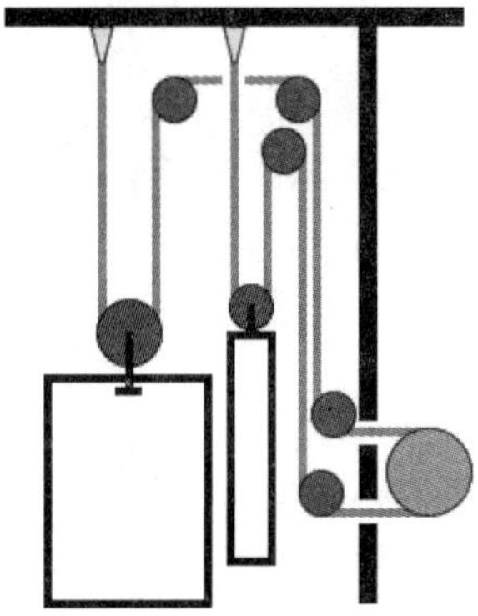

（b）旁侧下置式机房

图 1-32　电梯机房的布置方式

（1）机房上置式电梯。机房位于井道的上方，驱动简单，广泛应用于各类电梯，如乘客电梯等。地铁段场办公楼的有机房电梯，均为机房上置式。

（2）机房下置式电梯。机房位于井道的下方，驱动复杂，用于井道上方位置受限的建筑，应用少。

（3）机房侧置式电梯。机房位于井道底部的侧面，需占用井道外的地面空间，应用于液压电梯等。

目前，市面上的大部分曳引电梯，其机房一般为上置式。有特殊梯种要求的，如建筑空间不足，则可设在井道底部或侧面。

2．机房的建筑结构

在机房楼板上面或下面、井道顶部，一般铺设有钢梁（称为承重梁），用以承受曳引机自重及其负载和绳头组合负载。

机房有实体的墙壁、房顶、门、活板门，只有经过批准的人员（维修、检查和营救人员）才能接近。

所谓活板门，为开设在机房或隔层地板上，供检修人员或运送检修电梯材料的只能向上开启的门。其面积不小于 0.8 m × 0.8 m。当门关闭时，门上应能支撑两人的重力，在门的任何位置均能承受 2 000 N 的垂直作用力而没有永久变形。（注：并非所有电梯都有活板门）

机房内垂直于地板装饰面与天花板之间的最小距离，为机房高度。机房工作区域的净高度至少大于 2.0 m。

3．安全方面

在通往机房的外侧通常应设有机房安全警示，如图 1-33 所示。

图 1-33 机房安全警示

在电梯机房内应设有详细的说明，指出电梯万一发生故障时应遵循的规程，尤其包括手动或电动紧急操作装置和层门开锁钥匙的使用说明。

电梯照明、动力总电源的总开关应装在机房出入口处便于接近及操作的位置，其高度应离地板 1.3 ~ 1.5 m。

如果机房为几台电梯所共用，各台电梯主开关的操作机构应易于识别。同时，主开关应具有稳定的断开和闭合位置，并且在断开位置时应能用挂锁或其他等效装置锁住，以确保不会出现误操作。

在紧急电动运行按钮上或其近旁应标出相应的运行方向。

4．通风及照明方面

为了保证机房中设备的正常运行，如考虑设备散发的热量，机房中的环境温度应保持在 + 5 ~ 40 °C。机房的散热，一般采用自然通风窗来实现。

机房的照明电源，由机房内靠近入口处的开关来控制。

电梯驱动主机电源与轿厢、井道、机房和滑轮间照明电源是相对独立的。

（二）电梯井道及底坑部分

1．井道部分

井道是建筑物中专供电梯上下行驶的垂直通道，是保证轿厢、对重（或平衡重）、液压缸柱塞安全运行所需的建筑空间。

作为电梯运载装置和相关设备运行的空间，井道位于机房（如有）的正下方，其横截面一般为矩形或正方形，通常以底坑底（底板）、井道壁和井道顶（顶板）为边界。即井道的空间，除轿厢正常运行的区域外，还包括底层端站以下和顶层端站以上的空间，如图 1-34 所示。

图 1-34 电梯井道

井道内部一般设置有导轨、导轨支架、对重装置、缓冲器、限速器张紧装置、补偿装置、限位开关、极限开关等。

对有机房的电梯，井道与机房的位置关系，如图 1-35 所示

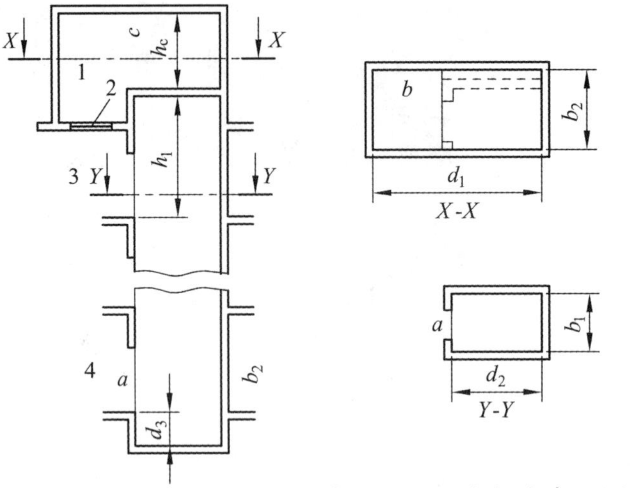

1—机房；2—活板门；3—顶层端站；4—底层端站；5—井道和机房纵剖图。
其中：b_1—井道宽度；b_2—机房宽度；d_1—机房深度；d_2—井道深度；
d_3—底坑深度；h_1—顶层高度；h_2—机房高度。

图 1-35　电梯机房与井道的位置关系

（1）井道的类型。

按可供电梯运行数量的不同，井道可分为单梯井道、多梯井道。只供一台电梯运行的井道称为单梯井道，如地铁站厅至站台的无障碍电梯；可供两台或两台以上电梯平行运行的井道称为多梯井道。

按井道壁材料的不同，电梯井道可分为混凝土井道、玻璃井道。地铁站厅至站台的无障碍电梯为玻璃、单梯井道，如图 1-36 所示。

图 1-36　玻璃、单梯井道

按火灾情况下对火焰蔓延要求的不同，井道可分为全封闭的井道、部分封闭的井道。

全封闭井道，在建筑物中要求有助于防止火焰蔓延。该井道应由无孔的墙、底板和顶板完全封闭起来，只允许有下列开口：

① 层门开口；

② 通往井道的检修门、井道安全门以及检修活板门的开口；

③ 火灾情况下，气体和烟雾的排气孔；

④ 通风孔；

⑤ 井道与机房或与滑轮间必要的功能性开口；

⑥ 根据防护要求，在电梯之间隔板上的开孔。

部分封闭的井道，在不要求火灾情况下用于防止火焰蔓延，如在与瞭望台、竖井、塔式建筑物连接的观光电梯等，不需要全封闭，但要确保正常接近电梯处。围壁的高度应足以防止人员：遭受电梯运动部件危害；直接或用手持物体触及井道中电梯设备而干扰电梯的安全运行。

电梯通常在全封闭井道中安装，只有在充分考虑环境或位置条件后，才允许电梯在部分封闭井道中安装。

（2）井道的结构。

即用来隔开井道和其他场所的结构。

① 井道宽度。平行于轿厢宽度方向测量的两井道内壁之间的水平距离。

② 顶层高度。顶层端站地坎上平面到井道天花板（不包括任何超过轿厢轮廓线的滑轮）之间的垂直距离。

③ 井道围封。将电梯井道与其他区域或空间隔离开的固定结构件。

④ 电梯的快行区域。对于长度超过 3 倍的平均楼层高度且其间不停靠的井道段。

⑤ 机器空间。井道内部或外部放置电梯机械设备以及直接与电梯相关的电气设备的空间。

⑥ 井道开口。井道出入口，只允许设有下述开口：

a. 层门开门；

b. 通往井道的检修门，井道安全门以及检修活板门的开口（火灾情况下用以排除气体与烟雾的排气孔）；

c. 通风孔；

d. 井道与机房或与滑轮间的永久性开口。

⑦ 井道安全门。当相邻两层门地坎间距离大于 11 m，轿厢因故障停在井道盲区（即井道中没有设置开门的区段，例如机场塔楼电梯的非停止层）时作乘客撤离并进行修理的安全门。

⑧ 检修活板门（如有）。为维修保养人员安全及操作而设置在井道内的开口。门不得朝井道里开启，应设钥匙开启的锁。平日只有门处于关闭状态时电梯才能运行。其尺寸不得大于 0.5 m（高度）× 0.5 m（宽度）。

（3）井道的安全。

电梯井道应为电梯专用，且井道内不得装设与电梯无关的设备、电缆等。

如果在井道中工作的人员被困，无法通过轿厢或井道逃脱危险时，应在存在该危险处设置报警装置。

电梯井道内表面与轿厢地坎、轿厢门框架、滑动门的最近门口边缘的水平距离不应大于 0.15 m。

（4）井道的通风及照明。

井道通常设置有永久性的电气照明装置，即使所有的门关闭时，在轿顶面以上和底坑地面以上 1 m 处的照度均至少为 50 lx。

照明的设置方式：距井道最高和最低点 0.5 m 以内各设一盏灯，再设中间灯。在机房和底坑分别装设井道照明开关，可进行井道照明的控制。

井道灯照明装置如图 1-37 所示。

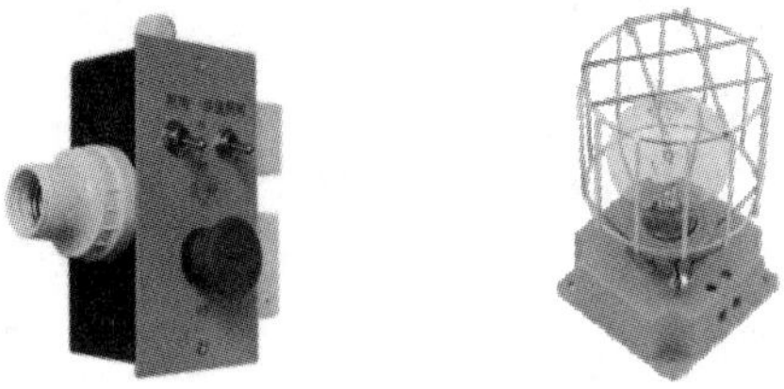

图 1-37　井道灯照明装置

用于井道内通风以及发生火灾情况下排除气体与烟雾的孔道，称为井道排气口。井道内排气由井道顶部和底部的排气口解决。

2．底坑部分

电梯底层端站地面以下的井道部分，即底坑位于电梯轿厢服务的最低层站以下的井道部分，如图 1-38 所示。

图 1-38　电梯底坑

底层端站地坎上平面到井道底面之间的垂直距离，称为底坑深度。坑底与轿厢最低部分之间的净空距离不小于 0.5 m。

为检修方便，底坑一般设置有检修盒，包括停止装置、电源插座、井道灯开关、底坑检修照明装置等。

停止装置设置于井道外，靠近通道门位置，必要时可以放置两个，如图 1-39 所示。井道灯的开关设置在进入底坑时易于接近的地方。

在底坑停止装置或附近通常标有“停止”字样，设置在不会出现误操作危险的地方。

如果底坑深度大于 2.5 m 且建筑物的布置允许，应设置进底坑的门。如果没有其他通道，为了便于检修人员安全进入底坑，应内设置一个从层门进入底坑的永久性装置，此装置不得凸入电梯运行的空间。

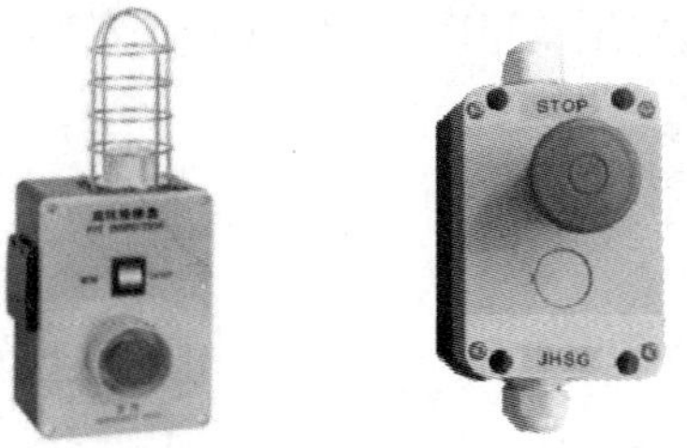

图 1-39　停止装置

电梯正常运行中，轿厢、对重的最低部分，包括导靴、护脚板等与底坑底之间的自由垂直距离一般至少为 2 m。

设置在底坑，位于轿厢和对重装置之间，对维修人员起防护作用的隔障，称为底坑隔障。

电梯底坑一般安装有缓冲器座、导轨座以及排水装置。缓冲器是电梯的最后一道安全保护装置。

（三）电梯轿厢部分

电梯中用以运载乘客或其他载荷的箱形装置称为轿厢，如图 1-40 所示。

图 1-40　电梯轿厢

轿厢部分包括轿厢体和轿厢架，其中轿厢体包括轿厢壁、轿厢门、轿厢底等。

轿厢内有操纵箱，可对轿厢的运行进行控制，如开关门、选层、通话、报警等；还设有扶手、照明等装置。轿厢顶上设有检修装置、通风机、检修护栏等。

轿厢的底部有随行电缆，可与轿厢同步运行，以确保轿厢的正常控制。

安全方面，轿厢配有超载保护装置、安全钳等，可在轿厢出现超载、超速时起安全保护作用。

（四）电梯层站部分

各楼层用于出入轿厢的地点为电梯层站，用于人员或货物从运载装置进出的地板或平台，如图 1-41 所示。

① 预定层站。又称待梯层站，为并联或群控控制的电梯轿厢无运行指令时，指定停靠待命运行的层站。

② 层站入口。井道壁上的开口部分，它构成从层站到轿厢之间的通道。

③ 层间距离。两个相邻停靠层站层门地坎之间的垂直距离。层站设有层站指示和操作装置，用于电梯的运行情况显示及控制。

④ 基站。轿厢无投入运行指令时停靠的层站，一般位于乘客进出最多并且方便撤离的建筑物大厅或底层端站。

⑤ 底层端站。最低的轿厢停靠站。底层端站的下面即为井道的底坑。

⑥ 顶层端站。最高的轿厢停靠站。顶层端站的上面即为电梯的机房。

图 1-41　电梯层站

二、电梯的系统组成

根据功能特点的不同，电梯系统由 8 大部分组成：曳引系统、轿厢系统、重量平衡系统、导向系统、门系统、电力拖动系统、电气控制系统、安全保护系统。

电梯系统组成及功能作用，如表 1-7 所示。

表 1-7　电梯系统组成及功能作用

系统名称	功能作用	系统组成
曳引系统	输出与传递动力，使电梯运行	曳引机、曳引轮、曳引钢丝绳、减速器、制动器、导向轮、反绳轮等
轿厢系统	运送乘客和货物	轿厢体、轿厢架等
重量平衡系统	相对平衡轿厢重力，在电梯工作中能使轿厢与对重间的重力差保持在限额之内，保证电梯的曳引传动正常	对重装置、补偿装置等
导向系统	限制轿厢和对重的活动自由度，使轿厢和对重只能沿着导轨作升降运动	导轨、导轨架、导靴、导向轮、反绳轮等
门系统	封住层站入口和轿厢入口，确保乘客的安全运送	轿厢门、层门、开关门装置（门机）、门锁装置、安全保护装置等
电力拖动系统	提供动力，实行电梯速度控制	曳引电机供电系统、速度调节装置、速度检测装置等
电气控制系统	对电梯的运行实行操纵和控制	控制柜、操纵装置、位置显示装置、平层装置、选层器等
安全保护系统	保证电梯安全使用，防止一切危及人身安全的事故发生	安全钳、限速器、缓冲器、终端保护装置、电气安全保护装置、夹绳器、电气安全保护装置、安全触板、层门门锁、限位开关装置等

注：部分教科书将电梯系统分为 7 大部分，即轿厢系统和门系统合为轿厢和门系统。

知识点二　曳引系统

曳引系统的主要功能是输出与传递动力，使电梯运行，主要由曳引机、曳引轮、曳引钢丝绳、减速器、制动器、导向轮、反绳轮等组成。

一、曳引机

又称电梯主机或驱动主机，包括电动机、制动器和曳引轮在内的靠曳引绳和曳引轮绳槽摩擦力驱动或停止电梯的装置。它是电梯的动力设备，如图 1-42 所示。

设置在机房（对有机房电梯）或安装在导轨支架上（对无机房电梯），每台曳引机驱动一部电梯运行。

图 1-42　曳引机

为方便检修及安全运行，曳引机与机房墙壁之间的距离大于 500 mm、与控制柜间的距离不小于 500 mm。为减小振动噪声，曳引机底部设有曳引机减振垫。

1．曳引机的类型

曳引机的分类方式有多种，通常可根据减速方式、驱动电机、速度进行分类。

（1）按减速方式分类。

按驱动电动与曳引轮之间有无采用减速齿轮装置，曳引机可分为有齿轮曳引机、无齿轮曳引机。

① 有齿轮曳引机。

电动机通过减速齿轮箱驱动曳引轮的曳引机；设置在机房内；主要由电动机、制动器、联轴器、减速器（箱）、曳引轮、机架和导向轮及附属盘车手轮等组成；多用于低、中速交流电梯，如地铁车辆段办公楼的有机房电梯，如图 1-43 所示。

其具有振动和噪声大、结构体积大、驱动力、维护困难等特点，驱动动力可通过蜗轮蜗杆、斜齿轮、行星齿轮等减速器来实现。

图 1-43　有齿轮曳引机

② 无齿轮曳引机

不带齿轮减速器，将曳引电动机与曳引轮直接相连，中间位置安装制动器的曳引机；设置在井道上部的安装架上；在地铁车站、机场、商业中心等场所的电梯广泛应用，如图 1-44 所示。

图 1-44　无齿轮曳引机

无齿轮曳引机的优点：

a. 高效节能，驱动系统动态性能优良。

b. 没有齿轮传动时的功率损耗，机械效率高。

c. 由于低速直接驱动，故轴承噪声低，无风扇和齿轮传动噪声，噪声一般可降低 5 ~ 10 dB ，运转平稳可靠。

d. 无齿轮减速箱，无激磁绕组，体积小，质量轻，可实现小机房或无机房配置，降低了建筑成本，减少了保养维护工作量。

e. 使用寿命长，安全可靠，同时维护保养简单。

无齿轮曳引机一般用于无机房电梯，如地铁车站里的无障碍电梯、机场大厅的电梯等。高速直流电梯也无多采用无齿轮曳引机。

现在，电梯设备广泛采用永磁同步无齿轮曳引机。它是一种由永磁同步电动机驱动、不带齿轮减速器的曳引机，如图 1-45 所示。

图 1-45　永磁同步无齿曳引机

与传统曳引机相比，永磁同步电动机不需要定期添加更换机油，所以不存在漏油的可能性；电机完全是靠变频变压来调节速度，运行速度调节良好。因此，永磁同步无齿轮曳引机具有高效、节能、低噪声、成本低、控制性能良好等优点，是目前比较流行的高性能的曳引机。

（2）按驱动电机分类。

按驱动电机的不同，曳引机可分为直流曳引机、交流曳引机。

① 直流曳引机。

采用直流驱动电机的曳引机；按减速方式的不同，又可分为直流有齿轮曳引机和直流无齿轮曳引机。

② 交流曳引机。

采用交流驱动电机的曳引机，称为交流曳引机。

按减速方式的不同，交流曳引机又可分为交流有齿轮曳引机、交流无齿轮曳引机。

地铁车站、机场等电梯多采用交流无齿轮永磁曳引机驱动。

（3）按速度分类。

按额定速度的不同，曳引机可分为低速曳引机（$v<1$ m/s）、中速（或快速）曳引机（1 m/s $\leqslant v<2$ m/s）、高速曳引机（2 m/s $\leqslant v<4$ m/s）、超高速曳引机（$v\geqslant 4$ m/s）。

2．曳引机的工作原理

曳引钢丝绳两端分别连着电梯的轿厢和对重，缠绕在曳引轮和导向轮上，曳引电动机通过减速器减速后带动曳引轮转动，靠曳引钢丝绳与曳引轮绳槽之间摩擦产生牵引力（即曳引力），实现轿厢和对重的升降运动，达到运输目的，如图 1-46 所示。

悬吊轿厢的钢丝绳根数与曳引轮轿厢侧下垂的钢丝绳根数之比，称为电梯曳引绳曳引比，即曳引轮带动曳引绳移动的距离和轿厢移动的距离之比。曳引比越大，则负载能力越大，但轿厢的升降速度会越低，总之负载能力与升降速度成反比。

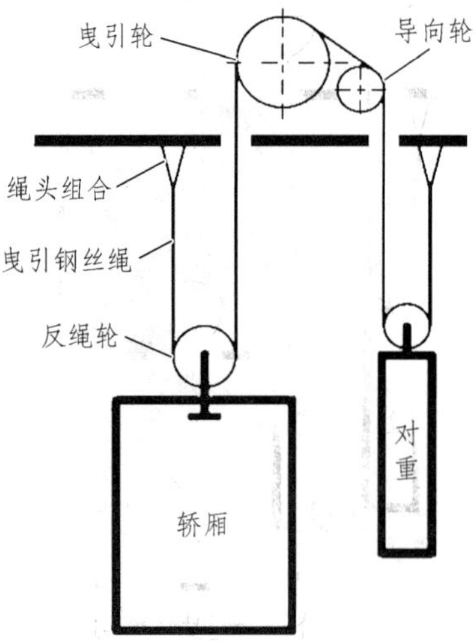

图 1-46　曳引机工作原理

电梯常见的曳引比有 1：1、2：1、4：1、6：1 等，如图 1-47、图 1-48 所示。

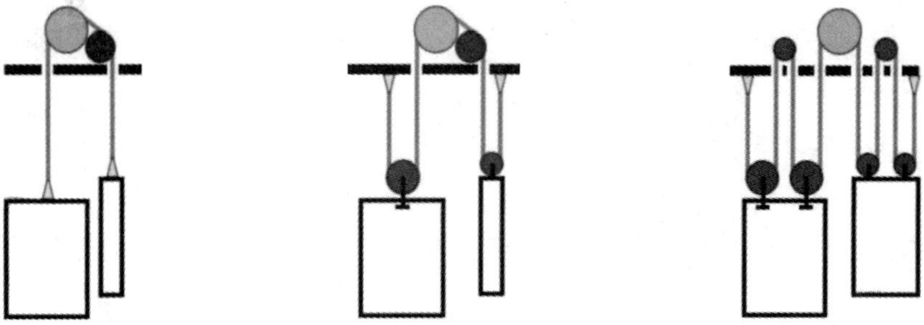

（a）1：1　　（b）2：1　　（c）4：1

图 1-47　电梯曳引比（有机房）

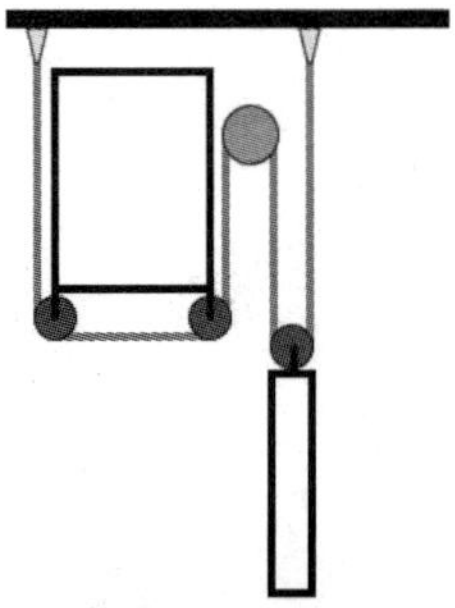

图 1-48　2：1 电梯曳引比（无机房）

对客梯，短行程多采用 1：1 的曳引比；对中高行程多采用高速的无齿轮曳引机，也可采用 2：1 的曳引比。无机房电梯通常采用 2：1 的曳引比，且反绳轮一般设置在轿厢架底部，这样能使轿厢达到比曳引机还高的最高层。

由交流或直流电源直接供电的电动机，必须用两个独立的接触器切断电源，接触器的触点应串联于电源电路中。电梯停止时，如果其中一个接触器的主触点未打开，应该在下一次运行方向改变时，必须防止轿厢再运行。

二、曳引电动机

又称主电机，是曳引机上的驱动电机，如图 1-49 所示。

图 1-49　曳引电动机

按供电电源的不同，曳引电动机可分为直流曳引电动机、交流曳引电动机。

超高速电梯，多采用直流曳引电动机来驱动；常规电梯，如乘客电梯等高速以下电梯，多采用交流曳引电动机。

电机的转速调节，可通过调频、调压等方式来实现。方法如下：

（1）改变电动机定子绕组的极对数进行调速。此法较少应用。

（2）改变电动机定子绕组的电压进行调速。低速时功率因数低，电动机易发热，仅适用于额定速度 1.75 m/s 以下电梯。

（3）改变电压及频率进行调速。例如，目前电梯常用的变频变压调速（VVVF）技术。

曳引电动机的保护方面，采取短路保护、过载保护等。例如，采用手动复位的自动断路器进行保护控制，电动机过载时，该断路器能切断电动机的所有供电，待过载消除后再手动恢复。

三、减速器

又称减速箱，是由封闭在刚性壳体内齿轮传动、蜗杆传动、齿轮-蜗杆传动等组成的独立部件，用作曳引电动机和曳引轮之间的减速传动及传递力矩装置。

减速器应用于有齿轮曳引机，安装在曳引电动机和曳引轮之间，如图 1-50 所示。

图 1-50　减速器

减速器工作时，电动机通过与减速器的输入端相连，带动减速器中小齿轮运转，并以此带动大齿轮，从而带动减速器输出端连接的曳引轮进行减速运行。

根据减速结构的不同，有齿轮曳引机常用的减速器有蜗轮蜗杆减速器、斜齿轮减速器、行星齿轮减速器等。其中，蜗轮蜗杆减速器又可分为上置式（蜗杆在蜗轮之上）和下置式（蜗杆在蜗轮之下），如图 1-51 所示。

（a）蜗轮蜗杆曳引机及减速器（上置式）

（b）蜗轮蜗杆曳引机及减速器（下置式）

（c）斜齿轮曳引机及减速器

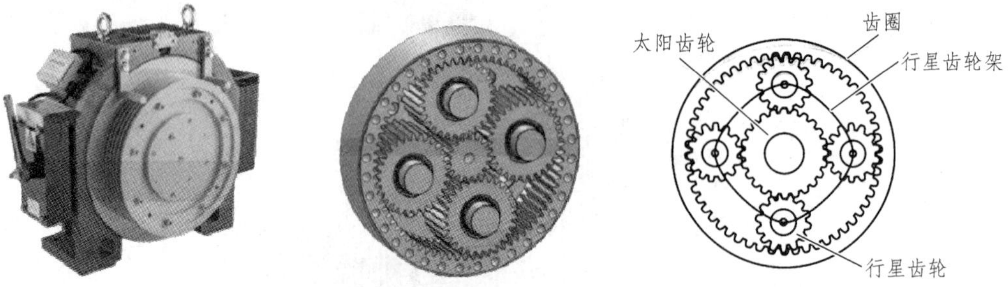

（d）行星齿轮曳引机及减速器

图 1-51　有齿轮曳引机及减速器

四、制动器

是能使电梯曳引机减速、停止或保持停止状态等功能的装置。安装在曳引机上的制动轮处，主要由制动臂、电磁铁、闸瓦、弹簧等组成。制动器结构如图 1-52 所示。

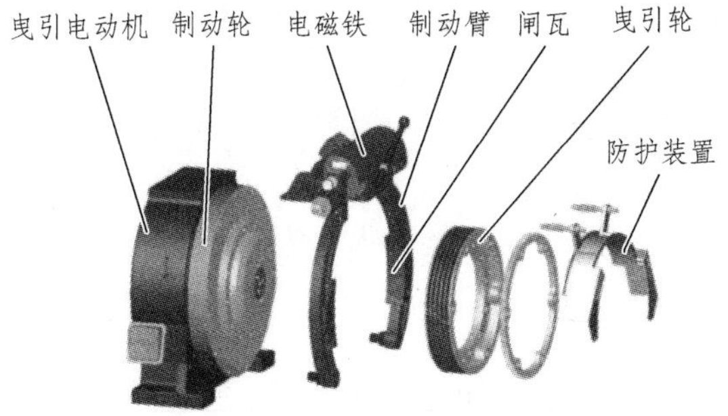

（a）制动器基本结构

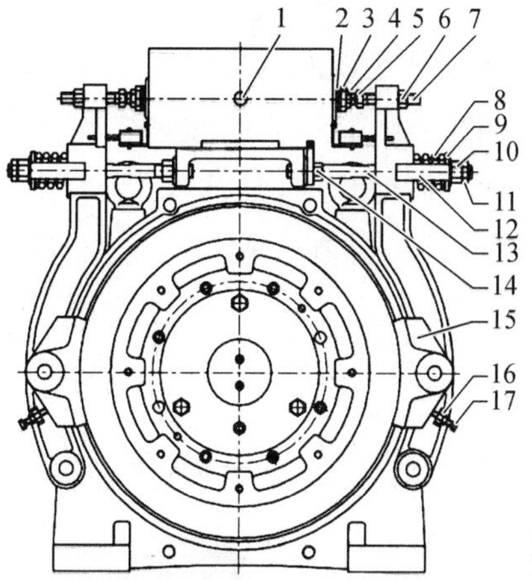

（b）永磁同步无齿轮曳引机制动结构

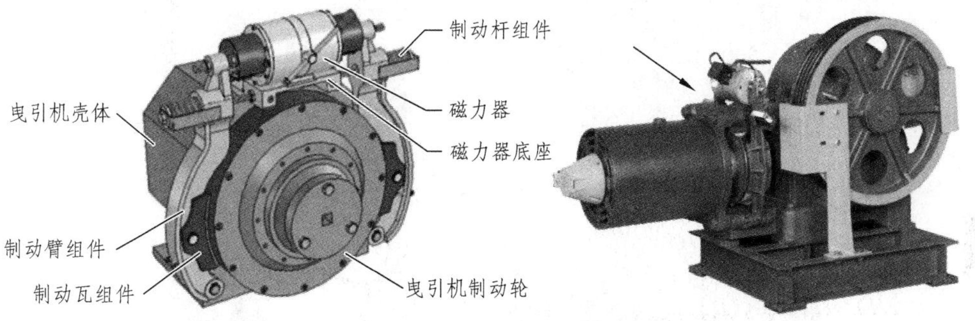

（c）无齿轮、有齿轮曳引机制动器安装位置

1—凸轮轴（无机房）/封堵（有机房）；2—复位弹簧；3—调整螺母；4—锁紧螺母；5—顶杆；6—锁紧螺母；7—顶杆螺钉；8—制动弹簧；9—弹簧垫圈；10-压缩螺母；11—锁紧螺母；12—标尺；13—拉杆；14—锁紧螺母；15—制动瓦；16—锁紧螺母；17—顶紧螺钉。

图 1-52　曳引机制动器结构及安装位置

1．制动器的工作原理

制动器为常闭状态，即曳引机不工作时（常态下），制动器是保持制动的状态。

在电梯曳引机正常启动运行时，制动器的线圈在持续通电的情况下使制动臂带动闸瓦和制动轮保持松开状态，此时曳引电动机正常运转。当电梯在动力电源失电或控制电路电源失电时，制动器的释放电路被断开，制动系统由通电时的抱闸打开状态恢复为断电时的制动状态，使电梯被无附加延迟地有效制动。

制动器的动作条件：动力电源失电或控制电路电源失电。

2．制动器的安全要求

所有参与向制动轮（或盘）施加制动力的制动器机械部件分两组装设。如果一组机械部件不起作用，另一组则仍有足够制动力使额定载重以额定速度下行的轿厢减速。被制动部件（如制动轮）应以机械方式与曳引轮直接刚性连接（如联轴器连接）。

当轿厢载有 125% 额定载重并以额定速度向下运行时，操作制动器也能使曳引机停止运转。此时，轿厢的减速度不应超过安全钳动作或轿厢撞击缓冲器所产生的减速度。切断制动器电流，至少应用两个独立的电气装置来实现。制动闸瓦或衬垫的压力由导向的压缩弹簧施加。

无论有齿轮曳引还是无齿轮曳引机，都配置有制动器，用于实现电梯在正常或异常情况下的快速停运。制动器制动响应时间一般不大于 0.5 s 。

3．制动器的类型

按结构形式的不同，制动器可分为闸瓦式制动器、块式制动器、盘式制动器等，如图 1-53 所示。

（a）闸瓦式制动器

（b）盘式制动器

（c）块式制动器

图 1-53　制动器

五、曳引轮

曳引机上的驱动轮，称为曳引轮。

对有齿轮曳引机，曳引轮安装在减速器的输出轴上。对无齿轮曳引机，曳引轮安装在电动机输出轴上。为确保安全，曳引轮的外侧面涂成黄色，如图 1-54 所示。

图 1-54　曳引轮

曳引轮节圆与曳引钢丝绳的直径之比不小于 40。

1．曳引轮的绳槽

为方便安装及悬挂曳引钢丝绳，曳引轮上设置有绳槽。

根据槽形的不同，曳引轮的绳槽可分为 V 形槽（楔形槽）、U 形槽（半圆槽）、带底切 U 形槽（切口半圆槽），如表 1-8 所示。

表 1-8　曳引轮的绳槽形状、特点及应用场合

曳引轮的绳槽形状	特点	应用场合
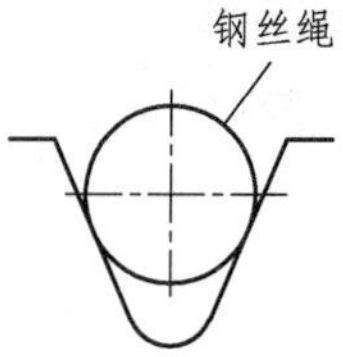 V 形槽（楔形槽）	与钢丝绳之间的摩擦力很大，故磨损大	低速、大驱动力的电梯
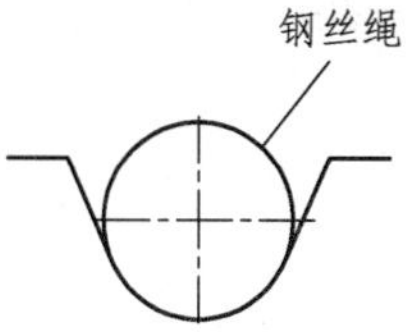 U 形槽（半圆槽）	对钢丝绳磨损小，驱动摩擦力也小	高速电梯
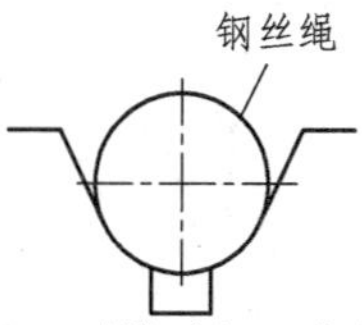 带底切 U 形槽（切口半圆槽）	对钢丝绳的磨损更大，同时获得的摩擦力也更大	单绕式的中、低速电梯

2．曳引轮的防护

为防止人员意外触碰、钢丝绳因松弛脱离绳槽、异物进入钢丝绳与绳槽之间，曳引轮、滑轮通常设防护装置，如图 1-55 所示。

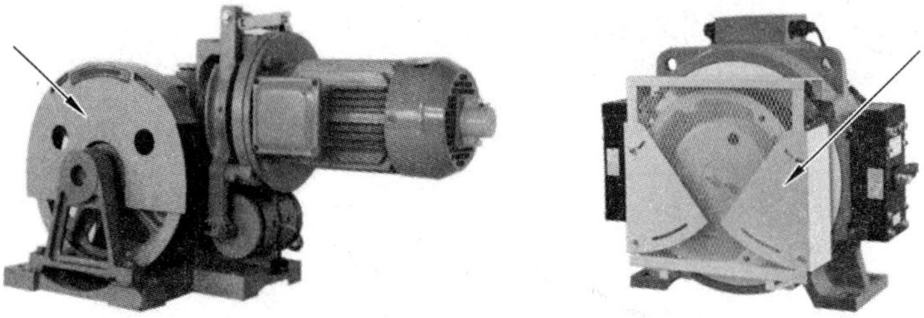

图 1-55　曳引轮的防护装置

六、曳引钢丝绳

连接电梯轿厢和对重装置，并靠与曳引轮绳槽的摩擦力驱动轿厢升降的专用钢丝绳，称为曳引钢丝绳。

曳引钢丝绳位于井道中，是曳引电梯的悬挂装置之一。在曳引机的驱动下，曳引钢丝绳带动轿厢和对重交替升降，如图 1-56 所示。

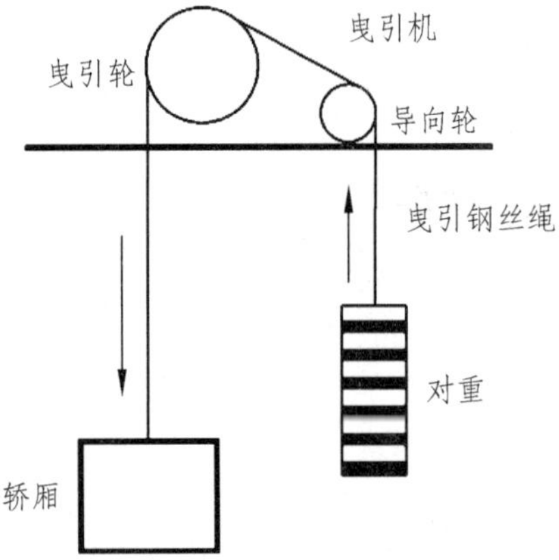

图 1-56　曳引钢丝绳的悬挂

1．钢丝绳的组成

钢丝绳主要由钢丝、绳股和绳芯组成，如图 1-57 所示。

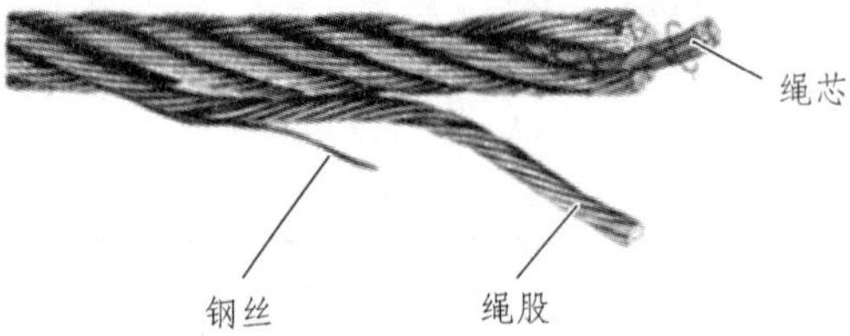

图 1-57　钢丝绳的结构组成

按绳芯的不同，钢丝绳绳芯可分为纤维芯（FC）和钢芯（WC）。其中，纤维芯（FC）包括天然纤维绳芯（NFC）和合成纤维绳芯（SFC），如图 1-58 所示。

（a）钢芯钢丝绳

（b）纤维芯钢丝绳

图 1-58　钢芯、纤维芯钢丝绳

天然纤维绳芯（NFC）和合成纤维绳芯（SFC）的特点及应用，如表 1-9 所示。

表 1-9　天然纤维绳芯（NFC）和合成纤维绳芯（SFC）的特点及应用

绳芯类型	特　点	应　用
天然纤维绳芯（NFC）	由剑麻纤维芯制造； 捻制成钢丝绳后，绳芯含油率为干燥纤维质量的 10%～16%	电梯悬挂钢丝绳
合成纤维绳芯（SFC）	由新的聚丙烯、高密聚乙烯、聚酯或聚酰胺制造； 捻制成钢丝绳后，绳芯含油率为干燥纤维质量的 4%～10%	电梯限速器钢丝绳和补偿钢丝绳
注：含油率是指钢丝绳的外层股含油率		

钢芯（WC）包括独立的钢丝绳芯（IWRC）、复合钢芯（CSC）和钢丝股芯（WSC）。直径大于 7 mm 的钢丝绳的钢芯应采用独立的钢丝绳芯（IWRC）或复合钢芯（CSC）。所谓复合钢芯（CSC），即含有纤维芯的独立钢丝绳芯。

对曳引轮，无论 V 形的曳引轮绳槽是否带有下切口，钢丝绳承受载荷后绳槽对其径向压力都比 U 形绳槽大，因此 V 形绳槽的曳引轮一般不采用钢芯钢丝绳。

2．钢丝绳的曳引条件

为确保电梯的安全升降，钢丝绳曳引应满足以下 3 个条件：

（1）轿厢装载至 125%额定载荷的情况下应保持平层状态不打滑；

（2）必须保证在任何紧急制动的状态下，不管轿厢内是空载还是满载，其减速度的值不能超过缓冲器（包括减行程的缓冲器）作用时减速度的值；

（3）当对重压在缓冲器上而曳引机按电梯上行方向旋转时，不得提升空载轿厢。

3．钢丝绳的要求

曳引钢丝绳应符合下列要求。

（1）钢丝绳的公称直径不小于 8 mm。

（2）钢丝的抗拉强度：

① 对于单强度钢丝绳，宜为 1 570 MPa 或 1 770 MPa；

② 对于双强度钢丝绳，外层钢丝宜为 1 370 MPa，内层钢丝宜为 1 770 MPa；

③ 钢丝绳的其他特性（延伸率、圆度、柔性、试验等）应符合 GB/T 8903—2018《电梯用钢丝绳》的规定。

曳引钢丝绳应最少有两根，每根钢丝绳是独立的。若采用复绕法，应考虑曳引钢丝绳的根数而不是其下垂根数。不论钢丝绳的股数多少，曳引轮、滑轮的节圆直径与悬挂绳的公称直径之比不应小于 40。

为确保安全使用，电梯的钢丝绳须有足够的安全系数。所谓安全系数，是指装有额定载荷的轿厢停靠在最低层站时，一根钢丝绳的最小破断负荷与这根钢丝绳所受的最大力之间的比值。

对曳引驱动的电梯，曳引钢丝绳的安全系数不应小于下列值：

（1）对于用三根或三根以上钢丝绳的电梯为 12；

（2）对于用两根钢丝绳的电梯为 16。

钢丝绳与其端接装置的结合处应至少能承受钢丝绳最小破断负荷的 80%。

钢丝绳末端应固定在轿厢、对重或系结钢丝绳固定部件的悬挂部位。如果轿厢悬挂在两根钢丝绳上，则应设有一个电气安全装置，在一根钢丝绳或链条发生异常时电梯应停止运行。

4．电梯钢丝绳的应用

电梯各动作元件的钢丝绳应用，如图 1-59 所示。

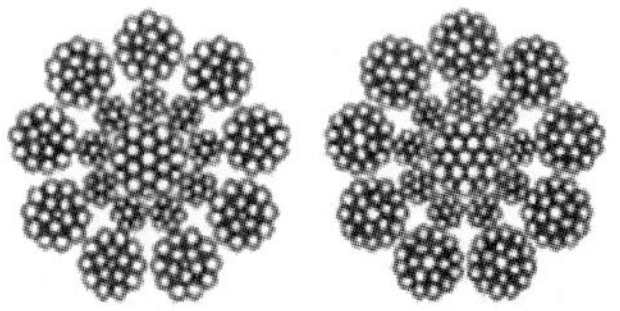

9×21F-IWRC　9×25F-IWRC

（a）曳引用钢丝绳

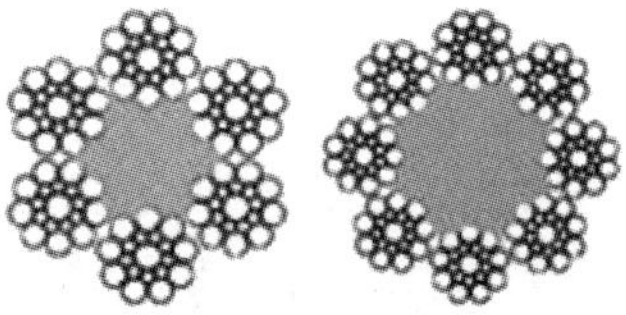

6×19S-SFC　8×19S-SFC

（b）限速器用钢丝绳

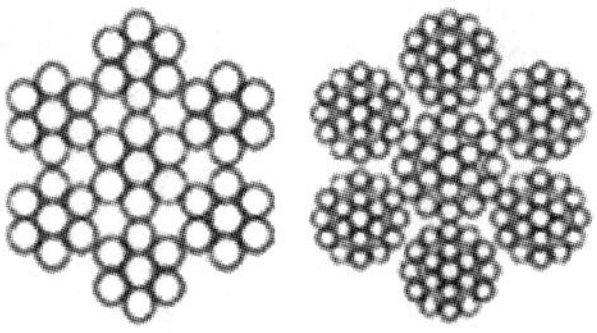

6×7-WSC　6×19M-WSC

（c）门机用钢丝绳

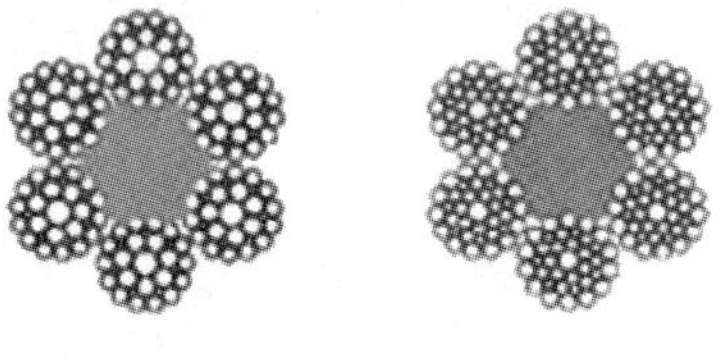

6×29F-SFC　6×36WS-SFC

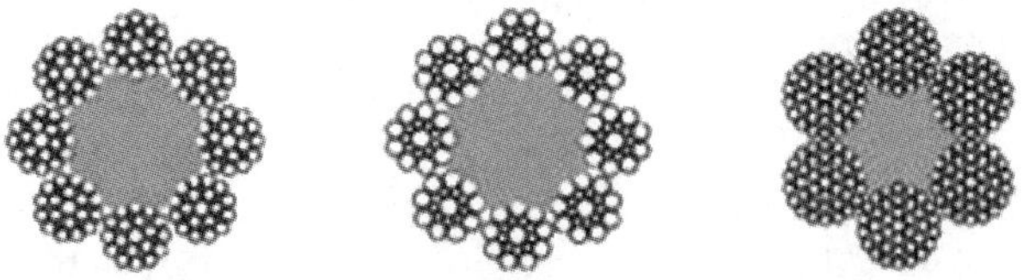

8×25F-SFC　8×19S-SFC　6×37M-SFC

（d）平衡补偿用钢丝绳

图 1-59　电梯钢丝绳的应用

除曳引钢丝绳外，有的曳引电梯也采用扁平复合曳引钢带，它是一种由多股钢丝被聚氨酯等弹性体包裹形成的扁平状曳引轿厢用的带子，如图 1-60 所示。

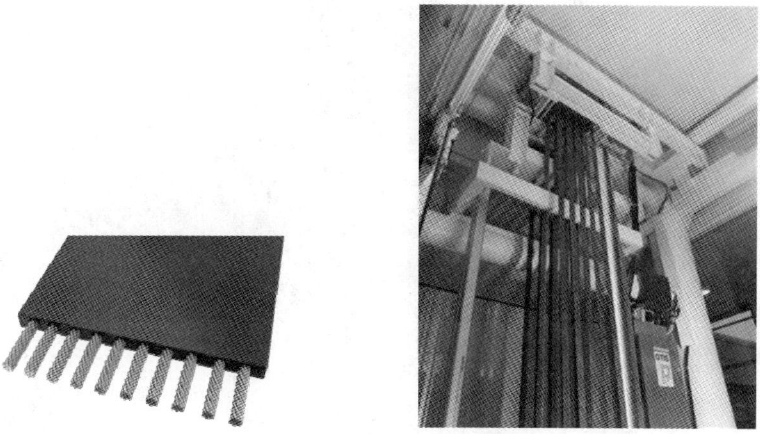

图 1-60　复合曳引钢带及应用

复合曳引钢带相对传统曳引钢丝绳的优点：采用聚氨酯材料层，无需润滑；寿命是传统钢丝绳 2～3 倍；更易弯曲，增大与驱动轮接触面积，更节能，更高效。

5．钢丝绳相关连接及防护装置

（1）挡绳装置，为防止曳引绳越出绳轮槽的防护部件，一般设置在曳引轮上，如图 1-61 所示。

图 1-61　挡绳装置

（2）绳头组合，为曳引绳与轿厢、对重装置或与机房承重梁等承载装置连接用的部件，一般设置在机房或井道，如图 1-62 所示。

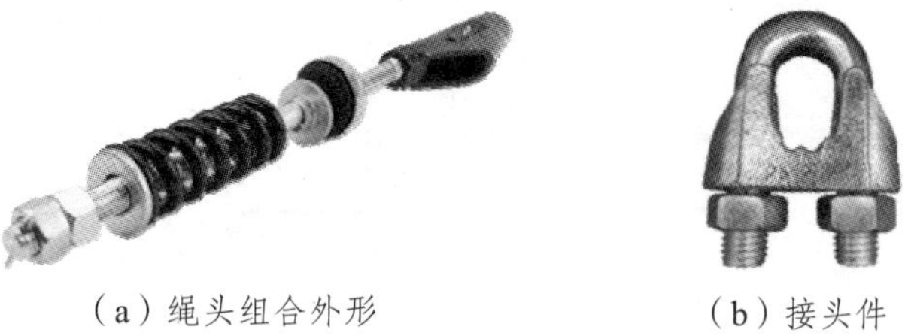

（a）绳头组合外形　　（b）接头件

（c）绳头组合的端接位置

图 1-62　绳头组合及端接位置

钢丝绳与其端接装置的接合处（绳头组合）机械强度，应至少能承受钢丝绳最小破断负荷的80%。

（3）钢丝绳夹板，夹持曳引绳，为使绳距和曳引轮绳槽距保持一致的部件。

（4）绳头板，为架设绳头组合的部件。

七、导向轮

又称导向滑轮，为增大轿厢与对重之间的距离，使曳引绳经曳引轮再导向对重装置或轿厢一侧而设置的绳轮。

导向滑轮为定滑轮，可以安装在井道的顶层空间内，一般在机架或机架下的承重梁上，位于轿顶投影部分的外面，以确保轿厢和对重有足够的距离而不会在运行时发生相互碰撞，并且检查、测试和维修工作能够安全地从轿顶或从井道外进行，如图 1-63 所示。

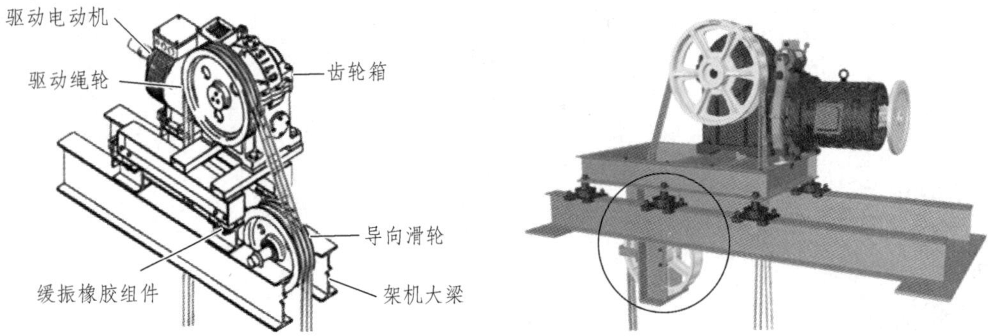

图 1-63　导向轮的设置

靠近曳引轮的钢丝绳下方，连接的是轿厢；靠近导向轮的钢丝绳的下方，连接的是对重。

八、反绳轮

为设置在轿厢架和对重框架上部的动滑轮。

电梯轿顶轮、对重轮、轿底轮都统称为反绳轮。

反绳轮及安装位置，如图 1-64 所示。

（a）轿顶轮及安装位置

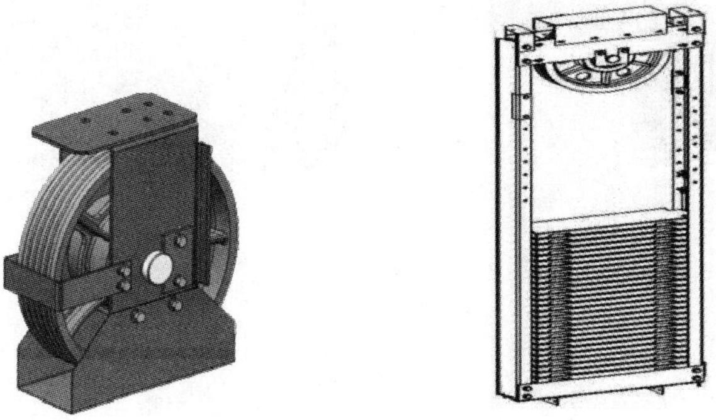

（b）对重轮及安装位置

图 1-64　反绳轮及安装位置

按材质的不同，反绳轮有铸铁反绳轮、MC 尼龙反绳轮等。

电梯的曳引比为 1∶1 时，轿厢由曳引钢丝绳直接悬挂；当曳引比为 2∶1、4∶1 时，顶梁上就需设轿顶轮。根据需要曳引绳绕过反绳轮可以构成不同曳引比，如图 1-65 所示。

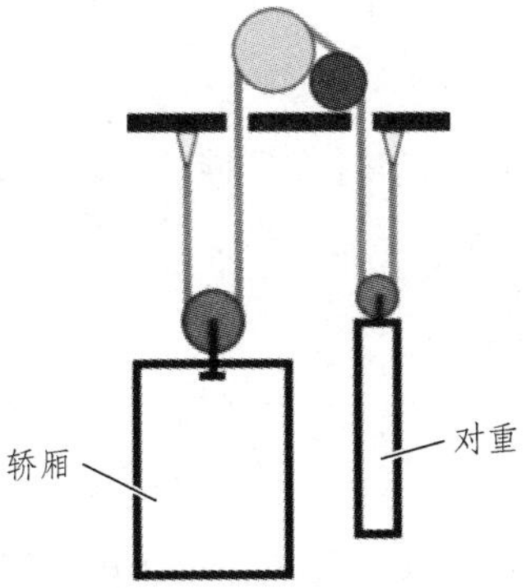

（a）曳引比 2∶1

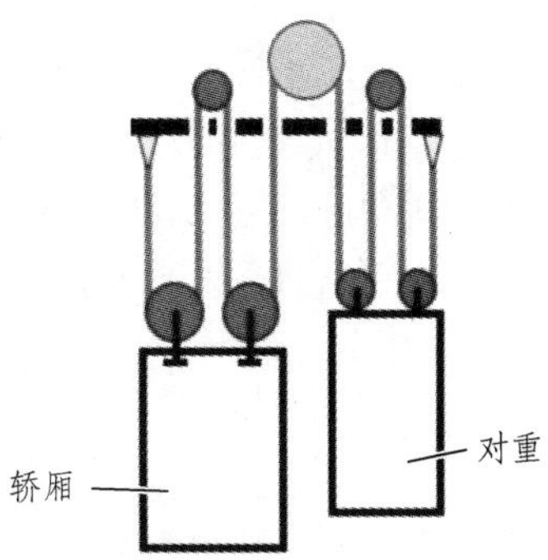

（b）曳引比 4∶1

图 1-65　轿顶轮设置

为保证曳引摩擦力需增大曳引绳对曳引轮的包角，曳引绳绕出曳引轮后经绳轮再次绕入曳引轮，这种兼有导向作用的绳轮，称为复绕轮。此种方式一般多用于额定速度为 6～8 m/s 的超高速电梯。

九、盘车手轮

又称手动盘车装置，为曳引系统中，靠人力使曳引轮转动的专用手轮。即电梯发生故障或维护保养时（切断电源后），用人力使曳引轮转动的专用手盘。

属电梯的紧急救援装置之一，其外侧面一般涂有黄色。其表面为光滑、无辐条。

盘车手轮平时可固定在电机端盖的主轴上，或者挂在机房里靠近曳引机附近的墙上，使用时再套在电机端盖的轴上，如图 1-66 所示。

（a）盘车手轮在曳引机的放置　　（b）盘车手轮在机房的放置

图 1-66　盘车手轮及放置

在驱动主机上靠近盘车手轮处以及限速器上，有与轿厢运行方向对应的明显标志。如果盘车手轮为不可拆卸，则驱动主机上的标志可标在盘车手轮上，如图 1-67 所示。

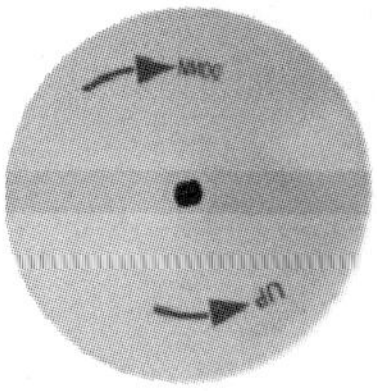

图 1-67　车手轮运行方向标志

根据所需施加力度的不同，紧急操作可分为手动紧急操作、电动紧急操作。

所谓紧急操作，是除电梯的正常运行外，轿厢有时无法准确停靠开锁区域，需要借助专门工具及外力，临时将轿厢进行短距离向上移动的操作方式。盘车手轮就是专门工具之一。

在紧急情况下，可通过人工操作盘车手轮的方式，带动电机旋转并轿厢实现短距离的移动，从而达到平层的目的。

1．手动紧急操作

如果向上移动额定载重的轿厢所需的手动操作力不大于 400 N，电梯驱动主机应装有手动紧急操作装置，如盘车手轮。

手动盘车手轮有可拆卸和不可拆卸之分。若手动盘车手轮是可拆卸的，应放置在机器设备区间内容易接近的地方。例如，平时挂于电梯机房的墙上，需要进行手动紧急操作时，从墙上取下并装上驱动主机。在盘车手轮装上的同时，驱动主电路自动运行将断开，以确保手动操作安全。

对于同一机房内有多台电梯的情况，如盘车手轮可能与相配的电梯驱动主机搞混时，应在手轮上做适当标记。

由于紧急操作的实施在机房，所操作的轿厢在井道，为使轿厢在紧急操作时能移动到所需的位置，在紧急操作处可借助悬挂绳或限速器绳上的标记或其他方式，检查轿厢是否在开锁区域。

例如，当轿厢遇到意外情况（如停电）停止在井道空间的某一位置且未达到相应楼层候梯位置时，为使轿厢短距离移动而实现平层，由两名电梯检修人员相互配合，先拆去电机轴尾盖，将挂在机房墙上的盘车手轮取下并套放固定在电机轴尾上，其中一人使用制动器的手动松闸扳手（注：扳手涂有红色）将制动器的制动臂从电机抱闸鼓上松开，另一人则顺着轿厢所需上下方向转动盘车手轮，以手动驱动和观察钢丝绳上的黄色平层标志漆的方式来实现短距离内的轿厢的平层，确保被困人员能安全撤离。

2．电动紧急操作

如果实施紧急操作的盘车力大于 400N，靠人力无法进行紧急操作时，则还需设置一个紧急电动运行操作装置。

该装置应设置在：① 机房（有机房电梯）；② 机器设备室内，无机房但有机器设备室时；③ 紧急和试验操作屏上，机器设备设置在井道内时。

紧急电动运行开关及其操纵按钮应设置在使用时易于直接观察电梯驱动主机的地方。紧急电动运行开关操作后，除由该开关控制的以外，还应防止轿厢的一切运行。检修运行一旦实施，紧急电动运行即失效。其安全原则为轿顶检修运行优先于机房检修（或紧急电动运行）。

知识点三　电梯轿厢系统

轿厢系统的主要功能是运送乘客和货物，是电梯的工作部分，主要由轿厢体和轿厢架两大部分组成，如图 1-68 所示。

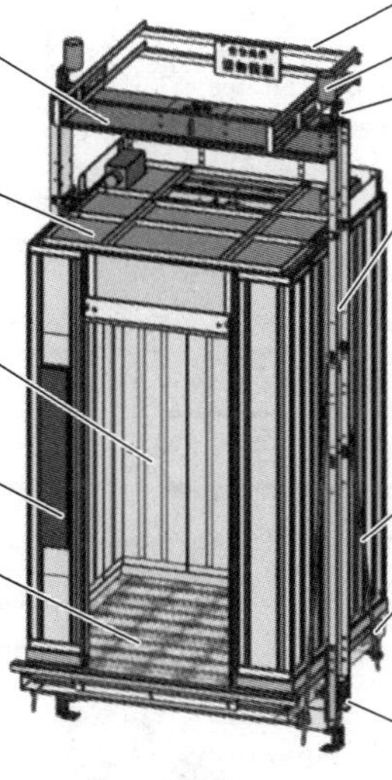

图 1-68　轿厢系统组成

一、轿箱架

又称轿架，是固定和支撑电梯轿厢的金属机构组合框架；设置在井道内；主要由上梁、下梁（底梁）、立柱和拉杆（拉条）等部件组成。

按结构的不同，轿厢架可分为对边形轿厢架、对角形轿厢架，如图 1-69 所示。

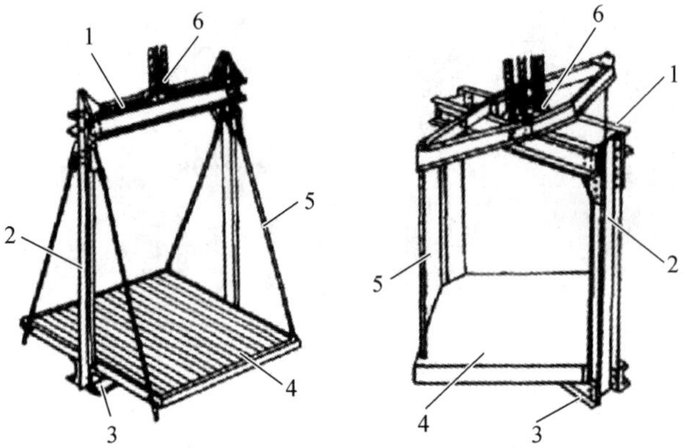

1—上梁；2—立梁；3—底梁；4—轿厢地板；5—拉条；6—绳头组合。

图 1-69　轿厢架类型

轿厢架为受力部件，由曳引钢丝绳连接，曳引钢丝绳在曳引电机的带动下，使轿厢随轿厢架一起上、下运行。

上梁安装有固定曳引钢丝绳的绳头板或轿顶轮，是曳引钢丝绳与轿厢架的连接部位。下梁与立柱下端连接，是支承轿厢底的构件。材料结构多为槽钢为主体的梁式结构和型钢或钢板折弯组合的桁式结构。

下梁与轿厢底部之间设有减振橡胶或称重弹性元件，可实现轿厢的减振。

二、轿　厢

是电梯中用以运载乘客或其他载荷的箱形装置，如图 1-70 所示。

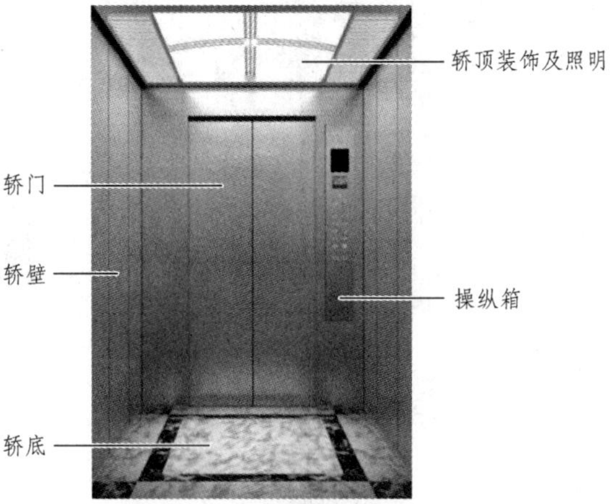

图 1-70　轿厢内部

轿厢安装在轿厢架上，主要由轿门、轿顶、轿底、轿壁等部分组成。轿厢内部，设置有操纵箱、照明灯饰、可视（发光）及可听的位置（显示）指示器、报警装置或者对讲机等，如图 1-71 所示。

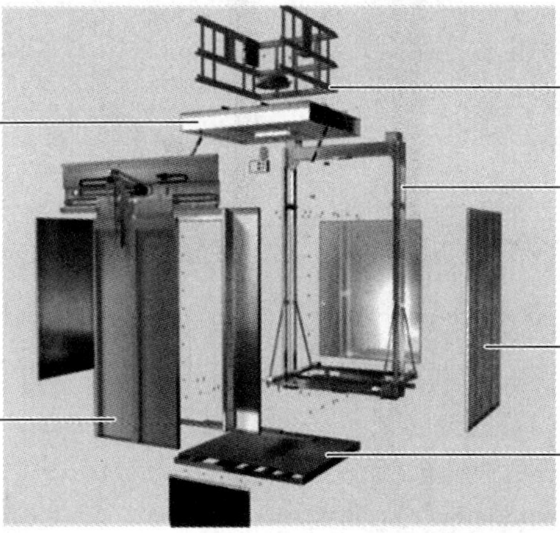

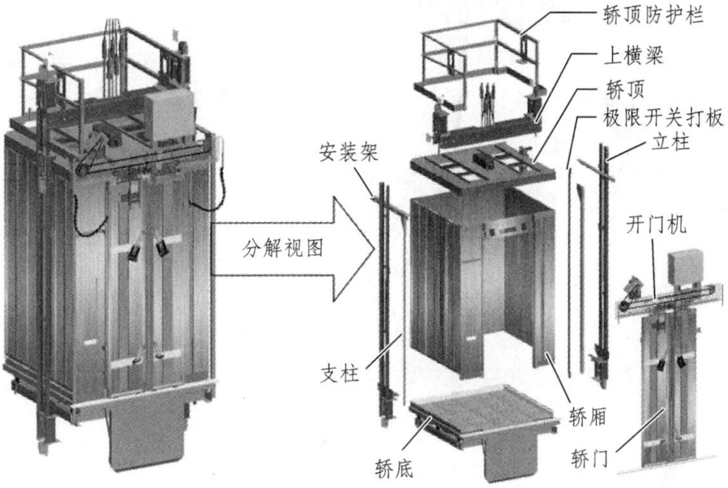

图 1-71　轿厢结构示意

轿厢是一个完全封闭的空间，仅允许以下开口：

（1）使用人员正常出入口（如轿门）；

（2）轿厢安全窗和轿厢安全门；

（3）通风孔等。

为配合对边形轿厢架、对角形轿厢架的安装，轿厢可采用侧柱式轿厢（轿厢架为对边形）和角柱式轿厢（轿厢架为对角形）。侧柱式轿厢由于受力均匀而被电梯绝大部分采用。角柱式轿厢相对侧柱式的受力效果较差，一般在特殊场合或因建筑结构而导致安装受限才采用。例如，只有当轿厢出入口设在垂直方向的两面时才选用这种方式。

1．轿厢结构部件

（1）轿门。

又称轿厢门，为设置在电梯轿厢入口的门，如图 1-72 所示。

图 1-72　轿门

其材质一般为不锈钢，作用是方便乘客进出轿厢，并提供相应的安全防护。

为提示乘客安全乘坐电梯，轿门上会贴上安全标志贴。

（2）轿壁。

又称轿厢壁，在电梯中，与轿厢底、轿厢顶和轿厢门围成一个封闭空间的板形构件。

轿壁可分为前壁、后壁、侧壁。

轿壁一般采用不锈钢材质，具有足够的机械强度。即用 300N 的力，均匀地分布在 5 cm^2 的圆形或方形面积上，沿轿厢内向轿厢外垂直方向，轿壁应无永久变形且弹性变形不大于 15 mm。

轿厢内壁中分门两侧的部分（又称袖壁），通常安装有操纵箱、铭牌和识别标记等。操纵箱可进行轿厢的运行控制。铭牌一般位于操纵箱的上方。

轿厢的铭牌上一般采用中文标明：① 电梯额定载重（kg）及乘客电梯的乘客数；② 制造商名称或商标。

（3）轿顶。

为电梯轿厢的上部，具有一定强度要求的顶盖。

材质一般为不锈钢板并有足够的强度。轿厢内的轿顶上安装有吊顶及照明等装置。

（4）轿底。

又称轿厢底，为电梯轿厢底部，支承载荷的组件。

轿底包括地板、框架等构件。材质一般为不锈钢。

正常运行时，轿厢地板的水平度不应超过 3/1 000。

（5）地坎。

为轿厢或层门入口处的带槽踏板，是电梯出入门等开口部紧贴地面的金属水平构件。

地坎设置在轿厢底入口处，分为轿厢（或轿门）地坎和层门地坎，两者结构相似，通常为不锈钢或铝合金材质。其作用是除提供出入人员或货物形成一个坚实的支撑基础外，上面带有的槽，还可作为水平滑动的轿门的门脚导轨，如图 1-73 所示。

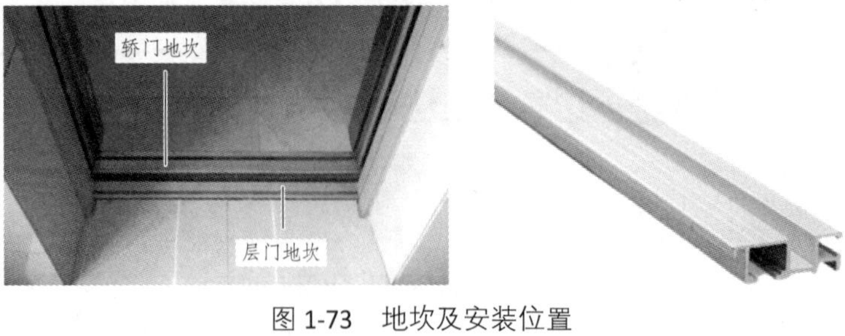

图 1-73　地坎及安装位置

电梯井道内表面与轿厢地坎、轿厢门框架或轿厢门之间的水平距离不应大于 0.15 m。层门地坎设置在层门入口处，层门地坎与轿厢地坎之间的水平距离不得大于 35 mm。

（6）护脚板

从层站地坎或轿厢地坎向下延伸、具有平滑垂直部分的安全挡板，如图 1-74 所示。

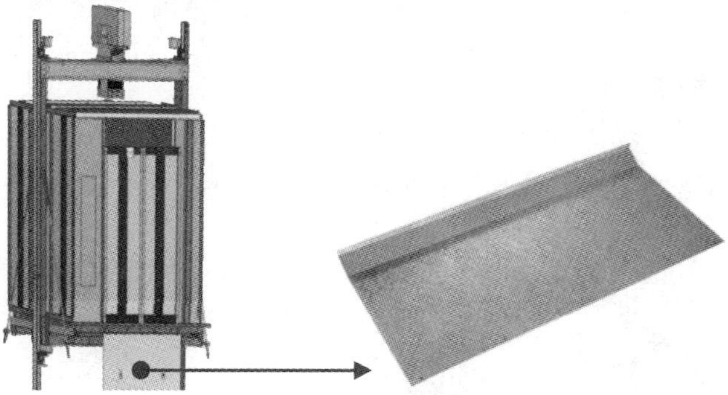

图 1-74　护脚板

护脚板材质为镀锌板。其作用是当电梯平层误差较大时，可防止乘客跌落。

电梯层门护脚板的高度为 750 mm 以上，该垂直部分的高度是从轿厢地坎上表面开始测量。护脚板的垂直部分以下应成斜面向下延伸，斜面与水平面的夹角应大于 60°。

2．轿厢的通风及照明

（1）轿厢的通风。

轿厢顶上设置有通风机，通常为横流式，作用是进行轿厢的通风换气，如图 1-75 所示。

图 1-75　横流式通风机及安装位置

（2）轿厢的照明。

轿厢顶部设置有电气照明装置，如图 1-76 所示。

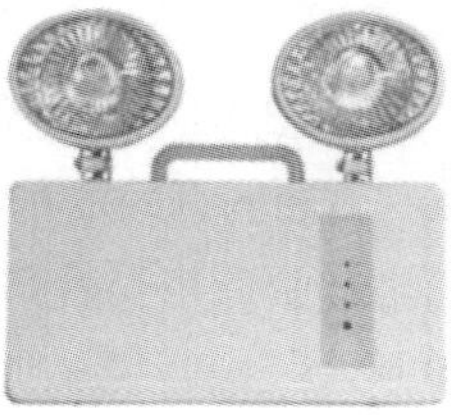

图 1-76　轿厢应急照明

除常规照明外，电梯通常还设置有自动再充电的紧急照明电源。正常照明电源一旦发生故障，紧急照明电源自动接通，并至少提供 1 W 灯泡用电 1 h。紧急照明电源同时还可为紧急报警装置提供电源。

在轿厢层门附近，层站上的自然或人工照明在地面上的照度一般不小于 50 lx，以便使用人员在打开层门进入轿厢时，即使轿厢照明发生故障，也能看清前面的区域。

3．轿厢装饰及其他配套部件

（1）轿厢装饰顶。

为轿厢内顶部装饰部件；通常采用不锈钢框架，亚克力透光板等材质及节能灯等，如图 1-77 所示。

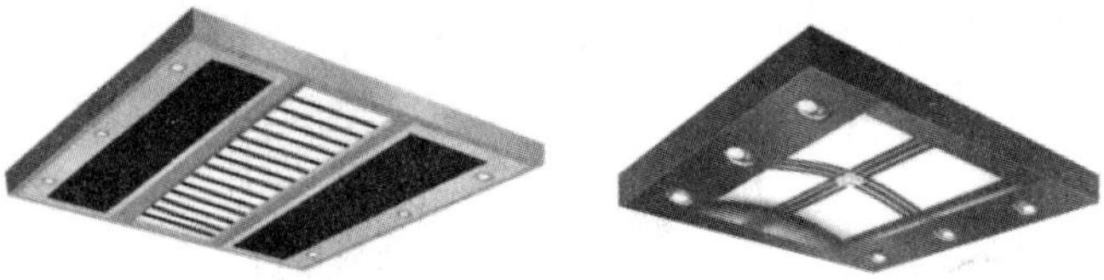

图 1-77　轿厢装饰顶

（2）轿厢扶手。

为固定在轿厢内的扶手；设置在离轿厢地面 75 cm 的高处，方便儿童或行动不便人员扶手。按结构可分为圆形和扁棒形等，如图 1-78 所示。

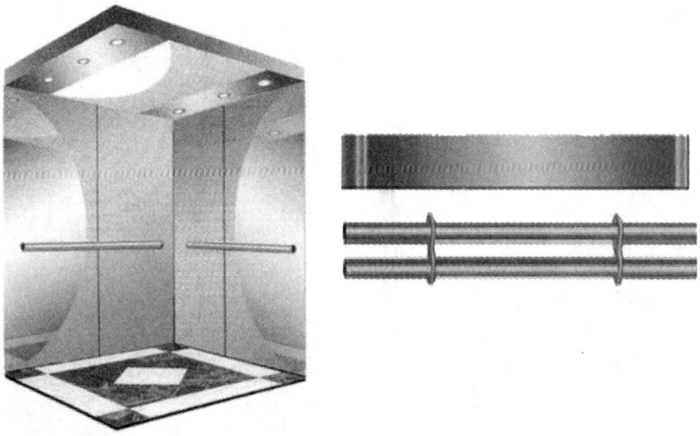

图 1-78　轿厢扶手及安装位置

4．轿厢结构尺寸

轿厢内部的可供乘用部位的尺寸，称为轿厢内尺寸。

（1）轿箱有效面积。

地板以上 1.0 m 高处测得的轿厢面积；电梯运行时，供乘客用的扶手可忽略不计。

对乘客电梯，为了防止人员的超载，轿厢的有效面积应予以限制。轿厢的有效面积、额定载重及乘客人数应符合 GB 7588—2003《电梯制造与安装安全规范》中 8.2 的规定。轿厢额定载重和最大有效面积之间的关系，如表 1-10 所示。

表 1-10　额定载重和最大有效面积之间的关系

额定载重/kg	轿厢最大有效面积/㎡	额定载重/kg	轿厢最大有效面积/㎡
100（1）	0.37	900	2.20
180（2）	0.58	975	2.35
225	0.70	1 000	2.40
300	0.90	1 050	2.50
375	1.10	1 125	2.65
400	1.17	1 200	2.80
450	1.30	1 250	2.90
525	1.45	1 275	2.95
600	1.60	1 350	3.10
630	1.66	1 425	3.25
675	1.75	1 500	3.40
750	1.90	1 600	3.56
800	2.00	2 000	4.20
825	2.05	2 500（3）	5.00
注：（1）一人电梯的最小值；（2）二人电梯的最小值；（3）额定载重超过 2 500 kg 时，每增加 100 kg，面积增加 0.16 m^2。对中间的载重，其面积由线性插入法确定			

（2）轿厢底面积。

又称轿厢地板净面积。为轿厢底面的实际面积；一般根据额定载荷作为设计轿厢底面积尺寸的依据。

（3）轿厢出入口。

在电梯轿厢壁上的开口部分，它构成从轿厢到层站之间的正常通道，是乘客正常进、出电梯轿厢的通道。

① 轿厢出入口宽度。又称开门宽度，为层门和轿门完全打开时测量的出入口净宽度。

② 轿厢出入口高度。层门和轿门完全打开时测量的出入口净高度。轿厢入口净高度不低于 2 m。

③ 轿厢宽度。平行于设计规定的电梯轿厢主出入口，在离地面 1 m 以上测量的轿厢两内壁之间的水平距离，装饰、保护板或扶手，都应当包含在该距离之内。

④ 轿厢深度。垂直于设计规定的电梯轿厢主出入口，在离地面 1 m 以上测量的轿厢两内壁之间的水平距离，装饰、保护板或扶手，都应当包含在该距离之内。

⑤ 轿厢高度。在电梯轿厢内测得的轿厢地板到轿厢结构的顶部之间的垂直距离，照明灯罩和可拆卸的吊顶应包括在上述距离之内。轿厢内部净高度不小于 2 m。

三、轿顶外部装置

在轿厢顶部外部，设置有轿顶、轿顶检修装置、轿顶照明装置、停止装置、电源插座、接线盒等，如图 1-79 所示。

图 1-79　轿顶外部装置

1．轿顶防护栏

为设置在轿顶上方，对维修人员起保护作用的构件。

一般情况下，如果距离轿顶外侧边缘有水平方向超过 0.3 m 的自由距离时，轿顶就应设置防护栏。

防护栏由扶手、0.1 m 高的护脚板和位于防护栏高度一半处的中间栏杆组成，装设在距轿顶边缘最大为 0.15 m。如果轿顶护栏外侧距轿顶边缘的距离大于 0.15 m，应有措施防止人员在轿顶护栏外侧站立。

考虑到防护栏扶手外缘水平的自由距离，扶手高度：

（1）当自由距离不大于 0.85 m 时，不应小于 0.7 m；

（2）当自由距离大于 0.85 m 时，不应小于 1.1 m。

轿顶护栏踢脚板的下边沿距其安装处轿顶上表面的间距小于 10 mm，护栏中间水平栏杆与扶手及踢脚板之间的铅垂净空距离均小于 0.5 m。扶手外缘和井道中的任何部件（如对重、开关、导轨、支架等）之间的水平距离大于 0.1 m。

防护栏的入口，应使人员安全和容易地通过，以进入轿顶。防护栏上应设置关于俯伏或斜靠护栏危险的警示符号或须知，固定在护栏的适当位置。防护栏通常涂成容易识别的黄色。

2．轿顶检修装置

又称轿顶检修盒、手柄开关箱、轿顶操纵箱，是供检修人员对井道内层门、导轨、平层装置及门机检修、保养时使用的装置；设置在轿顶上方，包括轿厢顶部的自动/检修转换开关、急停开关、慢速上下点动开关、照明灯、电源插座、接线盒等。检修盒及接线盒如图 1-80 所示。

一般每台电梯设置两个自动/检修转换开关：一个位于轿顶操纵箱中，另一个位于机房控制柜中。检修操作时，首先应将转换开关切换到检修位置，使电梯脱离自动控制并且不再响应任何轿内外召唤，这样只能通过轿顶操纵箱中的上、下方向按钮来控制电梯的运行。

不允许设置两个以上的检修控制装置，下列情况下可以设置一个副检修控制装置：

（1）在检查门或检查窗开启的情况下需要从内部移动轿厢的时，设置在轿厢内（例如，设置在检查门或检查窗的后面）；

（2）在底坑内进行机器设备的维修或检查时，如果此工作需要移动轿厢，或可能导致轿厢的失控或意外移动的情况下，设置在底坑内；

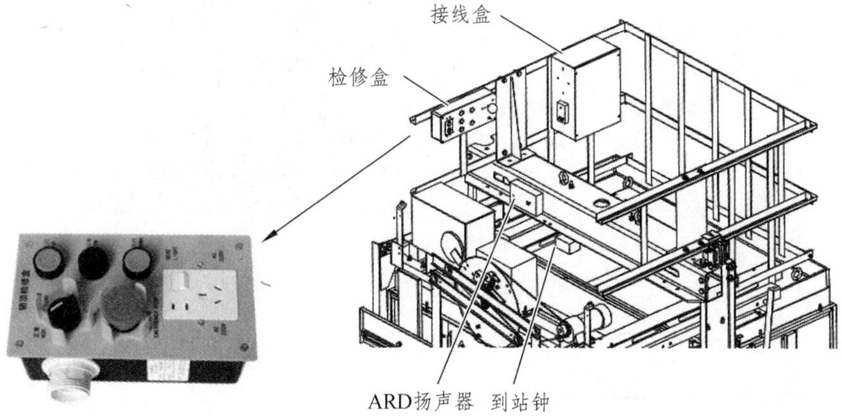

图 1-80　轿顶检修装置设置

（3）对于需要从平台上移动轿厢的地方，设置在平台上。

轿顶检修箱中紧急停止按钮（红色按钮）的触点串联在安全电路中，一旦检修过程中出现紧急情况时，按下按钮即可立即切断安全电路并使电梯停止运行，避免危险情况进一步发生。

在轿顶靠近轿厢内操纵箱一侧，还设置接线端子盒，称为轿顶接线盒。轿厢的所有配线通过各接线端子分别与随行电缆相连。随行电缆的另一端与机房控制柜端子相连。

为方便检修人员工作及保障安全，轿顶的任何位置应能支撑两个人的体重。

每个人按 0.2 m × 0.2 m 面积上作用 1 000 N 的力，应无永久变形。轿顶应有一块不小于 0.12 m^2 的供人站立的净面积，其短边不小于 0.25 m。

为保障检修人员安全，电梯轿顶设置相关安全指示：

（1）停止装置上或附近应标出“停止”字样，设置在不会出现误操作危险的地方；

（2）检修运行开关上或附近应标出“正常”及“检修”字样；

（3）在检修按钮上或附近应标出运行方向；

（4）在栏杆上应有警示符号或须知。

3．轿顶照明装置

又称轿顶检修灯，是设置在轿顶上方，供检修人员检修时照明的装置，如图 1-81 所示。

（a）固定式照明

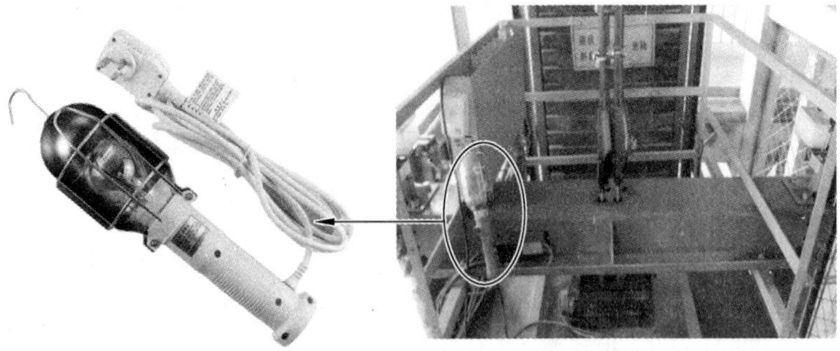

（b）手提式照明

图 1-81　轿顶照明装置

知识点四　电梯重量平衡系统

重量平衡系统的主要功能是相对平衡轿厢重力，在电梯工作中能使轿厢与对重间的重力差保持在限额之内，保证电梯的曳引传动正常。

电梯重量平衡系统设置在井道内，主要由对重装置、重量补偿装置等组成，如图 1-82 所示。

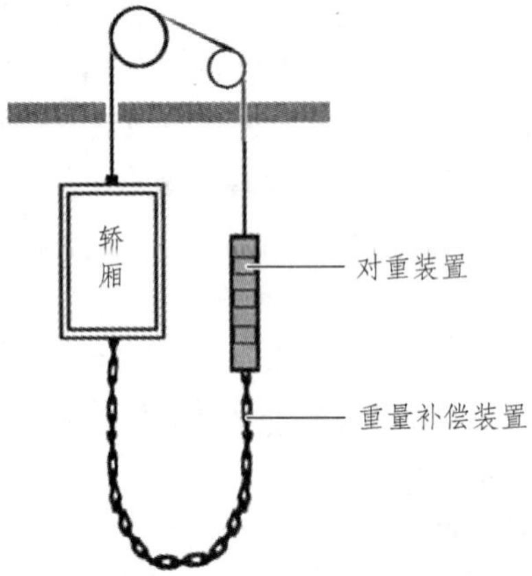

图 1-82　重量平衡系统

一、对重装置

对重装置是由曳引绳经曳引轮与轿厢相连接，在曳引式电梯运行过程中起重力平衡作用的装置。

电梯对重与轿厢在同一井道内，主要由对重框、对重块、导靴、减振装置等组成。其作用是保证曳引电梯的曳引能力，通过平衡全部或部分运载装置（轿厢）重力和额定载重来节省能量，如图 1-83 所示。

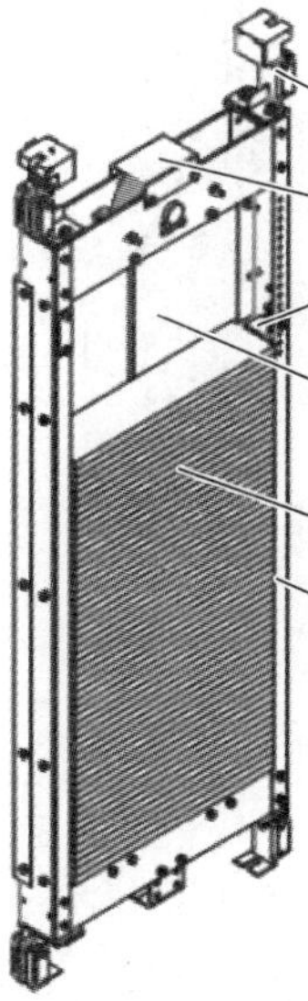

图 1-83　对重装置及对重块

1．对重块

又称压铁，为安装在对重框内用于平衡轿厢运行的重物。

对重块一般由铸铁制成，也可由复合混凝土、钢板下料或其他材质制成。其质量有 25、50、75、100、125 kg 等规格。

曳引电梯对重的匹配公式：

$$W_1 = W_0 + K \times W_2$$

式中　W_1——对重质量，kg；

W_0——轿厢自重，kg；

W_2——轿厢额定载重，kg；

K——平衡系数，取为 0.4 ~ 0.5。若电梯经常轻载运行，则 K 值为 0.4 ~ 0.45；若电梯经常重载运行，则 K 值为 0.5。

所谓平衡系数，是衡量电梯性能好坏的参考系数之一。其值为对重与轿厢质量之差除以电梯额定载重。若平衡系数的取值合理，则曳引机的功耗会减小，同时还可提高平层精度，减少轿厢冲顶或蹲底的可能。

2．对重框

又称对重架，为放置对重的框架，如图 1-84 所示。

对重框位于井道内。通过安装在框架两侧上下的导靴沿对重导轨进行吻合，确保对重块能平稳沿导轨上下移动。

为防止碰撞，轿厢及其关联部件与对重及其关联部件之间的距离不小于 50 mm。

井道底坑处，和轿厢一样，一般都设置有缓冲器。对重压在缓冲器上时，电梯曳引力减小，空载轿厢不能向上提升，可有效避免轿厢的冲顶。

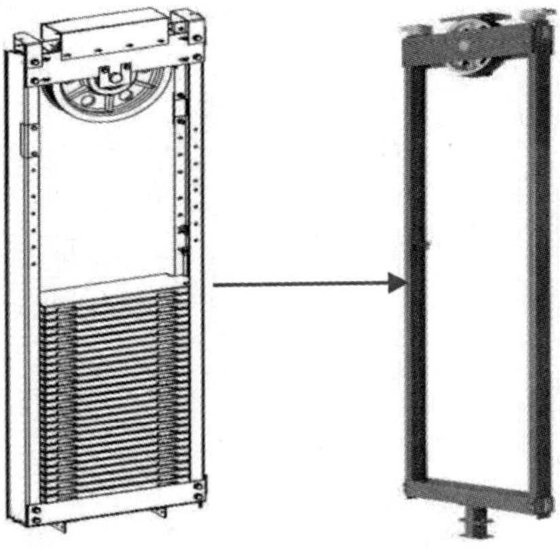

图 1-84　对重框

对重的运行区域通常采用刚性隔障防护，可避免人员进入对重底部正下方的区域而产生危险隐患。该隔障从电梯底坑地面不大于 0.3 m 处向上延伸到至少 2.5 m 的高度，其宽度应至少等于对重宽度两边各加 0.1 m。

二、重量补偿装置

又称曳引绳补偿装置，是用来补偿电梯运行时因曳引绳造成的轿厢和对重两侧重力不平衡的部件。

补偿装置位于井道内，与轿厢底部和对重底部相连接，如图 1-85 所示。

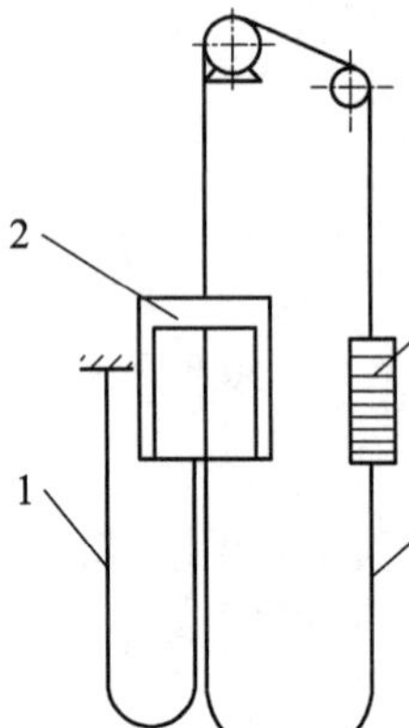

1—随行电缆；2—轿箱；3—对重；4—重量补偿装置。

图 1-85　重量补偿装置安装位置

补偿原理：电梯在运行过程中，轿厢侧和对重侧的钢丝绳的长度不断变化，从而引起曳引轮两侧钢丝绳重力的变化。轿厢位于最低层站时，钢丝绳的重力大部分作用于轿厢侧；轿厢位于最高层站时，钢丝绳的重力大部分作用于对重侧。这种变化在电梯提升高度不大时，对电梯的运行性能影响不大，但提升超过一定高度时，会严重影响电梯运行的稳定性，危及乘客的安全。为此，当电梯的提升高度超过一定高度时，必须要设置具有一定质量的部件来平衡因高度变化带来的重力变化。

常用的重量补偿装置：补偿链、补偿绳、补偿缆。

1．补偿链装置

为金属链构成的曳引绳补偿装置，如图 1-86 所示。

（a）金属链（外裹 PVC）

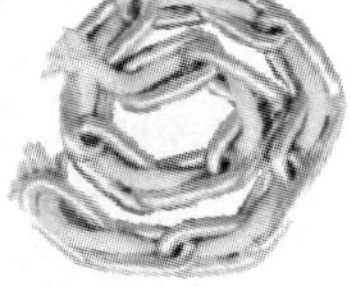

（b）穿绳补偿链

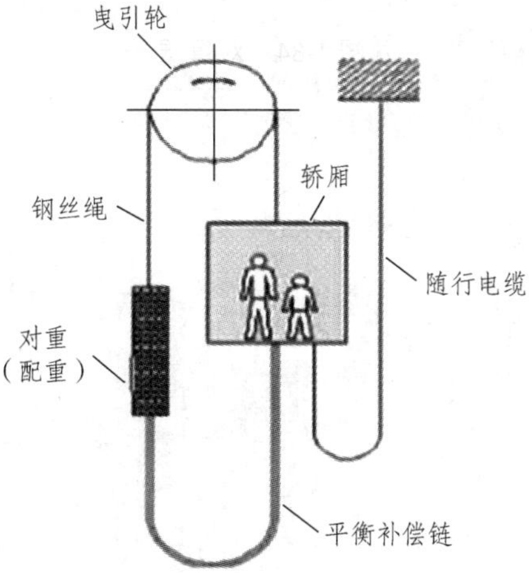

图 1-86　补偿链连接示意

金属链通常外裹 PVC 橡胶复合材料，用来补偿曳引钢丝绳的重力，使电梯平稳运行。

一般楼层超过 30 m 才装补偿链，并且应用在额定速度为 1.75 m/s 以下的电梯中。

为使补偿链运行平稳，通常采用补偿链导向装置进行导向。该装置安装在井道中，如图 1-87 所示。

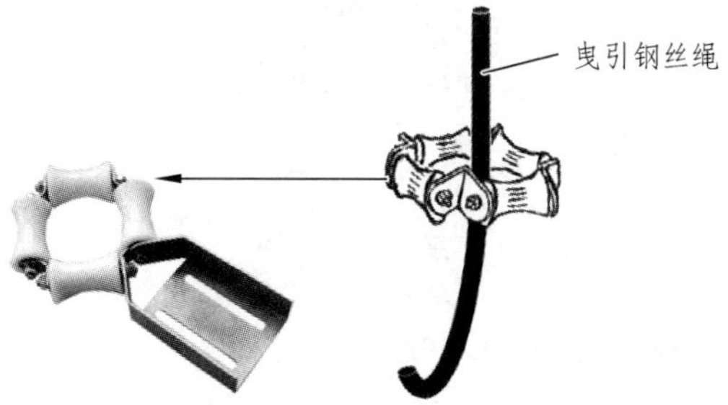

图 1-87　补偿链导向装置

2．补偿绳装置

为钢丝绳和张紧轮构成的曳引绳补偿装置。

若电梯安装有补偿绳，为确保其有一定的张紧力度，通常应配套设置补偿绳张紧装置。如图 1-88 所示。

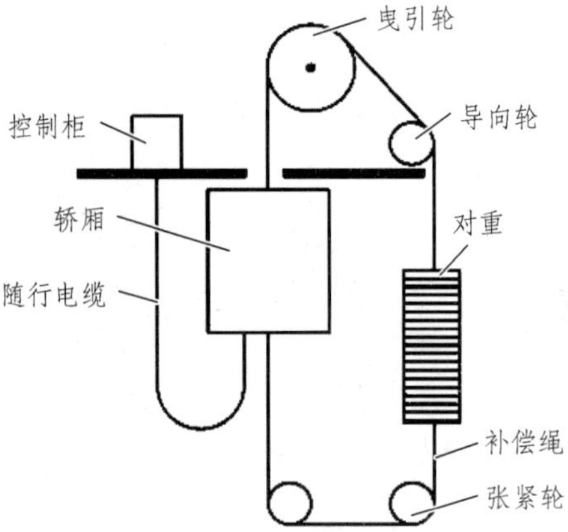

（a）补偿绳装置连接

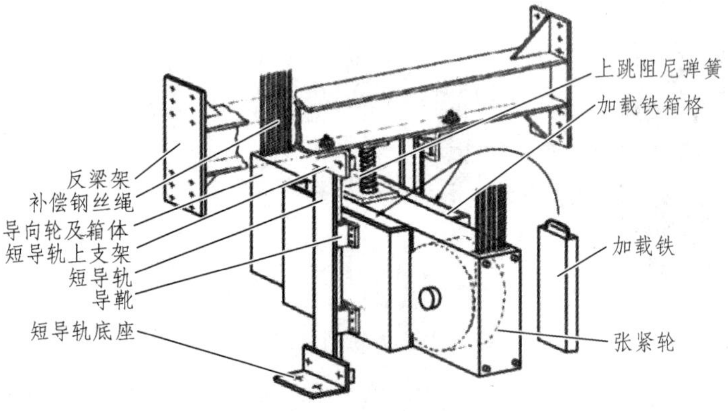

（b）补偿绳装置张紧轮部件组成

图 1-88　补偿绳装置连接及张紧轮部件组成

电梯正常运行时，张紧轮处于垂直悬浮状态，随着补偿绳的转动而转动，并将补偿绳张紧。轿厢下行超过正常范围时，对重将补偿绳上提，使补偿架上的导靴沿导轨向上移动，导轨上部的上限位进行动作，切断电梯控制电路。曳引钢丝绳或补偿绳因故伸长或脱开时，张紧补偿架沿导轨向下滑动，使导轨下部的下限位进行动作，切断电梯控制电路。小导轨上还装有限位挡块，防止轿厢冲顶、蹲底时张紧装置脱出导轨。若电梯速度大于 3.5 m/s，还装设一个防跳装置和开关（即电气安全装置）。当防跳装置动进行动作，这时使曳引机停止运转。补偿轮上还有挡绳和防护罩。这些装置只有在更换绳轮、钢丝绳时才被拆除。

3．补偿缆装置

又称塑料金属补偿链，是一种新型的高密度补偿装置。

补偿缆中间为低碳钢环链，链条外围填充有金属颗粒或聚乙烯混合物，构成圆形保护层，最外层的护套为聚乙烯质地，如图 1-89 所示。

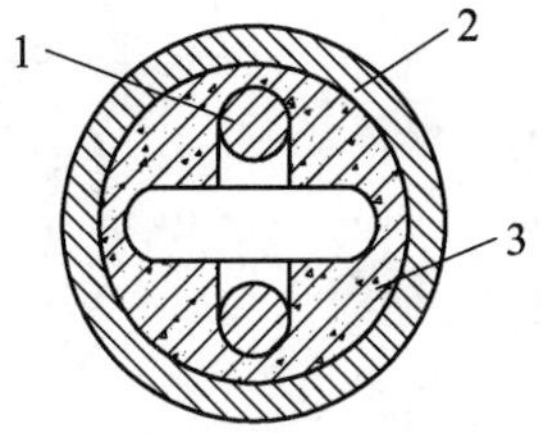

1—链条；2—护套；3—金属颗粒和聚乙烯混合物。

图 1-89 补偿缆

补偿缆的特点是密度高（6 kg/m）；最大悬挂长度可达 200 m；噪声小，可应用于各类中、高速电梯。

知识点五 电梯导向系统

导向系统的主要功能是限制轿厢和对重的活动自由度，使轿厢和对重只能沿着导轨作升降运动。

电梯导向系统位于井道内，主要由导轨支架、导轨和导靴等部件组成，可分为：轿厢导向系统、对重导向系统，如图 1-90 所示。

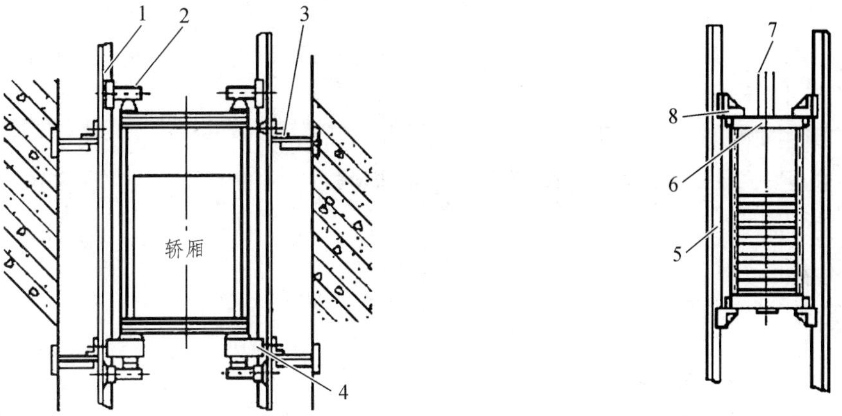

（a）轿厢导向系统 （b）对重导向系统

1—导轨；2—导靴；3—导轨支架；4—安全钳；5—导轨；6—对重；7—曳引绳；8—导靴。

图 1-90 导向系统

一、导轨支架

又称导轨托架，为固定在井道壁、横梁上，且于支撑和固定导轨的构件，如图 1-91 所示。

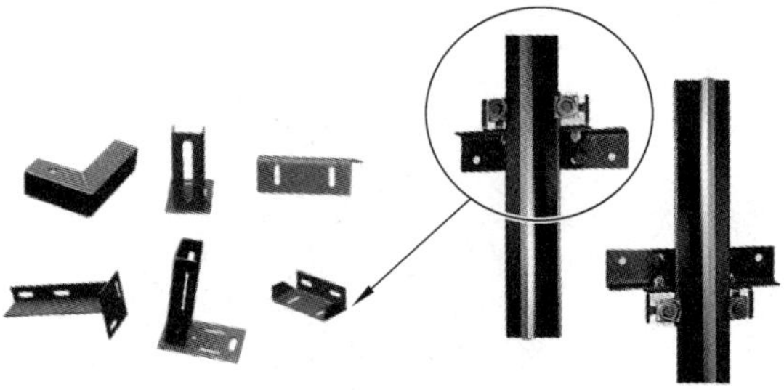

图 1-91　导轨支架及安装

按适用对象的不同，导轨支架可分为轿厢导轨支架、对重导轨支架和轿厢对重共用支架。

按组成结构的不同，导轨支架可分为：整体式、组合式。整体式由型钢弯曲焊接而成，制造容易，强度高；组合式安装方便，高度尺寸可调节。

导轨支架的固定方式主要有埋入式、焊接式、对穿螺栓固定式、预埋螺栓固定式、膨胀螺栓式。固定导轨支架的预埋件，直接埋入墙的深度不宜小于 120 mm。

每根导轨宜至少设置两个导轨支架，支架间距不宜大于 2.5 m。

二、导　轨

为供轿厢和对重（平衡重）运行的导向部件。

一般通过导轨支架固定在井道壁上；采用钢材制成，原材料钢的抗拉强度应至少为 370 MPa 且不大于 520 MPa。

导轨按制造工艺不同，可为冷拔型和机械加工型。导轨的制造工艺符号表示：/A 表示冷拔；/B 表示机械加工；/BE 表示高质量机械加工。

电梯导轨按应用对象的不同，可分为轿厢导轨、对重导轨。轿厢、对重至少由两根刚性钢质导轨进行导向。由于承受的载荷和力不同，两者导轨的横截面尺寸也有所不同，通常轿厢导轨大于对重导轨。

电梯导轨结构的不同，可分为 T 形导轨、空心导轨。

1．T 形导轨

为导向面形状为 T 形的导轨。

电梯轿厢导轨一般采用 T 形导轨，如图 1-92 所示。

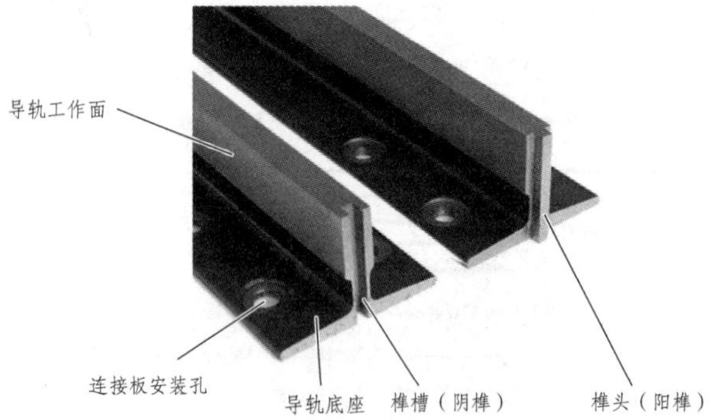

图 1-92　T 形导轨

2. 空心导轨

是由钢板经冷轧折弯成空腹 T 形的导轨，如图 1-93 所示。

（a）直边型　（b）折边型　（c）空心导外形（折边型）

图 1-93　空心导轨

未装设安全钳的对重导轨，可以使用板材成型的空心导轨；设有安全钳的对重导轨，可使用成型金属板材，它们应作防腐蚀保护。

3. 导轨连接板

又称导轨连接件，为紧固在相邻两根导轨的端部底面，起连接导轨作用的金属板（件），如图 1-94 所示。

（a）实心导轨连接板及导轨连接

（b）空心导轨及连接板

图 1-94　导轨连接板

每段导轨的长度一般为 3 ~ 5 m。在安装时，端部以榫头与榫槽契合定位，底部用连接板固定。连接板强度一般要比导轨强度大，可根据导轨尺寸的相应厚度进行选用，采用螺栓、螺母进行连接。

4. 导轨夹板

又称压导板、压板，是将电梯导轨固定在导轨支架等支撑件上的固定件。

电梯导轨夹板可分为压板式和滑动式，如图 1-95 所示。

（a）T 形压板　（b）滑动压板

图 1-95　导轨压板

压板式用于压紧导轨轨底，并采用螺栓、螺母固紧，如图 1-96 所示。

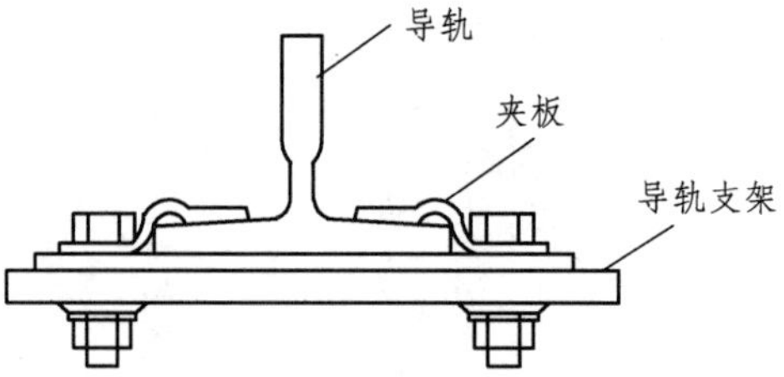

图 1-96　导轨与导轨压板的配合

采用压板的方式，既可保证电梯导轨在温度发生变化时，不会发生左右偏移，同时还可沿导轨架的方向产生相对移动，确保电梯导轨不会因温度变化而变形。

对超高层建筑，导轨较长，受温度影响产生的热胀冷缩延伸变化较大，因此，可选用不影响导轨因热胀冷缩而导致纵向延伸的滑动式压板进行导轨的固定。

三、导　靴

为使轿厢和对重与导轨有效配合并平稳运行的装置，如图 1-97 所示。

轿厢架和对重架的两侧，都固定安装四套导靴。其中，轿厢四套导靴分别安装在轿厢上梁两侧和轿厢底部安全钳座下面，对重四套导靴分别安装在对重梁的上部和底部。轿厢导靴和对重导靴上部安装有油杯，通过润滑可减少靴衬与导轨的摩擦力。

图 1-97　导　靴

导靴作用是确保轿厢和对重在导轨上平稳上下运行，防止轿厢在运行中偏斜或摆动，是引导轿厢和对重在导轨上作上下运行的部件。导靴由靴衬、靴体、靴座等组成。

按结构的不同，导靴可分为滑动导靴和滚动导靴两大类。

1．滑动导靴

为设置在轿厢架和对重装置上，其靴衬在导轨上滑动，使轿厢和对重装置沿导轨运行的导向装置，如图 1-98 所示。

图 1-98　滑动导靴

滑动导靴中滑动摩擦零件，称为靴衬，如图 1-99 所示。

导靴的结构相对简单。电梯运行时，导靴的凹槽与导轨的接触表面有效匹配，确保电梯安全平稳地运行。同时，导靴需要周期性地涂覆适量的润滑脂以提高润滑能力。

图 1-99 滑动导靴靴衬

按导靴头在轴向位置的固定情况，滑动导靴又分为刚性滑动导靴、弹性滑动导靴。

（1）刚性滑动导靴。

又称固定滑动导靴，其靴头可在轴向位置固定；主要由靴衬和靴座组成；采用聚氨酯橡胶，靴座采用钢板压制而成；有较高的强度和刚度，有较强的承载能力；通常用于额定速度小于 0.5 m/s、额定载重不超过 2 000 kg 的电梯或对重侧，如图 1-100 所示。

（a）轿厢用刚性滑动导靴　（b）对重用刚性滑动导靴

图 1-100 滑动导靴靴衬

（2）弹性滑动导靴。

又称浮动滑动导靴，其靴头可在轴向位置浮动；结构方面，较刚性滑动导靴多了靴轴、橡胶垫或弹簧、调节元件等，靴头能在橡胶垫或弹簧的压缩方向上作浮动，使靴衬的工作面始终压贴在导轨工作面上，同时还可起到减振的作用，降低轿厢运行噪声。

按结构的不同，弹性滑动导靴分为弹簧式滑动导靴、橡胶弹簧式滑动导靴，如图 1-101 所示。

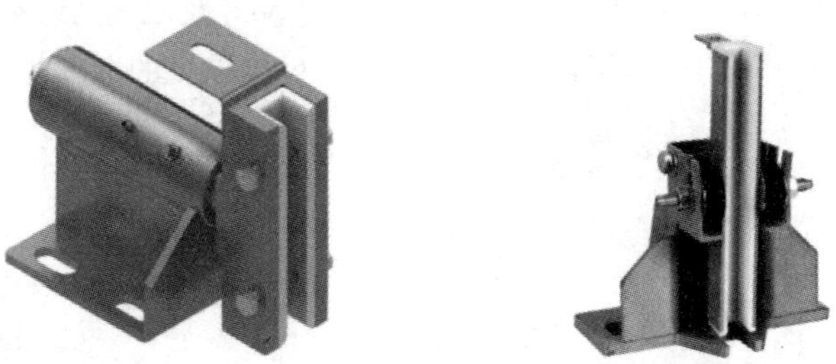

（a）弹簧式滑动导靴　（b）橡胶弹簧式滑动导靴

图 1-101 弹性滑动导靴

弹簧式滑动导靴适用于额定速度小于 1.7 m/s 的电梯，橡胶弹簧式滑动导靴适用于中高速电梯。

2．滚动导靴

为设置在轿厢架和对重装置上，其滚轮在导轨上滚动，使轿厢和对重装置沿导轨运行的导向装置，如图 1-102 所示。

（a）两轮式

（b）三轮式（轿厢用）

（c）六轮式（重型货梯、停车设备用）

（d）三轮式（对重用）

图 1-102　滚动导靴

滚动导靴中，三轮式的应用较多。其用三个滚轮代替滑动导靴的三个工作面。在弹簧力的作用下，三个轮子压靠在导轨的三个工作面上，电梯运行时，滚轮在引导表面上滚动。滚动导靴采用滚动摩擦代替滑动摩擦，大大减少了摩擦损失，减少了能量损失。同时，弹性支撑在导轨的三个工作面的方向上实现，缓冲效果良好。而且，它可以自动补偿导轨在三个方向上的各种几何误差和安装偏差。这些优点使滚动导靴适合于电梯的高运行速度，因此广泛用于高速电梯。

滚动导靴的滚轮通常由硬橡胶或聚氨酯材料制成，不允许在导轨的工作表面上进行润滑。

四、导轨润滑装置

又称油杯、油盒、加油器、注油器，为保持导轨与滑动导靴之间有良好润滑的自动注油装置，如图 1-103 所示。设置在轿厢架和对重框架上端两侧，位于导靴的上部，如图 1-104 所示。

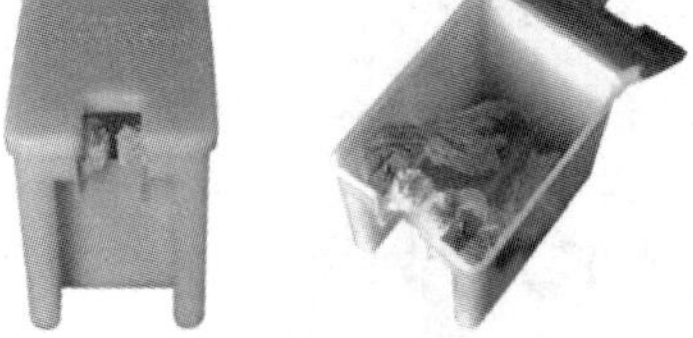

（a）方形油杯

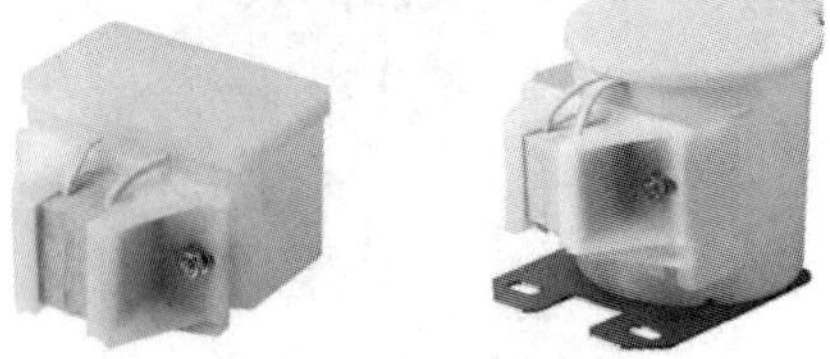

（b）圆形油杯

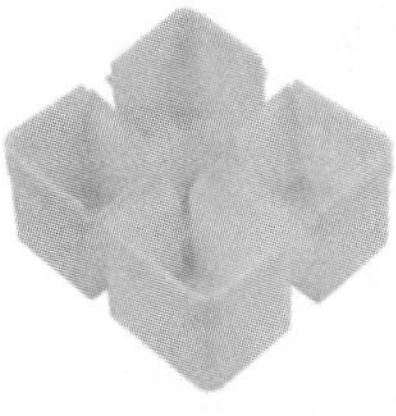

（c）方形集油盒

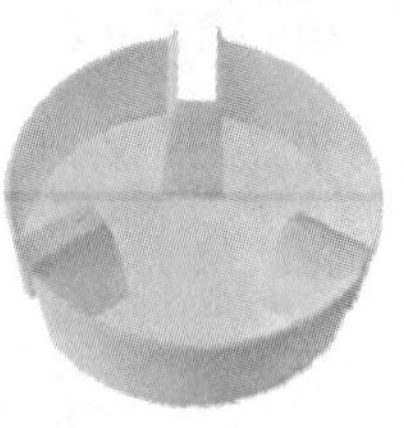

（d）圆形集油盒

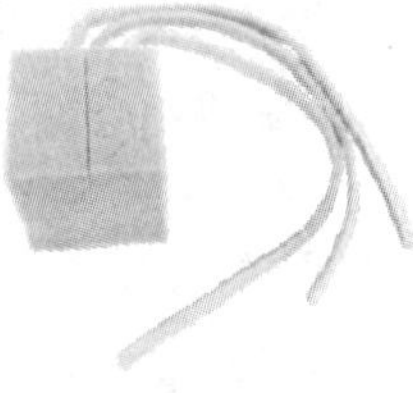

（e）油杯棉毛（吸油用）

图 1-103　导轨润滑装置

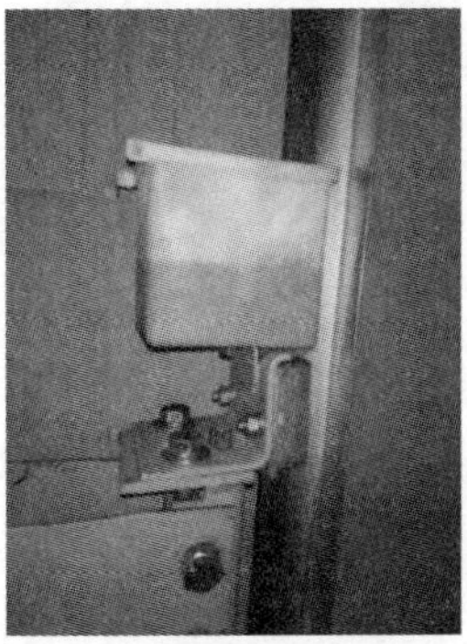

（a）油杯在轿厢架的设置

（b）油杯在对重架上的设置

图 1-104　导轨润滑装置在轿厢架、对重架上的设置

知识点六　电梯门系统

电梯门系统的主要功能是封住层站入口和轿厢入口，确保乘客的安全运送，由轿门和层门两大部分组成。

一、轿　门

又称轿厢门，为设置在电梯轿厢入口的门，如图 1-105 所示。

（a）轿门外形

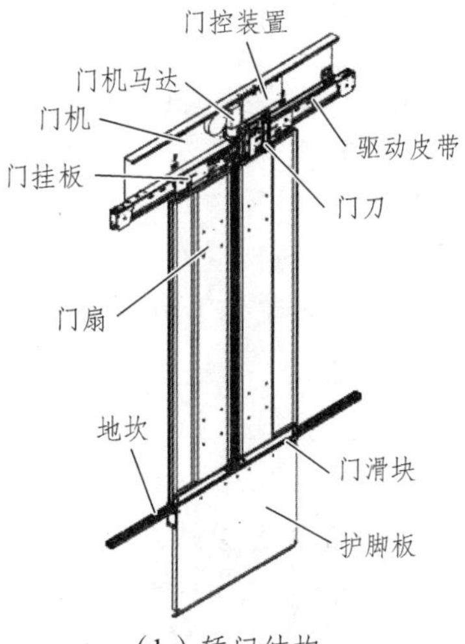

（b）轿门结构

图 1-105　轿门外形及结构

轿门在轿厢的入口宽度上形成无孔的表面，作用是方便乘客进出轿厢，并提供相应的安全防护。材质一般为不锈钢。

在正常使用中，由于轿厢自带轿门的动力驱动装置，故电梯到达指定层站后，在门驱动装置的作用下，可实现轿门的开启或关闭。如果轿厢没有得到运行指令且轿门处于开启状态，则经过一段必要的时间后，动力驱动的轿门自动关闭。如果一个轿门（或多扇轿门中的任何一扇门）开着，在正常操作情况下，电梯不能启动电梯或运行。

对动力驱动的水平自动滑动门，在关门行程开始的 1/3 之后，阻止关门的力不应大于 150N。

二、层　门

又称厅门，为设置在层站入口的门。

层门位于电梯层站，在进入轿厢的井道开口处，在轿厢整个入口宽度上形成一个无孔表面。如图 1-106 所示。

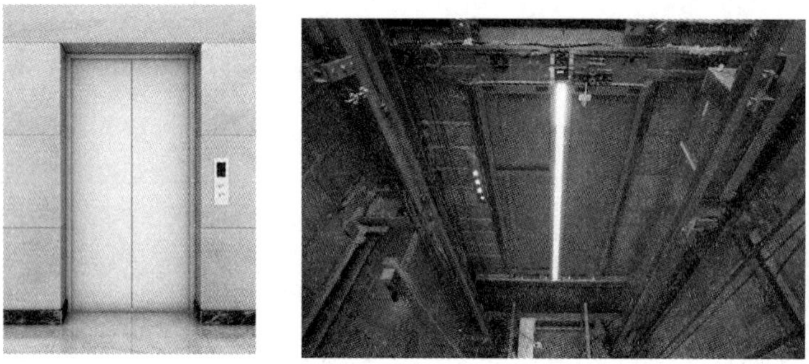

图 1-106　层门的层站正面及井道背面

装饰层门门框的构件，为层门门套。

在高度和宽度方面，层门入口的最小净高度为 2 m，层门净入口宽度比轿厢净入口宽度在任一侧的超出部分均不大于 50 mm。

当轿厢停靠该层站，轿厢地坎平面在此区域内时，轿门、层门可联动开启。

当轿厢在开锁区域之外时，如果层门意外打开（如门受到暴力碰撞、撬开、锁匙开启等），层门上有一个自动关闭装置（如重块或弹簧等）能确保该层门自动关闭。

轿厢运行前，层门应有效地锁紧在关闭位置上，只有在锁紧元件啮合不小于 7 mm 时轿厢才能启动。如果一个层门（或多扇层门中的任何一扇门）开着， 在正常操作情况下，电梯不能起动或保持继续运行。

电梯正常运行时，不能打开层门（或多扇层门中的任意一扇），否则会导致电梯停止或其他危险发生，除非轿厢在该层门的开锁区域内停止或停站。

电梯由于某种原因停在靠近层站之处时，在轿厢停止并切断开门机电源的情况下，应能（1）从层站处用手开启轿门；（2）如层门与轿门联动，从轿厢内用手开启轿门以及与其连接的层门。开门所需的力不应大于 300 N。

由于安装在建筑物上，因此层门需具有一定的防火性能，可采用重锤或弹簧的自动关门方式。

三、电梯门的类型

1．电梯门的分类

（1）按门扇滑动方式的不同，轿门和层门可分为水平滑动门、垂直滑动门，如图 1-107 所示。

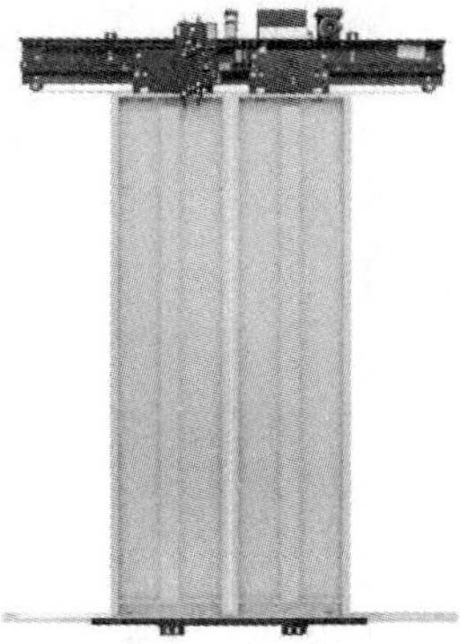

（a）水平滑动门

（b）垂直滑动门

图 1-107　水平滑动门、垂直滑动门

① 水平滑动门。

沿门导轨和地坎槽水平滑动开启的门；广泛应用于绝大多数电梯。如地铁车站里的电梯，其轿门和层门采用的是水平滑动门。

② 垂直滑动门。

沿门两侧垂直门导轨滑动向上或下开启的门。

杂物电梯，一般采用垂直滑动门的开启方式，如图 1-108 所示。

图 1-108　杂物电梯的垂直滑动门

（2）按门扇开启方向的不同，轿门和层门可分为中分门（中开门）、旁开门（侧开门）、直分门，如图 1-109 所示。

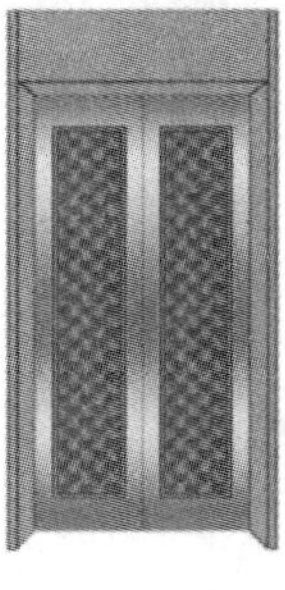

（a）中分门

（b）旁开门

（c）直分门

图 1-109　中分门、旁开门、直分门

旁开门的应用以货梯为主，直分门则主要用于杂物电梯（如酒店的传菜电梯）等。

① 中分门。

门扇由门口中间分别向左、右开启的门。

常见的中分门一般为两个门扇，称为中分两扇门。即门扇由中间分开，开门时左右门扇以相同的速度向两侧滑动，关门时则以相同的速度向中间合拢。其具有出入方便，开关门时间短、可靠性好的优点，广泛应用于客梯中。对地铁车站使用的电梯，其轿门和层门采用中分两扇密封自动门。

此外，还有不止两个门扇的中分多扇门。所谓中分多扇门，是指轿门和层门门扇由门口中间分别向左、右两侧开启，每侧有数量相同的多个门扇的层门和轿门，门扇打开后成折叠状态。例如，中分四扇门，中分六扇等门。一般门宽度越大则门扇就越多，如图 1-110 所示。

图 1-110　中分门（两扇门、四扇门）

当开门开度为 1 500 mm 时，电梯采用中分四扇密封自动门。

② 旁开门。

门扇向同一侧开启的门。

旁开门和中分门一样，都是水平滑动门，有两扇门、三扇门、四扇门之分。

常见的旁开门一般为两个门扇。此外，还有不只两个门扇的旁开多折门。所谓旁开多折门，是指有多个门扇，各门扇向同侧开启的层门或轿门，如图 1-111 所示。

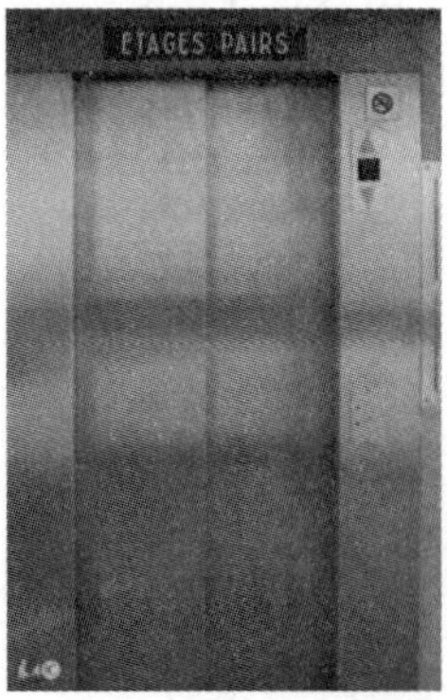

图 1-111　旁开门（两扇门、三扇门）

对于旁开门，由于所有门扇式同时到达侧边或中间，故门扇之间的运行速度有不同，即门扇有快、慢门之分。

按门扇开启方向的不同，层门或轿门可分为左开门、右开门。区别如下：

a. 左开门为站在层站面对轿厢，门扇向左方向开启的层门或轿门。

b. 右开门为站在层站面对轿厢，门扇向右方向开启的层门或轿门。

③ 直分门。

又称垂直中分门。

和中分门相比，直分门具有井道宽度相对较小、垂直高度较大等优点。

按门扇的结构不同，直分门可分为上开门、上下开门。上开门的所有门扇为向上开启，一般可用于汽车用梯以及大型货梯；上下开门的所有门扇由门中间分别向上、下开启，一般用于杂物电梯。

2. 电梯门的使用要求

轿门处于关闭位置时，应具有这样的机械强度：用 300N 的力，沿轿厢内向轿厢外方向垂直作用在门的任何位置，且均匀地分布在 5 cm^2 的圆形或方形的面积上时，轿门应能无永久变形、弹性变形不大于 15 mm。

如果由于某种原因电梯停在开锁区域，应能在下列情形中用不超过 300N 的力，手动打开轿门和层门：

（1）轿厢所在层站，用三角钥匙开锁或通过轿门使层门开锁后；

（2）轿厢内。

为了限制轿厢内人员开启轿门，额定速度大于 1 m/s 的电梯在非开锁区域内运行时，开启轿门的力应大于 50 N。

如果电梯由于任何原因停在靠近层站的地方，为允许乘客离开轿厢，在轿厢停止并切断开门机（如有）电源的情况下，应有可能

（1）从层站处用手开启或部分开启轿门；

（2）如层门与轿门联动，从轿厢内用手开启或部分开启轿门以及与其相连接的层门。

四、门机机构

使轿门和（或）层门开启或关闭的装置，称为门机。

门机一般设置在轿门或层门上方，由设在轿门或层门之间的机械装置联动，如图 1-112 所示。

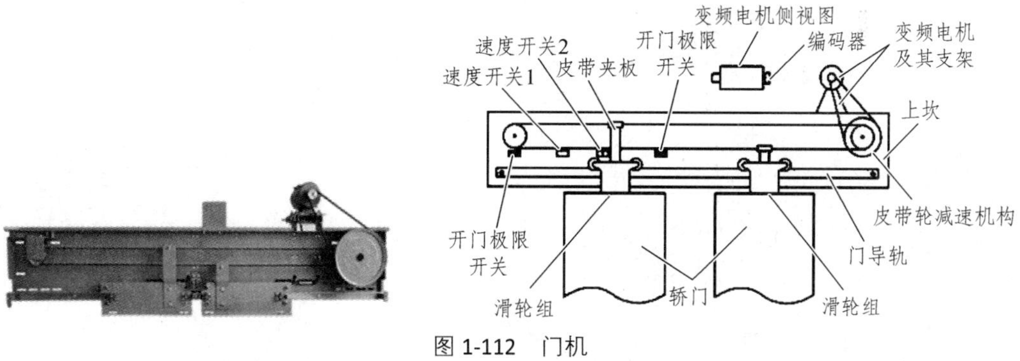

图 1-112　门机

1．门机动作原理

通常情况下，电梯的轿门自带动力驱动，而层门不带动力驱动。因此，轿门又称主动门，层门又称从动门；两者是联动的，并且层门随轿门一起开启或关闭。

当电梯到达层站的开锁区域，轿门门机收到电梯开、关门信号，通过自带的控制系统控制开门电机（正转或反转），将电机产生的力矩转变为一个特定方向的力，关闭或打开轿门。

所谓开锁区域，即电梯层门地坎平面上、下延伸的一段区域。当轿厢停靠该层站，轿厢地坎平面在此区域内时，轿门、层门可联动开启。开锁区域不应大于层站地平面上下 0.2 m。

2．挂板装置

为轿门及层门的悬挂装置；每个门扇各配置一个挂板，每个挂板分别与门机的回转钢丝绳或齿形皮带连接。

轿门及层门紧固于挂板上，挂板的导轮再压在门框上方的导轨上，挂板的止推轮紧压导轨的下方（防止挂板倾斜而导致门滑脱），并随门机上的回转钢丝绳或齿形皮带运动，从而带动门扇作对开、对关的动作，如图 1-113 所示。

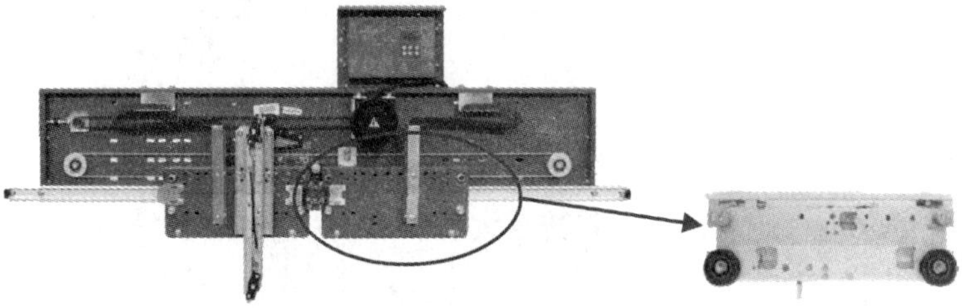

图 1-113　轿门门机及挂板（层门类同）

在轿门及层门的底部设置有门滑块，滑块与地坎相配合，使轿门及层门能与挂板共同形成上、下两个有效支撑并使门平稳滑动，如图 1-114 所示。

图 1-114　门滑块及安装位置

3．门锁装置

又称联锁装置，是轿门与层门关闭后锁紧，同时接通控制回路，轿厢方可运行的机电联锁安全装置，可分为层门门锁和轿门门锁。

（1）层门门锁。

为锁闭层门的装置，设置在层门门机上；为自动开关的钩子锁。主要由锁轴、连接板、橡胶轮、锁钩板（臂）、锁钩挡板、门锁电气开关触点等组成。其门锁的所提安装在层门门挂板上，带有锁钩的电气开关装在层门门导轨上，如图 1-115 所示。

（a）层门门锁在层门门机的位置

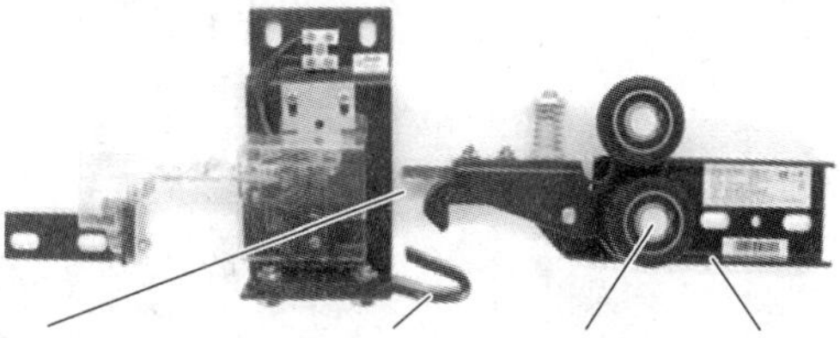

（b）层门门锁整体结构

图 1-115　层门门锁结构位置

运行前轿厢将层门有效地锁紧在闭合位置上，在锁紧元件啮合不小于 7 mm 时才能启动，如图 1-116 所示。

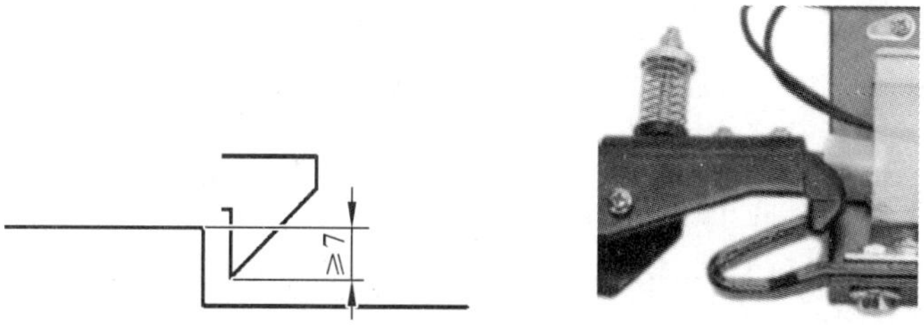

图 1-116　层门门锁锁紧示例（单位：mm）

当层门门扇为关闭且锁紧状态，则电气开关的触点接触，此时控制回路通电并正常运行。

轿门与层门的锁紧动作，由重力、永久磁铁或弹簧来产生和保持。

为提高运行效率，在电梯进入开锁区域内，平层过程中即可进行开门动作。其动作原理：在轿厢进入开门区域内，轿门上的门刀恰好位于层门门锁的两个滚轮中间（两个滚轮的初始状态为倾斜状），当轿厢平层，电动机驱动轿门门机动作，带动轿门水平滑动开启，同时轿门上的门刀开始收紧并夹住层门门锁上的两个滚轮使之成上下垂直状态，这样层门先开始解锁，然后在门刀的带动下随轿门一起开启。轿门关闭时，门刀也带动层门一起关闭，如图 1-117 所示。

（a）层门门锁为锁闭状态

（b）层门门锁为开启状态

图 1-117　层门门锁锁闭及开启

按开启方向的不同，层门门锁可分为左开型和右开型，如图 1-118 所示。

（a）左开型门锁

（b）右开型门锁

图 1-118　层门门锁组件（左开型和右开型）

层门及其门锁在锁住位置时应有如下机械强度：

① 用 300 N 的力垂直作用于该层门的任何面上任何位置，且均匀地分布在 5 cm^2 的圆形或方形面积上时，应没有影响功能和安全的永久变形，弹性变形不大于 15 mm；

② 用 1000 N 的静力从层站方向垂直作用于门扇或门框上任何位置，且均匀地分布在 100 cm^2 的圆形或方形面积上时，应没有影响功能和安全的明显永久变形。

（2）轿门门锁。

当轿厢在开锁区外时，防止从轿内打开轿门的装置，称为轿门门锁。

常用的有双门刀式自动门锁（又称压板式自动门锁），如图 1-119 所示。

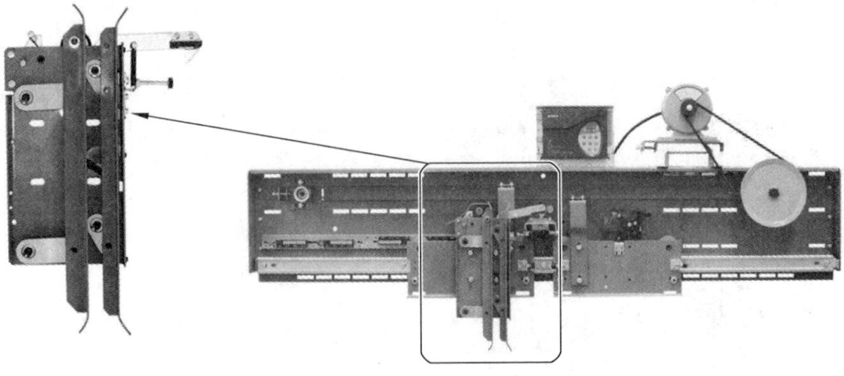

图 1-119　门锁组件及安装位置

电梯运行到平层时，压板机构（又称活动式门刀）的动、定压板先将层门门锁的两个滚轮（呈倾斜状）套住。当轿门在轿门门机的驱动下打开，动、定压板开始向内夹紧，使层门门锁的两个滚轮被夹住并呈垂直状，此时层门门锁的锁钩被打开，然后层门随着轿门一起联锁运动而开启。当轿门开始关闭，层门在轿门的带动下，随轿门一起关闭，轿门靠动压板上的扭转弹簧作用，使锁钩锁闭。轿门门锁上面和层门门锁一样，都带有可验证门关闭且锁紧的电气开关。只有轿门（包括层门）完全关闭且锁紧时，电梯的控制回路才是接通的，电梯才可运行。

4．其他配套部件

（1）双稳态开关。

又称开关门极限开关，是轿门开启或关闭时运行到极限位置的停止控制开关。

其安装在轿门门机导轨上方的位置。轿门开启（或关闭）接近最终停止时，轿门挂板背面的磁铁触发双稳态开关动作，使驱动电机减速并直至停止，如图 1-120 所示。

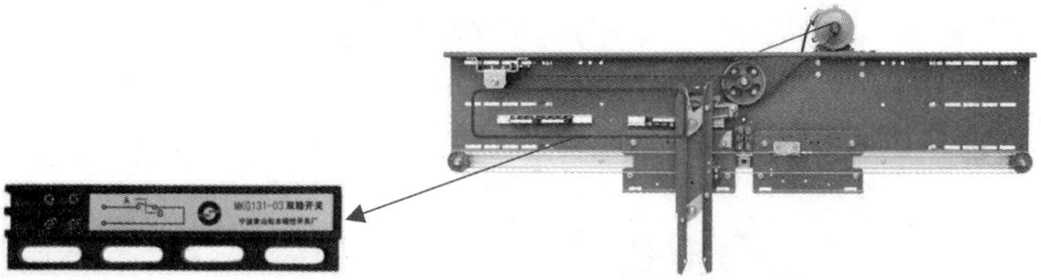

图 1-120　双稳态开关及安装位置

（2）紧急开锁装置。

为应急或检修需要，在层门外借助三角钥匙孔可将层门打开的装置，称为紧急开锁装置。

每个层门上方都设置有一个门锁，可由电梯专门负责人员在紧急情况下（如人员被困、检修等）从外面借助一个特制的开锁三角孔相配的钥匙将层门开启（即通过与锁匙相连接的锁臂将锁紧的锁钩顶开）。该钥匙应带有书面说明，详述必须采取的预防措施，以防止开锁后因未能有效的重新锁上而可能引起的事故。例如，层门开锁钥匙上附带一小牌，用来提醒人们注意使用此钥匙可能引起的危险，并注意在层门关闭后应确认其已经锁住，如图 1-121 示。

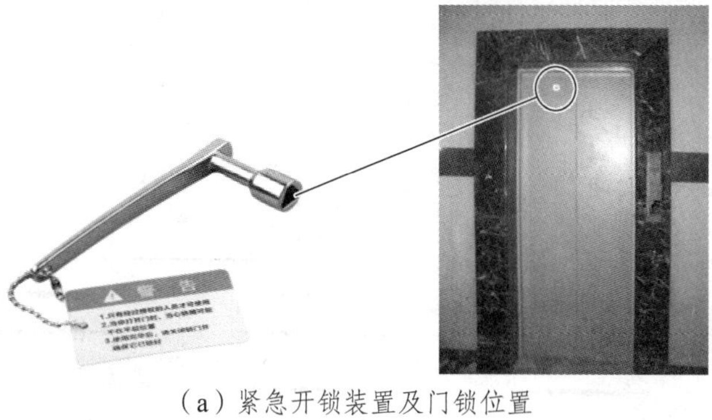

（a）紧急开锁装置及门锁位置

（b）层门门锁机构（层门背面）

图 1-121　紧急开锁装置及门锁机构

一次紧急开锁以后，门锁装置在层门闭合下，应保持锁闭位置。

为确保开锁安全，层门开锁位置或上方还贴有安全提示标志，即开锁警示贴，如图 1-122 所示。

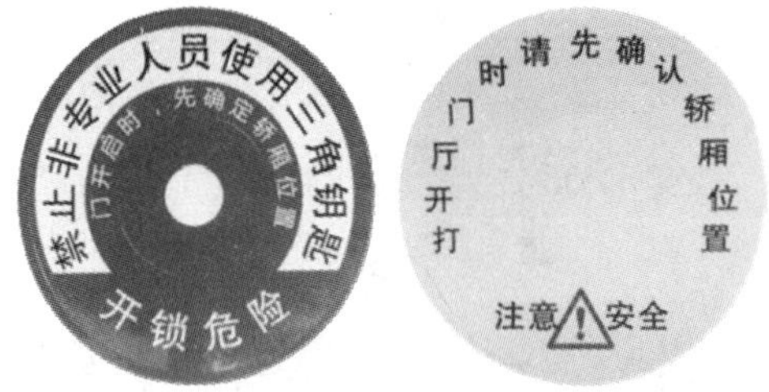

图 1-122　层门（厅门）开锁警示贴

（3）自闭装置。

在轿门驱动层门的情况下，轿厢在开锁区域之外时，如果层门因某种原因意外开启，则应有一种装置（重块或弹簧）确保该层门自动关闭，以防止人员坠落井道；设置在层门的背面，用于层门在开启后的自动关闭。常用的有重锤式自闭装置、拉簧式自闭装置、压簧式自闭装置，如图 1-123 所示。

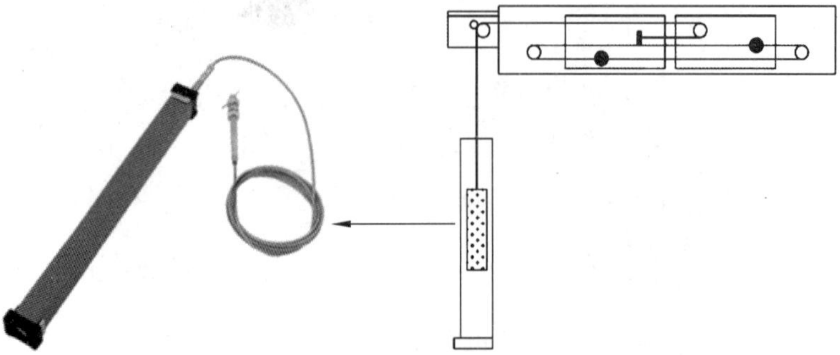

（a）重锤式自闭装置

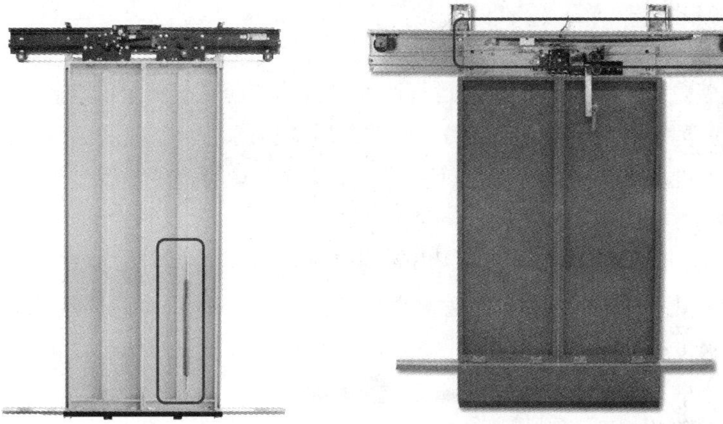

（b）拉簧式自闭装置

图 1-123　重锤式、拉簧式自闭装置

（4）防撞组件。

为防层门开启到两边极限位置无法停止而继续运行，导致门发生碰撞现象，需在层门上设置防撞组件，如图 1-124 所示。

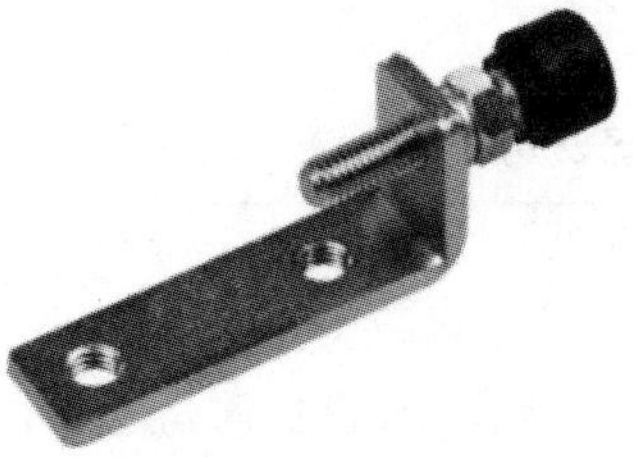

图 1-124　防撞组件（缓冲头）

知识点七　电梯电力拖动系统

电力拖动系统的主要功能是提供动力，实行电梯速度控制。

电力拖动系统由曳引电动机、供电系统、速度反馈装置、电动机调速装置等组成。

一、曳引电动机

曳引电动机是曳引机的组成部分之一，是驱动曳引机工作的动力源。

曳引电动机有交流曳引电动机和直流曳引电动机两种，其对应的电梯则称为交流电梯和直流电梯。

目前，应用广泛的曳引电动机为交流永磁同步电动机。

由交流或直流电源直接供电的驱动主机电动机，应使用两个独立的接触器切断其供电电源，接触器的触点应串联于电源电路中。电梯停止时，如果其中一个接触器的主触点未打开，应防止轿厢再运行，最迟到下一次运行方向改变。

二、速度反馈装置

又称速度检测装量，是一种检测轿厢运行速度并将其转变成电信号的装置。

速度反馈装置一般装在电动机轴上，可实时监测电动机的转速是否正常；可采用脉冲编码器，将脉冲数字量送入速度反馈系统以保证电梯实际速度曲线与理想速度曲线一致，确保系统运行平稳并减少功耗，防止意外情况发生。

所谓编码器，是一种通过光电、磁电、电容将机械转动角度变换为电信号并传输给显示系统或控制系统，实现被测量的数字显示和自动测量、自动控制的装置。电梯以旋转编码器作为转速、位移、线速度、角速度的传感器。

三、电动机调速装置

电机调速合理，则电动机的发热量也能有效控制。

电机的转速调节，可通过调压、调频等方式来实现。其中，以调频方式调节转速应用最多。

目前应用广泛的是变频变压调速（VVVF）技术，可根据轿厢的实际负载、上下行速度，通过对电流大小和相位的调整，实时精确控制主机转动力矩，保证电梯平稳运行。

知识点八　电梯电气控制系统

电气控制系统的主要功能是对电梯的运行实行操纵和控制。

在电梯的控制中，其采用的控制技术主要有变频调速技术（进行速度和位置的调节控制）、逻辑控制单元技术（进行运行管理）、串行通信技术（进行信号传递）等。

电气控制系统主要由操纵装置、位置显示装置、控制屏（柜）、平层装置、安全保护装置等组成，以某型号电梯为例，如图 1-125 所示。

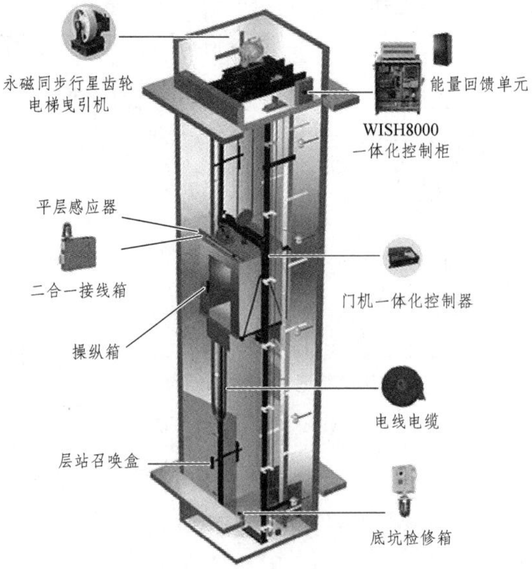

图 1-125　电梯电气控制系统分布

一、控制柜

各种电子器件和电器元件安装在一个有防护作用的柜形结构内，控制电梯运行的装置，称为控制柜。它是对电梯进行速度控制、运行管理等电气控制的箱柜，如图 1-126 所示。

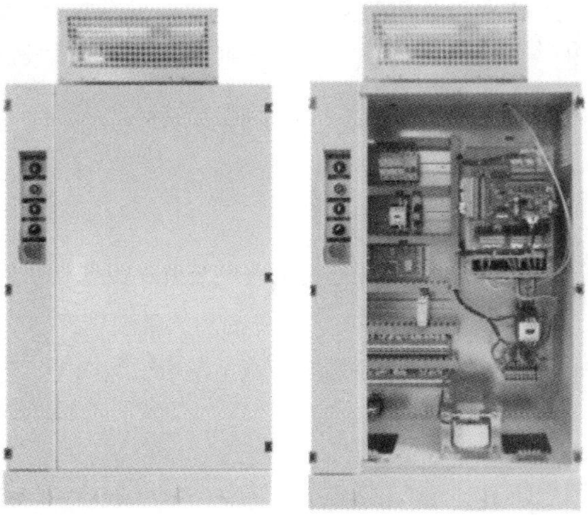

图 1-126　控制柜

控制柜的设置方式：

（1）对有机房电梯，控制柜一般设置在机房内，靠近曳引机一侧，与曳引机的运行控制相配套。为确保使用安全，控制柜内各通电部件的对地绝缘电阻的阻值至少大于等于 0.25 MΩ，电压越高则阻值越大。为方便检修及安全运行，控制柜与曳引机的距离不小于 500 mm，同时控制柜的前面应至少留有 700 mm 的空间距离，后面和侧面应有大于 700 mm 的空间距离。

（2）对无机房电梯，控制柜一般设置在井道顶层壁、井道底层壁、轿厢顶、层门外的层站壁等。为节约空间，无机房电梯的控制柜，通常为薄型控制柜。

控制柜安装位置，如图 1-127 所示。

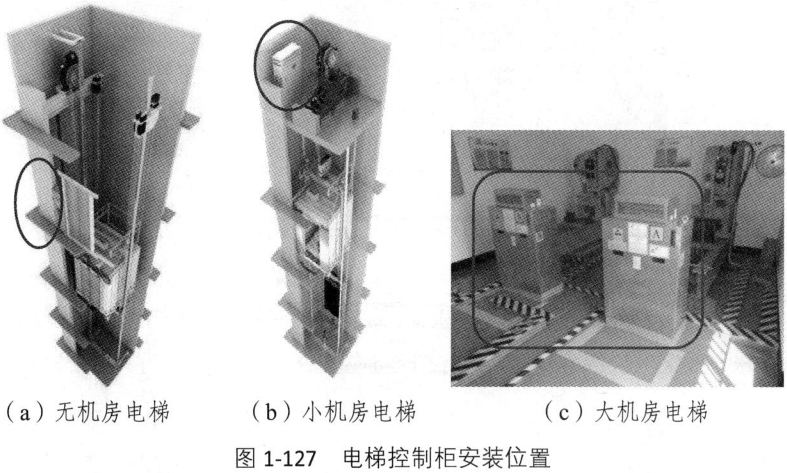

（a）无机房电梯　　（b）小机房电梯　　（c）大机房电梯

图 1-127　电梯控制柜安装位置

电梯的随行电缆，通过设在轿顶靠近轿内操纵箱一侧的接线端子盒与机房控制柜端子相连。

除各种电子器件和电器元件外，控制柜还设有紧急停止开关和自动/检修开关，可在机房进行电梯的紧急停止和自动/检修转换操作控制。

一般情况下，每台电梯设有两个自动/检修转换开关：一个设置在机房控制柜中，另一个则设置在轿顶操纵箱中。工作人员在进行检修、保养时，可通过此开关将自动运行状态切换至检修运行状态，确保电梯在检修过程中不响应任何常规的自动运行指令，以保障工作人员的安全。

二、操纵箱

又称操纵盘，是以开关、按钮操纵轿厢运行的电气装置；设置在轿厢内、大厅、层站等；一般采用不锈钢材质。

根据设置位置的不同，操纵箱可分为轿厢操纵箱（设于轿厢内）、呼梯盒（设与层站的层门侧边）。

1．轿厢操纵箱

轿厢操纵箱安装在轿厢内的门旁袖壁或侧壁上。如图 1-128 所示。

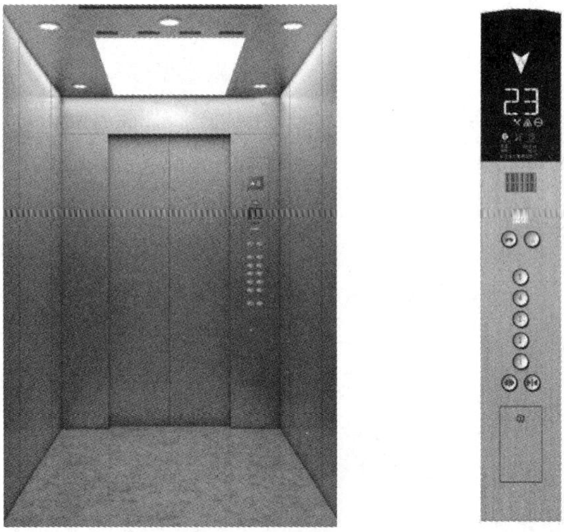

图 1-128　轿厢操纵箱及安装位置

采用中分门的大型轿厢，可根据需要在电梯的轿厢中轿门两侧设置两个操纵箱（分别为主、副操纵箱或专用操纵箱），或在轿厢侧壁增加设置一个操纵箱，以便乘客操作电梯运行。若电梯兼要照顾残疾人（尤其是轮椅使用者），应把副操纵箱设在侧壁、便于操作的较低位置。对于副操纵箱，有时又称为残疾人操纵箱，其按钮配置与主操纵箱相同，但省略了部分管理用开关，如图 1-129 所示。

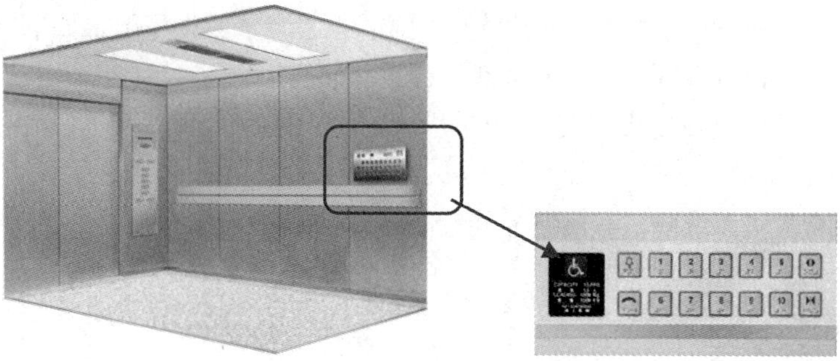

图 1-129　残疾人操纵箱

轿厢操纵箱的面板上设置选层按钮，开关门按钮、内线电话按钮、方向灯，警铃等，同时面板的上方标示、额定载荷，额定乘员数等信息。

操纵箱各部件及功能如下：

（1）显示装置，一般位于操纵箱的最上方，用于显示运行位置、方向，使轿厢内人员可随时知道所在方位。显示装置一般提供两个发光指示器箭头预告轿厢下次运行方向（端站仅设一个，如向上、向下），如图 1-130 所示。

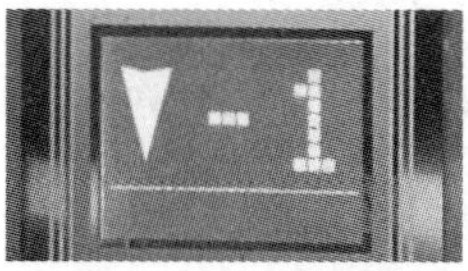

图 1-130　显示装置

（2）紧急呼援按钮，又称紧急呼叫按钮、求助按钮、紧急报警装置。当乘客乘坐电梯遇到紧急情况时，可通过其向轿厢外求援；一般包括警铃和报警电话，报警铃按钮通常为黄色，报警电话按钮通常为红色。常规电梯的紧急报警装置，如图 1-131 所示。

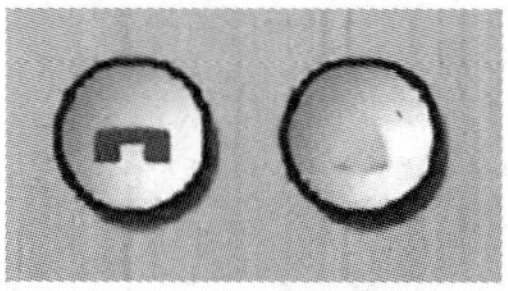

图 1-131　紧急报警装置

地铁车站无障碍电梯的紧急报警装置（带盲点），如图 1-132 所示。

图 1-132　紧急报警装置

其作用是使电梯管理机构（如楼宇监控值班室）能随时、有效地响应轿厢内或井道内的紧急召唤。

依据 GB/T 10058—2009《电梯技术条件》，紧急报警装置的设置要求如下：

① 电梯轿厢内应设置乘客易于识别和触及的报警装置；

② 应在存在该危险处设置报警装置，以防止如果在井道中工作的人员存在被困危险时，无法通过轿厢或井道逃脱；

③ 应采用一个对讲系统能与救援服务持续联系；

④ 应由符合 GB7588—2003 中 8.17.4 要求的紧急电源或等效电源供电（轿内电话与公用电话网连接的情况除外）；

⑤ 如果电梯行程大于 30 m，在轿厢和机房（对无机房电梯为紧急操作地点）之间也应设置紧急电源供电的对讲系统或类似装置。

紧急报警装置的对讲系统一般采用双向对讲模式，主要通过一个对讲系统使被困乘客与救援服务持续联系。对讲系统启动之后，被困乘客不必再做其他操作。对于多台电梯，系统能辨别出正在发出呼救信号的轿厢。

除与公用电话网连接的外，紧急报警装置的供电应来自轿厢、自动再充电的紧急照明电源或等效电源。

（3）对讲装置，又称对讲系统，为轿厢内部的通话装置；设置在轿厢内，可用于轿厢内和机房、电梯管理中心等之间的相互通话。在电梯发生故障时，内部通话装置帮助轿厢内乘客向外报警，同时便于电梯管理人员及时安抚乘客、减小乘客的恐惧感；在电梯调试或维修时，方便不同位置有关人员之间相互沟通，如图 1-133 所示。

图 1-133　对讲装置

电梯对讲系统（以上海贝斯特为例），如图 1-134 所示。

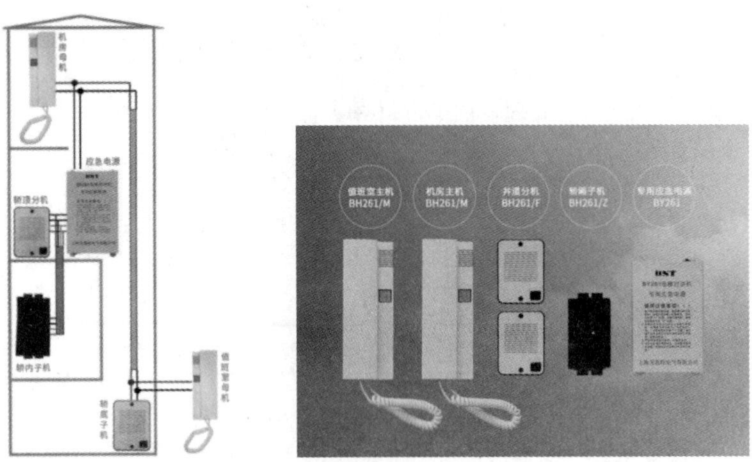

图 1-134　电梯对讲系统（两线制单局五方对讲机）

（4）选层按钮，又称选层器，是用于执行或控制电梯的运行方向、加速、减速、平层、停止、取消呼梯信号、门操作、位置显示和层门指示灯控制的机械或电气驱动的装置。

地铁车站无障碍电梯的轿厢操纵箱按钮键上通常带有盲文凸点，可方便视障人士用手触摸感知相关乘坐信息，如图 1-135 所示。

图 1-135　按钮（带盲文凸点）

为方便操作，轿厢操纵箱最低一行按钮中心线与地板的高度一般为 900 mm，两个按钮相邻部件之间的距离宜为 10 mm。

（5）门开/关按钮，为控制轿厢开门、关门的装置；一般位于面板上选层按钮的下方，方便乘客操作，如图 1-136 所示。

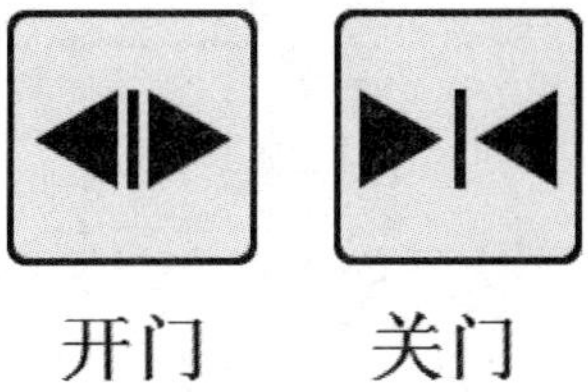

图 1-136　门开/关按钮

（6）检修盒，位于面板的最下方，自身带有安全锁。工作人员通过专用锁匙打开后，可进行相关控制系统的检修及电梯特殊功能开关的操作[例如，独立服务开关、风扇开关、司机操作开关、灯开关、紧急照明/风扇开关、停止/启动开关（驻停开关）等开关的操作]，如图 1-137 所示。

图 1-137　检修盒

（7）读卡器。除上述按钮及显示装置，有安全性要求的部分电梯的轿厢操纵箱还设置读卡器（卡识别装置）等其他装置，一般用于安全性要求较高的电梯，设置于轿厢内或层门一侧，可让乘客通过刷身份卡来操纵轿厢的运行或召唤轿厢在呼梯层站的停靠，如图 1-138 所示。

图 1-138　读卡器

此外，电梯轿厢过载时，操纵箱内的过载警示装置可通过灯光闪烁或语音播报等进行警示。

（8）电子到站钟，为轿厢将到达选定楼层时，提醒乘客电梯到站的音响装置；可安装在轿厢壁、轿顶或每一个电梯层站的位置；可实现电梯上行、下行、超载等语音提示。

2．呼梯盒

又称召唤盒、层站按钮，为设置在层站的层门一侧，召唤轿厢停靠在呼梯层站的装置，如图 1-139 所示。

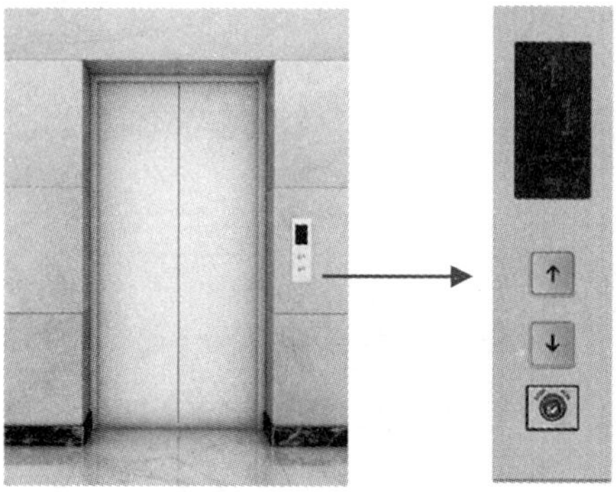

图 1-139　呼梯盒及安装位置

呼梯盒的最低按钮中心线与地板的高度一般为 900 mm，最高按钮中心线与地板的高度为 1 000 ± 5 mm。

与轿厢操纵箱一样，呼梯盒上也设置有方向按钮及显示装置。按钮一般位于面板的下方，可用于上、下楼层的选择。显示装置位于按钮的上方，方便层站的候梯人员及时知道运行电梯轿厢的所在位置，一般用数字显示轿厢所到的层站。

对部分商业电梯等，显示装置设置在层门入口的建筑边框上方。使用层站箭头指示器时，通常布置在距离地面 1.8 ~ 2.5 m 的位置，从层站水平方向在不小于 140° 的范围内清晰可见，箭头的最小高度为 40 mm。

三、开关装置

1．主开关

电梯通常都装设能切断除下列供电电路以外其他供电电路的主开关：

（1）轿厢照明和通风；

（2）轿顶电源插座；

（3）机器设备区间和滑轮间内的照明；

（4）机器设备区间和滑轮间内以及底坑内的电源插座；
（5）电梯井道照明；
（6）报警装置。
电梯主开关如图 1-140 所示。

图 1-140　主开关

主开关的一般设置：
（1）机房内，当有机房时；
（2）控制柜内，当无机房但控制柜不安装在井道内时；
（3）紧急和试验操作屏上，当控制柜安装在井道内时。若紧急操作屏和试验操作屏是分立的，此开关应设置在紧急操作屏上。如果从控制柜处不容易接近主开关，还应在控制柜上设置一个分断开关。

实际应用中，主开关设置于机房入口便于接近及操作的位置。如果机房为几台电梯所共用，各台电梯主开关的操作机构应易于识别。同时，主开关应具有稳定的断开和闭合位置，并且在断开位置时应能用挂锁或其他等效装置锁住，以确保不会出现误操作。对于一组电梯，当一台电梯的主开关断开后，如果其部分运行回路仍然带电，这些带电回路应在机房中被分别隔开，必要时可切断组内全部电梯的电源。

2．停止开关

又称停止装置，用于停止电梯并使电梯包括动力驱动的门保持在非服务的状态，如图 1-141 所示。

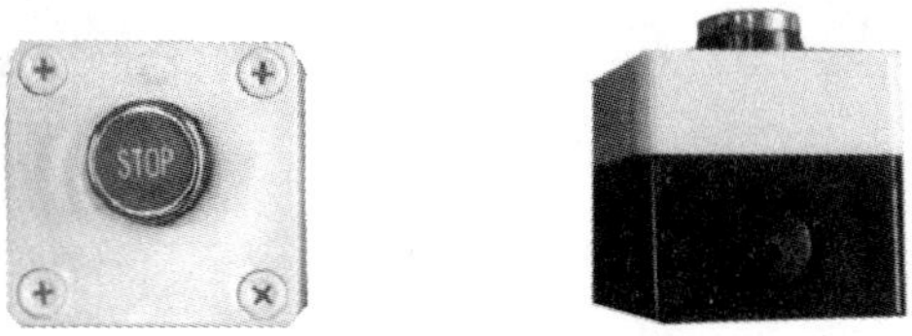

图 1-141　停止开关

停止装置通常为双稳态，误动作不能使电梯恢复运行。

停止开关的安装位置：

（1）底坑；

（2）滑轮间；

（3）轿顶，距检修或维护人员入口不大于 1 m 的易接近位置。该装置也可设在紧邻入口不大于 1 m 的检修运行控制装置位置；

（4）检修控制装置上；

（5）对接操作的轿厢内。此停止装置应设置在距对接操作入口处不大于 1 m 的位置，并能清楚地辨别。除对接操作外，轿厢内不设置停止装置。

3．急停开关

又称安全开关，是一种串接在电梯控制线路中不能自动复位的手动开关。

急停开关为红色，分别设置在轿顶检修盒上、底坑内和机房控制柜壁上。当遇到紧急情况或在轿顶、底坑、机房等处检修电梯时，为防止电梯的启动、运行，开关关闭，切断控制电源以保证安全，如图 1-142 所示。

图 1-142　急停开关

其动作为按下—停止；旋转—运行。

为方便紧急操作，急停开关在机房、井道、轿顶等位置均有设置，如图 1-143 所示。

（a）井道急停开关

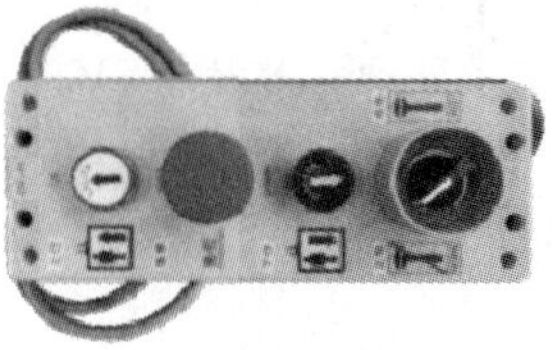

（b）轿顶检修盒急停开关

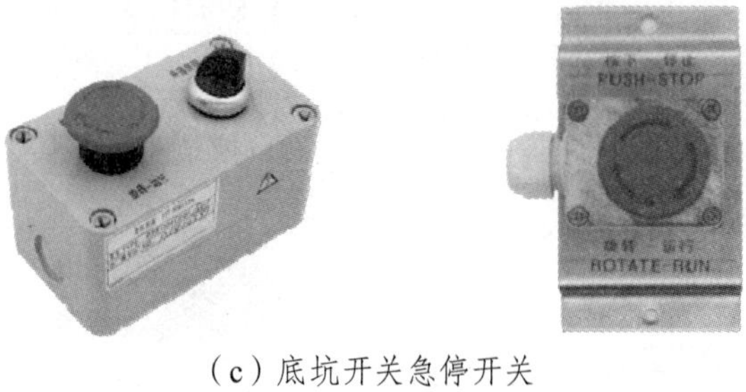

（c）底坑开关急停开关

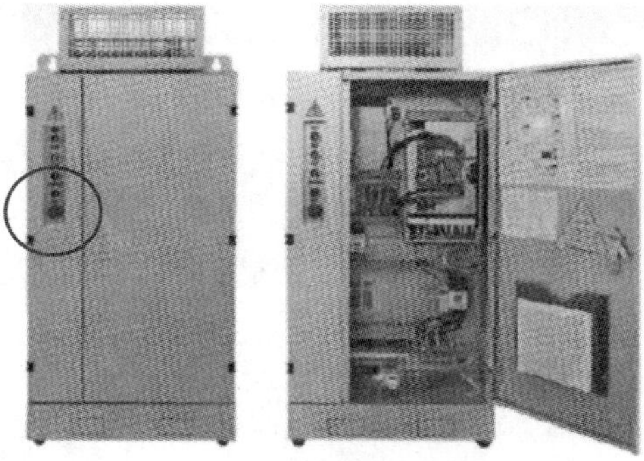

（d）机房控制柜急停开关

图 1-143　急停开关设置

4．照明开关

为控制照明装置的开关；通常设置在每个机器设备区间和滑轮间内每个入口的主开关旁。轿顶检修盒、底坑开关位置，也设有照明开关，如图 1-144 所示。

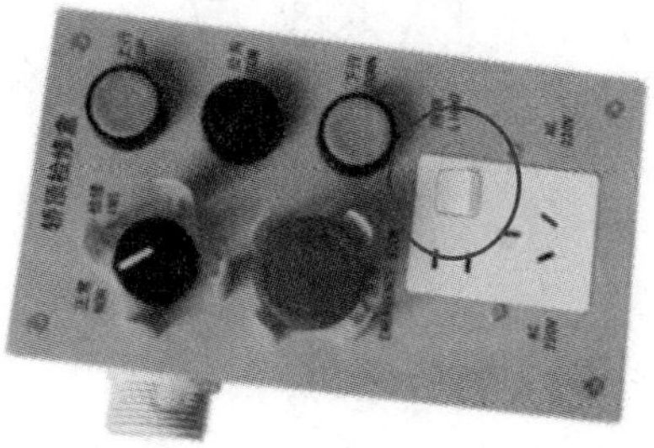

（a）轿顶检修盒

（b）底坑开关

图 1-144　轿顶检修盒及底坑开关上的照明开关

照明电源与电梯驱动主机电源是分开的，可通过另外的电路或通过与主开关供电侧连接而获得照明电源。

实际应用中，井道内机器设备区间和工作区域的照明可以是井道照明的一部分。

5．消防开关

又称消防盒，是发生火警时，可供消防人员将电梯转入消防状态使用的电气装置；一般设置在电梯基站入口一侧，如图 1-145 所示。

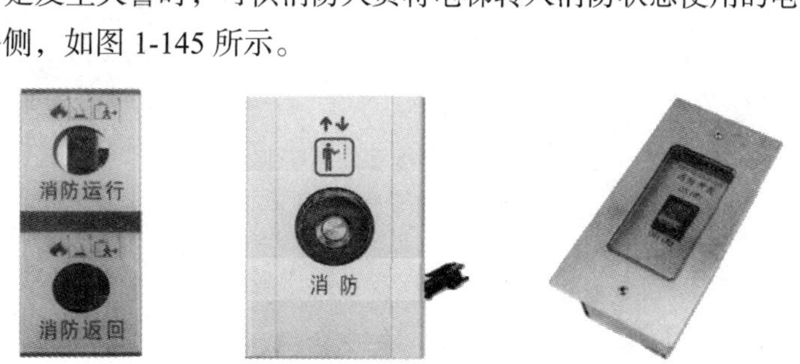

图 1-145　电梯消防运行及返回开关

若消防员进行应急操作（例如，发生火警时，消防员利用“消防专用钥匙”启动的操作），消防开关被接通，电梯轿厢内及层站指令被全部切除，所有电梯立即运行至预先选定的层站（如基站）并保持开门状态，疏散乘客等候消防员操作。消防员进入消防员专用电梯后，电梯只应答轿厢内召唤，不应答其他任何层站的召唤。

四、平层装置

又称平层感应器、位置检测器、光电接近式开关，是在电梯平层区域内，使轿厢达到平层准确度要求的装置；通常设置在轿顶架上；用以控制电梯从开始减速到平层停止的装置。

常见的平层感应器有干簧管式和光电式两种。前者又称烟杆式平层感应器，后者又称 U 型平层感应器。

U 型平层感应器及安装，如图 1-146 所示。

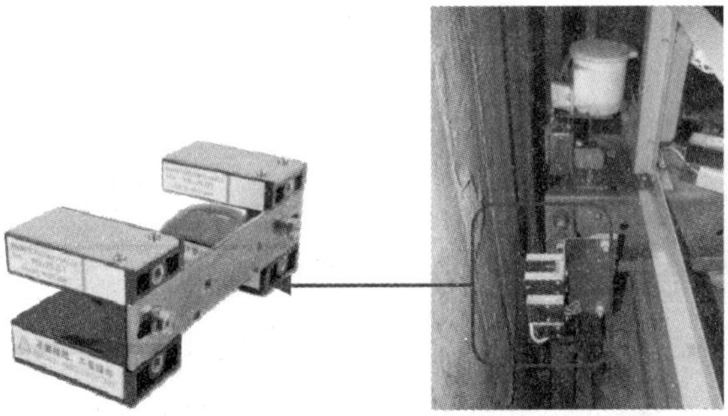

图 1-146　U 型平层感应器及安装示意

电梯导轨每层的平层位置都装有隔磁板（又称平层感应板、平层磁条），安装位置一般在井道壁或导轨架上。当平层感应器进入隔磁板后开始计脉冲数，运行到设置好的脉冲值位置停车，这时就是平层位置。隔磁板在井道的安装示意，如图 1-147 所示。

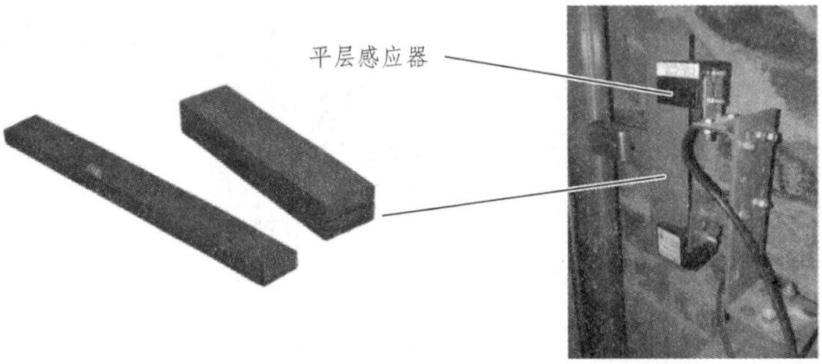

图 1-147　隔磁板及井道安装示意

所谓平层，是指在平层区域内，使轿厢地坎平面与层门地坎平面达到同一平面的运动。轿厢停靠层站上方和（或）下方的一段有限区域，称为平层区域，在此区域内可以平层装置来使轿厢运行达到平层要求。

电梯轿厢平层的原理：轿厢顶上分别安装（上行、下行）两个感应开关（平层感应器），井道中每个层站与其相应位置分别安装（上减速、下减速）两块隔磁板。隔磁板的位置就是微机设定的硬件减速点位置。随着轿厢升降，各层站的隔磁板依次插进、撤出感应器，使感应开关触点不断通、断变化并将动作信号送入微机，进行平层速度检测和校正，最终达到精确平层。

轿厢依控制系统指令到达目的层站停靠后，门完全打开，在没有负载变化的情况下，轿厢地坎上平面与层门地坎上平面之间铅垂方向的最大差值，称为平层准确度。一般在 ± 10 mm 范围。

电梯装卸载过程中轿厢地坎和层站地坎间铅垂方向的最大差值，称为保持精度。一般在 ± 20 mm 范围。

在电梯停靠开门期间，由于负载变化，检测到轿厢地坎与层门地坎平层差距过大时，电梯自动运行使轿厢地坎与层门地坎再次平层的功能，称为再平层或微动平层。其通常是电梯停止后，允许在装载或卸载期间进行校正轿厢停止位置的一种动作，必要时可使轿厢连续运动（自动或点动）。

五、随行电缆

又称控制电缆、轿厢尾线，为连接于运行的轿厢底部与井道固定点之间的柔性电缆；安装在道内，两端分别与轿厢底部和机房控制柜连接；有圆形电缆和扁平电缆之分，其中扁平电缆应用最广，如图 1-148 所示。

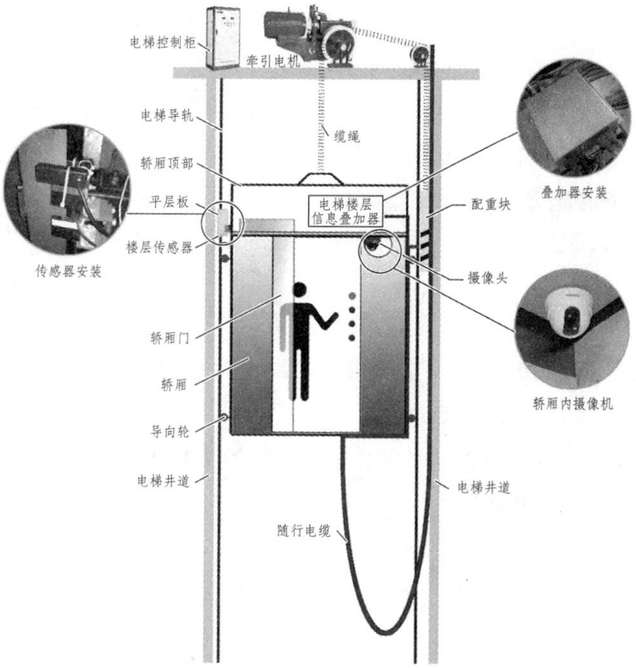

图 1-148　随行电缆及安装

随行电缆的线路包括电梯轿厢操纵箱的信号线路、轿厢内照明电源线路、门机控制线路、内线电话线路等，具有屏蔽抗干扰能力、监控与串行通信功能，是保障轿厢工作运行的随动线路。

为了防止随行电缆、限速器钢丝绳等发生地震时不被导轨支架等其他井道外突物勾挂，一般采用防勾挂钢丝将这些外突物端部垂直连接起来。

六、运行控制

电梯的运行控制有正常运行控制、紧急运行控制、对接操作运行控制、检修运行控制、急救运行控制等。

1．正常运行控制

为电梯正常情况下的运行控制。

电梯轿厢停在某一层站时的一段时间为电梯每天非运行的时间，包括门打开后乘客进入或离开轿厢的时间、门关闭时空闲或待机模式的时间。非运行时间通常是 24 h 减去运行时间。

2．紧急运行控制

为电梯在紧急情况下的运行控制。例如电梯电源系统非正常断电，导致轿厢无法准确平层而影响乘客出入，此时可采用手动紧急运行控制、电动紧急运行控制的方式来控制电梯。

（1）手动紧急运行控制。

如果向上移动额定载重轿厢所需的操作力不大于 400 N，可借助装设在电梯驱动主机上的盘车手轮，将轿厢通过手动操作的方式移动到所需位置。详情可参考曳引电动机部分的内容。

（2）紧急电动运行控制。

如果向上移动额定载重轿厢所需的操作力大于 400 N，可借助机房内的紧急电动运行开关，对电梯进行相应的移动。

提升额定载重轿厢所需力大于 400 N 的电梯驱动主机，其机房内应设置一个符合要求的紧急电动运行开关。电梯驱动主机应由正常的电源或备用电源供电。同时下列条件也应满足：

① 允许从机房内操作紧急电动运行开关，由持续揿压具有防止误操作保护的按钮控制轿厢运行，运行方向应清楚地标明。

② 紧急电动运行开关操作后，除由该开关控制的以外，应防止轿厢的一切运行。检修运行一旦实施，则紧急电动运行应失效。

③ 紧急电动运行开关本身或通过另一个符合要求的电气开关使下列电气装置失效：安全钳上的电气安全装置；限速器上的电气安全装置；轿厢上行超速保护装置上的电气安全装置；极限开关；缓冲器上的电气安全装置。

④ 紧急电动运行开关及其操纵按钮设置在使用时易于直接观察电梯驱动主机的地方。

⑤ 轿厢速度不大于 0.63 m/s。

3．对接操作运行控制

依据 GB 7588—2003《电梯制造与安装安全规范》14.2.1.5，在满足一定的条件下，允许轿厢在层门和轿门打开时运行，以便装卸货物。该方式为对接操作运行控制。

4．消防运行控制

对消防梯，平时作为一般电梯使用，发生火警时供消防队救援的运行，分为“一次消防运行”和“二次消防运行”。

一次消防运行，是指火警时操作召唤按钮使轿厢返回避难层后，再操作操纵箱上的“一次消防运行开关”，在轿门关闭前再操作目的层按钮，于是轿厢以额定速度向目的层直驶。二次消防运行，是指若因某种原因，消防梯不能关门或不能运行时，也能在紧急状态下避开门的开关回路而自动运行。只有在“一次消防运行开关”启动的状态下再通过随行电缆去启动“二次消防运行开关”，这时的速度应不超过 1.5 m/s。

5．检修运行控制

为电梯检修时的运行控制。

在轿厢内或轿顶上进行机器维修和检查工作的场合，为避免因维修和检查导致的轿厢失控或意外移动可能给维修或检查人员带来危险，需设置一个机械安全装置和电气安全装置以控制电梯的运行。装置设有误操作的保护。

检修人员在轿顶进行电梯的检修操作时，电梯的正常运行控制（包括任何自动门的操作）、紧急电动运行、对接操作运行等都应被取消，检修人手动操作设置在轿顶上的检修盒使轿箱低速运行且停靠在井道任意位置。手动运行用的开关设在轿顶上。

为确保安全，电梯的检修速度一般低于额定速度。

七、应急装置及应急照明电源

1．应急装置

又称停电自动平层装置（控制柜）、停电自救装置、停电应急装置、停电应急平层装置，是电梯的一种保护装置。

电梯应急装置通常安装在机房电梯控制柜旁，将市电电源、电梯应急平层装置、电梯控制柜三者串联，起到一个应急电源的作用；电梯供电电源出现故障而断电时，供轿厢运行到邻近层站或指定层站停靠。一般由主控板、充电板、逆变板、接口板、电池组及相序检测等组成，如图 1-149 所示。

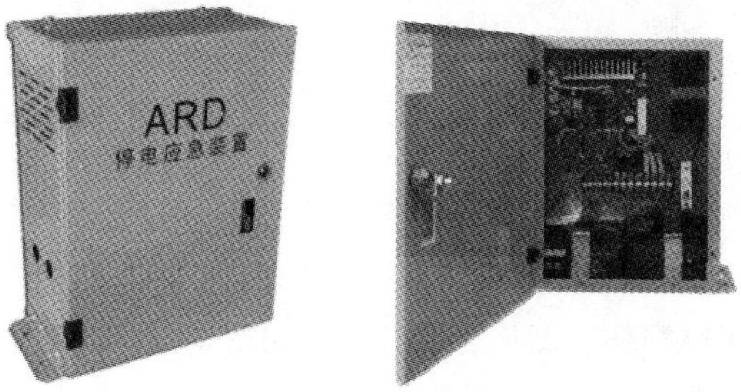

图 1-149　电梯应急装置

电梯在使用过程中，经常遇到软故障（非电梯安全回路、门锁回路）或供电系统故障（缺相、停电、火警），一旦碰到此情况会导致被困在轿厢内乘客紧张、恐惧、烦躁情绪，甚至对乘客生命及财产安全构成严重威胁。如遇到上述情况，电梯应急装置则自动投入使用并帮助电梯继续运行工作，将电梯轿厢平缓运行到就近层站平层、开门，从而确保轿厢内乘客能够得到及时、安全的全自动救援保护。

2．应急照明电源

又称紧急照明电源，是以蓄电池作为电源，能自动充电，在电梯正常照明电源发生故障时自动供给照明电的应急装置；通常设置在轿厢内；除可供照明应急使用外，还可供对讲机、报警装置应急使用。电梯应急照明电源总体接线，如图 1-150 所示。

电梯应急照明电源应保证一定时间的供电容量。GB 7588—2003《电梯制造与安装安全规范》规定，轿厢应有自动再充电的紧急照明电源，在正常照明的电源中断的情况下，它能至少供 1 W 灯泡用电 1 h。

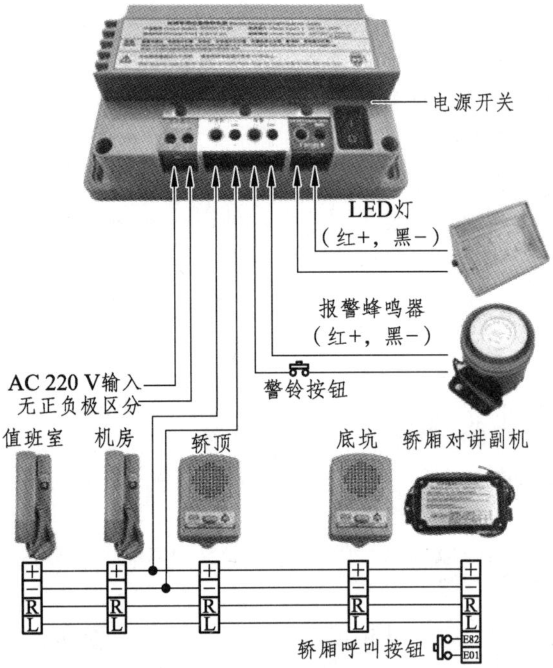

图 1-150　电梯应急照明电源总体接线

知识点九　安全保护系统

电梯按安全保护系统的主要功能是保证电梯安全使用，防止一切危及人身安全的事故发生。

电梯在使用过程中，会有很多危险隐患或因素存在，如剪切、挤压、坠落、撞击、被困、火灾、电击、由一些原因（机械损伤、磨损、锈蚀等）引起的材料失效等。

电梯安全运行需保护的对象包括

（1）使用人员；

（2）维护和检查人员；

（3）电梯井道、机房和滑轮间（如有）外面的人员；

（4）被授权人员。为了检查、试验和维修电梯，或从停止的运载装置中救援乘客，被电梯业主授权进入受限制的电梯区域（如机器空间、电梯井道、底坑和运载装置顶）的专业人员，称为电梯被授权人员。

安全保护系统主要由电梯限速器、安全钳、夹绳器、缓冲器、安全触板、层门门锁、电梯安全窗、电梯超载限制装置、限位开关装置组成。多数装置会配置与之联动的电气安全开关（所有联动开关均串联在控制回路中），可在装置进行安全动作时，随时切断电源电路。

一、电源断错相保护

为电源设备的一种保护功能，是依靠多相电路的一相导线中电流的消失而断开被保护设备或依靠多相系统的一相或几相失压来防止将电源施加到被保护设备上的一种保护方式。

断错相保护采用接入主回路的相序继电器来实现，当电源不正常（断相、错相）时，能使电梯停止正常操作，有电压继电器、带断相保护的热继电器、欠电流继电器等。

二、超速保护装置

在电梯轿厢超速运行时，能起到制停电梯的保护装置，称为超速保护装置。

电梯的超速保护装置可分为下行超速保护装置和上行超速保护装置。

（一）下行超速保护装置

为电梯下行超速时能制停电梯的超速保护装置。下行超速保护装置的作用是防止电梯蹲底事故的发生。

最常用的下行超速保护装置是限速器-安全钳系统，主要由限速器、安全钳、张紧装置、安全钳提拉杆、限速器钢丝绳等组成，如图 1-151 所示。

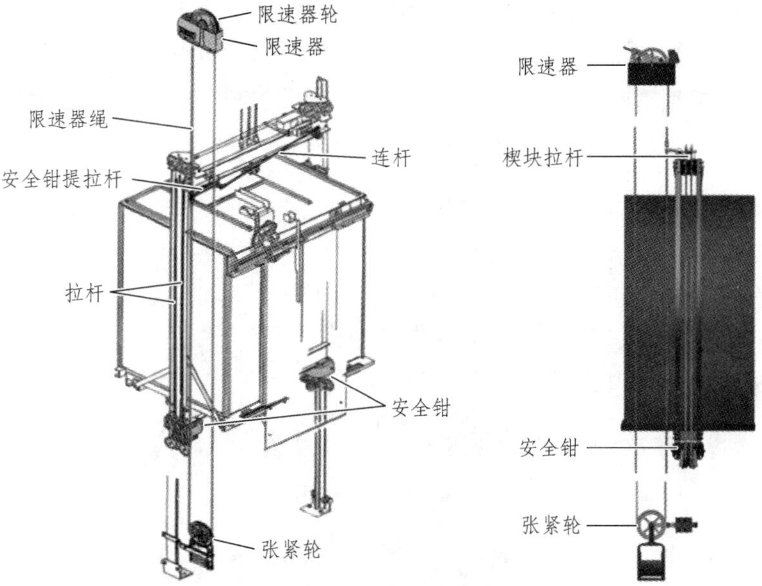

图 1-151　限速器-安全钳系统

限速器装置由限速器、限速器绳及绳头、限速器张紧装置等组成。限速器一般安装在机房，限速器绳绕过限速器绳轮后，穿过机房地板上开设的限速器绳孔，竖直穿过井道总高，一直延伸到底坑中的限速器张紧轮并形成回路，限速器绳头处连接到位于轿厢顶的连杆系统，并通过一系列的安全钳提拉杆与安全钳相连。

电梯正常运行时，轿厢与限速器以相同速度升降。当电梯出现超速，并达到限速器设定值时，限速器夹绳装置将限速器绳夹住，使其不能移动。但由于轿厢仍在运动，于是两者出现相对运动，限速器绳通过安全钳提拉杆拉动安全钳制动元件，安全钳制动元件紧密地夹持住导轨，利用其间产生的摩擦力将轿厢制停在导轨上，如图 1-152 所示。

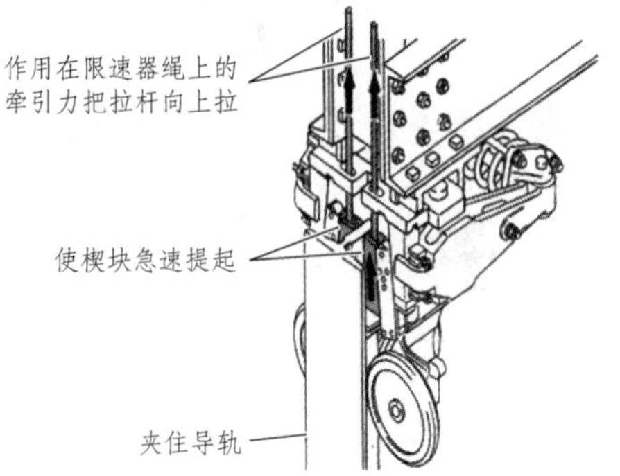

图 1-152　限速器-安全钳工作原理

1．限速器钢丝绳

使限速器绳轮的旋转与轿厢运行同步，实现限速器与安全钳联动的钢丝绳，称为限速器钢丝绳。

设在机房的限速器与设在井道底张紧轮之间作环状卷绕，绳端与轿厢安全钳提拉杆相连。其直径不小于 6 mm，安全系数不小于 8；一般为单根设置。

限速器钢丝绳与曳引钢丝绳功能不同，曳引钢丝绳用于牵引轿厢移动，其承重能力大，故曳引钢丝绳的直径更大（至少 8 mm）且设置多根。

2．限速器

当电梯的运行速度超过额定速度一定值时，其动作能切断安全回路或进一步导致安全钳或上行超速保护装置起作用，使电梯减速直到停止的自动安全装置，称为限速器。

一般安装在机房内（如机房电梯）或井道上方安装架上（如无机房电梯）。其作用是通过监测轿厢或对重的速度，在其超速时能迅速制停，从而避免发生人员伤亡及设备损坏事故。限速器轮的外侧面涂有起警示作用的黄色，如图 1-153 所示。

（a）限速器

（b）有机房电梯限速器安装位置（小机房、大机房）

（c）无机房电梯限速器安装位置

图 1-153　限速器及安装位置

（1）限速器的结构组成。

限速器主要由限速器绳、限速器绳轮、限速器绳轮转轴、制动块等组成。

按动作原理的不同，限速器可分为离心式限速器和摆锤式限速器。离心式限速器又可分为垂直轴转动式（甩球式）和水平轴转动式（盘式）；摆锤式限速器又分为下摆锤式和上摆锤式。

限速器有单向限速器和双向限速器之分。单向限速器用于电梯的上行或下行的超速保护，双向限速器可同时用于电梯的上行和下行的超速保护。目前新生产的电梯均采用限速器，而单向限速器因不符合新 GB（国标）安全要求而逐渐淘汰。

限速器的结构，如图 1-154 所示。

（2）限速器的动作。

通常情况下，在轿厢上行或下行的速度达到限速器动作速度（115% 额定速度值）之前，限速器或其他装置上的电气安全装置（限位开关）先行使电梯驱动主机停止运转。达到超速值（115% 额定速度值）时，限速器钢丝绳被卡住，提拉与钢丝绳连接的安全钳提拉杆，使安全钳动作并制停轿厢。安全钳动作后，需重新复位后电梯才可正常运行。但是，对于额定速度不大于 1 m/s 的电梯，此电气安全装置最迟可在限速器达到其动作速度时起作用。

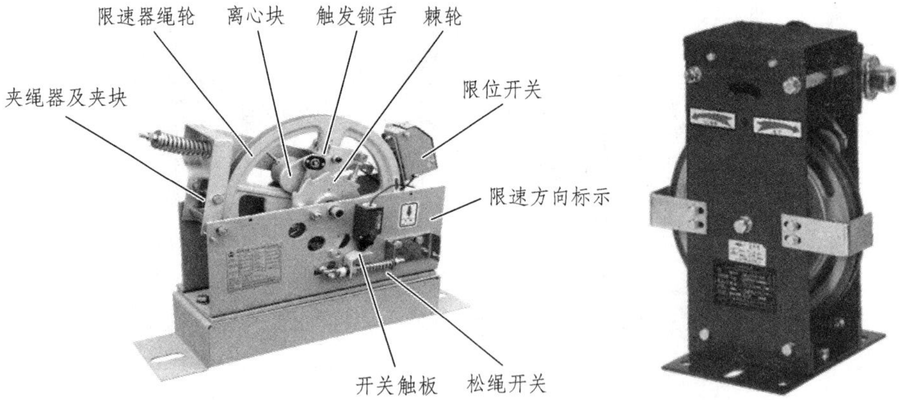

（a）单向限速器　　（b）双向限速器

图 1-154　限速器（离心式）

限速器限位开关，如图 1-155 所示。

以离心式限速器为例。当电梯超速，离心块在离心力的作用下克服弹簧拉力向外甩开，带动触发锁舌落下并卡住棘轮使之停止转动，同时限速器的夹绳器发生位移并触碰到限位开关的触碰开关，使其内部常闭的电气接点断开，此时电梯控制回路断电，驱动主机停转，主机配套的制动器恢复常闭状态，使曳引轮停转。电梯由于惯性继续下行，与限速器绳相连的设置在轿顶上安全钳联动装置动作，带动安全钳上的提拉杆上移，从而使轿厢两侧的安全钳紧紧夹住导轨，确保轿厢制停。

图 1-155　限速器限位开关及电气触点（常闭）

限速器由限速器绳驱动。限速器绳的直径不小于 6 mm。限速器绳通过张紧轮张紧，张紧轮（或其配重）配有导向装置。限速器动作时，限速器绳的张力不应小于安全钳起作用时所需提拉力的两倍，且不小于 300 N。

限速器上通常标明与安全钳动作相应的旋转方向。即限速器动作方向与轿厢下降方向一致，才能确保安全钳起制停轿厢作用，反之限速器不起保护作用。同时，限速器钢丝绳在正常运行过程中，不得与夹绳钳摩擦或接触。

限速器动作后，提升轿厢或对重能使限速器自动复位。如果安全钳释放后，限速器未能自动复位，则电气安全装置可防止电梯的启动。

如果限速器绳断裂或过分伸长，电气安全装置可使电动机停止运转。

检查和维护时，限速器可通过轿顶或从底坑接近进行操作。

3．安全钳

限速器动作时，使轿厢或对重停止运行保持静止状态，并能夹紧在导轨上的一种机械安全装置，称为安全钳。

安全钳安装在轿厢、对重底部的安装架上，位于导靴的下方，两侧各安装一个；主要由楔块（又称钳块、活动楔块）、钳座、拉杆等组成，如图 1-156 所示。

安全钳的作用是对电梯的安全运行提供有效保护。在达到限速器动作速度时，甚至在悬挂装置断裂的情况下，安全钳能夹紧导轨使额定载重轿厢制停并保持静止状态。不论何种原因造成安全钳开关动作都将切断安全电路使曳引机制停。安全钳动作后，只有将被制停在导轨上的轿厢（或对重）向上提起时，才能使轿厢（或对重）上的安全钳释放并自动复位。

所有曳引式电梯，都应安装由限速器触发的安全钳，一般以下行超速保护动作的安全钳应用较多。安全钳不能单独使用，需与限速器、提拉装置等一起配合才能发挥作用。

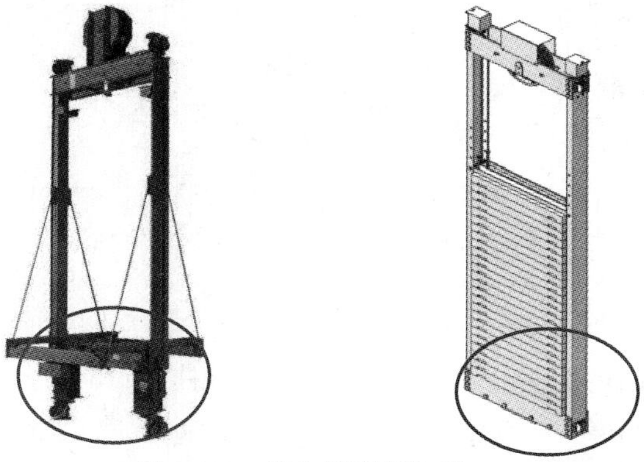

图 1-156　安全钳安装位置

除电梯轿厢外，并非所有电梯的对重都配置安全钳。如果轿厢或对重之下确定有人能够到达的空间，对重上应装安全钳。如果对重缓冲器安装于一直延伸到坚固地面的坚固桩墩上，则可以不装安全钳。

装有对重安全钳的限速器，其动作速度应大于轿厢安全钳的限速器动作速度，但不应超过轿厢安全钳的限速器动作速度的 10%。

在电梯轿厢、对重上一般系有辅助钢丝绳（即安全绳），在悬挂装置失效情况下，安全绳可触发安全钳动作，从而避免轿厢发生坠落。

按制动元件结构形式的不同，安全钳分为楔块型、偏心轮型和滚柱型 3 种，其中楔块型应用广泛，如图 1-157 所示。

图 1-157　楔块型安全钳

按制停减速度（制停距离）的不同，安全钳分为瞬时式安全钳和渐进式安全钳。

（1）瞬时式安全钳。

能瞬时使夹紧力达到最大值，并能完全夹紧在导轨上的安全钳，如图 1-158 所示；通常用于额定速度小于等于 0.63 m/s 的电梯。

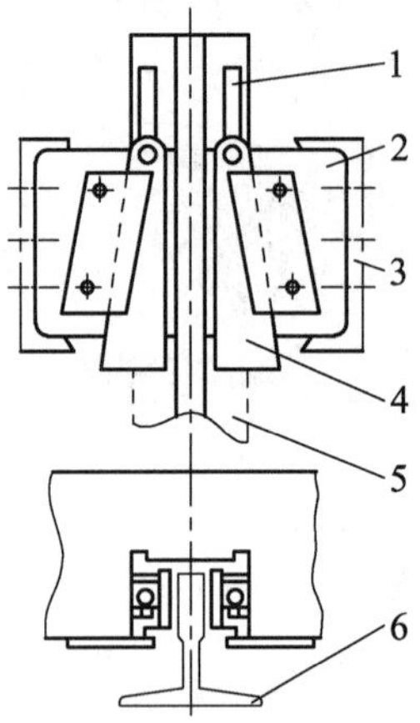

1—拉杆；2—钳座；3—轿厢下梁；4—楔块；5、6—电梯导轨。

图 1-158　楔块型安全钳（带提拉杆）

瞬时式安全钳在动作时，轿厢的动能和势能主要由安全钳的钳体变形和挤压导轨所消耗。其中，楔块式安全钳近 80%的能量由钳体变形吸收，而滚柱式安全钳 80%的能量靠挤压导轨吸收。一旦安全钳楔块被拉起与导轨接触楔块自锁，安全钳的动作就与限速器无关，并在轿厢继续下行时，楔块将越夹越紧，并最终制停轿厢。

（2）渐进式安全钳。

采取弹性元件，使夹紧力逐渐达到最大值，最终能完全夹紧在导轨上的安全钳；通常用于额定速度大于 0.63 m/s 的电梯。

渐进式安全钳与瞬时式安全钳在结构上的主要区别在于运动元件是弹性夹持的，在动作时动作元件靠弹性夹持力夹紧导轨上的滑动，靠与导轨的摩擦消耗轿厢的动能与势能，如图 1-159 所示。

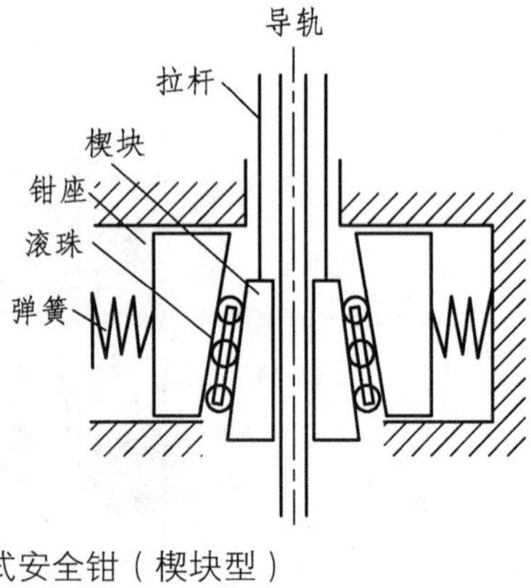

图 1-159　瞬时式安全钳（楔块型）

实际应用中，如果轿厢安装有数套安全钳，则安全钳应该全部都是渐进式的。如果电梯的额定速度大于 1.0 m/s，则对重安全钳也是渐进式的；其他情况下可以是瞬时式的。

轿厢和对重安全钳的动作应由各自的限速器来控制。若额定速度小于或等于 1 m/s，对重安全钳可借助悬挂机构的断裂或借助一根安全绳来动作。

实际应用中，轿厢从最低层站坠落，在撞击缓冲器之前，允许安全钳有不动作的可能性。

4．张紧轮

又称限速器张紧轮，为张紧限速器钢丝绳的绳轮装置；安装在底坑导轨侧；主要由张紧绳轮、重块（配重）、连杆、电气开关（绳松弛开关）等组成。按照配置重块位置的不同，张紧轮分为重块直垂式和重块侧垂式，如图 1-160 所示。

（a）重块直垂式张紧轮

（b）重块侧垂式张紧轮

图 1-160　张紧轮

张紧轮是靠自重和附加压铁的重力能始终保持向下牵拉的张力装置，用于对限速器绳、补偿钢丝绳等施加张力，确保钢丝绳处于拉紧的状态。当限速器绳断裂或过分伸长（松弛）时，配重向下移动，将张紧装置上的电气安全装置（安全开关、绳松弛开关）的常闭触点压至断开，此时电梯控制回路断电，电动机停止运转。

对于不同结构形式的张紧轮，绳松弛开关在安装时触电可朝上或朝下。无论如何安装，只要出现限速器钢丝绳断开或松弛，触点开关都会被触碰并断开控制回路。曳引钢丝绳的过分伸长（松弛）的现象，一般发在轿厢下行蹲底与底坑的缓冲器发生碰撞的时刻。

5．安全钳联动装置

又称限速器安全钳联动装置、安全联动装置、安全连杆装置。为限速器和安全钳联动的装置；一般设置在轿顶，也有部分电梯设置在轿底。

安全钳联动装置与限速器钢丝绳（一侧）连接，联动装置两侧连接着安全钳的提拉杆（分别位于轿厢的两侧，与导轨平行贴近），分别与轿厢安装架上两侧安全钳的活动楔块相连。限速装置与安全钳联动示意，如图 1-161 所示。

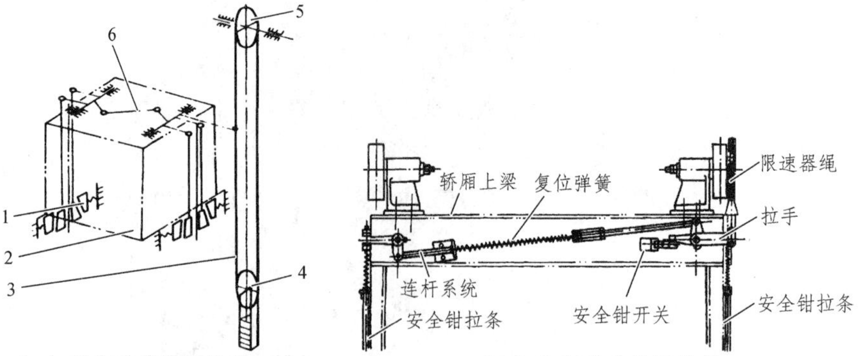

（a）安全联动装置设置　　（b）安全联动装置结构

1—安全钳；2—轿厢；3—限速器绳；4—张紧装置；5—限速器；6—安全联动装置。

图 1-161　安全钳联动装置及安装

一旦电梯超速，限速器上的钢丝绳就被夹住停转，此时安全钳联动装置动作。首先触动控制系统的保护电气装置，使电梯安全回路断开制停电梯。如果曳引机的制动器仍然无法制停，就带动安全钳提拉杆动作，拉动轿厢两侧的安全钳的活动楔块夹紧导轨，制停轿厢。在轿顶拉杆的位置，安装有安全钳的电气开关，当安全钳动作后，该电气开关将断开控制回路。安全钳联动装置预紧提拉力值一般为 150 ~ 200 N。

根据联动装置提拉形式及安全钳结构的不同，安全钳联动装置分为上侧单提拉、上侧双提拉、下侧单提拉、下侧双提拉。上侧、下侧分别为联动装置安装的位置，单、双提拉分别指安全钳为单楔块、双楔块。

（二）上行超速保护装置

轿厢上行速度大于额定速度的 115%时，作用在如下部件上，使轿厢减速慢行的装置，称为上行超速保护装置。

（1）轿厢；

（2）对重；

（3）钢丝绳系统；

（4）曳引轮或曳引轮轴。

即上行超速保护装置可对轿厢（轿厢双向安全钳系统）、对重（安全钳系统）、曳引绳（钢丝绳制动器）和曳引轮（曳引轮制动器）这 4 个部件中的一个或几个起作用，其设置具有灵活性。动作速度范围与限速器相同，动作后能使轿厢制停或至少使轿厢速度降低至对重缓冲器能够承受的设计范围内。

导致电梯轿厢上行超速的主要原因：制动器故障、曳引机工作异常、平衡系数选取不合理、电梯其他零部件损坏等。例如，轿厢空载或轻载荷时，对重侧重力大于轿厢，一旦制动器失效或曳引机轴、键、销等折断，或由于曳引轮绳槽严重磨损导致曳引绳在其中打滑，就容易导致轿厢上行超速发生。

电梯进行上行超速保护时，可通过夹绳器、双向限速器及双向安全钳等来实现。

1．夹绳器

轿厢上行超速时，通过夹紧机构夹持曳引钢丝绳，使电梯减速的装置，称为夹绳器；通常与对应限速器结合配套使用组合为上行保护装置。

它是用于钢丝绳系统（如悬挂绳、补偿绳）的减速元件，一般安装在机房内曳引轮和导向轮之间的曳引机机架上，也有将安装于导向轮或曳引轮下部，如图 1-162 所示。

图 1-162　夹绳器及安装位置

轿厢上行超速保护装置的速度监控装置监控到轿厢上行超速时，电气安全装置动作或控制电路失电，电机停止运转，夹绳器动作，将制动力直接作用在曳引钢丝绳上使轿厢制停，或至少使其速度降低至对重缓冲器的设计范围。

根据夹绳器触发装置的不同，夹绳器分为限速器机械式触发式和电磁式触发式两种类型。其中，机械式触发式，是通过闸线（拉索）拉动，限速器动作机构直接带动提拉钢丝软轴使夹绳器动作；电磁式触发式，是超速后限速器发出电信号，通过钢丝绳制动器控制器触发夹绳器压绳块动作，夹紧曳引钢丝绳实施制动。若电梯带有补偿绳，则夹绳器也可作用于补偿绳上。

夹绳器与限速器连接，如图 1-163 所示。

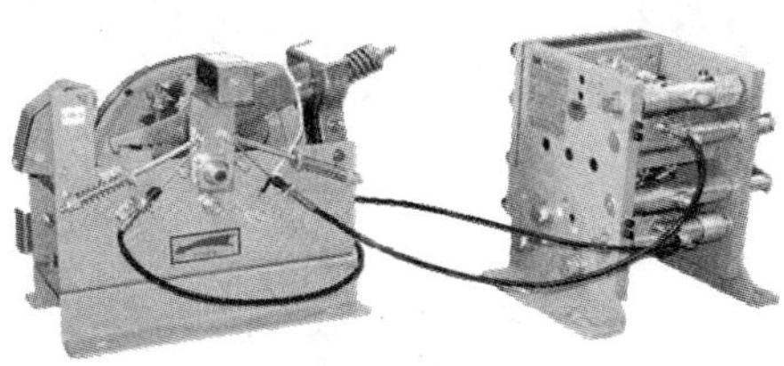

图 1-163　夹绳器与限速器连接

夹绳器动作后，一般为手动复位。

夹绳器一般用于旧电梯或旧梯改造项目。例如，原有电梯系统因成本、空间、应用范围等原因不适合，则在原对重系统上再加装对重专用的限速器和安全钳或采用轿厢双向限速器和双向安全钳等。

2．双向限速器和双向安全钳

双向限速器和双向安全钳配套使用，能实现电梯的上行、下行超速保护。

（1）双向限速器，如图 1-164 所示。

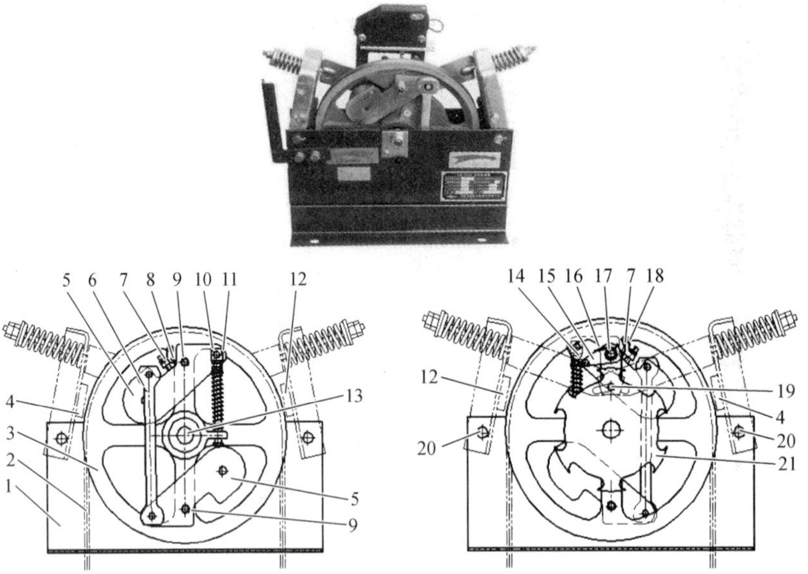

（a）双向限速器正面　　（b）双向限速器背面

1—限速器体；2—限速器绳；3—限速器绳轮；4—左夹绳臂与夹块；5—离心锤；6—离心锤联动拉杆；
7—触发锁舌；2-8—触发锁舌转轴；9—离心锤转轴；10—离心锤回位接头；11—离心锤回位弹簧；
12—右夹绳臂与夹块；13—限速器绳轮转轴；14—制动块销轴；15—制动块；
16—制动块扭簧；17—制动块转轴；18—触发锁舌扭簧；
19—花盘销轴；20—夹绳臂转轴；21—花盘。

图 1-164　双向限速器

双向限速器可实现双向断开超速电气开关，还能双向制动限速器绳，提拉双向安全钳，从而实现电梯的上、下行超速保护。

（2）双向安全钳。

一种能实现电梯上行、下行超速保护装置；一般与双向限速器配合使用；由组合式的上、下两个单侧楔块式安全钳组成，楔块分单侧偏心轮式和单楔块两种，也有采用双楔块对称式，上下行制动装置可装在同一钳体内，结构紧凑，提拉及联动方便，如图 1-165 所示。

图 1-165　双向安全钳

无论电梯是发生上、下行超速还是出现悬挂装置断裂的情况，安全钳都能紧急制动将轿厢平稳夹持在导轨上。

三、缓冲器

是用于吸收轿厢或对重动能的一种缓冲安全装置，安装在井道底坑内，位于轿厢和对重的行程底部极限位置行程端部。

电梯超越底层或顶层时，缓冲器吸收或消耗由轿厢或对重冲撞产生的能量，使轿厢或对重减速直至停止。对于强制驱动电梯，则应在轿厢顶部设置能在行程的上限位置起作用的缓冲器。

如果在轿厢或对重行程的底部使用一个以上缓冲器，则在轿厢处于上、下端站平层位置时，各缓冲器顶面与对重或轿厢之缓冲器撞板间的距离偏差不应大于 2.0 mm。

按动作原理的不同，常用的缓冲器有耗能型缓冲器和蓄能型缓冲器。

1．耗能型缓冲器

又称油压缓冲器、液压缓冲器，是一种以液体作为介质来吸收轿厢或对重动能的缓冲器；设置在井道底坑，常用于轿厢的缓冲；主要由本体、轴心、轴承、内管、活塞、液压轴、弹簧等组成，如图 1-166 所示。

当缓冲器轴心受外力冲击将带动柱塞下移，挤压内管的液压油，液压油受压后将由内管的排油孔（阻尼孔）一一排出，对柱塞的下降行程有一定的阻力，同时由内管排出的液压油也由内管之回油孔回流到内管；当外力消失，弹簧将活塞弹回始点等待下次的动作。依此原理，油压缓冲器将移动中的物体平稳有效地停止。

图 1-166　耗能型缓冲器

按弹簧设置形式不同，油压缓冲器分为内置弹簧和外置弹簧两种，如图 1-167 所示。

（a）弹簧外置式

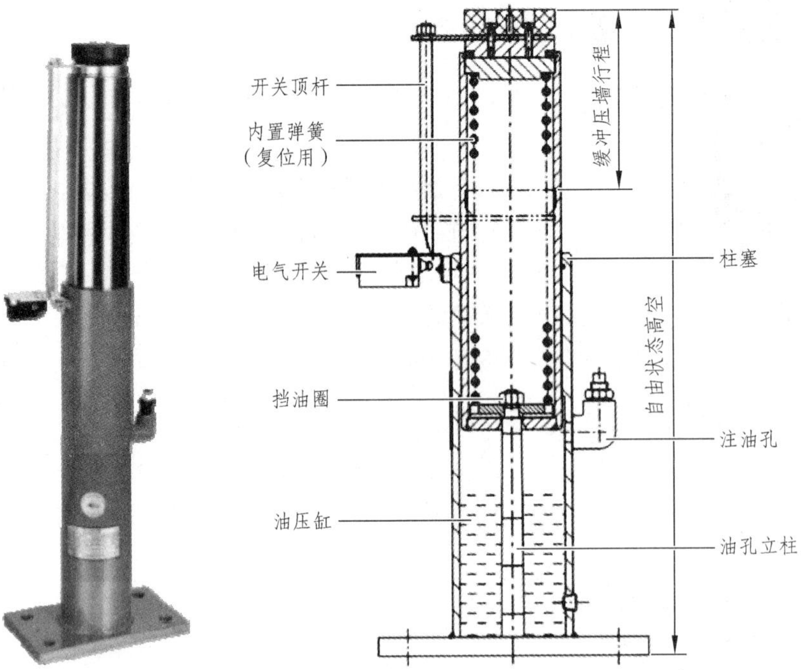

（b）弹簧内置式

图 1-167　油压缓冲器

其特点是大幅减少噪声、消除非机械运动之振动和碰撞破坏等冲击。

对耗能型缓冲器，其可能的总行程一般至少等于相应 115%额定速度的重力制停距离。当载有额定载重的轿厢自由下落并以 115%额定速度撞击缓冲器时，缓冲器作用后应无永久变形。当额定速度不大于 4 m/s 时，缓冲行程至少为 0.42 m；当额定速度大于 4 m/s 时，缓冲行程至少为 0.54 m。

耗能型缓冲器一般设有电气安全装置，在缓冲器动作后未恢复到正常位置之前，使电梯不能启动。例如，电梯轿厢下行超速发生蹲底时，轿厢压到油压缓冲器上，开关顶杆下移，将电气开关的常闭触电碰断，控制回路断电，电梯停运。耗能型缓冲器电气开关，如图 1-168 所示。

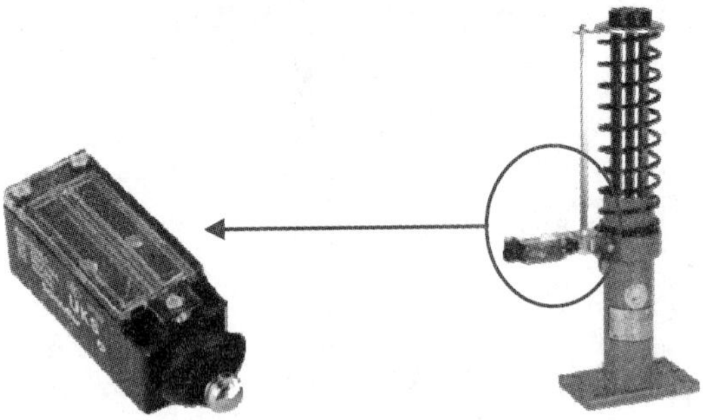

图 1-168　耗能型缓冲器电气开关

耗能型缓冲器可用于任何额定速度的电梯。

2．蓄能型缓冲器

以材料变形来吸收轿厢或对重动能的缓冲器。

根据变形材料的不同，蓄能型缓冲器又分为线性缓冲器和非线性缓冲器。

（1）线性缓冲器。

如前所论弹簧缓冲器。

对线性蓄能型缓冲器，其可能的总行程应至少等于相应于 115%额定速度的重力制停距离的两倍。该数值一般不小于 65 mm。

当载有额定载重的轿厢自由下落并以 115%额定速度撞击缓冲器时，缓冲器作用后应无永久变形，且轿厢反弹的速度不应超过 1.0 m/s。

（2）非线性缓冲器。

常用的有聚氨酯缓冲器，一般用于对重的缓冲，设置在对重的正下方。适用于额定速度 $v\leq$ 1 m/s 的电梯，如图 1-169 所示。

图 1-169　聚氨酯缓冲器及底坑位置

四、轿门保护装置

又称近门保护装置，为轿门关闭过程中，当乘客通过入口被门扇撞击或将被撞击时，能自动地使门重新开启的保护装置。

常用近门保护装置有接触式和非接触式。接触式主要为安全触板，非接触式主要为光幕、单光束保护装置等。

1．安全触板

为机械式的轿门保护装置；设置在轿门的背面；主要由控制杆、微动开关、触板等组成。在轿门关闭过程中，有乘客或障碍物触及安全触板时，轿门重新打开，如图 1-170 所示。

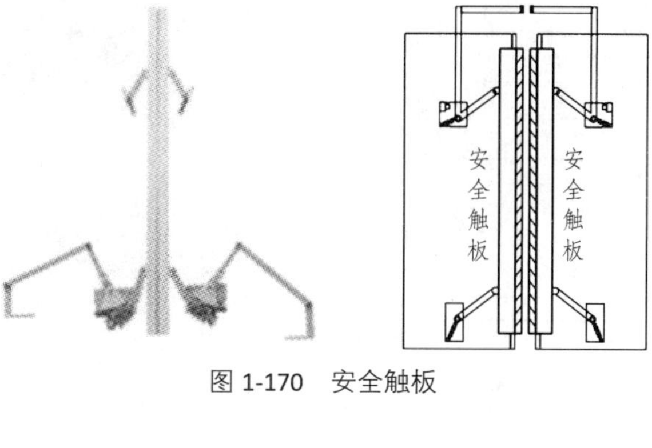

图 1-170　安全触板

安全触板属于电梯轿门上的一个软门，其触板分别垂直位于两个轿门的门边上。当电梯轿厢在关门过程中触板碰到乘客或硬物时，连接在近门的一个微动开关量会给门机的控制传递信息，促使门机电动机反转并重新打开轿门，确保被夹乘客或物体的安全。

其特点是动作可靠，但响应速度慢，需触碰到人或物体才发生反应。

2. 光　幕

是利用光电感应原理制成的安全保护装置，为光线式电梯门安全保护装置。

光幕设置在轿门的两侧，由安装在电梯轿门两侧的红外发射器和接收器、安装在轿顶的电源盒及专用柔性电缆四大部分组成，如图 1-171 所示。

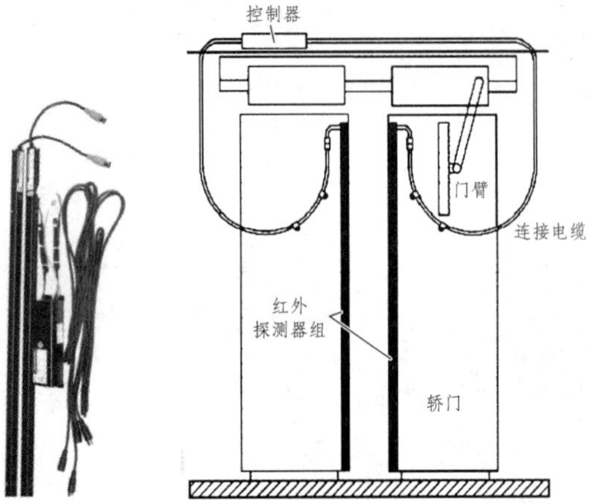

图 1-171　光幕及安装位置

从红外发射器到接收器，形成一个密集的红外线保护光幕（光束数量一般为 40 ~ 150）。当其中任何一束光线被阻挡，控制系统立即输出开门信号，轿门即停止关闭并反转开启，直至乘客或阻挡物离开警戒区域后电梯门方可正常关闭，从而达到安全保护目的，这样可避免电梯夹人事故的发生，如图 1-172 所示。

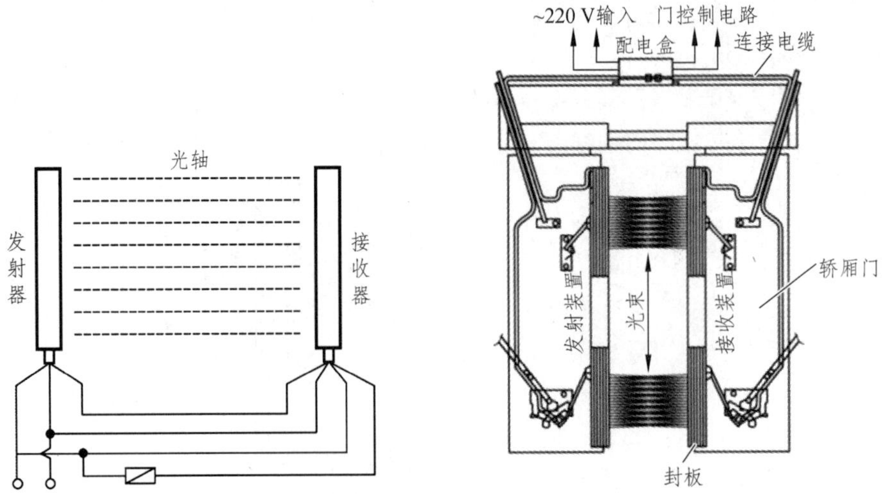

图 1-172　光幕工作原理

其特点是响应速度快，但可靠性较机械式的低。

目前，部分企业生产出机械式和光电式二合一的保护装置，即安全触板和光幕复合型式保护装置应用于市场，如图 1-173 所示。

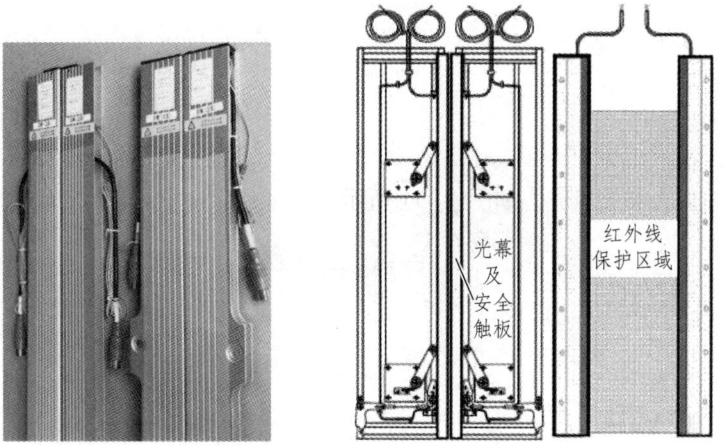

图 1-173　机械光电二合一保护装置

3．单光束保护装置

又称电眼；安装在轿门顶部，在轿门关闭过程中，当乘客或物体通过轿门时，在轿门高度方向上的某一点或数个特定点可自动探测并发出信号使轿门重新打开的门保护装置，如图 1-174 所示。

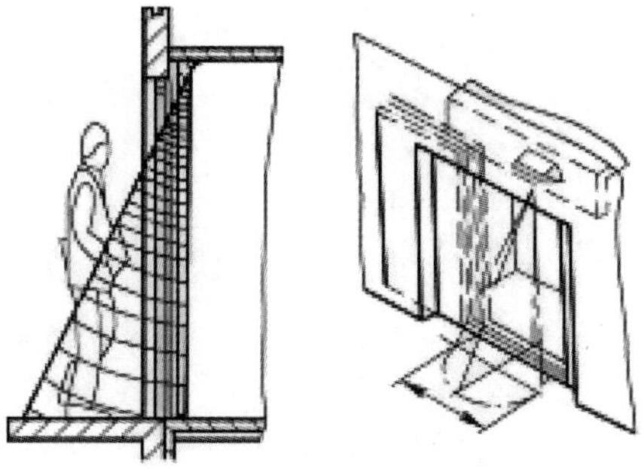

图 1-174　单光束保护装置

五、超载保护装置

为轿厢超过额定载重时，能发出警告信号并使轿厢不能运行的安全装置。

所谓超载，是指超过电梯额定载荷的 10%（达到 110%额定载荷），并至少为 75 kg。出现超载时，轿厢内有声、光的报警提示，同时轿门处于完全打开的位置，轿厢无法运行。

超载容易导致电梯出现蹲底等意外事故发生。为防止超载，除在设计电梯时规定了单位面积的最小额定载重外，还设置能自动检测轿厢载荷的安全装置，称为称重装置。

称重装置一般设置在轿厢底部、轿厢顶部及机房内，在检测到超载时报警，电梯门不能关上，电梯无法运行，直至超载现象解除为止。

按结构原理的不同，称重装置分有机械式、橡胶块式、负重传感器式、差动变压器式和压电传感器式等。

1．机械式称重装置

是一种采用磅秤原理或杠杆原理来称重的装置；可设置在轿顶、轿底、机房，如图 1-175 所示。

图 1-175　机械式传感器

轿厢空载时，杠杆在秤碗作用下头部顶住连接块，轿厢底处于初始平衡位置；受载后，连接块在重力作用下下移。若载荷达到设定值，轿底下移使连接块上的凸块碰到电气微动开关，电梯控制线路被切断，蜂鸣器响，超载灯亮。

当轿底和轿顶都不方便安装超载装置，电梯采用 2:1 绕法时，可以将超载装置装设在机房中。它的结构和原理与轿顶称量装置类似，安装在机房的绳头板上，利用机房绳头板随着电梯载荷的不同产生的上下摆动，带动称量装置杠杆的上下摆动。

其特点是结构较复杂，使用可靠，寿命长，应用广泛。

2．橡胶块式称量装置

橡胶块即称量元件，又兼具减振功能，可设在轿顶绳头板内，也可设在轿厢底盘与轿厢架固定底盘之间。

轿厢超载时，轿厢底盘受到载重的压力向下运动使橡胶垫变形，触动微动开关，切断电梯相应的控制功能。一般设置两个微动开关：一个微动开关在电梯达到 80%负载时动作，电梯确认为满载运行，只响应轿厢内的呼叫，直到驶至呼叫站点（满载直驶）；另一个微动开关在电梯达到 110%载重时发生动作，电梯确认为超载，此时停止运行，保持开门，并给出警示信号（超载保护）。微动开关通过螺栓固定在活动轿厢底盘上，调节螺栓就可以调节载重的控制范围。

其特点是结构简单，灵敏度高，但橡胶易老化从而出现称量误差。

3．压力传感器式称量装置

作用是将轿厢的压力传递到传感器上，触发电梯控制回路断开、报警回路接通；可设置在轿顶、轿底、机房，如图 1-176 所示。

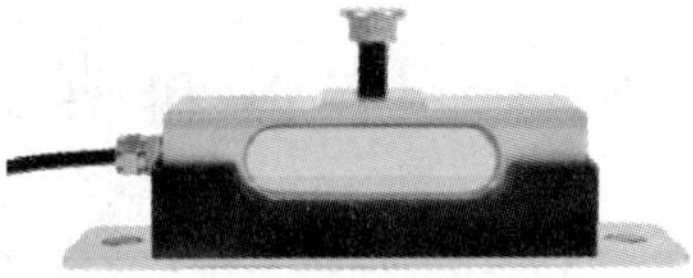

（a）压力传感器

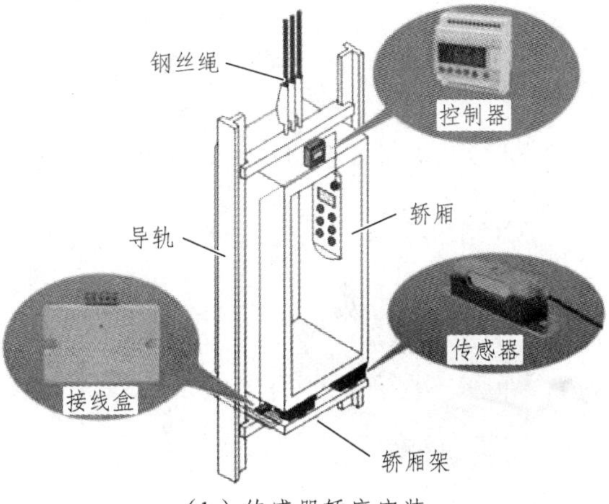

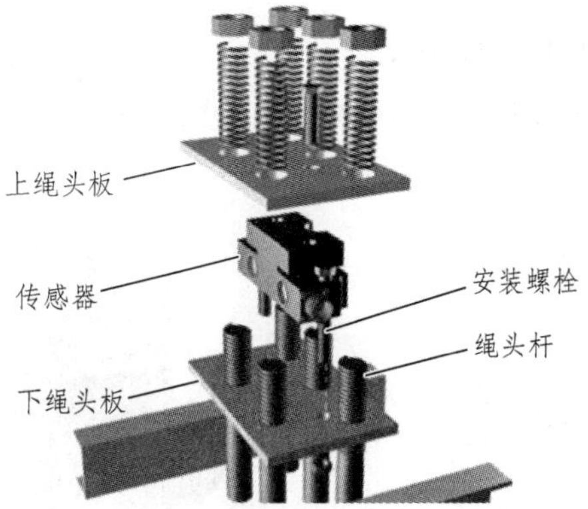

图 1-176　压力传感器及安装

六、轿厢终端越位保护装置

为防止电梯轿厢越过终端位置而发生冲顶或蹲底的保护装置；设置在井道内，接近顶层端站和底层端站的地方，相当于在井道的最上方和最下方，分别各设置三道保护开关，分别为减速开关、限位开关、极限开关，如图 1-177 所示。

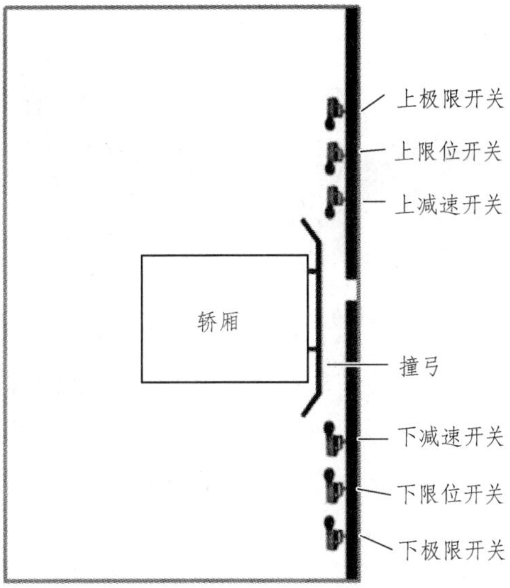

图 1-177　轿厢终端越位保护装置设置

电梯轿厢向上运行到顶层端站时，安装在轿厢架上的撞弓依次触碰上减速开关、上限位开关、上极限开关，从而实现电梯轿厢的减速、正常停止、强迫停止（如果轿厢不能正常停止而继续运行时）。电梯轿厢向下运行的动作情况也是如此。

上减速开关、上限位开关、上极限开关，都按一定的顺序安装在导轨上方一侧；下减速开关、下限位开关、下极限开关，都按一定的顺序安装在导轨下方一侧。

开关不同，其作用不同，但结构原理相同。

1．强迫减速开关

又称强迫换速开关，安装在端站正常换速开关之后，为电梯接近端站的第一道安全防护装置，如图 1-178 所示。

图 1-178　减速开关

电梯向上（或向下）运行，快到顶层（或底层）端站位置时，轿厢撞弓先触碰上（或下）减速开关的摇臂滚轮，向曳引机发出减速信号，于是电梯开始减速。也就是说，电梯快到达端站时，一定要先行减速。

2．限位开关

又称行程开关、端站停止开关。设置在强迫减速开关之后，为电梯到了端站、防止越位的第二道安全防护装置，如图 1-179 所示。

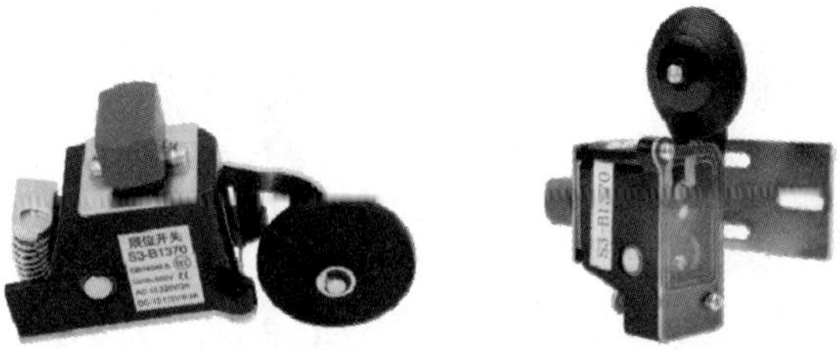

图 1-179　限位开关（接触式）

强迫减速开关未能使电梯减速停驶，轿厢越出顶层（或底层）端站而没有正常停止时，轿厢继续上行，撞弓触碰到限位开关的摇臂滚轮，切断方向控制电路使电梯停止运行（仅为停止危险方向的运行，如继续向上行的方向，下行方向不受影响）。也就是说，电梯到达端站时，正常情况下应停止运行。

限位开关设置在尽可能接近端站时起作用而无误动作危险的位置上。一般中速电梯在越过端站层站地坎 0.2 m 时限位开关动作。

限位开关分为接触式的和非接触式。非接触式常见的有干簧管式、光电式、感应式等。

3．极限开关

为轿厢运行超越端站停止开关后，在轿厢或对重装置接触缓冲器之前，强迫电梯停止的安全装置；为电梯超越端站后的第三道保护装置，也是防止电梯冲顶或蹲底的最后一道保护装置。其结构原理与限位开关相同。

轿厢向端站运行，到达减速区域而没有被强迫减速，并继续向端站运行（即端站停止装置没起作用）且在轿底垫铁（或对重垫铁）未接触缓冲器之前时，强迫切断曳引电动机电源的非自动复位装置，并在缓冲器被压缩期间保持其动作状态，极限开关动作，切断安全电路，电动机制动器失电抱闸，电梯急停。极限开关的安装位置根据轿厢的速度和吨位确定。极限开关动作后，电梯不能自动恢复运行，需手动恢复。

极限开关应在轿厢或对重接触缓冲器之前起作用，并在缓冲器被压缩期间保持动作状态。

七、电梯 UCMP 安全保护装置

在电梯的诸多事故中，轿厢溜车事故占据了很大的比重，同时这种事故造成的危害和社会影响力也非常大。为了避免同类事故的再次发生，国家质检总局和国家标准化管理委员会于 2015 年 7 月 16 制定并颁布了 GB 7588—2003《电梯制造与安装安全规范》，实施时间为 2016 年 7 月 1 日，其中增加了一项重要内容就是轿厢意外移动保护装置（Unintended Car Movement Protection，UCMP）。其参考标准：欧盟 EN 81-20/50:2014。

UCMP 新标准要求描述：在层门未被锁住且轿门未关闭的情况下，由于轿厢安全运行所依赖的驱动主机或驱动控制系统的任何单一元件失效引起轿厢离开层站的意外移动，电梯应具有防止该移动或使移动停止的装置。悬挂绳、链条和曳引轮、滚筒、链轮的失效除外，曳引轮的失效包含曳引能力的突然丧失。该装置应能够检测到轿厢的意外移动，并应制停轿厢且使其保持停止状态。

一般情况，UCMP 由检测子系统、自监控子系统和制停子系统 3 个子系统组成。对检测子系统，较好的代表方案如图 1-180 所示。

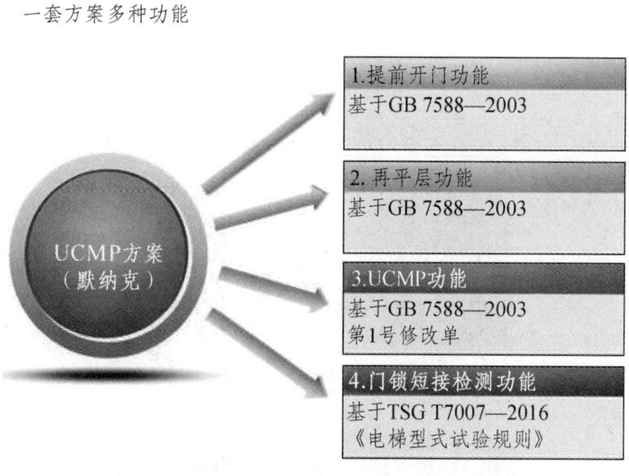

图 1-180　检测子系统的代表方案

目前各电梯厂家成熟的 UCMP 方案主要有以下几种。

方案一：适用于以主机抱闸作 UCMP 制停部件，但电梯无开门运行功能的电梯，例如无提前开门或再平层功能的永磁同步主机电梯。其对应的 UCMP 要求：自监控子系统 + 制停子系统。

该方案不需要检测子系统。如图 1-181 所示。

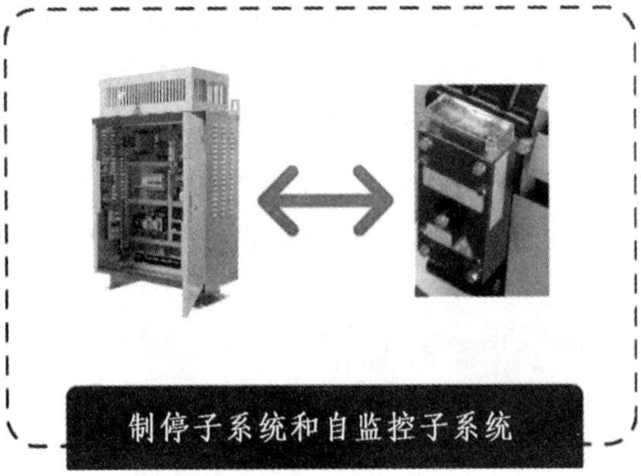

图 1-181　自监控子系统 + 制停子系统

方案二：适用于以主机抱闸作 UCMP 制停部件，且电梯有开门运行功能的电梯，例如有提前开门或微动再平层功能的永磁同步主机电梯。其对应的 UCMP 要求：检测子系统+自监控子系统+制停子系统。如图 1-182 所示。

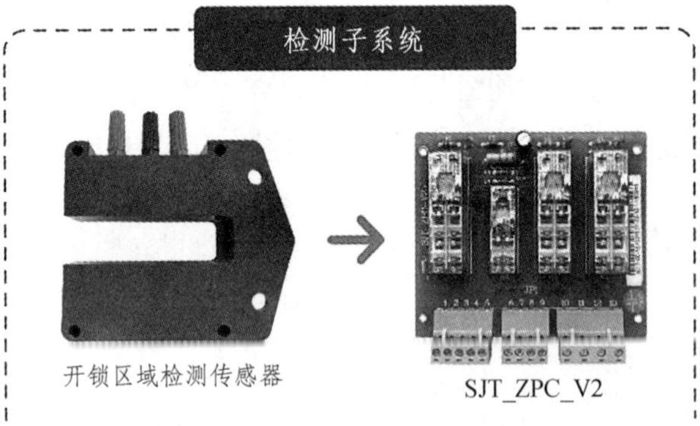

（a）检测子系统

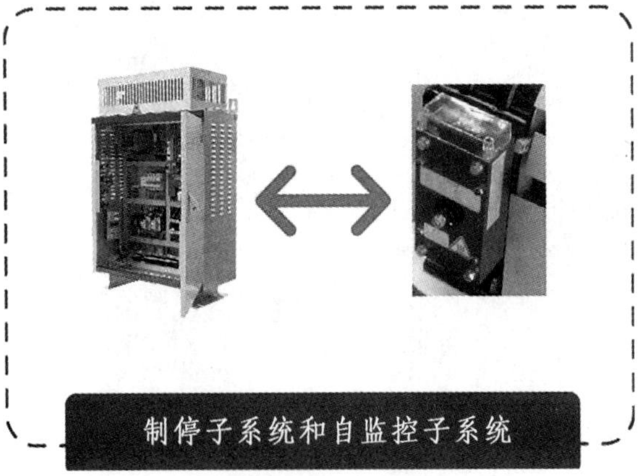

（b）自监控子系统 + 制停子系统

图 1-182　检测子系统 + 自监控子系统 + 制停子系统

方案三：适用于带减速箱的异步电机曳引机电梯，使用带有可电触发的限速器及与其连接的安全钳夹轨器，或夹绳器，或附加制动器，作为触发和制停子系统。如图 1-183 所示。

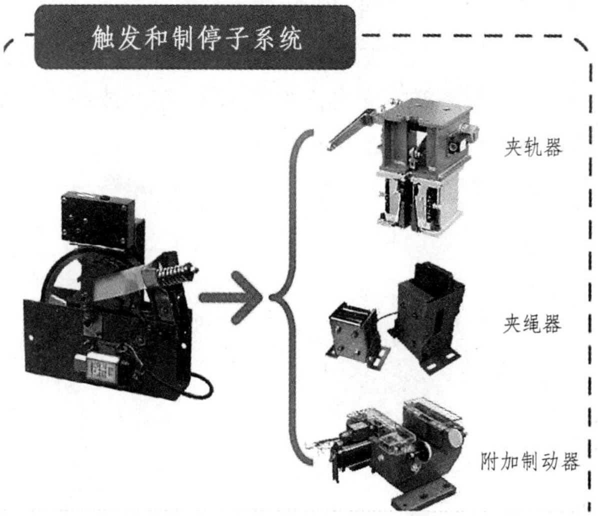

图 1-183 触发和制停子系统

各方案设计附件要求：

（1）需设计能检测提前开门、微动再平层和轿厢意外移动的监检测控制电路板。

（2）所有因制停子系统动作而切断的安全回路安全开关，均不能自动复位，须有资质的专业人员手动复位。

（3）厅门安全回路意外断开或检修人员打开厅门进入检修，应不能触发制停子系统。

（4）带储能或电网断电初期，电梯紧急停车，只要轿门保持闭合状态，也不能触发制停子系统，以防止断电误触发动作。

（5）应设置手动跳转测试开关，提供测试模式，电梯检验验收时，在轿厢位于平层位置，将测试开关打到断开状态，同时进入检修模式，按住检修上或下行，令轿厢离开门区（一般离开平层位置超过 200 mm），此时监测电路板应能强制切断主机抱闸回路（或其他相应制停执行机构触发回路），实现关门状态下轿厢意外移动的安全保护的有效性。

复习思考

（1）论述电梯的概念、作用、应用场合、类型。

（2）论述电梯 4 大空间和 8 大系统的组成及各组成部分的作用。

（3）论述有齿轮曳引机的作用、类型、组成及各部件的作用。

（4）论述重量补偿装置的作用、类型、安装位置、应用场合。

（5）论述导轨的作用、类型、安装位置、应用场合。

（6）论述轿门的作用、类型、应用场合。

（7）论述限速器的作用、组成、类型、工作原理、应用场合。

（8）论述安全钳的组成、类型、工作原理、应用场合。

（9）论述缓冲器的作用、类型、安装位置、应用场合。

（10）论述轿门保护装置的作用、类型、安装位置。

（11）论述轿厢终端越位保护装置的组成、各组成部分的作用及安装位置。

（12）论述电梯下行超速保护装置的组成、工作原理、各组成部件的安装位置。

（13）通过网络下载与电梯相关的标准规范并进行自学。

（14）通过网络搜索与电梯有关结构原理的视频、课件等进行自学。

（15）用思维导图整理出本模块的知识要点。

模块二
自动扶梯系统

内容导读

自动扶梯是城轨交通系统应用广泛的乘客运载设备，在地铁车站的入口至站厅、站厅至站台均有设置，能进行乘客快速、有序的输送，同时也为携带行李的乘客提供了方便。

本模块的主要学习内容包括：自动扶梯的基础知识；自动扶梯的结构原理。

通过学习，读者可了解自动扶梯的概念、类型、基本参数、结构组成、工作原理等，为后续自动扶梯的安全乘用、维护管理、检修的学习打好基础。

学习目标

（1）掌握自动扶梯的概念、作用、分类、应用场合。

（2）熟悉自动扶梯常用的基本参数及概念。

（3）熟悉自动扶梯的结构组成、工作原理等。

（4）了解与自动扶梯相关的标准规范。

项目一　自动扶梯的基础知识

知识点一　自动扶梯的概念和基本参数

一、自动扶梯的概念

依据 GB/T 7024—2008《电梯、自动扶梯、自动人行道术语》，自动扶梯（Escalator）的定义：带有循环运行梯级，用于向上或向下倾斜输送乘客的固定电力驱动设备。

自动扶梯，又称电动扶梯，或自动行人电梯、扶手电梯、电扶梯。其外形结构如图 2-1 所示。

自动扶梯安装在固定的结构或建筑物中（不同层高间），具有运输距离短、运载能力大、可连续运输、可逆向运行等特点，通常应用于车站、机场、码头、商场、酒店、商业中心等人流集中且流量大的地方。

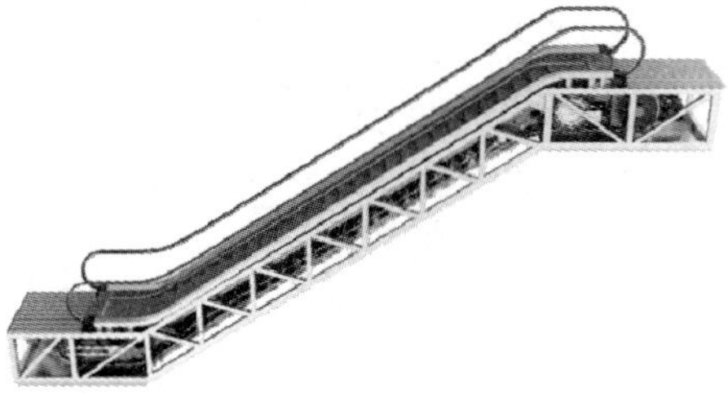

图 2-1　自动扶梯外形结构

地铁车站的自动扶梯，一般安装在地铁站入口至站厅、站厅至站台之间，如图 2-2 所示。

（a）入口至站厅的自动扶梯

（b）站厅至站台的自动扶梯

图 2-2　地铁车站自动扶梯

二、自动扶梯的基本参数

1．额定速度

为自动扶梯设计规定的速度，即自动扶梯在额定载荷时的运行速度，单位：m/s（米/秒）。

国内自动扶梯额定速度一般有 0.5 m/s、0.65 m/s、0.75 m/s。

GB 50157—2003《地铁设计规范》规定，地铁车站扶梯的额定速度应大于等于 0.5 m/s。例如，广州地铁的扶梯多采用 0.65 m/s 的额定速度，且使用效果良好。

2．额定载荷

为自动扶梯的设计运送载荷，单位：kg（千克）。

3．名义速度

由制造商设计确定的，自动扶梯的梯级在空载情况下的运行速度，称为名义速度，单位：m/s（米/秒）。

在额定频率和额定电压下，自动扶梯的梯级沿运行方向空载时所测得的速度与名义速度之间的最大允许偏差为 ± 5%。

自扶梯的倾斜角不同，其名义速度也略有不同。当倾斜角 $\alpha \leqslant 30°$，名义速度为 0.75 m/s；当 $30° < \alpha \leqslant 35°$，名义速度为 0.5 m/s。

自动扶梯的名义速度不同，则梯级在出入口处的水平移动的距离也不同。以公共交通型自动扶梯为例，梯级在出入口的水平移动距离与名义速度的关系，如表 2-1 所示。

表 2-1　梯级在出入口处的水平移动的距离与名义速度的关系

名义速度 v /（m/s）	梯级在出入口处的水平移动的距离 L/m
$0.5 < v \leqslant 0.65$ （或提升高度大于 6 m）	≥1.2
$v > 0.65$	≥1.6

在一定条件下，如果自动扶梯的踏板宽度不大于 1.1 m，并且在出入口踏板进入梳齿板之前的水平距离不小于 1.6 m，则自动人行道的名义速度最大允许达到 0.9 m/s。

自动扶梯在空载的情况下待机运行时，其速度一般低于名义速度。

4．提升高度

为自动扶梯进出口两楼层板之间的垂直距离，m（米）。

地铁车站的公共交通重型自动扶梯，其最大提升高度可达 22 m 左右。不同的车站结构，其最大提升高度也有所不同。

依据《广州地铁长大扶梯故障应急处理程序》，垂直提升高度超过 12 m（包含 12 m）的自动扶梯定义为长大扶梯。

5．倾斜角

为自动扶梯的梯级运行方向与水平面构成的最大角度，单位：°（度）。

自动扶梯的倾斜角一般有 27.3°、30°、35°。

GB 50157—2003《地铁设计规范》规定，重载荷公共交通型自动扶梯的倾斜角为 30°。

自动扶梯的提升高度及倾斜角，如图 2-3 所示。

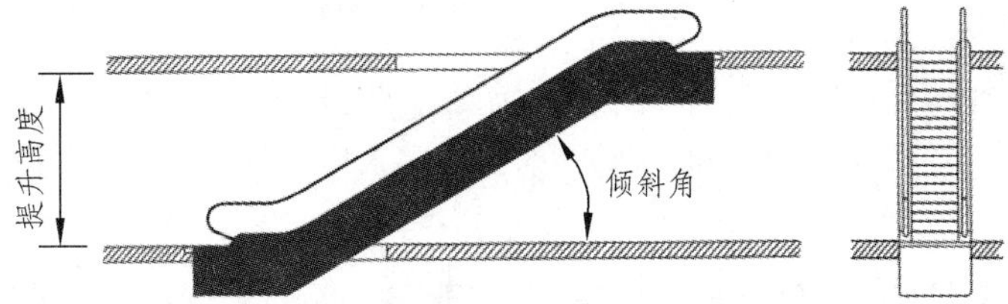

图 2-3　自动扶梯的额提升高度及倾斜角

自动扶梯的倾斜角度不同，梯级的防滑等级也有所不同。通常倾斜角度越大，防滑等级就越高。自动扶梯对应的防滑等级有 R9、R10、R11、R12、R13 等。

6．名义宽度

为自动扶梯设定的理论上的宽度值，一般指自动扶梯梯级安装后横向测量的踏面长度，单位：mm（毫米）、m（米）。

自动扶梯的名义宽度一般为 580 ~ 1100 mm，通常为 600 mm、800 mm、1 000 mm。

GB 50157—2003《地铁设计规范》规定，重载荷公共交通型自动扶梯的梯级名义宽度为1 000 mm。

7．理论输送能力

为自动扶梯在每小时内理论上能够输送的人数，单位：人/h（人/小时）。

理论输送能力 C 的计算式如下：

$$C=3\,600\times k\times v/0.4$$

式中　C—理论输送能力，人/h；k—系数；v—额定速度，m/s。

系数 k 与自动扶梯的梯级宽度有关，国内自动扶梯的规格按照梯级宽度一般有 600 mm、800 mm、1 000 mm 规格，相对应地 k 取值为 1、1.5、2。k 的含义就是在 600 mm 梯级理论上可以站立 1 人，800 mm 梯级上可以站立 1.5 人，1 000 mm 梯级上可以站立两人。

结合国内自动扶梯的额定速度 0.5 m/s、0.65 m/s、0.75 m/s，自动扶梯的理论输送能力如表 2-2 所示。

表 2-2　自动扶梯的理论输送能力　　单位：人/h

梯级宽度/mm	额定速度/（m/s）		
	0.6	0.65	0.75
600	4 500	5 850	6 750
800	6 750	8 775	10 125
1 000	9 000	11 700	13 500

实际使用自动扶梯时，由于乘客的身材、站立位置、携带行李物品等情况各异，并不能保证每个梯级上都站满理论的乘客人数，因此实际运送能力相对理论运送能力略小。

8．最大输送能力

自动扶梯在运行条件下，可达到的最大人员流量，称为最大输送能力，单位：人/h（人/小时）。

交通流量规划时，自动扶梯每小时能够输送的最多人员数量，如表 2-3 所示。

表 2-3　最大输送能力　　单位：人/h

梯级宽度/mm	名义速度/（m/s）		
	0.6	0.65	0.75
600	3 600	4 400	4 900
800	4 800	5 900	6 600
1 000	6 000	7 300	8 200
注：使用购物车和行李车时将导致输送能力下降约 80%			

三、地铁自动扶梯的主要技术参数

以广州地铁为例，地铁自动扶梯的主要技术参数如表 2-4 所示。

表 2-4 地铁自动扶梯的主要技术参数

序号	项目	单位	技术参数
1	扶梯类型	—	公共交通重载型
2	提升高度（最大值）	米（m）	22.402
3	名义速度	米/秒（m/s）	0.65
4	梯级名义宽度	毫米（mm）	1 000
5	倾斜角度	度（°）	30°
6	上、下水平梯级数量	块	4（或水平长度不小于 1.6 m）
7	桁架挠度	—	最大挠度不应超过支承水平距离的 1/1 500
8	梯级链轮（主轮）	—	外置（梯级链滚轮位于链条外）
9	驱动方式	—	主机位于桁架上方，主驱动系统无摩擦传动
10	驱动链	—	在主机与主驱动轴之间可采用链条或齿轮传动，采用链条传动时，链至少为双排，安全系数≥8
11	梯级	—	铝合金整体压铸梯级，梯级（不含梯级滚轮、梯级抽等附件）净质量应不小于 15 kg

注：不同的地铁车站，其自动扶梯的主要技术参数也有所不同。具体可参考当地的地铁车站自动扶梯参数。

知识点二 自动扶梯的分类

自动扶梯的分类方式有多种，可根据扶手装饰、梯级驱动、提升高度等进行分类。

一、按梯级驱动方式分类

自动扶梯按梯级驱动方式的不同，可分为链条式自动扶梯和齿条式自动扶梯。

1. 链条式自动扶梯

指驱动梯级的元件为链条的自动扶梯，如图 2-4 所示。

图 2-4 链条式自动扶梯

链条式自动扶梯具有结构简单、制造成本较低、维修方便等特点。在地铁车站、机场、商场等广泛应用。

2．齿条式自动扶梯

指驱动梯级的元件为齿条的自动扶梯，如图 2-5 所示。

图 2-5　齿条式自动扶梯

由于齿条式自动扶梯的驱动装置位于系统结构的中间位置，检修操作不便，故实际应用较少。

二、按驱动装置的安装位置分类

自动扶梯按驱动装置的安装位置不同，可分为端部驱动自动扶梯和中间驱动自动扶梯。

对链条式和齿条式，其驱动装置分别安装在自动扶梯上端的出口处和中部位置。故链条式的为端部驱动，齿条式的为中部驱动，如图 2-6 所示。

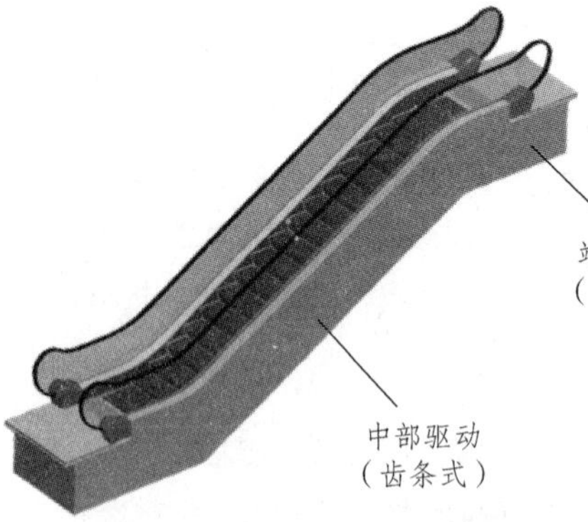

图 2-6　驱动装置设置位置

三、按扶手装饰分类

自动扶梯按扶手装饰的不同，可分为全透明式自动扶梯、不透明式自动扶梯和半透明式自动扶梯。

1．全透明式自动扶梯

指扶手护壁板采用全透明的玻璃制作的自动扶梯，如图 2-7 所示。为保证一定的强度，通常全透明的玻璃厚度不应小于 6 mm。

图 2-7　全透明式自动扶梯

由于全透明的材料在建筑中有较好的装饰效果，故全透明式自动扶梯在商业中心、写字楼等广泛应用。

2．不透明式自动扶梯

指扶手护壁板采用不透明的金属或其他材料制作的自动扶梯，如图 2-8 所示。

图 2-8　不透明式自动扶梯

扶手护壁板多采用不锈钢等金属材质制作，故其强度要大于全透明玻璃材质。不透明式自动扶梯主要用于地铁、车站、码头、机场等人流集中、高度较大的场所。地铁车站内的自动扶梯，基本上采用不透明式，既可对乘客起到很好的安全防护作用，还可避免行李物品对护壁板的碰撞损坏。

3．半透明式自动扶梯

指扶手护壁板为半透明的自动扶梯，其特点与透明式类似。

四、按提升高度分类

自动扶梯按提升高度的不同，可分为小提升高度自动扶梯、中提升高度自动扶梯和大提升高度自动扶梯。

1．小提升高度自动扶梯

指提升高度为 3 ~ 10 m 的自动扶梯，可应用于商场、宾馆等场所，如图 2-9 所示。

图 2-9　小提升高度自动扶梯

2．中提升高度自动扶梯

指提升高度为 10 ~ 45 m 的自动扶梯，可应用于地铁车站、高铁车站、机场等场所，如图 2-10 所示。

图 2-10　中提升高度自动扶梯

3．大提升高度自动扶梯

指提升高度为 45 ~ 65 m 的自动扶梯，可应用于景区等场所，如图 2-11 所示。

图 2-11　大提升高度自动扶梯

五、按载重能力分类

自动扶梯按载重能力的不同，可分为轻载型自动扶梯和重载型自动扶梯。

轻载型自动扶梯，一般用于商场、酒店等场所。重载型自动扶梯，一般用于地铁站、机场等客流量大、工作时间长的交通枢纽。

六、按用途分类

自动扶梯按用途的不同，可分为商用型自动扶梯、公共交通型自动扶梯和人行天桥型自动扶梯。

1．商用型自动扶梯

又称商业型、商务型自动扶梯，如图 2-12 所示。可广泛用于写字楼、酒店、商业中心、大型购物中心等场所。

图 2-12　商用型自动扶梯

2．公共交通型自动扶梯

所谓公共交通系统，是指民航、铁路、水路航运、地铁、轻轨、公交汽车等多种公共交通方式组成的有机总体。

依据 GB 16899—2011《自动扶梯和自动人行道的制造与安装安全规范》，公共交通型自动扶梯是指适用于下列情况的自动扶梯：

（1）是公共交通系统包括出、入口处的组成部分；

（2）高强度的使用，即每周运行时间约 140 h，且在任何 3 h 的间隔内，100%制动载荷的持续时间不少于 0.5 h。

公共交通型自动扶梯如图 2-13 所示。

图 2-13　公共交通型自动扶梯

GB 50157—2003《地铁设计规范》规定：地铁车站应采用重载荷公共交通型（或公共交通重型）自动扶梯；自动扶梯每天连续运行不小于 20 h，每周运行不少于 140 h，每 3 h 应能以 100%制动荷载连续运行 1 h；用作事故疏散使用的自动扶梯，应按一级负荷供电。

公共交通型自动扶梯广泛应用于地铁车站、机场、火车站、会展中心等交通密集型场所。地铁车站一般都采用公共交通型自动扶梯。

从安全的角度考虑，公共交通型自动扶梯以及重载荷公共交通型自动扶梯的倾斜角一般不超过 30°。

3．人行天桥型自动扶梯

又称室外型自动扶梯，通常用于人行天桥的乘客运输，如图 2-14 所示。

图 2-14　人行天桥型自动扶梯

七、按驱动控制分类

自动扶梯按驱动控制的不同，可分为匀速驱动型自动扶梯和变频驱动型自动扶梯。

八、按工作环境分类

自动扶梯按工作环境的不同，可分为室内型自动扶梯和露天型自动扶梯。

知识点三　自动扶梯的布置方案

为有效解决乘客的运送，自动扶梯的布置方案主要有单台布置、断续布置式（单向交通）、连续布置式（单向交通）、平行布置、交叉连续布置等，如表 2-5 所示。

表 2-5　自动扶梯的布置方案及应用特点

布置方案	布置图示	应用特点
单台布置	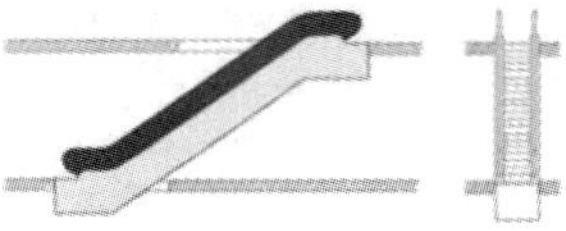	采用单台扶梯连接两个层面。 适合于客流量主要朝一个方向流动的大楼。可作灵活的调整以满足乘客流动的需要（例如：早晨上行，晚上下行）
断续布置式（单向交通）	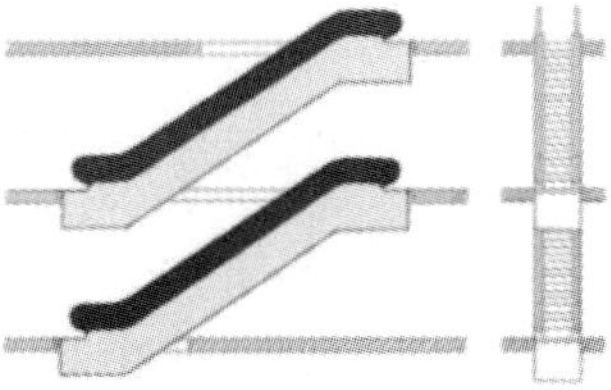	主要用于商场等客流不是很密集的场所
连续布置式（单向交通）	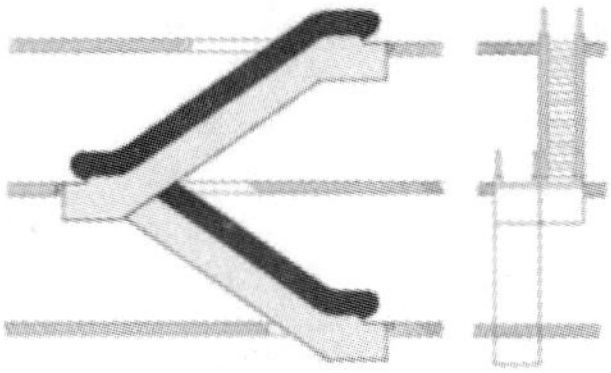	主要用于小型商场，可连接若干楼层。比断续布置所需要的空间更多一些
平行断续布置式（双向交通）	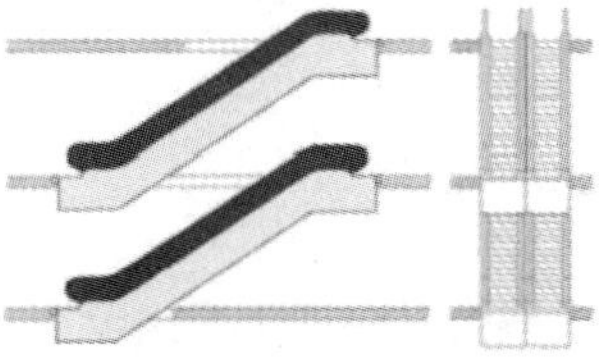	主要用于客流量较大的商场和公交设施，如地铁车站、机场等。当有 3 台或 3 台以上自动扶梯时，可按照客流改变运动方向
交叉连续布置式（双向交通）	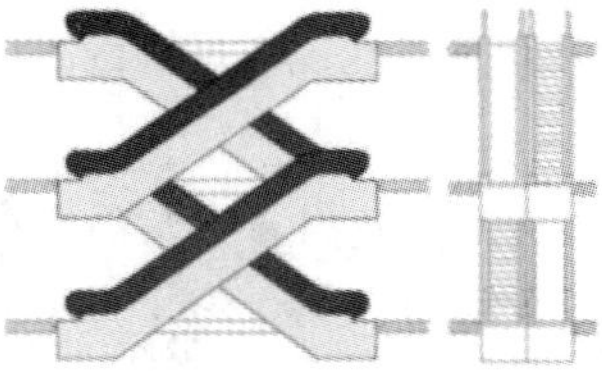	主要用于大型百货商场、公共建筑和公共交通场所，且客流运转次相对小

知识点四　自动扶梯的工作状态及运行控制

一、自动扶梯的工作状态

自动扶梯的工作状态，如表 2-6 所示。

表 2-6　自动扶梯的工作状态

工作状态形式	说明
有载状态	自动扶梯载有乘客的运行状态
空载状态	自动扶梯无乘客时以名义速度运行的状态
低速状态	自动扶梯在没有乘客时的低速运行状态
待机状态	自动扶梯静止但已通电，可由授权人员启动的状态
自动启动状态	自动扶梯处于静止但已通电，准备因检测到乘客而触发启动的状态
待机运行	自动扶梯在无负载的情况下停止或以低于名义速度运行的一种模式

二、自动扶梯的运行控制模式

1．启动运行控制

自动扶梯的启动或投入自动运行状态，由被授权人员通过操作一个或数个开关（例如：钥匙操作式开关、拆卸式手柄开关、护盖可锁式开关、远程启动装置）来实现，这些开关应能从梳齿和踏面相交线外部区域操作。操纵开关的人员在操作之前应能看到整个自动扶梯，或者应有措施确保在操作之前没有人员正在使用自动扶梯。在开关的指示上有明显识别运行方向。

启动开关一般位于可触及停止开关的范围内。如有任何电气设备故障，自动扶梯将不能启动。

维修人员有责任在对自动扶梯道维修之后，观察梯级运行一个完整的循环并确认无故障时，将自动扶梯投入使用。

2．停止运行控制

（1）手动操作停止运行。

在停止运行之前，操作开关的人员应有措施确保在操作之前没有人员正在使用自动扶梯。

（2）自动操作停止运行。

控制系统应能使自动扶梯在使用者启动之后，经过一段足够的时间（至少为预期输送使用者的时间再加上 10 s）才能自动停止。

自动扶梯应在出入口附近、明显而易于接近的位置设置在紧急情况下使其停止的紧急停止开关（又称急停开关）。在对于自动扶梯或自动人行道，紧急停止开关之间的距离不应大于 30 m。为保证上述距离要求，必要时应设置附加紧急停止开关，通常设在自动扶梯或自动人行道的中间位置的扶手带外侧。

3．安全保护停止运行

即由监测装置或电气安全装置触发的停止运行。当监测装置或电气安全装置（或功能）检测到以下事件，驱动主机应不能启动或立即停止。

（1）通过自动断路器的过载。

（2）基于温度升高而动作导致的过载。

（3）超速或运行方向的非操纵逆转。

（4）附加制动器的动作。

（5）直接驱动梯级的元件（如链条或齿条）断裂或过分伸长。

（6）驱动装置与转向装置之间的距离（无意性）伸长或缩短。

（7）梯级进入梳齿板处有异物夹住。

（8）多台连续且无中间出口的自动扶梯中的一台停止运行或自动扶梯出口被建筑结构（如闸门、防火门）阻挡。

（9）扶手带入口夹入异物。

（10）梯级或踏板的下陷。

（11）梯级的缺失。

（12）自动扶梯启动后，制动系统未释放。

（13）扶手带速度偏离梯级的实际速度大于 –15%且持续时间大于 15 s。

（14）打开桁架区域的检修盖板或移去（打开）楼层板。

（15）超出最大允许制停距离的 1.2 倍。

（16）含有电气安全装置的电路发生接地故障。

（17）装上可拆卸的手动盘车装置。

4．再启动运行控制

使用开关进行自动扶梯的再启动。

在手动复位前，应查明自动扶梯停止的原因，检查停止装置并在必要时采取纠正措施。

5．检修运行控制

检修人员在对自动扶梯进行检修时，需借助检修控制装置来辅助完成其运行控制。

所谓检修控制装置，是利用检修插座，在检修自动扶梯时的手动控制装置。

为方便检修人员对自动扶梯进行维护、修理、检查时的控制，在自动扶梯的各出入口（例如：桁架内的驱动站和转向站）通常有一个长度不小于 3 m、可用于便携式控制装置柔性电缆连接的检修插座，以方便检修人员使用其他设备工具。

检修维护时，自动扶梯的运行靠手动持续操作。此外，每个便携式控制装置配置有停止开关，可进行相关的手动操作或手动复位。当插座插上便携式控制装置，操作停止开关则断开驱动主机的电源并使工作制动器动作。为避免发生误动作，多个便携式控制装置连接在插座上时，所有便携式控制装置都不起作用。

6．间歇运行控制

指为了实现节能，按检测到有无乘客而自动启动运行、自动停止的一种自动扶梯运行方式。

通常自动扶梯出入口附近设置光电装置、踏板开关对乘客流量进行检测。有乘客时，扶梯就正常运行；无乘客时，扶梯就转为慢速运行并实现节能。

该方式适用于客流量较小且断续的公共场所及车站，为防止乘用者从出入口逆向进入，还增加蜂鸣报警等安全装置。

项目二　自动扶梯的结构原理

这里以地铁车站常用的链条式自动扶梯为例进行介绍。

自动扶梯的结构，主要由机械装置、电气控制装置和安全保护装置等组成。机械装置，由支撑结构、驱动装置、梯级、牵引构件、梯路导轨系统、扶手装置、张紧装置等部分组成。电气控制装置，由控制柜、电动机、动力电路的主开关和附属电路及照明电路的开关和附属电路等组成。安全保护装置，由必备的安全装置及辅助安全装置组成，如图 2-15 所示。

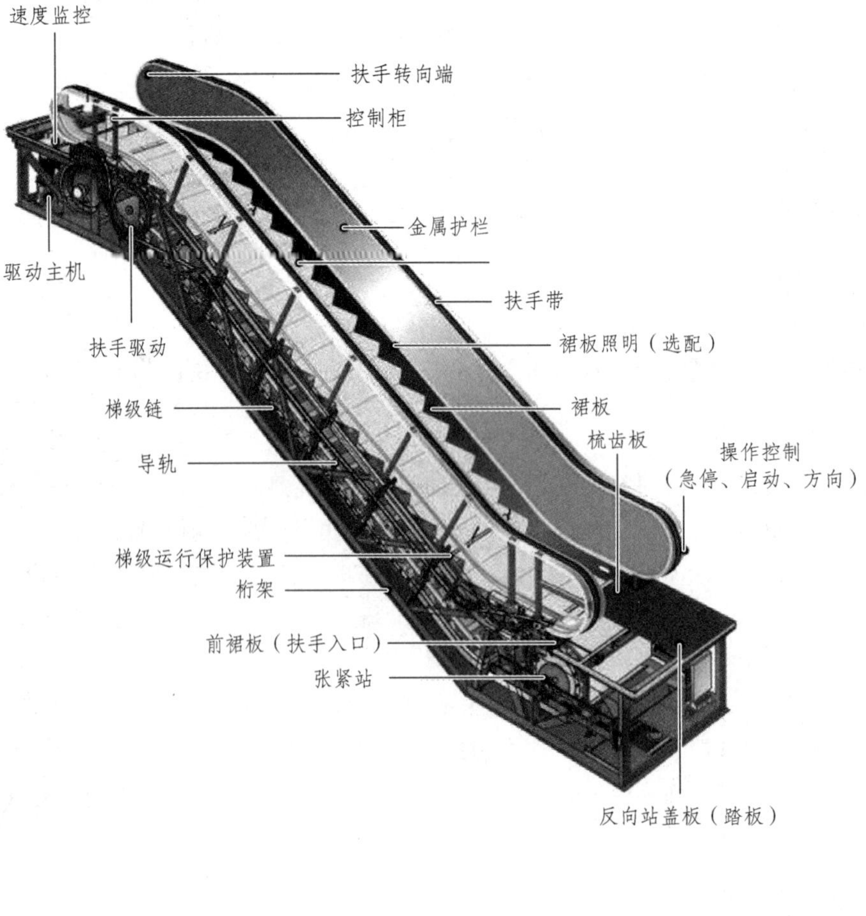

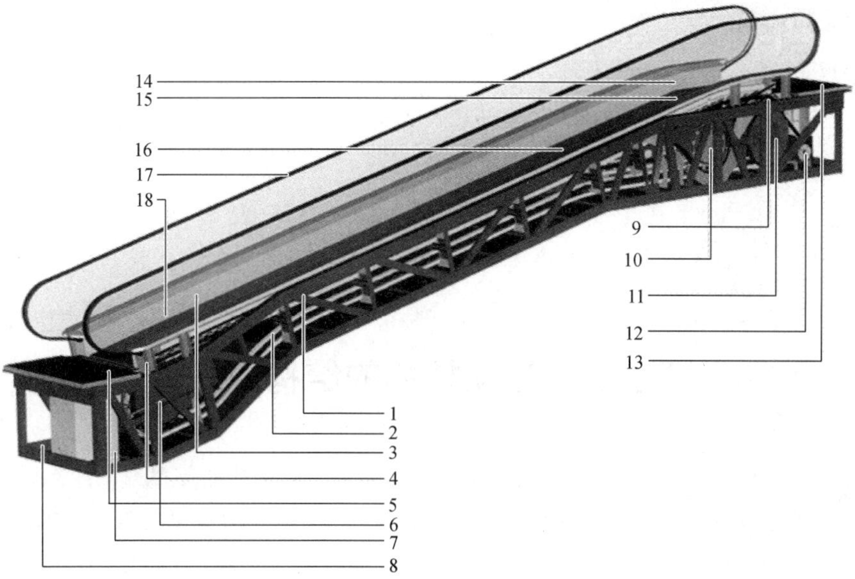

1—梯级导轨；2—桁架；3—扶手玻璃；4—扶手带保护装置；5—楼层板；6—下部驱动总成；
7—控制箱；8—排水装置；9—自动润滑系统；10—扶手带驱动轮；11—上部驱动总成；
12—主驱主机；13—楼层板；14—停止按钮；15—梳齿板；16—梯级；17—扶手带；
18—围裙板。

图 2-15　自动扶梯的结构

知识点一　支撑结构

又称桁架或机架，为架设在建筑结构上，供支撑梯级以及运行机构等部件的金属结构件，如图 2-16 所示。

图 2-16　自动扶梯桁架结构及应用

桁架上、下端部安装在建筑物的承重梁上，大多采用棒材、角钢或空心矩形截面的不锈钢材质，优点是杆件主要承拉力或压力，可以充分发挥材料的作用，节约材料，减轻结构质量。

地铁车站的自动扶梯，在火灾紧急情况时，必须能作为人员紧急疏散的步行楼梯，需要承受人员在奔跑时产生的冲击力，桁架必须有很好的刚性。所以，地铁车站自动扶梯的桁架多采用大规格型材，且桁架最大挠度不超过支承水平距离的 1/1 500。

桁架是自动扶梯各装置的安装及支撑基础，包括控制箱、驱动机、梯级链驱动轮，梯级链张紧轮装置和导轨等。桁架的外围还设有围板，如围裙板、内外盖板、外装饰板等。除使用者可踏上的梯级以及可接触的扶手带部分外，自动扶梯的所有机械运动部分均完全封闭在桁架的围板内，如图 2-17 所示。

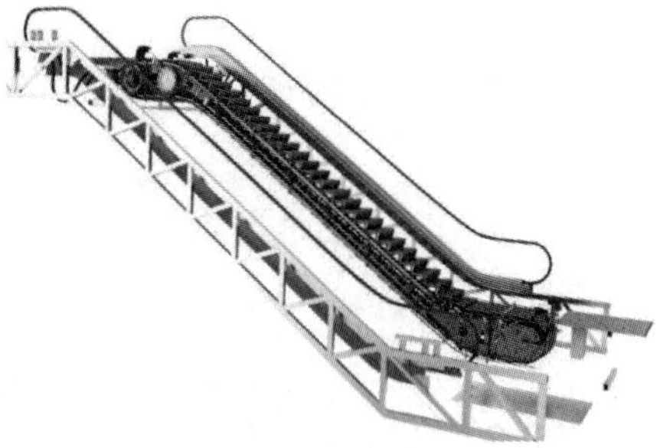

图 2-17　自动扶梯桁架的内部结构

在自动扶梯两端支承之间，在桁架底部设置的支撑物，称为中心支撑或中间支撑、第三支撑。常规小提升高度的自动扶梯，可采用上、下双支承点。中、大提升高度的自动扶梯，可采用在中间增投支承点的方式来分散载荷。提升高度超过 6 m 的可设 3 个或 3 个以上的支承点。

知识点二　梯级及导向装置

在自动扶梯桁架上循环运行，供乘客站立的部件，称为梯级，如图 2-18 所示。

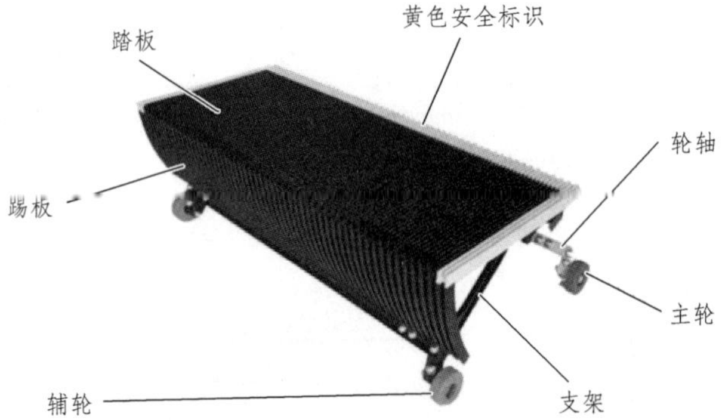

（a）梯级部件名称

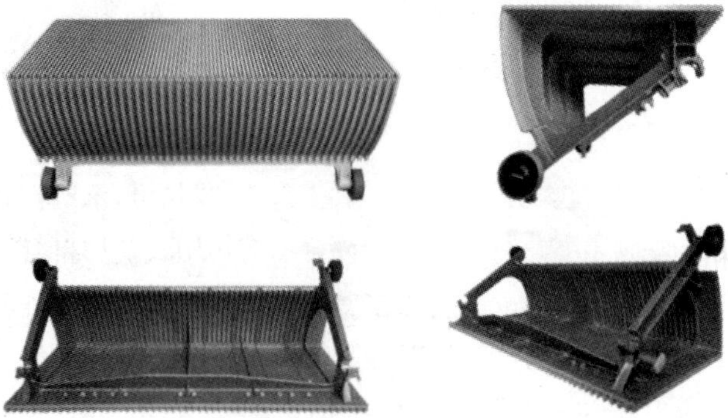

（b）梯级不同方向的结构

图 2-18　梯级

地铁车站自动扶梯一般采用铝合金整体压铸梯级，梯级（不含梯级滚轮、梯级轴等附件）净质量一般不小于 15 kg。同时，上、下水平梯级数量为 4（或水平长度不小于 1.6 m），以确保乘客的乘行安全。

梯级的宽度主要有 600 mm、800 mm、1 000 mm。对地铁车站的自动扶梯，梯级的宽度为 1 000 mm。

梯级的主要尺寸如图 2-19 所示（$x_1 \leqslant 0.24$ m，$y_1 \geqslant 0.38$ m，z_1 为 0.58 ~ 1.1 m）。

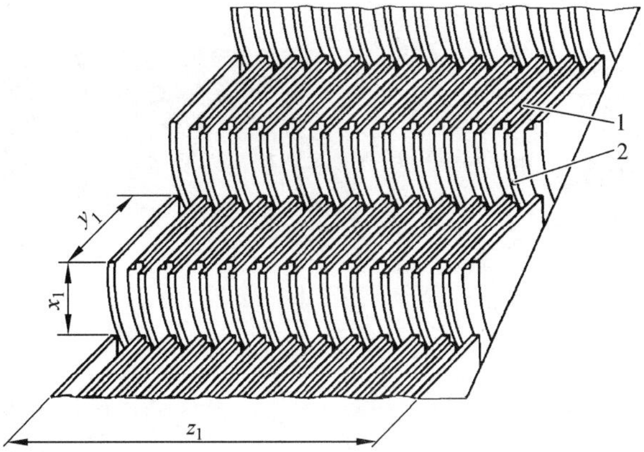

1—梯级踏面；2—梯级踢板。

图 2-19 梯级的主要尺寸

梯级的防滑等级至少为 GB 16899—2011《自动扶梯和自动人行道的制造与安装安全规范》的附录 J 规定的 R10 级。

各梯级依次连接，形成一个完整的、可循环运行的梯路，如图 2-20 所示。

图 2-20 自动扶梯的梯路

一、梯级踏板

带有与运行方向相同齿槽的梯级水平部分，称为梯级踏板。

具有与梯级宽度方向垂直齿槽的梯级上供乘客站立的部分，称为梯级踏面，即供乘客踏脚的平面。

为给乘客提供一个安全的立足面，梯级踏面设置有齿槽，确保乘客能安全站立，如图 2-21 所示。

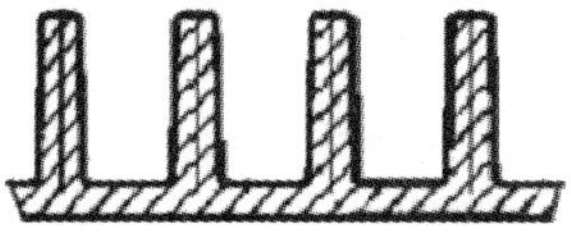

图 2-21　梯级踏板的齿和齿槽

踏面的齿和齿槽应满足要求：5 mm≤齿槽的宽度 b_1≤7 mm；2.5 mm≤齿的宽度 b_2≤5 mm；齿槽的深度 h≥10 mm；梯级踏面、梯级踢板，其两侧边缘不是齿槽，如图 2-22 所示。

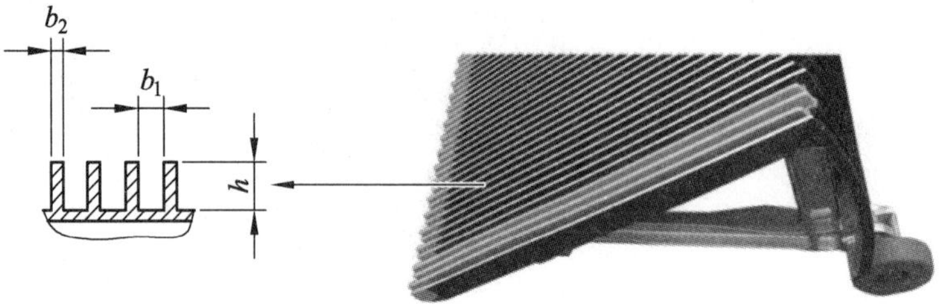

b_1—齿槽的宽度；b_2—齿的宽度。

图 2-22　踏面的齿和齿槽尺寸

为减小人员或物体被夹的可能，在自动扶梯工作区段内的任何位置，从踏面测得的两个相邻梯级之间的间隙不大于 6 mm。

为防止乘客与建筑物发生碰撞，自动扶梯的踏板起应有不小于 2.1 m 的空间高度。

二、梯级踢板

带有齿槽的梯级上竖立的弧形部分，称为梯级踢板。

梯级踏板的表面有楞齿，齿形表面光滑。梯级踏面的前端齿槽，与相邻梯级踢板的齿槽相啮合。

踏面上与梯级踢板相连的一端，称为梯级踏板前缘。踏面上与相邻梯级踢板啮合的一端，称为梯级踏板后缘。

使梯级在出入口处有一个导向过渡段，从梳齿板出来的梯级前缘和进入梳齿板梯级后缘的一段水平距离，称为梯级水平移动距离，如图 2-23 所示。

图 2-23　梯级水平移动距离

三、导轨系统

为承受由梯级主轮和辅轮传递的梯路载荷，保证梯级按一定的规律运动及防止梯级跑偏的系统；包括全部导轨、反轨、导轨支架以及转向壁等。

导轨系统中导引梯级主轮的导轨和导引辅轮的导轨分开设置。梯级导轨除载入升降部分外，还有折回桁架的导轨。前者称为运行导轨（上分支导轨），后者称为返回导轨（下分支导轨），如图 2-24 所示。

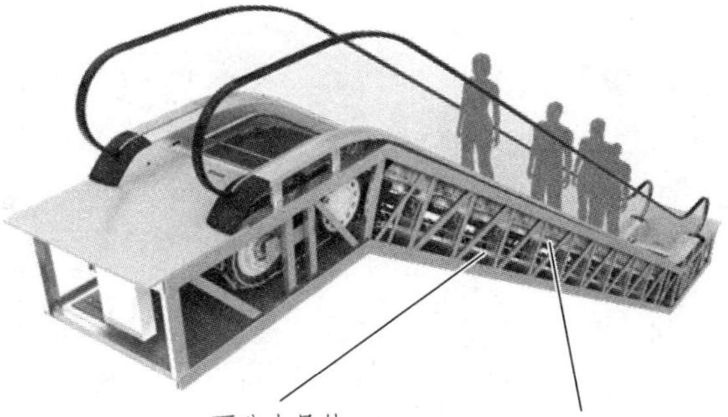

图 2-24　自动扶梯导轨

四、梯级滚轮

设在梯级下左右、前后的滚轮，称为梯级滚轮。

前轮与梯级链相连，为驱动滚轮（主轮）；后轮仅起随动作用，为随动滚轮（辅轮）。

随动滚轮装配在梯级上且接近踢板位置，支承梯级重力，驱动滚轮在梯级链上下部弯曲时受到梯级链张力法线方向的分力作用，其承受的张力大于随动滚轮。驱动滚轮的直径大于随动滚轮，且承受较大的载荷，如图 2-25 所示。

图 2-25　梯级滚轮

五、梯级链条

连接梯级随动滚轮、带动梯级平行运行的装置，称为梯级链条，如图 2-26 所示。

图 2-26 梯级链条

梯级链条有两条，为平行运行。链条与梯级的连接装置，称为梯级滚轮连接装置。

自动扶梯的梯级链，有标准的套筒滚子链和专用的滚轮链。

滚子链一般由内链板、外链板、销轴、套筒、板子等组成。链条传动时，套筒上的滚子沿链轮齿廓滚动，可减轻链和链轮轮齿的磨损。地铁车站自动扶梯，多采用套筒滚子链，如图 2-27 所示。

图 2-27 链条与梯级的连接及安装位置

将一根以上的单列链并排，用长销轴连接起来的链，称为多排链。链的排数越多，则承载能力越大。传动功率较大的自动扶梯，可采用双排链或多排链（通常排数最大不超过 4 排）。对地铁车站的自动扶梯，一般至少为双排链。

知识点三 驱动装置

一、机 房

放置自动扶梯运行、维修、检查等设备的空间，称为自动扶梯的机房或机仓，通常位于自动扶梯上端出口的位置，内设置有驱动主机、控制柜等装置，如图 2-28 所示。

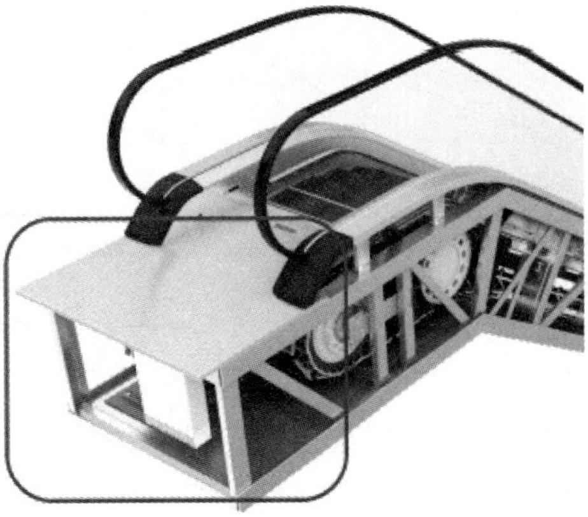

（a）端部驱动机房的位置

（b）端部驱动机房的驱动装置

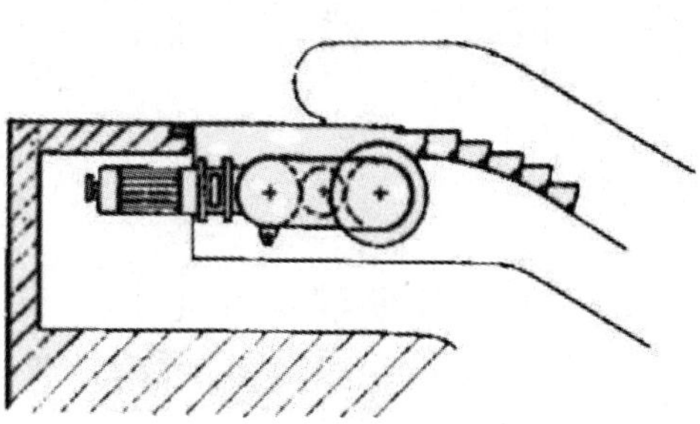

（c）端部驱动内机房位置

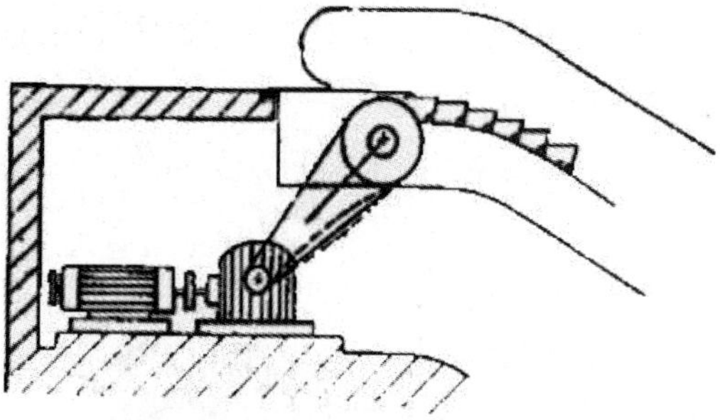

（d）端部驱动外机房位置

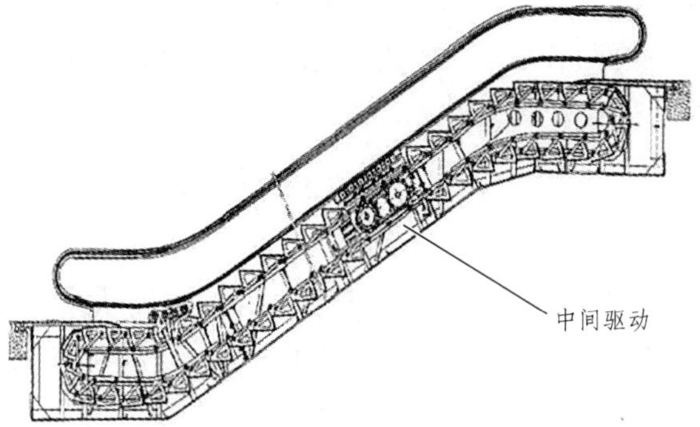

（e）中间驱动机房位置

（f）中间驱动机房的驱动装置

图 2-28　自动扶梯的机房

自动扶梯的机房可分为内机房和外机房。位于桁架内的，为内机房。特殊情况下，如场地限制缩短到极限，自动扶梯则采用机房分离形式。即驱动主机下置，在扶梯桁架上部的下面另加一个主机的机房，称为分离机房或外机房。地铁等城市轨道交通车站，自动扶梯一般采用内机房。

为确保安全，机房应能锁住并仅允许被授权人员进入。在机房，尤其是在桁架内部的驱动站和转向站内，为方便检修人员操作，应具有一个没有任何固定设备、站立面积足够大的空间，站立面积不应小于 0.3 m^2，其较小一边的长度不应小于 0.5 m。如机房的内部空间无法有效满足，为确保人身安全，应在机房内装设人员监测装置（例如光束）。如果监测到有人员在机房，正常模式和检修模式的运行都应中断。如果未监测到人员且楼层板处于打开状态，一般只能以检修模式运行。如果因维修目的，必须移动或提升控制柜，则机房应有合适的提升用附件。

如果因场地等其他因素限制需采用分离机房，则应满足如下情况。

（1）机房应按照以下要求装设永久固定的电气照明。

① 工作区域地面上的照度不小于 200 lx；

② 通向这些工作区域地面上的照度不小于 50 lx。

另外，还应设置供在机房任何位置工作的人员安全撤离的紧急照明。

（2）机房的尺寸应确保人员能安全和方便地在设备（尤其是电气设备）前工作。机房工作区域的净高度不应小于 2 m，且：

① 控制屏（或控制柜）的前方应有一块水平净空面积，该面积应满足以下要求：深度，从

控制屏（或控制柜）的外表面测量时不小于 0.7 m；宽度，为 0.5 m 或控制屏（或控制柜）的宽度，取两者中的大者。

② 在需要对运动部件进行必要的维修和检查的地方应有一块不小于 0.5 m × 0.6 m 的水平净空面积。

如果上述净高度（不小于 2 m）的要求不能有效实现，则在消除障碍物和建筑结构的锐边，并设置具有防护作用的软性材料以及警示标志的条件下，上述净高度可减小，但净高度不应小于 1.8 m。

通往工作区域的通道，其宽度不应小于 0.5 m。在没有运动部件的地方，通道宽度允许减至 0.4 m。活动空间的完整高度从两处到建筑顶梁的底面测得：通道区域地面；工作区域地面。

二、驱动主机

又称驱动装置，为驱动自动扶梯运行的装置。

驱动主机主要由电动机、减速器、制动器等组成，一般安装在自动扶梯上端出口处的机房内并采用无摩擦传动的驱动方式，如图 2-29 所示。

（a）驱动主机安装位置　　（b）主机组成

图 2-29　驱动主机机房安装位置及组成

直接与电源连接的电动机，采用手动复位的自动断路器进行过载保护。

驱动主机的电源一般由两个独立的接触器切断，这些接触器的触点串联在供电回路中。当自动扶梯停止时，如果其中任一接触器的主触点未打开，则自动扶梯不能重新启动。

地铁车站自动扶梯，在主机与主驱动轴之间可采用链条或齿轮传动。采用链条传动时，链至少为双排，安全系数不小于 8。

1. 减速箱

为将驱动主机进行减速的装置，设置在驱动主机一侧。其作用是将驱动主机的转速减速后传递给驱动链轮，如图 2-30 所示。

图 2-30　减速箱

2．制动器

为自动扶梯在动力电源失电或控制电路失电时，使自动扶梯停转的装置。

制动器分为工作制动器和附加制动器。

（1）工作制动器。

又称主制动器；使自动扶梯有一个接近匀减速的制停过程直至停机，并使其保持停止状态（工作制动）的制动装置；设置在驱动主机的高速轴上，如图 2-31 所示。

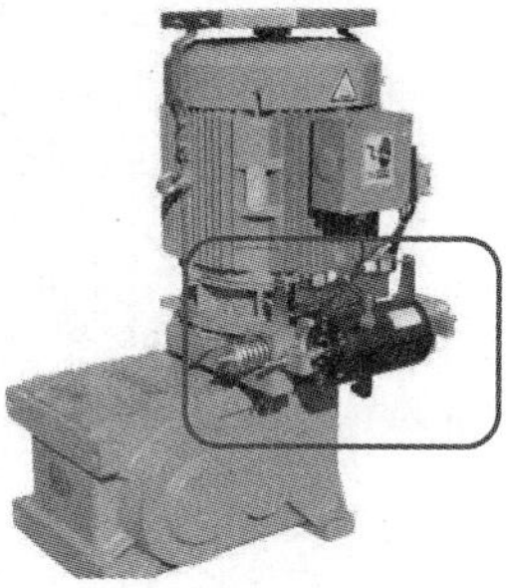

图 2-31　工作制动器

作用是当自动扶梯正常停转，或发生事故，例如梯级进入梳齿板的位置有外物被挤夹或在裙板与梯级之间有外物被挤夹时，工作制动器启动，使自动扶梯制停。

自动扶梯的工作制动器常使用制动臂式、带式或盘式制动器等方式。自动扶梯启动后，通常有一个装置监测制动系统的释放。只有制动系统释放后，驱动主机才能正常运转。

向下运行的自动扶梯，其制停距离应符合如表 2-7 所示规定。

表 2-7　自动扶梯的制停距离

名义速度 v/（m/s）	制停距离/m
0.5	0.2 ~ 1.0[a]
0.65	0.3 ~ 1.3[a]
0.75	0.4 ~ 1.5[a]
注：a—不包括端点数值；如果名义速度不是上述值，制停距离用插入法计算	

如果制停距离超过上述规定最大值的 1.2 倍，自动扶梯应在故障锁定被复位之后才能重新启动。如果有必要，在手动复位前应对制动系统进行检查，采取纠正措施。

（2）附加制动器。

又称辅助制动器、紧急制动器；是主制动器以外的另一种制动装置。

附加制动器设置在主轴或主链轮处，其作用是在紧急状态下采用机械方使驱动主轴停转，如图 2-32 所示。

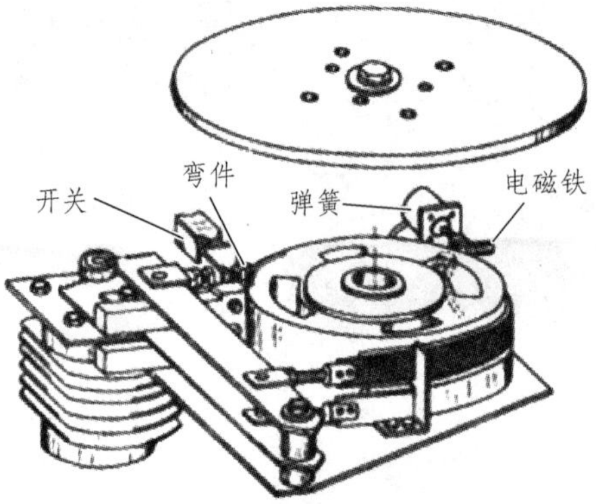

图 2-32　附加制动器

当主驱动链失效时（例如链条松脱或断裂），自动扶梯的梯路失去拖动力，此时梯级下滑造成乘客安全事故。在此情况下，附加制动器会动作，用机械办法使驱动主轴停止并卡死不转动，梯路和梯级也就不会上升或下滑，从而确保了乘客安全。通常采用机械式（利用摩擦原理）制动。

附加制动器设置条件：

① 工作制动器与梯级驱动装置之间不用轴、齿轮、多排链条或多根单排链条连接；

② 采用的机-电式工作制动器不符合相关规定（如供电的中断应由至少两套独立的电气装置来实现）；

③ 提升高度大于 6 m；

④ 公共交通型自动扶梯。

附加制动器应使具有制动载荷向下运行的自动扶梯有效地减速停止，并使其保持静止状态，减速度一般不超过 1 m/s^2。

附加制动器在下列情况下都应起作用：

① 速度超过名义速度 1.4 倍之前；

② 梯级改变其规定运行方向时。

附加制动器在动作开始时应强制地切断控制电路。

如果电源发生故障或安全回路失电，且制停条件符合自动扶梯制停距离的规定，则附加制动器和工作制动器应可以同时动作。

三、梯级驱动装置

为带动梯路循环运行的装置，可分为上部驱动总成和下部驱动总成两大部分，主要由驱动链、驱动链链轮、梯级链、梯级链链轮等组成，如图 2-33 所示。

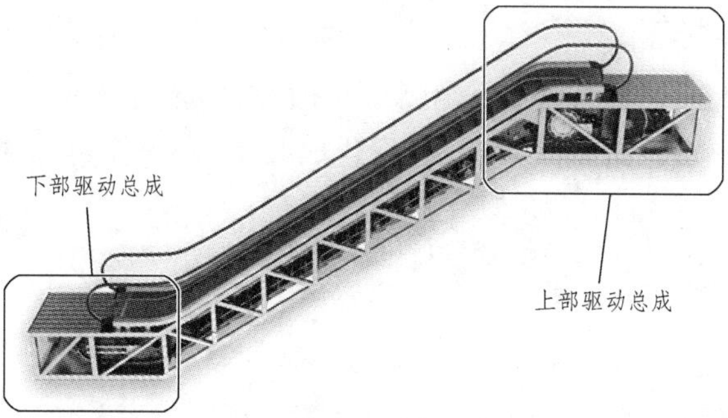

（a）驱动位置分布

（b）上部驱动总成结构

（c）下部驱动总成结构

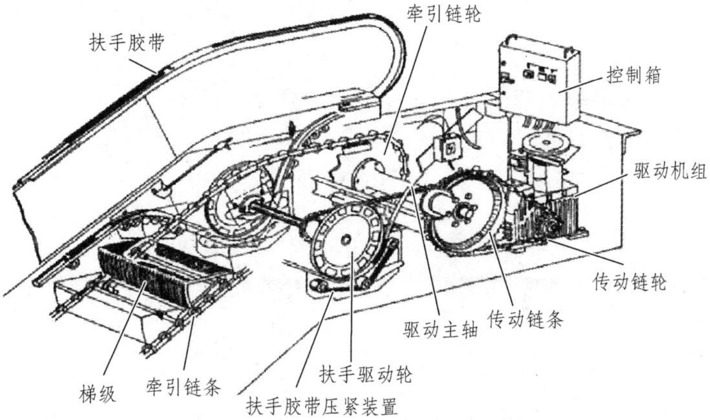

（d）上部驱动总成传动结构分解

（e）上部驱动装置

图 2-33　梯级驱动装置结构及位置

1．驱动链、驱动链链轮

驱动链，为端部驱动的自动扶梯上，把驱动主机的输出转矩传递至梯级链轮的链条。一般采用套筒滚子链，由内外链片、销轴、套筒、滚子组成，有单排和多排之分，如图 2-34 所示。

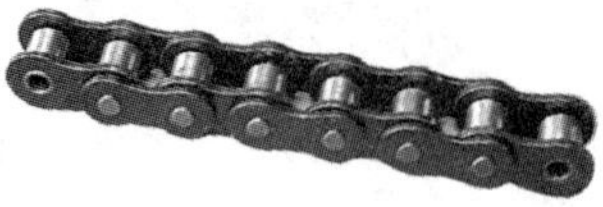

（a）单排驱动链

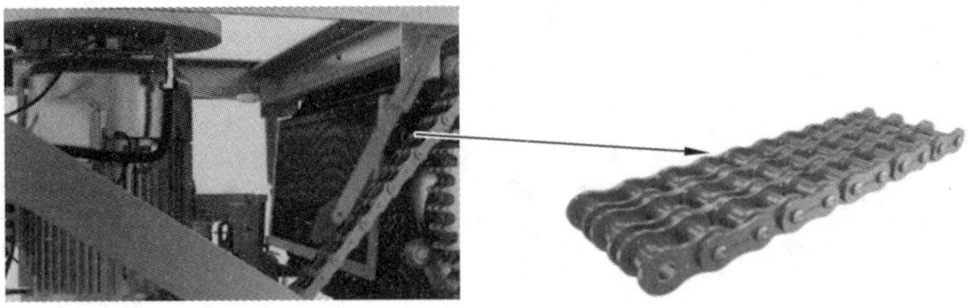

（b）多排驱动链及应用

图 2-34　驱动链

驱动主机的输出轴上一般安装有小链轮，在梯级驱动链轮轴上安装有大链轮，经驱动链把两者连接起来。

驱动链链轮，为端部驱动的自动扶梯上，与链条啮合且将驱动机的转矩传递至梯级链的链轮。驱动机侧的小链轮和梯级驱动链轮的大链轮都称为驱动链链轮；一般由铸铁或铸钢制成。

驱动链的连接及驱动链链轮的结构，如图 2-35 所示。

（a）驱动链的连接

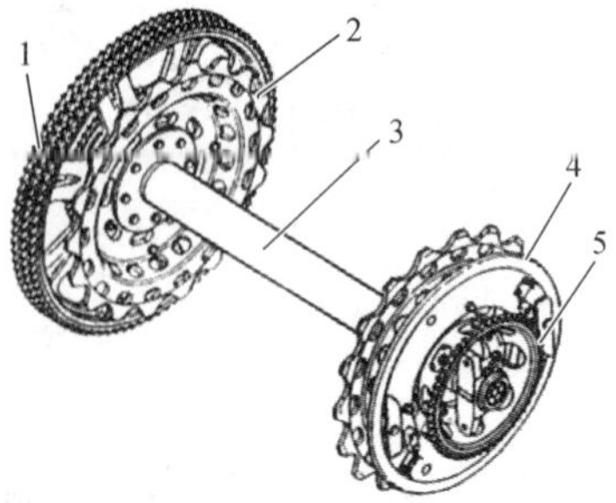

（b）驱动链链轮的结构

1—驱动链轮；2—梯级链轮；3—主轴；4—附加制动器；5—扶手带驱动链轮。

图 2-35　驱动链的连接及驱动链链轮的结构

2．梯级链、梯级链链轮

梯级链，为自动扶梯上左右各一条与梯级相连、由梯级链链轮驱动的环形滚子链。梯级链装有一定张力的张紧装置，设在下部金属结构（桁架）梯级反转部分的链轮可按梯级链的拉伸而移动。当梯级链异常拉伸时梯级链的张紧装置进行安全动作。

梯级链连接的梯级主轮可设置在牵引链的内侧，或设置在牵引链的两个链片之间。

梯级链链轮，又称梯级链轮，为设置在梯级链上、下部的链轮。上部链轮传递动力，又称驱动链轮；下部链轮用于张紧链条及折返梯级，又称张紧链轮、从动链轮。

梯级链、梯级链轮，如图 2-36 所示。

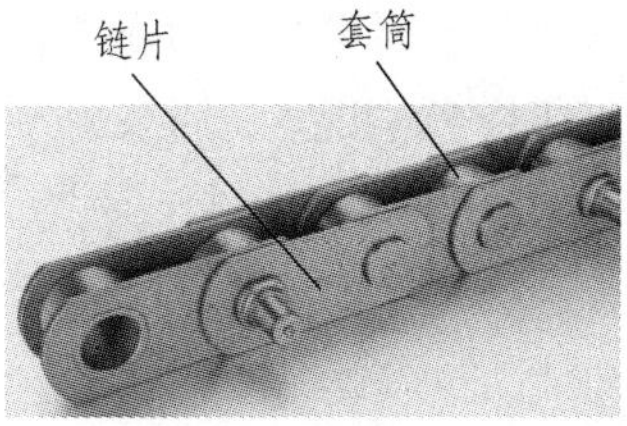

（a）梯级链

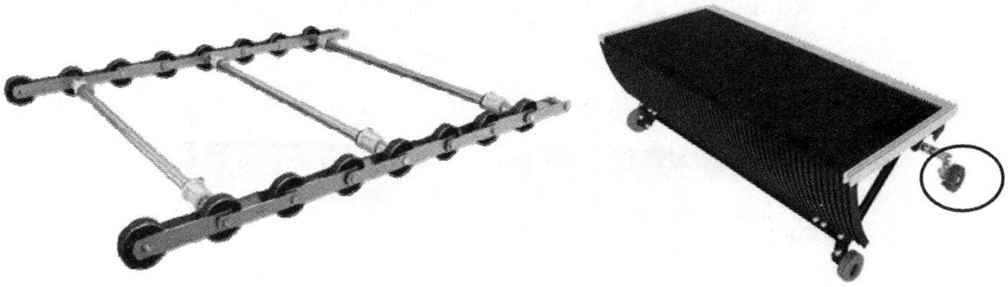

（b）梯级主轮设在链片之间的梯级链（滚轮链）

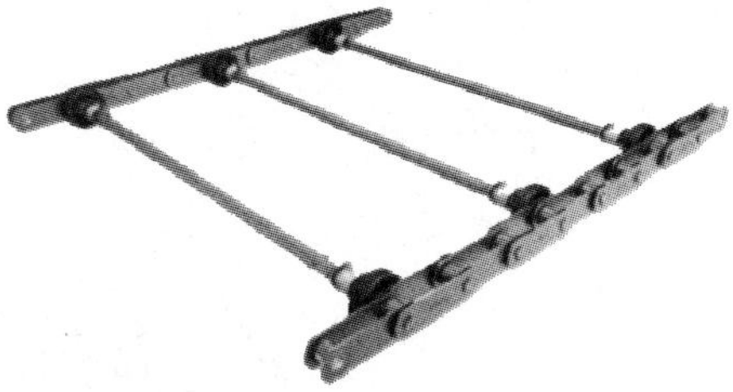

（c）梯级主轮设置在牵引链内侧的梯级链（套筒滚子链）

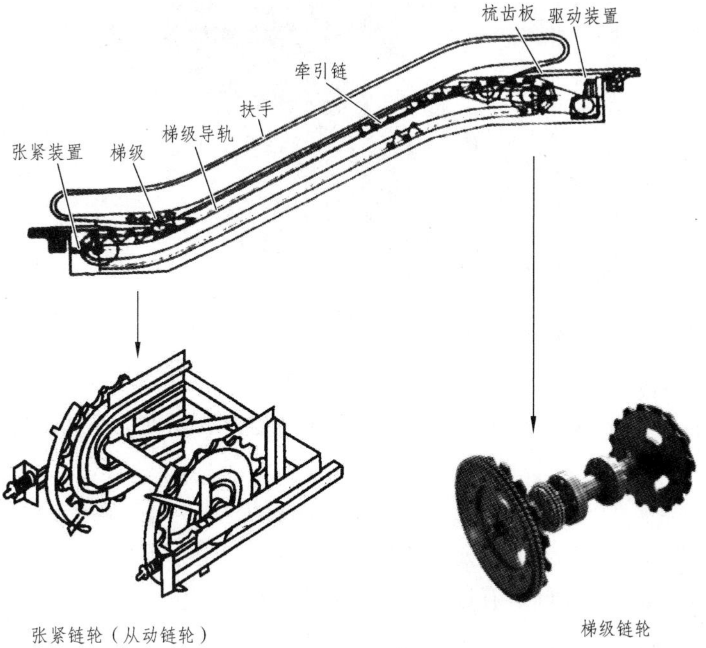

（d）张紧链轮、梯级链轮位置

图 2-36　梯级链及梯级链轮

3. 盘车手轮

又称手动盘车装置，是一种靠人力使驱动装置转动的专用手轮；位于机房内，结构与电梯的盘车手轮相同；主要用于停电、检修等应急情况。

手动盘车操作流程：

（1）卸下电机主轴防护罩；

（2）把盘车手轮套装在电机主轴上；

（3）松开电机制动器抱闸；

（4）根据盘车手轮上的旋向标记，按所需方向转动盘车手轮而进行盘车；

（5）盘车结束后，卸下盘车手轮，装上电机主轴防护罩，合上电机制动器抱闸。

使用手轮盘车时，应先切断自动扶梯控制电源，防止人为误操作造成人身意外事故。

知识点四　扶手装置

设置在自动扶梯两侧，方便乘客站立扶握并起安全防护作用的部件，称为扶手装置。扶手装置的端部，称为扶手转向端。

扶手装置主要由围裙板、护壁板、内外盖板、外装饰板等组成，如图 2-37 所示。

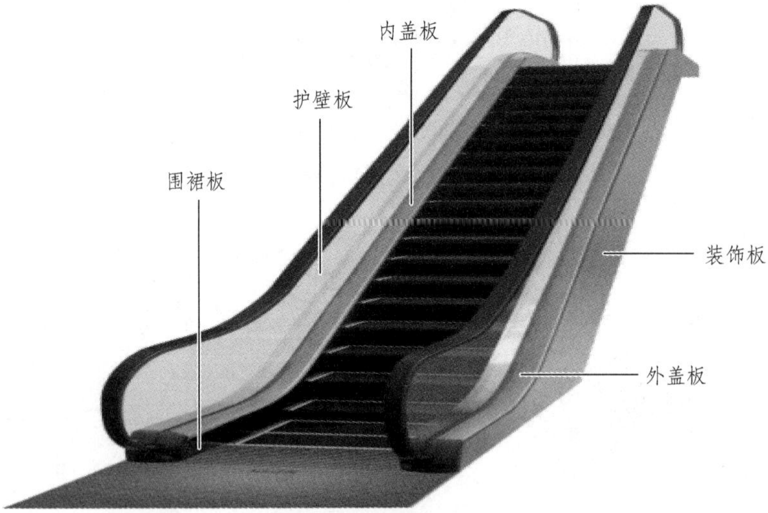

图 2-37　扶手装置组成

在扶手装置中，与扶手带导轨相接并形成扶手装置顶部覆盖面的横向部件，称为扶手盖板，如图 2-38 所示。

扶手装置一般能承受静态 600N 的侧向力和 730N 的垂直力，这两个力均匀分布在扶手带导向系统顶部同一位置 1 m 的长度上。朝向梯级一侧的部分光滑、齐平。

当自动扶梯和相邻的墙之间装有接近扶手带高度的扶手盖板，且建筑物（墙）和扶手带中心线之间的距离大于 300 mm 时，扶手盖板上应装设防滑行装置。该装置包含固定在扶手盖板上的部件，与扶手带的距离不应小于 100 mm，并且防滑行装置之间的间隔距离不应大于 1800 mm，高度不应小于 20 mm，且该装置应无锐角或锐边。对相邻自动扶梯，扶手带中心线之间的距离大于 400 mm 时，也应满足上述要求。

图 2-38　扶手盖板

1．围裙板

与梯级两侧相邻的扶手装置的垂直部分的金属围板，称为围裙板，设置在梯级的两侧；材质为不锈钢。

自动扶梯运行时，运动的梯级和静止的围裙板之间因缝隙而存在被挤夹危险。因此，围裙板任何一侧的水平间隙不应大于 4 mm，两侧对称位置处测得的间隙总和不应大于 7 mm。

在围裙板的边缘上还装有防夹装置，可有效提醒乘客不要过于靠近梯级边缘，减小衣物等被挤夹的风险。围裙板防夹装置由软性部件和刚性部件组成。软性部件一般有毛刷型、橡胶条型等。如图 2-39 所示。

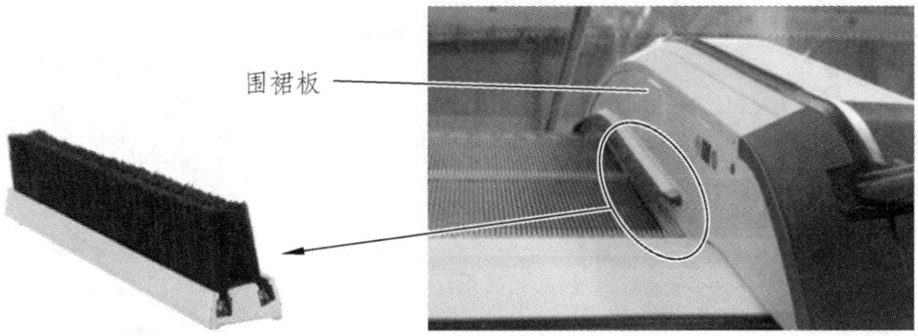

图 2-39　毛刷及围裙板安装位置

围裙板防夹装置安装位置及相关参考尺寸，如图 2-40 所示。

其中，围裙板垂直表面起的突出量最小为 33 mm，最大为 50 mm；刚性部件应有 18 ~ 25 mm 的水平突出，并具有符合规定的强度；柔性部件的水平突出为 15 ~ 30 mm；在倾斜区段，围裙板防夹装置的刚性部件最下缘与梯级前缘连线的垂直距离为 25 ~ 30 mm；在过渡区段和水平区段，围裙板防夹装置的刚性部件最下缘与梯级表面最高位置的距离为 25 ~ 55 mm；刚性部件的下表面与围裙板形成向上不小于 25°的倾斜角，其上表面与围裙板形成向下不小于 25°倾斜角；围裙板防夹装置的端点位于梳齿与踏面相交线前（梯级侧）50 ~ 150 mm 的位置。

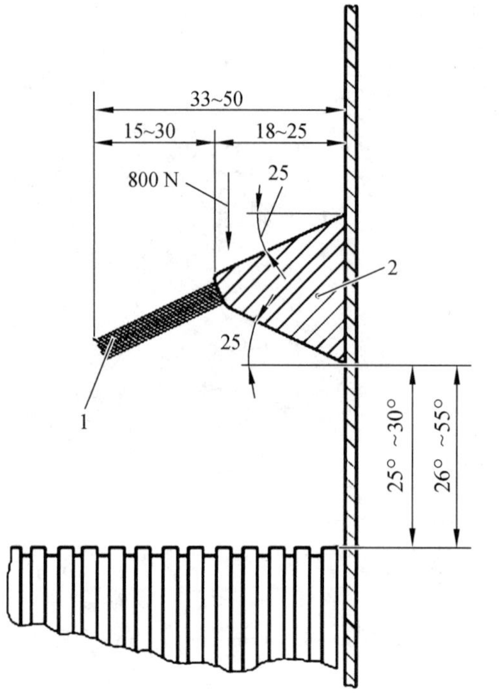

1—柔性部件（毛刷）；2—刚性部件。

图 2-40　围裙板防夹装置安装位置及相关参考尺寸（单位：mm）

2．护壁板

又称护栏板，是在扶手带下方，装在围裙板（或内盖板）与扶手盖板（或扶手导轨）之间、内侧盖板与外侧盖板之间的装饰护板，如图 2-41 所示。

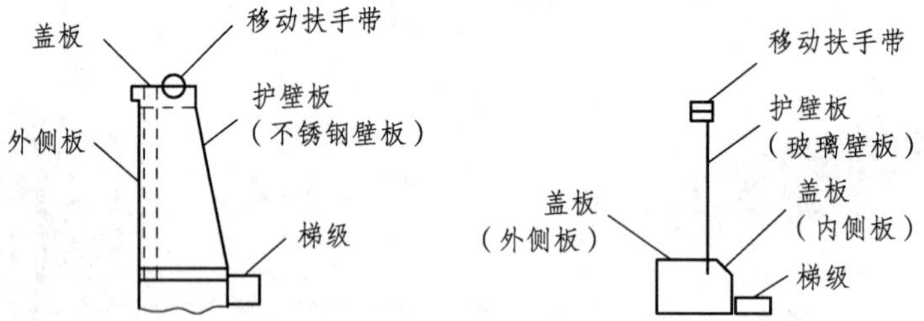

图 2-41　护壁板

护壁板的材质为不锈钢或钢化玻璃。

在公共交通场所如地铁车站等客流量较大的地方，护壁板通常采用不锈钢材质，可起增强安全防护及防撞等作用；在购物中心、酒店等地方，护壁板通常采用钢化玻璃材质，安全防护的同时还有装饰等作用。

护壁板作为防护装置，需有足够的强度。在护壁板表面任何部位，垂直施加一个 500 N 的力作用于 25 cm^2 的面积上，不应出现大于 4 mm 的缝隙和永久变形。护壁板之间的间隙一般不大于 4 mm，其边缘呈圆角或倒角状。

护壁板采用钢化玻璃作材质时，可采用单层玻璃或多玻璃。若采用单层玻璃，其厚度不小于 6 mm。若采用多层玻璃，则为夹层钢化玻璃，并且至少有一层的厚度不小于 6 mm。

3．盖　板

盖板是位于护壁板两侧下方的防护装置。自动扶梯盖板分为内侧盖板和外侧盖板，如图 2-42 所示。

图 2-42　内、外盖板

（1）内侧盖板。

又称内盖板，是在护壁板内侧、连接围裙板和护壁板的金属板。

内盖板和护壁板与水平面的倾斜角一般不小于 25°。该要求不适用于直接与护壁板相接的内盖板的水平部分。

对于与水平面呈倾斜角小于 45°的每一块内盖板，沿水平方向测得的宽度应小于 0.12 m。

（2）外侧盖板。

又称外盖板，是在护壁板外侧，连接装饰板和护壁板的金属板。

外侧盖板位于护壁板外侧下方、外装饰板上方。

自动扶梯的外盖板上装设有防爬装置，以阻止人员爬上扶手装置外侧。防爬装置位于地平面上方（1 000 ± 50）mm，下部与外盖板相交，平行于外盖板方向的延伸长度不应小于 1 000 mm，并确保在此长度内无踩脚处。该装置的高度应至少与扶手带表面齐平。

当自动扶梯与墙相邻，且外盖板的宽度大于 125 mm 时，在上、下端部应安装阻挡装置，防止人员进入外盖板区域。当自动扶梯为相邻平行布置，且共用外盖板的宽度大于 125 mm 时，也应安装这种阻挡装置，该装置应延伸高度 25 ~ 150 mm 的位置。

4．外装饰板

从外侧盖板起，将自动扶梯桁架封闭起来的装饰板，称为外装饰板。

为确保安全，外装饰板应有一定的强度，即在外装饰板上任意点垂直施加 250 N 的力作用在 25 cm^2 面积上，外装饰板不应产生破损或导致缝隙的变形。其固定件至少能够承受两倍的围板自重。

对自动扶梯内部清扫时，可打开外装饰板进行。

知识点五　扶手带系统

为确保乘客安全乘坐自动扶梯的配套装置。

扶手带系统主要由扶手带、扶手带驱动装置、扶手带带轮装置、扶手带导轨、扶手带张紧装置、扶手带安全防护装置等组成。

1．扶手带

位于扶手装置的顶面，与梯级同步运行，供乘客扶握的带状部件，称为扶手带。

其材质通常为黑色环状硫化橡胶带，内嵌钢丝绳，如图 2-43 所示。

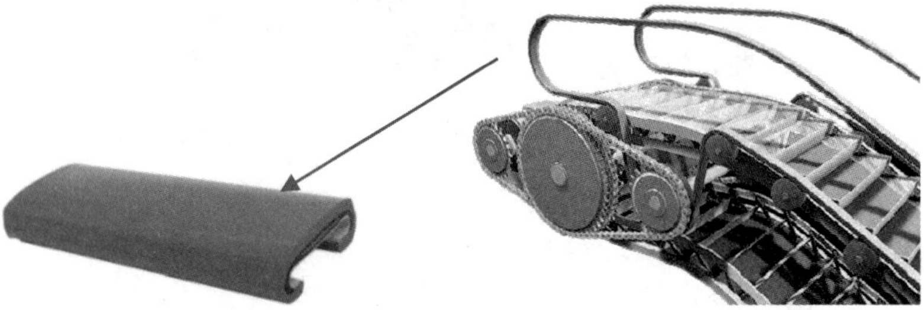

图 2-43　扶手带及安装位置

自动扶梯运行时，扶手带与梯级同向且同步运行，确保乘客平稳站立及扶手。

扶手带顶面宽度为 70 ~ 100 mm，顶面距梯级前缘之间的垂直距离为 0.9 ~ 1.1 m。在正常运行条件下，扶手带的运行速度相对于梯级际速度的允差为 0% ~ 2%。扶手带的破断强度一般不小于 25 kN。

扶手带外缘与墙壁或其他障碍物之间的水平距离在任何情况下均不应小于 80 mm。扶手带下缘与墙壁或其他障碍物之间的垂直距离不应小于 25 mm。如果建筑障碍物可能引起人员伤害，则应采取相应的预防措施，尤其在与楼板交叉处以及各交叉设置的自动扶梯之间，应在扶手带上方设置一个无锐利边缘、固定安装的垂直防护挡板，其高度不应小于 0.3 m，且至少延伸至扶手带下缘 25 mm 处，例如：采用一块无孔的三角板。如果扶手带外缘与任何障碍物之间的距离大于或等于 400 mm 时，则无须设置垂直防护挡板。无孔三角板的设置，如图 2-44 所示。

图 2-44　无孔三角板的设置

如果人员在自动扶梯出入口可能接触到扶手带的外缘并引起危险，例如从扶手装置处跌落，则应采取适当的预防措施：设置固定的阻挡装置以阻止进入该空间；在危险区域内，由建筑结构形成的固定护栏至少高出扶手带 100 mm，并位于扶手带外缘 80 ~ 120 mm。

安装调试时，扶手带不宜安装过紧或过松；压紧装置不易调得太紧；驱动轮和托轮不得偏离扶手带中心，运行中必须滚动摩擦，防止因过度摩擦导致扶手带受力不均，产生发热而引起机械损伤。

2. 扶手带驱动装置

是保证扶手带与自动扶梯的梯级以相同速度运行的装置，由梯级驱动轮经链条作间接驱动。

扶手带驱动装置主要由扶手带驱动链、导向器、链条张紧装置、皮带轮、扶手带驱动轮、滚架等组成，如图 2-45 所示。

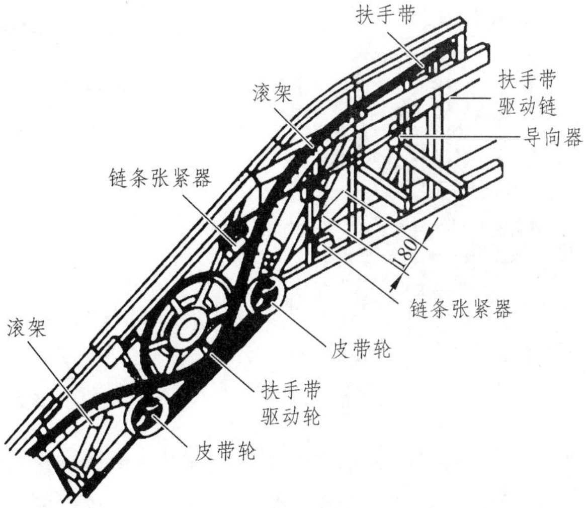

（a）扶手带驱动部件

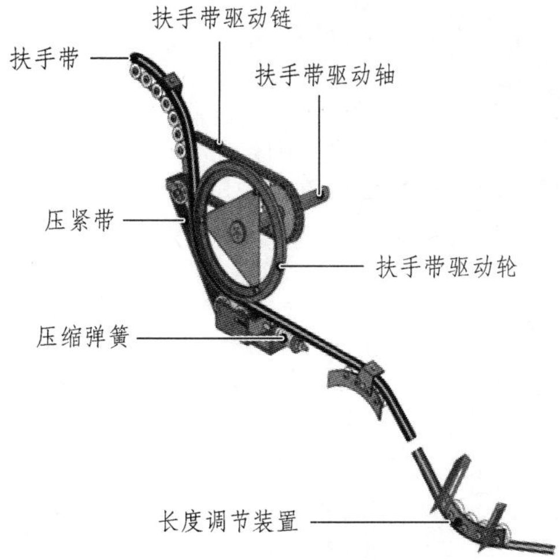

（b）扶手带驱动机构

（c）张紧装置在下部驱动总成的安装

图 2-45　扶手带驱动装置

扶手带驱动轮，是驱动扶手带的轮，依靠驱动轮与扶手带之间的摩擦实现传动。在卷绕驱动方式中，驱动轮直径一般为 700 ~ 800 mm；在夹紧驱动方式中，驱动轮直径一般为 200 ~ 300 mm。驱动轮的外周通常采用橡胶等摩擦系数高的材料。

扶手带张紧装置 ，在卷绕驱动方式中，为解决扶手带松弛所给予充分驱动力而附加在扶手带系统中的一种张紧装置。可使扶手带在正常工作时不会脱离扶手导轨。

知识点六　梳齿板、前沿板、盖板

1．梳齿板

位于自动扶梯运行的梯级出入口，方便乘客上下过渡，与梯级相啮合的部件，称为梳齿板，如图 2-46 所示。

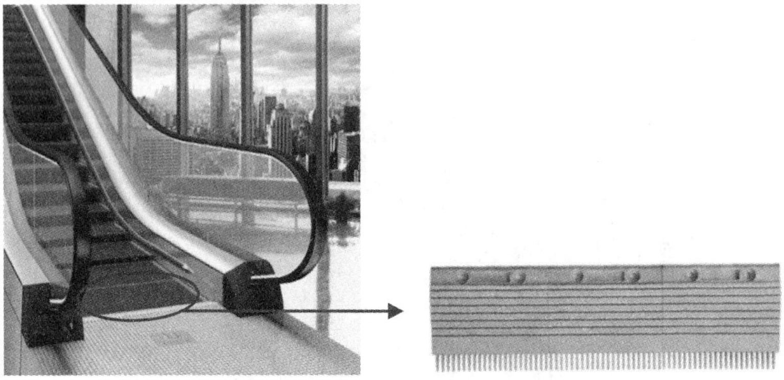

图 2-46　梳齿板及安装位置

梳齿板通常用铝合金或不锈钢制作，有带防滑槽和不带防滑槽两种。其结构应为可调式，以保证梳齿的啮合深度不小于 6 mm。

梳齿板的梳齿与梯级的齿槽相啮合，在梳齿板踏面位置测量梳齿的宽度不应小于 2.5 mm。梳齿板或其支撑结构可通过调节以保证啮合正确。梳齿板的梳齿具有在使用者离开自动扶梯时不会绊倒的形状和斜度，该斜度一般不大于 35°。

自动扶梯的周边尤其在梳齿板附近应有照明。出入口包括梳齿板处的照度应与该区域所要求的照度一致，照明允许安装在周边空间和设备本身。在楼层板平面的梳齿与踏面相交线位置测得的照度不应小于 50 lx。

自动扶梯在出入口区域（例如，梳齿支撑板和楼层板）应具有安全的立足面（梳齿板除外），该面从梳齿板齿根部起测量的纵深距离不应小于 0.85 m。

2．前沿板

又称楼层板、自动扶梯出入盖，为设置在自动扶梯或自动人行道出入口，与梳齿板连接的金属板。

梳齿板固定于前沿板的上方，并在地板表面作防滑处理，可以拆卸。维修保养检验时移去此板作为机房入口之用，所以又称检修出入口。前沿板就是地平面的延伸。

3. 盖　板

供乘客安全进入自动扶梯梯级过渡区域的踏板称为盖板。

盖板由中盖板、后盖板组成。中盖板与前沿板的衔接处为搭接的方式，即中盖板搭在前沿板上，搭接处有约 8 mm 的缝隙，异物卡入梳齿板时，会推动梳齿板和前沿板向上移动触发保护开关，使扶梯制停。

梳齿板、前沿板及盖板的设置如图 2-47 所示。

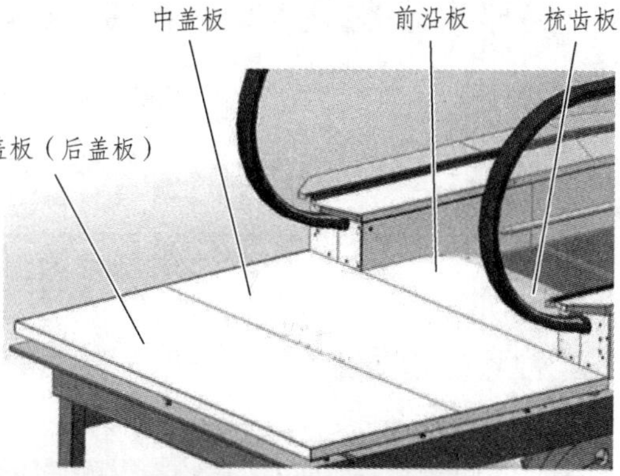

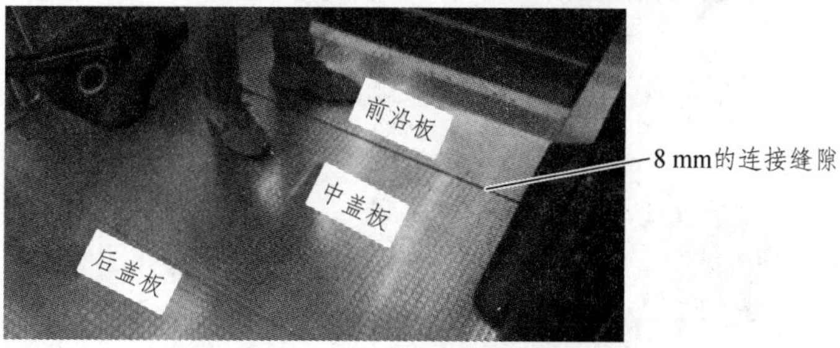

图 2-47　梳齿板、前沿板、盖板的设置

前沿板下方为回转的梯级；中盖板下方为扶梯回转的梯级和检修挡板部分；检修盖板（后盖板）的下方为操作空间（机房），深度大约 1 m，检修人员在内可进行扶梯故障排查。

在自动扶梯每个出入口用于安装梳齿板的平台，称为梳齿支撑板。作为出入口的支撑部件，梳齿支撑板应有足够的强度和防滑：在梳齿支撑板上垂直施加 5 000 N/m^2 的均匀分布力，梳齿支撑板的弹性变形不应大于 3 mm，且无永久变形；梳齿支撑板踏面的防滑等级应至少为 GB 16899—2011《自动扶梯和自动人行道的制造与安装安全规范》的附录 J 规定的 R10 级。

自动扶梯的后盖板下方的两侧，分别设置制动保护开关。后盖板被打开时，保护开关使扶梯制停，如图 2-48 所示。

检修盖板和楼层板只能由专职人员通过钥匙或专用工具开启。

如果检修盖板和楼层板下（后）的空间是可进入的，即使上了锁也应能从里面不用钥匙或工具打开检修盖板和楼层板，确保进入空间从事检修的人员不会被反锁其中。

在自动扶梯的出入口，应有足够的畅通区域，以容纳人员顺利通行。该区域的宽度至少为扶手带外缘之间距离加上每边各 80 mm，其纵深尺寸应从扶手装置端部起至少为 2.5 m。如果该区域的宽度增至扶手带外缘之间距离加上每边各 80 mm 的两倍及以上，则其纵深尺寸允许减少至 2 m。

图 2-48　制动保护开关

知识点七　　电气控制及安全保护装置

自动扶梯的安全运行，离不开电气控制和安全保护。

电气控制装置，主要由控制柜、电动机、动力电路的主开关和附属电路，以及照明电路的开关和附属电路等组成。

安全保护装置，由必备的安全装置及辅助安全装置等组成，如扶手带断带保护、扶手带速度监控、梳齿板安全开关、梯级缺失保护等装置。

自动扶梯的电气控制及安全保护装置，如图 2-49 所示。

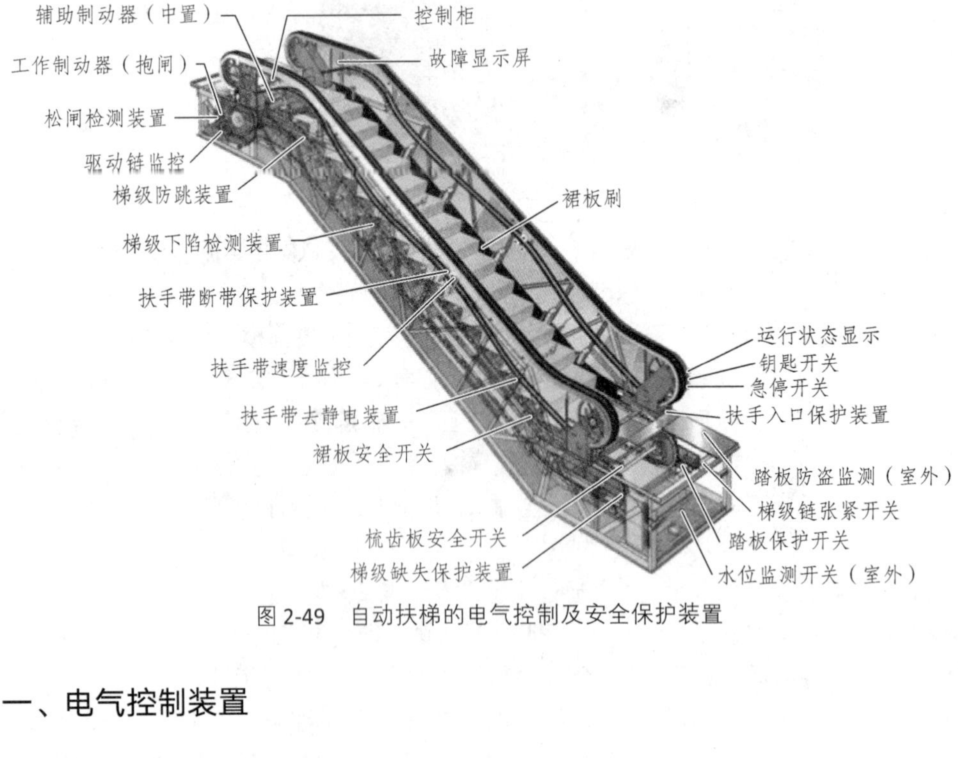

图 2-49　自动扶梯的电气控制及安全保护装置

一、电气控制装置

1．控制柜

又称控制箱，是控制自动扶梯运行的装置；设置在桁架上方的机房内；箱内有相序保护、电机过热保护、过载保护、超速保护、防逆转保护、漏电保护、故障诊断、监控系统接口、制动距离检测、接地故障保护等保护装置，可进行梯速调节、照明、状态显示等控制，同时还有急停开关和自动/检修开关，可在机房进行紧急停止和自动/检修转换操作控制，如图 2-50 所示。

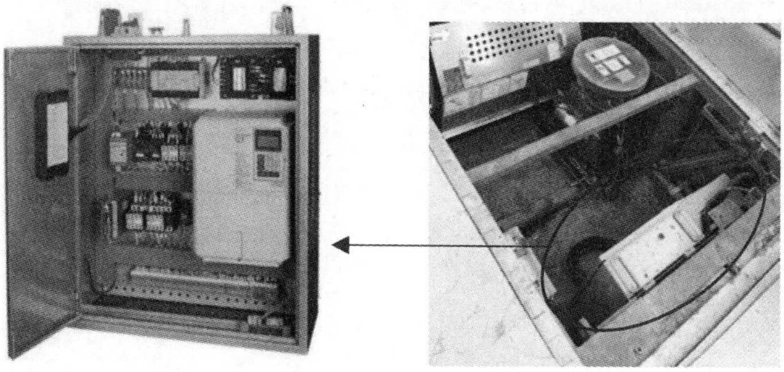

图 2-50　控制柜及安装位置

2．主开关

是切断电动机、制动器释放装置和控制电路电源的开关；通常设置在驱动主机附近、转向站中或控制装置旁。

应用时主开关不切断电源插座或检查和维修所必需的照明电路的电源，但在辅助设备（如加热装置、扶手照明和梳齿板照明）分别单独供电时，能单独地切断。各相应开关应位于主开关近旁并应有明显的标志。

如果几台自动扶梯的主开关设置在一起，则各主开关应易于识别。

3．停止开关

使自动扶梯运行停止的开关；通常设置在自动扶梯的驱动站和转向站；具有清晰且永久性的开、关位置标记。动作时，停止开关能切断驱动主机供电，工作制动器制动，有效地使自动扶梯停止运行。停止开关的动作能防止自动扶梯启动。

对于驱动装置安装在梯级的载客分支和返回分支之间或安装在转向站外面的自动扶梯，在驱动装置附近另设停止开关。

4．检修控制装置

为自动扶梯在维护、修理、检查时能使用便携式手动操作的控制装置。

在自动扶梯的各出入口（如桁架内的驱动站和转向站）应至少提供一个用于便携式控制装置柔性电缆连接的检修插座，且柔性电缆的长度不小于 3 m，方便进行自动扶梯任何位置的检修。

为防止检修时发生意外动作，检修控制装置的开关上有明显且易识别的运行方向指示标记。每个便携式检修控制装置通常配置有停止开关，具有如下特点：

（1）手动操作；

（2）有清晰、永久的开关转换位置标记；

（3）手动复位。

当插上便携式控制装置，操作停止开关能断开驱动主机的电源并使工作制动器动作，自动扶梯制停。同时，其他启动装置都不起作用。

二、安全保护装置

依据 GB 16899—2011《自动扶梯和自动人行道的制造与安装安全规范》的重大危险清单说明，自动扶梯运行的危险类型及可能导致危险的情况，如表 2-8 所示。

表 2-8　自动扶梯运行的危险类型及可能导致危险的情况

危险类型	可能导致危险的情况
机械危险	扶手带和扶手装置以及扶手装置之间挤压、剪切手指；与建筑结构（墙、顶、交叉布置）或相邻自动扶梯上的人员碰撞导致的人体撞击；在扶手带进入扶手装置处被拖入；围裙板和梯级之间、梳齿板和梯级之间、地板和扶手带之间、梯级间被夹住等。 机械危险的发生，主要与机器本身的设计、人员过于靠近机器等因素有关
电气危险	人体与带电部件接触；不适当的紧急停止开关；电气器件的装配错误；静电现象；外界对电气设备的影响等
辐射危险	自动扶梯运行产生的电磁辐射；外界的电磁辐射（如无线电辐射等）等
火灾危险	易燃材料在桁架内积聚；驱动电机过载；电线的绝缘材料老化等
控制电路失效产生的危险	危险状态下未制停；短路；过载；停止后机器意外启动；驱动的意外逆转；超速；制停过程中减速度过大等
运行期间断裂或破裂产生的危险	大于规定的使用者和结构载荷作用于衔架上；大于规定的载荷作用于扶手装置上；大于规定的载荷作用在驱动装置上；因为不可预见的误用导致大于规定的载荷作用在梯级上等
滑倒、绊倒和跌倒的危险	在梯级以及在梳齿支撑板和楼层板上滑倒；扶手带的速度偏差（包括扶手带的停顿）、运行方向改变、加速或减速、机器意外的启动或超速、出入口的照明不足等导致的跌倒
该类机器特有的危险	梯级缺失；被手动盘车装置卡住；运送除人员外的其他物品（例如：购物车、行李车、手推车）；爬上扶手装置的外侧；在扶手装置间滑行；翻越扶手装置；在扶手带上玩耍；在扶手装置附近区域堆放物品；由于出入口或连续布置的自动扶梯中间出口封闭导致交通阻塞；相连自动扶梯的客流干扰；在扶手转向端被扶手带提起，从邻近的固定栅栏或自动扶梯的扶手装置处跌落等
设计时忽视人类工效学原则产生的危险	忽视使用者的人类工效学尺寸，如扶手装置的高度、扶手带的宽度；工作场所和进入这些场所通道的照明不足；工作场所空间不足；缺少重物提升装置等

自动扶梯安全运行需保护的对象包括：

（1）使用人员；

（2）维护和检查人员；

（3）自动扶梯的人员；

（4）被授权人员。经自动扶梯的业主授权且经过自动扶梯使用培训的可完成指定工作的人员，称为自动扶梯被授权人员。

为减少上诉各种危险给人员及设备带来伤害及损坏，自动扶梯系统设置了多种安全保护装置，以便在危险情况发生时能及时断开控制电路并制停自动扶梯，以确保人身安全，如图 2-51 所示。

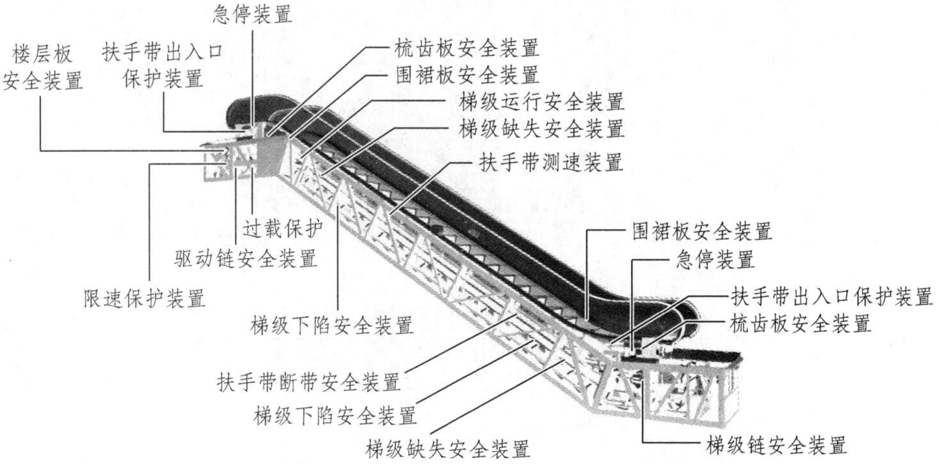

图 2-51　自动扶梯常用安全装置设置

下面对常用的安全保护装置进行论述。

1．电流接地故障保护装置

当电路发生漏电应有一个装置能自动切断控制电路，使自动扶梯不能继续运行。

在自动扶梯上一般使用供电电路上的自动开关，发生漏电接地线中有电流通过时，开关自动跳开，须人工复位才能重新接通。

2．电动机过载保护装置

当电动机过载时应加设一个装置使自动扶梯立即停止运行。

一般在驱动主机上装有电动机过流保护继电器，或采用能直接切断电流的具有过载保护功能的自动开关，以保护电动机不会在过载状态下工作。

3．供电系统断相、错相保护装置

供电系统如发生断相，会使电动机处于非正常工作状态，发生错相就会改变自动扶梯运行方向，导致不安全状态的产生。出现这种情况时，应有一个装置使自动扶梯立即停止运行。

自动扶梯一般采用断相、错相保护器、继电器作为保护元件，来防止这种不安全状态的出现。

4．紧急停止开关

又称急停开关，是紧急情况下可断开控制回路，使自动扶梯停止的紧急停止的开关；设置在自动扶梯出入口附近、明显而易于接近的位置。为手动操作的红色按钮，旁边配置有锁匙开关。

紧急停止开关及设置，如图 2-52 所示。

（a）扶梯入口处正面（外盖板处）

（b）扶梯入口处侧面（围裙板处）

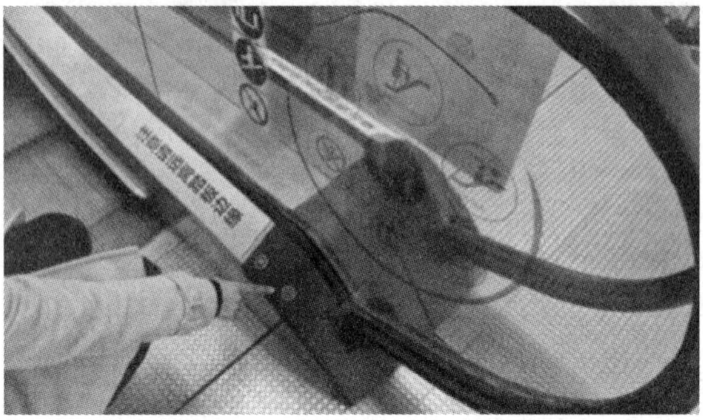

（c）扶梯入口处侧面（内盖板处）

图 2-52　紧急停止开关及设置

行程较长的自动扶梯，在出入口扶手有时增设紧急停止开关，开关之间的距离一般不大于 30 m。

如果自动扶梯的出口被建筑结构（如闸门、防火门、自动门）阻挡，则在梯级到达梳齿与踏面相交线前 2 ~ 3 m 处、位于扶手带高度位置增设附加紧急停止开关，该紧急停止开关应能从自动扶梯乘客站立区域操作。

5．运行显示装置

为显示自动扶梯运行方向、运行状态的装置；设置在自动扶梯的入口处，如内盖板内，可指示自动扶梯的运行状态（显示为绿色，表示运行状态；红色，表示停止状态），供乘客选择正确乘坐方向。

运行显示装置及设置如图 2-53 所示。

（a）运行显示装置外形

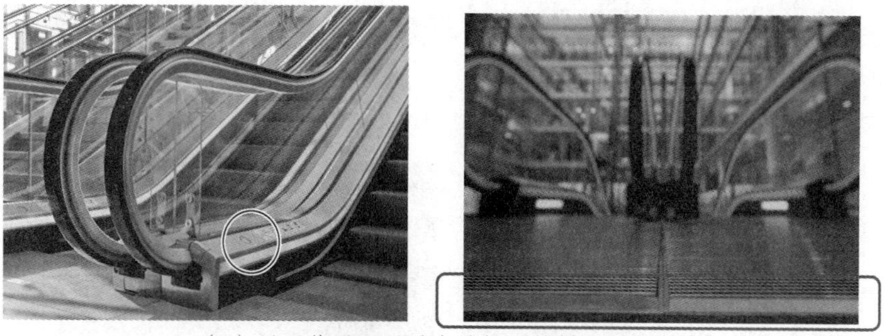

（b）显示装置设置（内盖板、扶梯入口）

图 2-53　显示装置及设置

6．照明装置

为方别乘客能在光线不足的情况下安全乘坐自动扶梯及美观照明的装置；通常设置在扶手带、围裙板、梯级、桁架等处；多采用 LED 灯。如图 2-54 所示。

（a）围裙板照明

（b）扶手带照明

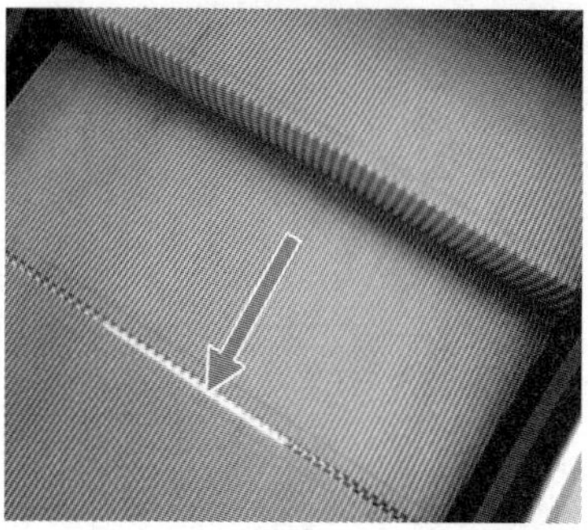

（c）梯级照明

（d）桁架照明

图 2-54　照明装置设置位置

自动扶梯包括梳齿板、梯级的照度一般不小于 50 lx。

7．超速保护装置

又称限速器，为自动扶梯运行速度超过限定值时，能使自动扶梯停止运行的装置；设置在驱动主机高速轴（电动机飞轮）上。在自动扶梯速度超过名义速度的 1.2 倍之前，超速保护装置会切断自动扶梯的电源，使其自动停止运行。

超速保护装置可分为机械离心块式及光电计数器式等，在摩擦传动中亦可作为欠速保护，能及时检测皮带打滑或断裂现象。

超速保护装置如图 2-55 所示。

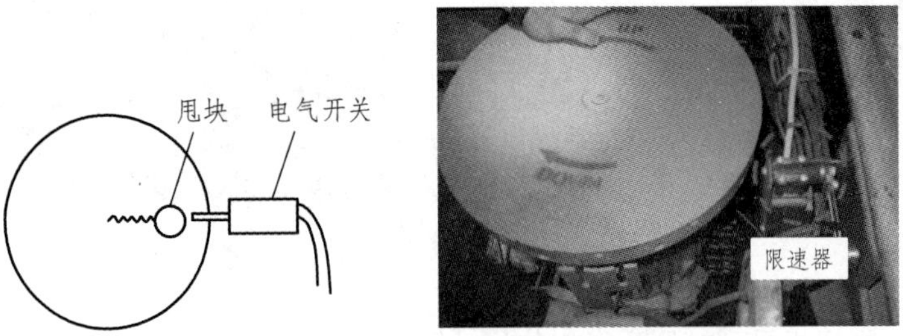

图 2-55　超速保护装置（机械离心块式）

8．梳齿板安全装置

又称梳齿板保护开关，是梯级与梳齿板啮合处卡入异物时，能使自动扶梯停止运行的电气装置；设置在自动扶梯出入口出梳齿板处。如图 2-56 所示。

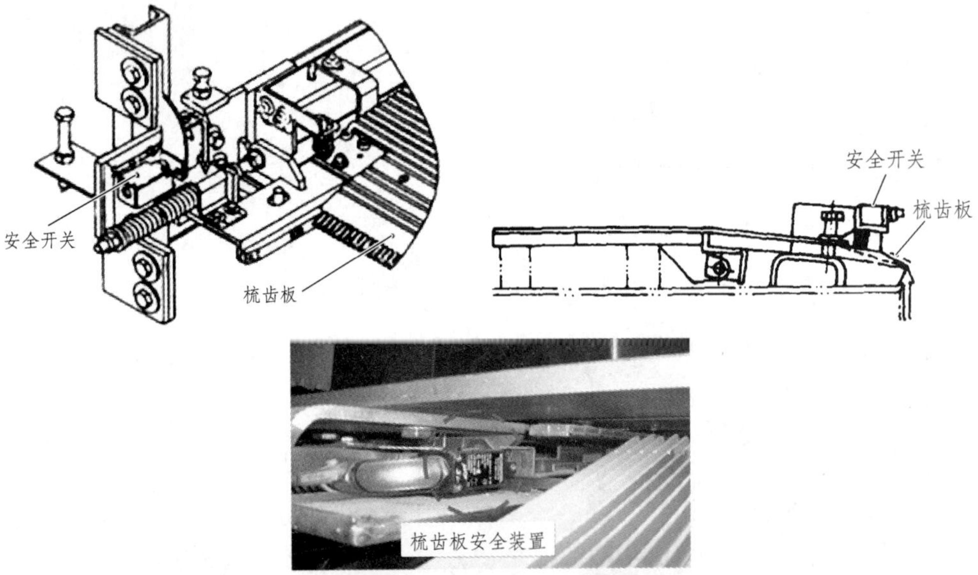

（a）梳齿板安全装置位置

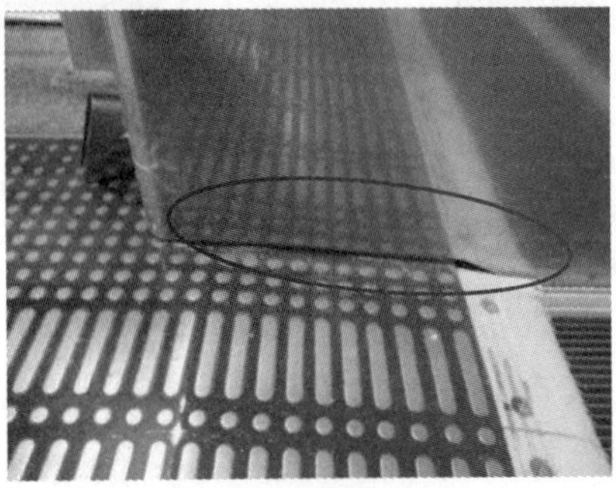

（b）梳齿板可向上移动的空间（缝隙）

图 2-56　梳齿板安全装置

当梳齿板与梯级之间的缝隙有异物卡入，会产生损坏梯级、踏板、或梳齿板支撑结构的危险。

梳齿板开关的触发过程，是通过一组结构件的运动，才能触发电气开关。当异物卡入梳齿中，将梳齿板翘起或推后，这时梳齿板连接的连杆向后推，克服弹簧力作用后触发安全开关，切断电源，使自动扶梯停止运行。

9．围裙板安全装置

又称围裙板防夹装置、围裙板保护开关，是梯级与围裙板之间有异物夹住时，能使自动扶梯停止运行的电气装置；设置在围裙板的内侧，有一个触碰后可断开控制回路的电气微动开关。其作用是减小梯级和围裙板之间的缝隙防止人员或物体被挤夹的风险发生。

在正常状态下，围裙板安全装置的微动开关与围裙板内侧有一定间隙。当异物卡入梯级与围裙板之间的缝隙，围裙板受到挤压后发生位移，触碰到微动开关（常闭）动作并断开控制回路，使自动扶梯停运，如图 2-57 所示。

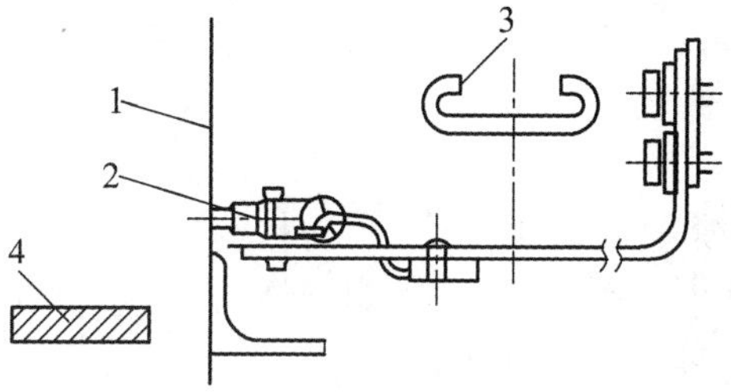

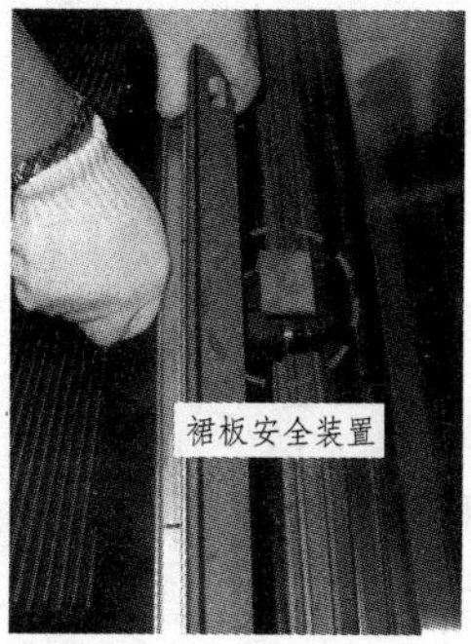

1—围裙板；2—微动开关；3—扶手带；4—梯级。

图 2-57　围裙板安全装置

围裙板安全装置刚性部件最下缘与梯级前缘连线之间允许的最小尺寸为 8 mm。

10．梯级链条安全装置

又称梯级链条断裂保护装置、梯级链条断裂保护开关；为梯级驱动链断裂或过分松弛时，使自动扶梯停止的电气装置；通常设置在梯级链条的上回转和下回转的端部。其作用是驱动链断裂时，其连接装置触碰微动开关动作并断开控制回路，使自动扶梯停运。若梯级链过分拉紧，当张紧轮与驱动链轮之间距离缩短时也会使微动开关动作，使自动扶梯停运。

梯级链条安全装置及设置，如图 2-58 所示。

（a）梯级链条安全装置外形

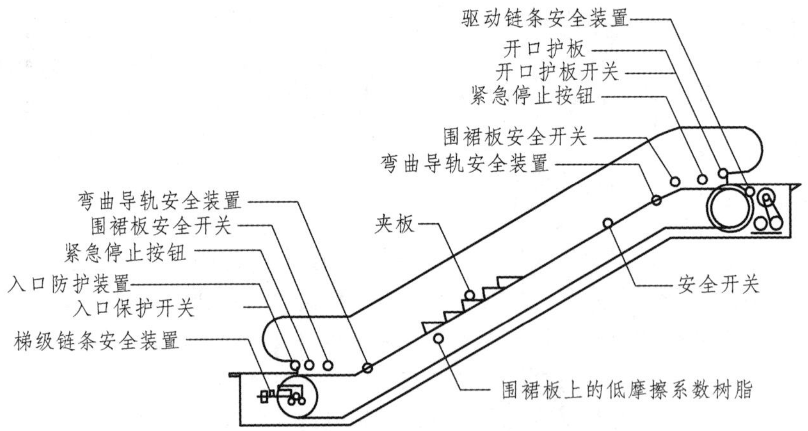

（b）梯级链条安全装置设置位置

图 2-58　梯级链条安全装置及设置

自动扶梯长时间运行会导致梯级链节距增大，设在下机房左右的张紧轮能使梯级的驱动链条连续地张紧。在张紧装置移动超过 ± 20 mm 之前，自动扶梯应自动停止运行。

11．扶手带入口保护装置

又称扶手带入口保护开关。是当异物被夹入扶手带时，能使自动扶梯停止运行的保护装置。

设置在扶手转向端的扶手带入口处。其作用是当手或其他异物被卷入扶手带的缝隙时，开关被触碰发生动作并使自动扶梯停止运行，如图 2-59 所示：

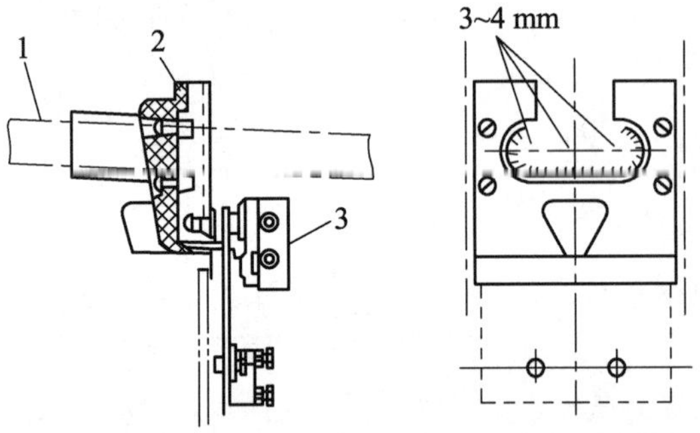

（a）扶手带入口保护装置

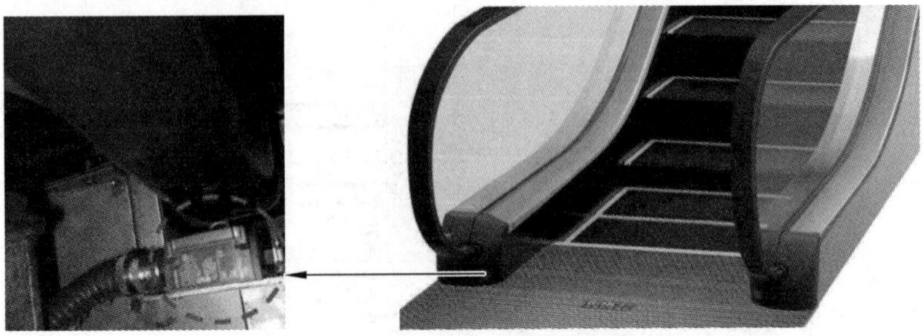

（b）扶手带入口保护装置设置位置

1—扶手带；2—扶手带入口护套；3—微动开关。

图 2-59　扶手带入口保护装置安装位置

扶手带入口护套为橡胶材质，与扶手带间隙为 3 ~ 4 mm，保证手指或其他细小物体不容易被夹持。手指或物体一旦被意外卷入间隙，橡胶壳体产生移动，触发电气开关动作，使自动扶梯停运。扶手带入口护套如图 2-60 所示。

图 2-60　扶手带入口护套

为了防止手脚在靠近时被卷入间隙，自动扶梯的扶手带入口需有一定的高度，如图 2-61 所示。

图 2-61　扶手带入口的高度

自动扶梯一般在扶手手带入口处还设置接近感应器。当人手或其他物体靠近，自动扶梯可自行停止。接近感应器设置，如图 2-62 所示。

图 2-62　接近感应器位置

12．扶手带断带保护装置

又称扶手带断带保护开关。是当扶手带断裂时，能使自动扶梯停止运行的电气装置；设置在自动扶梯下部的扶手带内表面。其摇臂端轮在重力作用下，正常位置时靠贴在扶手内表面，当扶手带断带，摇臂旋转下跌，微动开关动作使扶梯停运。

扶手带断带保护装置如图 2-63 所示。

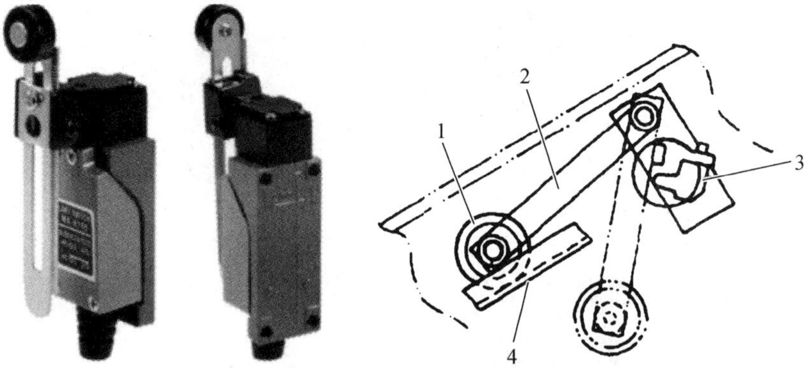

（a）扶手带断带保护装置外形

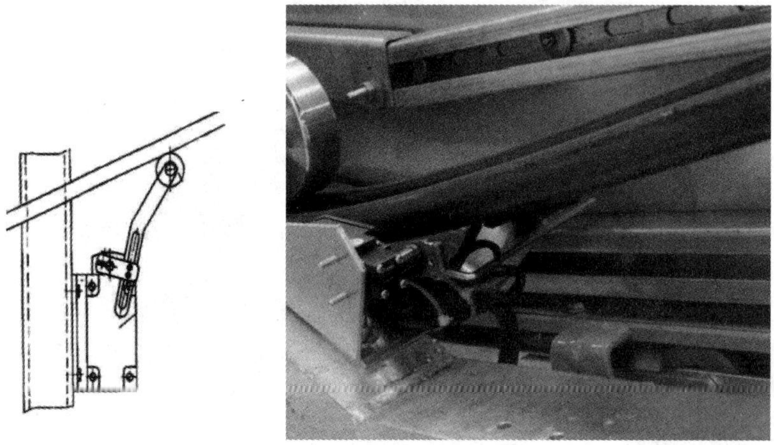

（b）扶手带断带保护装置位置

1—滚轮；2—摇臂；3—微动开关；4—扶手带。

图 2-63　扶手带断带保护装置

13．扶手带去静电装置

为去除自动扶梯扶手带静电的装置；设置在扶手带处。常见的去静电装置使用紫铜刷或铜质导向件与扶手带表面接触，经桁架接地除去静电。

扶手带属橡胶制品，在运动时与扶手带导轨之间不停摩擦，产生静电。静电荷在扶手带表面达到一定量时，人手触摸会有触电的感觉，这种情况多发生在天气干燥的时候，所以在公共交通型自动扶梯设置时，需要装设扶手带去静电装置。

14．扶手带速度检测装置

为检测扶手带运行速度的电气装置，如图 2-64 所示；设置在扶手带处。自动扶梯梯级运行时，如果扶手带速度偏离梯级实际速度大于 – 15%且持续时间大于 15 s，该装置能使自动扶梯停止运行。

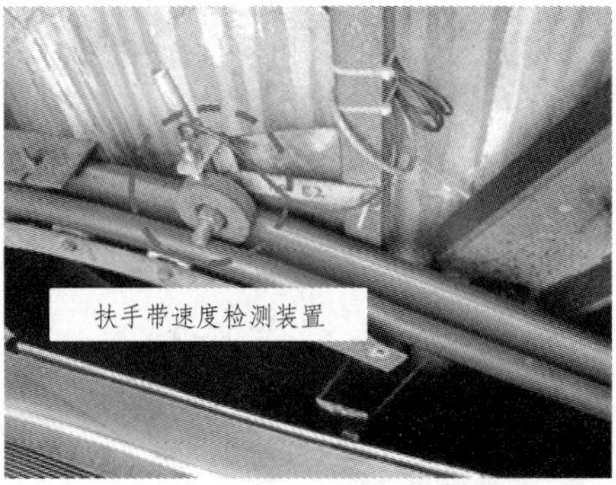

图 2-64 扶手带速度检测装置

扶手带实际运行速度比梯级的运行速度稍快，以确保乘客的手能前伸及扶稳。

15．非操纵逆转保护装置

又称非操纵逆转保护开关、防逆转装置；在自动扶梯运行中非人为地改变其运行方向时，能使其停止运行的电气装置；作用是在自动扶梯的梯级发生非人为操作而改变规定运行方向时，正反向的微动开关作为电动机正反向运行的自保触点，逆向时即断电停运。

依据 GB 16899—2011《自动扶梯和自动人行道的制造与安装安全规范》第 5.4.2.3.2 条："自动扶梯和$\alpha \geqslant 6°$的倾斜式自动人行道应设置一个装置，使其在梯级、踏板或胶带改变规定运行方向时自动停止运行"，该装置即为防逆转保护装置。

自动扶梯发生逆转的原因，主要有电气和机械两方面：

（1）电气方面。电网错相、断相、失压等造成电动机反转或驱动力不足，致使上行的自动扶梯逆转，特别是在重载上行的工况下；低压元件或装置发生短路、粘连、断路等故障，或安全电路、制动器控制回路等发生故障，使之失效，不能起到该有的保护、控制、制停等作用，使自动扶梯逆转。

（2）机械方面。驱动装置与梯级链轮之间的驱动链断链造成逆转；驱动梯级的链条发生断链而造成逆转；自动扶梯严重超载，造成电动机力矩不足而导致逆转；驱动装置与梯级链轮之间的驱动使用的皮带发生打滑而造成逆转；自动扶梯在运行中突然发生故障导致急停，而工作制动器不能提供足够的制动力矩而导致逆转。逆转一般发生在正常满载上行时，梯级突发改变方向而向下溜车，其造成的后果也是乘客在达到下出口后不能及时地离开而堆积，由此引发挤压和踩踏事故的发生。

非操纵逆转保护装置多为机械式结构，也有采用电子式防逆转装置，通过光电开关随时检测电机的转向，一旦出现意外逆转的情况，则制动器动作，使自动扶梯停止运行。

非操纵逆转保护装置结构，如图 2-65 所示。

对电子式非操纵逆转保护装置，在自动扶梯上部主驱动牵引链轮侧，通过正确地安装两个传感器的相对位置，可以使得传感器 1 的相位超前于传感器 2，并保证两传感器脉冲有重叠部分，此时检测这两个传感器的逻辑顺序，只需通过逻辑顺序的判断，就可以检测梯级的实际运行方向。扶梯正常状态运行，电机转入正常运行状态时测速监控投入使用。当扶梯出现逆转，驱动系统会制动停转，确保乘客安全。

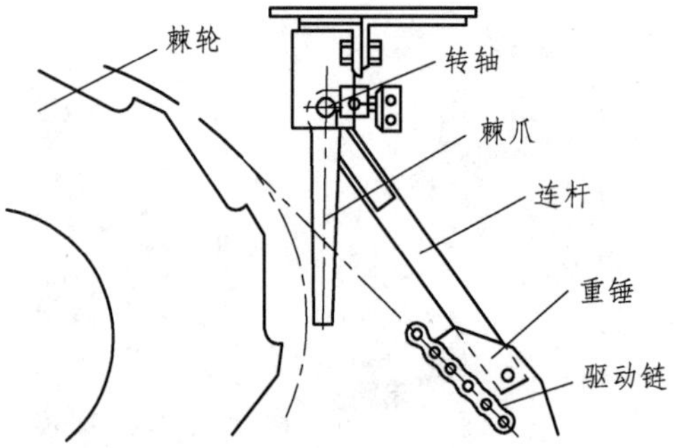

（a）机械式

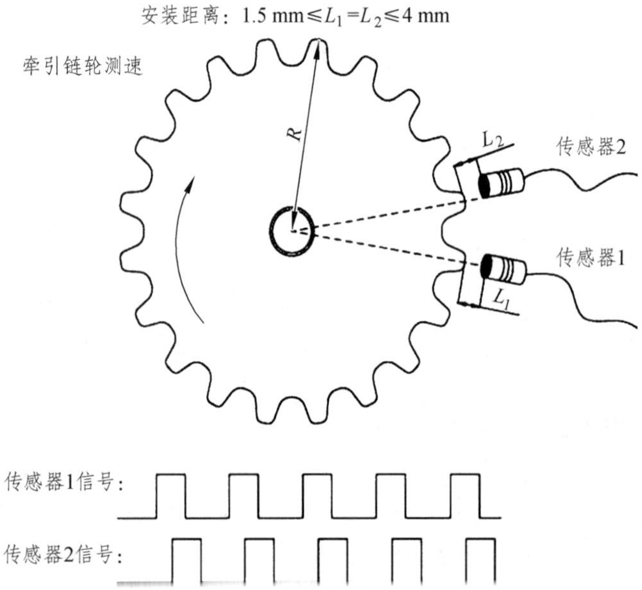

（b）电子式

图 2-65　非操纵逆转保护装置结构

电子式非操纵逆转保护装置除了可进行逆转保护之外，还可进行扶梯的超速保护。例如，通过使用两个传感器 1 和 2，检测牵引链轮的速度来判断电梯的运行速度是否超速并执行超速安全保护功能。当驱动站工作，牵引链轮转动时，每个轮齿遮断一次传感器，传感器就发出一个脉冲。通过检测传感器的脉冲时间间隔，得以计算出扶梯的运行度。其中传感器 1 和 2 作为相互冗余的速度检测通道，通过设定一定的脉冲周期或频率阈值，可以分别检测 1.2 倍或 1.4 倍超速，进行保护。

检修状态下运行时，非操纵逆转保护功能无效。

16．梯级缺失保护装置

又称梯级缺失安全装置，为梯级缺失时，使自动扶梯停止运行的电气装置；设置在自动扶梯的驱动站和转向站；用于检测梯级的缺失，并在缺口（由梯级缺失而导致）从梳齿板位置出现之前停止自动扶梯的运行。

梯级缺失保护装置，如图 2-66 所示。

图 2-66　梯级缺失保护装置

梯级缺失保护装置可监测梯级的任意位置。

17．梯级陷保护装置

又称梯级塌陷安全装置，是在梯级任何部位断裂下陷时，使自动扶梯停止运行的电气装置；设置在自动扶梯每个过渡圆弧段（自动扶梯从倾斜区段到上水平区段）之前，以保证下陷的梯级在到达梳齿与踏面相交线之前有足够的距离。

梯级塌陷保护装置，如图 2-67 所示。

梯级左右两侧相对于梯级轮轴和梯级链轮轴各设一对保护装置。该装置可监测梯级的任意位置。如果因梯级的部分下陷而不能保证与梳齿板的啮合，此时梯级轮轴或梯级链轮轴发生位移并触碰微动开关动作，使自动扶梯停止运行。

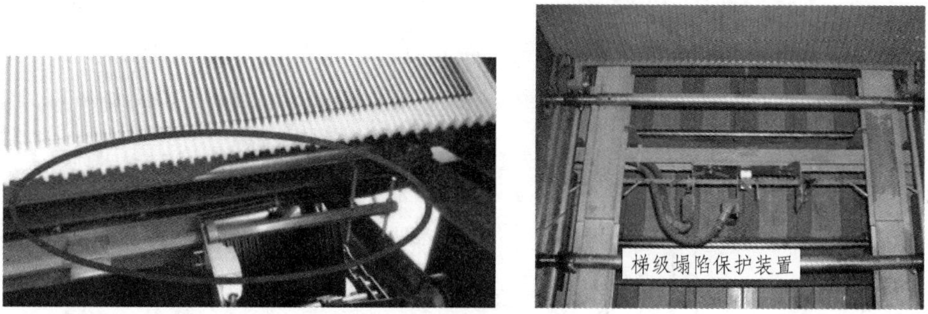

图 2-67　梯级塌陷保护装置

18．主驱动链保护装置

为主驱动链断裂时，能使自动扶梯停止运行的电气装置；设置在自动扶梯的上部机房内。

驱动链保护装置的作用：在链条断裂时发生断链信号，对装有辅助制动器的扶梯，使辅助制动器立即动作；链条过分松弛时，切断自动扶梯安全电路，使自动扶梯工作制动器动作。

驱动链保护装置有机械式和电子式两种。机械式保护装置如图 2-68 所示。

当链条下沉超过某一允许范围，驱动链条碰触检测杆，触动行程开关，扶梯安全电路断开，工作制动器动作，自动扶梯制停。还有一种电子式驱动链保护装置，在接近开关安装于距离驱动链 4 ~ 6 mm 的位置，对准驱动链；在驱动链脱离开关监控的位置，切断自动扶梯的控制电路，使自动扶梯停止运行。

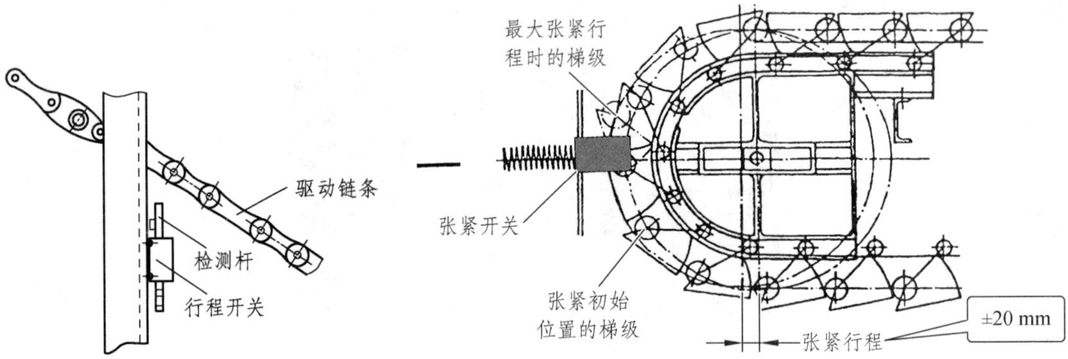

图 2-68 驱动链保护装置（机械式）

主驱动链断链时，紧急制动器棘轮动作，制停自动扶梯；主驱动链轮松弛时，工作制动器动作，制停自动扶梯。

复习思考

（1）论述自动扶梯的概念、类型、应用场合。

（2）论述自动扶梯的结构组成及工作原理。

（3）通过网络下载与自动扶梯相关的标准规范并进行自学。

（4）通过网络搜索与自动扶梯有关结构原理的视频、课件等进行自学。

（5）用思维导图整理出本模块的知识要点。

模块三
自动人行道系统

内容导读

自动人行道属于自动扶梯的一种特殊类型，可作为地铁站与相邻大型商业中心接驳的交通运载设备，具有比自动扶梯运载量更大的特点，能进行大客流的有序输送，在国内许多与周边商业中心紧密相连的新建大型地铁站中应用。

本模块的主要学习内容包括：自动人行道的基础知识；自动人行道的结构原理。

通过学习，读者可了解自动人行道的概念、类型、基本参数、结构组成、工作原理等，同时弄清自动人行道与自动扶梯之间的区别，为后续自动人行道的安全乘用、维护管理的学习打好基础。

学习目标

（1）掌握自动人行道的概念、作用、分类、应用场合。
（2）熟悉自动人行道的基本参数及概念。
（3）了解自动人行道的结构组成、工作原理等。
（4）了解与自动人行道相关的标准规范。

项目一　自动人行道的基础知识

知识点一　自动人行道的概念和基本参数

一、自动人行道的概念

依据 GB/T 7024—2008《电梯、自动扶梯、自动人行道术语》，自动人行道（Passenger conveyor）的定义：带有循环运行（板式或带式）走道，用于水平或倾斜角不大于 12°输送乘客的固定电力驱动设备。

自动人行道又称行人输送带、电动步道，外形如图 3-1 所示。

相对自动扶梯而言，自动人行道能够更加灵活地承载乘梯人及其行李，因而广泛运用于机场、地铁、码头、大型展览馆、体育馆、购物中心等人流量巨大的场所。

目前，国内城轨交通车站如地铁车站，由于车站结构、空间等因素制约，自动人行道的应用数量相对自动扶梯要少，主要在建筑空间足够大的新建线路车站中用于不同线路的中转连接或地铁与商业中心的连接等。

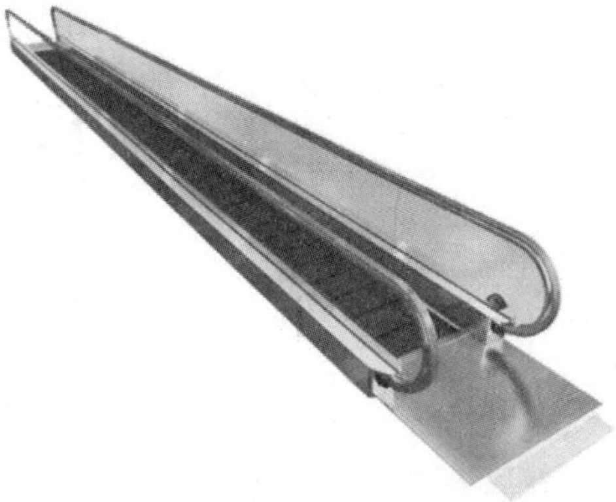

图 3-1　自动人行道外形

以广州某地铁站为例，在地铁车站的出口至车站连接的商业中心入口，分别设置自动人行道，方便乘客的快速乘行及无缝接驳，如图 3-2 所示。

（a）自动人行道 1（设置在地铁出口）　　（b）自动人行道 2（设置在商业中心入口）

图 3-2　广州某地铁车站自动人行道应用（地铁出口至商业中心入口）

二、自动人行道的基本参数

自动人行道的基本参数主要有倾斜角、提升高度、额定速度、理论输送能力、名义宽度等。

1．倾斜角

为踏板或胶带运行方向与水平面构成的最大角度，单位：°（度），如图 3-3 所示。

自动人行道的倾斜角度通常有 0°、10°、11°、12°。

地铁车站、机场等交通枢纽的自动人行道，一般为水平式，即倾斜角度为 0°。

2．提升高度

为自动人行道进出口两楼层板之间的垂直距离，单位：m（米）。

3．额定速度

为自动人行道设计所规定的速度，单位：m/s（米/秒），即自动人行道的运行速度。

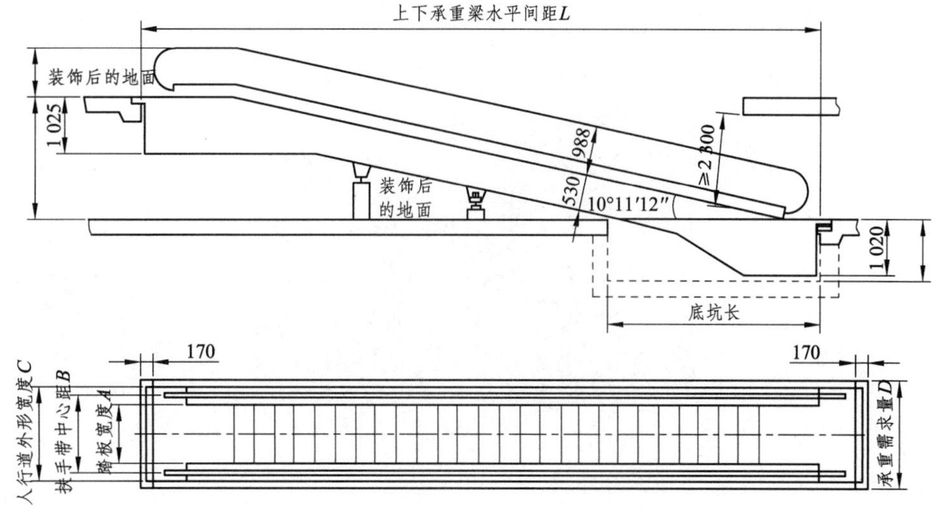

图 3-3　自动人行道倾斜角示意（含提升高度）

4．理论输送能力

为自动人行道在每小时内理论上能够输送的人数，单位：人/h（人/小时）。

相比自动扶梯，自动人行道每小时的输送人数要远远大于自动扶梯。

5．名义宽度

为自动人行道设定的一个理论上的宽度值，单位：m（米）、mm（毫米）；一般指自动人行道踏板安装后横向测量的踏面长度，如图 3-4 所示。

图 3-4　自动人行道名义宽度

踏板的名义宽度通常为 800 mm、1 000 mm。

知识点二　自动人行道的分类

一、按结构形式分类

自动人行道按结构形式不同，可分为踏步式自动人行道、胶带式自动人行道和双线式自动人行道。

1．踏步式自动人行道

为一系列踏步组成的活动路面、两旁装有活动扶手的自动人行道，如图 3-5 所示。

图 3-5　踏步式自动人行道

踏步式自动人行道类似于板式输送机。

2．胶带式自动人行道

为整根钢带上覆橡胶层组成的活动路面、两旁装有活动扶手的自动人行道，如图 3-6 所示。

图 3-6　胶带式自动人行道

踏步式自动人行道类似于带式输送机。

3．双线式自动人行道

为一根销轴垂直放置的牵引链条构成来回两分支、在水平面内的闭合轮廓，以形成一来一回两台运行方向相反的自动人行道。两旁皆有活动扶手装置，如图 3-7 所示。

图 3-7　双线式自动人行道

二、按扶手装饰分类

自动人行道按扶手装饰不同，可分为全透明式自动人行道、不透明式自动人行道和半透明式自动人行道。

1．全透明式自动人行道

指扶手护壁板采用全透明的玻璃制作的自动人行道，如图 3-8 所示。

图 3-8　全透明式自动人行道

对全透明式自动人行道，其玻璃护壁板应具有一定的强度，厚度不小于 6 mm。

由于在建筑中可以起到很好的装饰效果，所以全透明式的自动人行道应用广泛，如地铁车站、商业中心等。

2．不透明式自动人行道

指扶手护壁板采用不透明的金属（如不锈钢）或其他材料制作的自动人行道，如图 3-9 所示。

图 3-9　不透明式自动人行道

不透明式稳定性优于全透明式，金属的护壁板还对行李物品等起到很好的防碰撞的作用。

不透明式主要用于地铁、车站、码头等人流集中且高度较高的自动人行道。

3．半透明式自动人行道

指扶手护壁板为半透明，如采用半透明玻璃等材料的自动人行道。

三、按踏面结构分类

自动人行道按踏面结构不同，可分为踏板式自动人行道和胶带式自动人行道。

1．踏板式自动人行道

指乘客站立的踏面为金属或其他材料制作的表面带齿槽的板块的自动人行道。

2．胶带式自动人行道

指乘客站立的踏面为表面覆有橡胶层的连续钢带的自动人行道。

胶带式自动人行道运行平衡性好，但制造和使用成本较高，适用于长距离、速度较快的自动人行道。

在应用方面，由于踏板式结构坚实耐用，且使用、维护成本较胶带式的低，所以目前市面上所用的自动人行道多为踏板式，如地铁车站、机场等自动人行道。

四、按倾斜角度分类

自动人行道按倾斜角度不同，可分为水平式自动人行道和倾斜式自动人行道。

1．水平式自动人行道

为走道与地面成水平的自动人行道，倾斜角度为 0°。

水平式自动人行道通常用于地铁车站、机场等多个场合，较倾斜式的应用更广泛。

2．倾斜式自动人行道

为走道与地面成一定角度的自动人行道，倾斜角度为 10°、11°、12°。

倾斜式自动人行道通常用于大型购物商场等场合。

项目二　自动人行道的结构原理

在结构原理方面，自动人行道与自动扶梯基本相似，主要由支撑结构、踏板（或胶带）、扶手装置、围裙板、护壁板、盖板、驱动装置、电气及安全保护装置等组成，如图 3-10 所示。

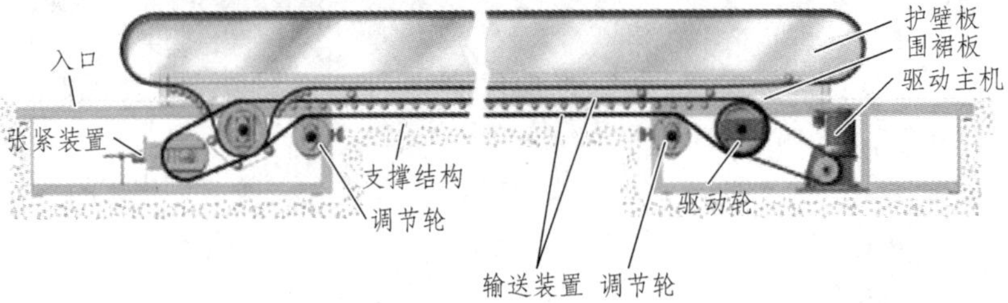

图 3-10　自动人行道结构

自动人行道与自动扶梯的主要区别：

（1）倾斜角度不同。自动人行道的倾斜角度最小为 0°，最大为 12°；自动扶梯的倾斜角一般为 27.3°、30°、35°。

（2）供乘客站立的部位不同。自动人行道的为踏板（或胶带），呈平面状；自动扶梯的为梯级，呈阶梯状。

知识点一　自动人行道的基本结构

由于自动人行道的结构与自动扶梯基本相似，所以这里仅对自动人行道的结构做简单介绍。

1. 桁　架

又称机架，为架设在建筑结构上，供支撑踏板、胶带以及运行机构等部件的金属结构件，如图 3-11 所示。

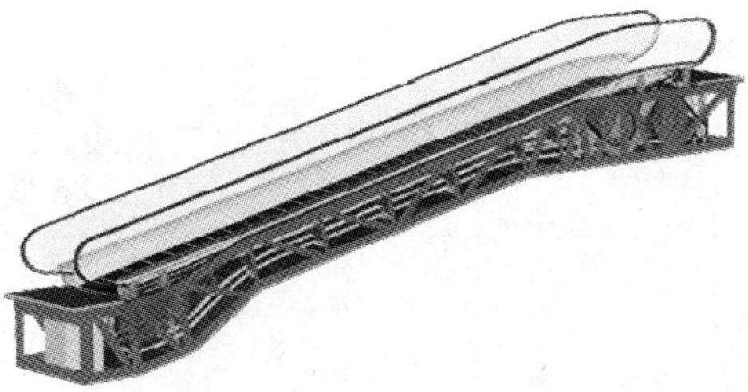

图 3-11　自动人行道桁架

2. 踏　板

为循环运行在自动人行道桁架上，供乘客站立的板状部件，如图 3-12 所示。

图 3-12　自动人行道踏板

踏板一般为铝合金或不锈钢材质。

3. 胶　带

为循环运行在自动人行道桁架上，供乘客站立的胶带状部件。

对自动人行道，供乘客站立的部位一般为踏板，采用胶带的应用较少。

4. 扶手装置

为位于自动人行道两侧，对乘客起安全防护作用，也便于乘客站立扶握的部件。

5. 扶手带

为位于扶手装置的顶面，与踏板或胶带同步运行，供乘客扶握的带状部件。

6．护壁板

又称护栏板，为扶手带下方，装在内侧盖板与外侧盖板之间的装饰护板，如图 3-13 所示。

图 3-13　护壁板

7．围裙板

为与踏板或胶带两侧相邻的金属围板，如图 3-14 所示。

图 3-14　围裙板

8．内侧盖板

为护壁板内侧、连接围裙板和护壁板的金属板，如图 3-15 所示。

图 3-15　内侧盖板

9．外侧盖板

为护壁板外侧、外装饰板上方，连接装饰板和护壁板的金属板，如图 3-16 所示。

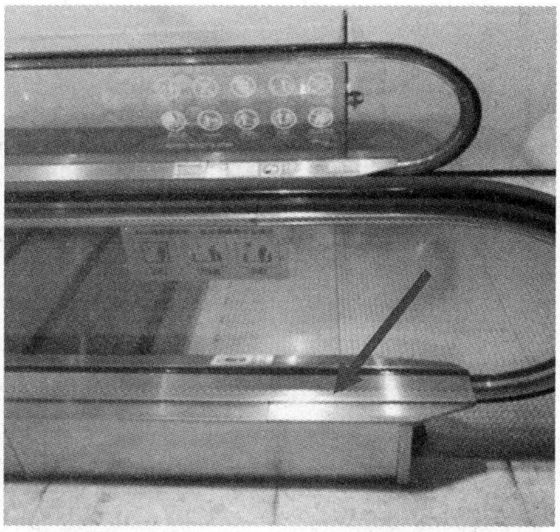

图 3-16　外侧盖板

10．外装饰板

为从外侧盖板起，将自动人行道桁架封闭起来的装饰板，如图 3-17 所示。

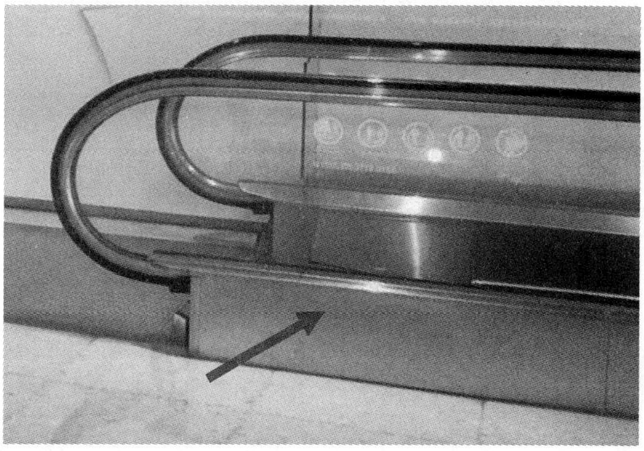

图 3-17　外装饰板

11．梳齿板

为位于运行的踏板出入口，方便乘客上下过渡，与踏板相啮合的部件。
梳齿板外形及位置，如图 3-18 所示。

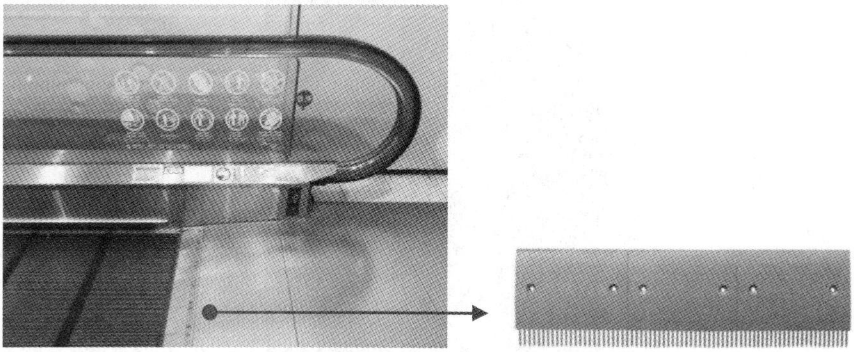

图 3-18　梳齿板

12．楼层板

又称前沿板，为设置于自动人行道出入口，与梳齿板连接的金属板，如图 3-19 所示。

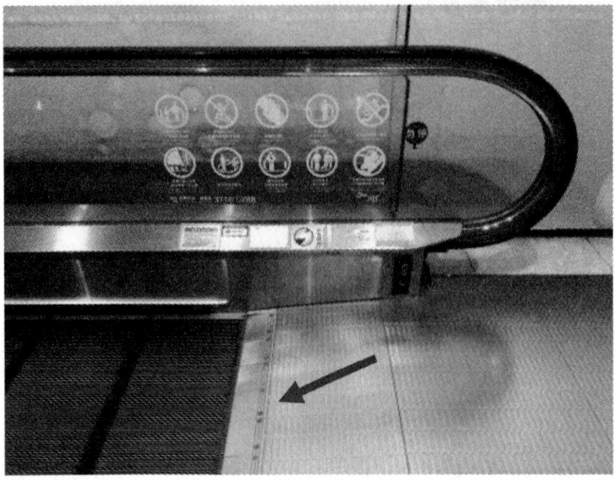

图 3-19　楼层板

知识点二　电气控制及安全保护装置

自动人行道的电气控制及安全保护装置的结构原理及设置位置与前章内容类似。

1．驱动主机

又称驱动装置，为驱动自动人行道运行的装置。

2．急停按钮

为断开控制电路，使自动人行道停止的按钮；通常安装在自动人行道的入口处，如图 3-20 所示。

图 3-20　急停按钮（入口处）

由于自动人行道相比自动扶梯长很多，为增加安全保障，除入口处外，还会在自动人行道扶手带的外侧，增设急停按钮，如图 3-21 所示。

图 3-21　急停按钮（扶手带外侧）

3．扶手带入口保护装置

为扶手带入口处，当有物体被夹入，使自动人行道停止运行的电气装置。

扶手带入口保护装置位置，如图 3-22 所示。

图 3-22　扶手带入口保护装置位置

4. 梳齿板安全装置

踏板或胶带与梳齿板啮合处卡入异物时，使自动人行道停止运行的电气装置。

5．驱动链保护装置

踏板驱动链断裂或过分松弛时，使自动人行道停止的电气装置。

6．主驱动链保护装置

为主驱动链断裂时，使自动人行道停止运行的电气装置。

7．超速保护装置

为自动人行道运行速度超过限定值时，使自动人行道停止运行的装置。

8．非操纵逆转保护装置

为自动人行道运行中非人为改变其运行方向时，使其停止运行的装置。

9．围裙板安全装置

为踏板或胶带与围裙板之间有异物夹住时，使自动人行道停止运行的电气装置。

10．扶手带断带保护装置

为扶手带断裂时，使自动人行道停止运行的电气装置。

11．梯级、踏板塌陷保护装置

为踏板任何部位断裂下陷时，使自动人行道停止运行的电气装置。

12．手动盘车装置

又称盘车手轮，为靠人力使驱动装置转动的专用手轮。

13．检修控制装置

为利用检修插座，检修自动人行道时的手动控制装置。

复习思考

（1）论述自动人行道的概念、类型、应用场合，并说明其与自动扶梯的区别。
（2）论述自动人行道的结构组成及工作原理。
（3）通过网络下载与自动人行道相关的标准规范并进行自学。
（4）通过网络搜索自动人行道有关结构原理的视频、课件等进行自学。
（5）用思维导图整理出本模块的知识要点。

模块四

无障碍升降机

内容导读

在地铁车站的进出口楼梯处，一般配置无障碍升降机，供行动不便人员或轮椅使用者上下楼梯使用。无障碍升降机属于特殊电梯的一种，主要由楼梯升降机、爬楼机等组成，与电梯、自动扶梯、自动人行道一起，共同承担车站客流的安全输送。

楼梯升降机曾广泛应用于地铁车站中，但其操作较为复杂且运行时占据一定的楼梯空间，在地铁人流较大的情况下操作此装置对乘客在楼梯的上下行走造成不便，因此现在如北京、上海、广州、杭州等国内一线城市的地铁车站逐渐采用操作更加灵活、便利和安全的爬楼机来替代楼梯升降机，这样车站的工作人员可轻易操作并协助行动不便人员进出车站，不用时亦可方便收起放置。目前从无障碍升降机的应用数量来看，楼梯升降机仍然有广泛应用，但爬楼机的便捷性会使其在今后应用得更多。

本模块的主要学习内容包括：楼梯升降机；爬楼机。

通过学习，读者可了解楼梯升降机、爬楼机的基本知识，同时了解楼梯升降机、爬楼机在城轨交通中的应用场合，为后续维护管理的学习打好基础。

学习目标

（1）了解楼梯升降机的概念、作用、结构特点，以及应用场合。

（2）了解爬楼机的概念、结构特点、应用场合。

（3）了解与楼梯升降机、爬楼机相关的标准规范。

项目一　楼梯升降机

一、楼梯升降机的概念

楼梯升降机又称斜挂式无障碍升降机（平台）、楼道升降机、轮椅升降平台、轮椅升降机；是一种设置在楼梯旁用于运送坐轮椅车的乘客上、下楼梯的设备；一般设置在地铁车站地面到站厅、站厅到站台的步行楼梯一侧；为建筑楼道系统中，乘坐轮椅或爬楼梯困难的人员上下楼梯的专用设备；为特殊电梯的一种，属于车站无障碍设施的一部分，如图 4-1 所示。

图 4-1　楼梯升降机

二、楼梯升降机的结构特点和应用

1．结构特点

楼梯升降机主要由移动平台、驱动机与牵引系统、导轨、平台控制盒、平台召唤装置、充电装置以及安全装置等组成。

移动平台又称工作平台、轮椅平台，是升降机的工作部分。平台工作时，可放至水平，供轮椅平稳进入或人员平稳站立。平台停用时，可以向上折叠，以减少占用空间。

楼梯升降机的应用，如图 4-2 所示。

（a）工作中的楼梯升降机

（b）闲置时的楼梯升降机

图 4-2　楼梯升降机的应用

升降机的基本部分及功能作用如下：

（1）轮椅平台，由底板、安全护栏、活动板、安全挡板等组成。平台表面为防滑设计，其 3 个外向面都安装有安全护板。平台可通过外召唤盒的操作，在到达楼梯上端或下端的位置，通过按钮来实现平台的收放。例如，轮椅者乘坐时，可通过放下的活动板及安全挡板，进入水平的平台，然后安全挡板及护栏向上升起作防护用；到达楼梯的上端或下端位置时，安全挡板及护栏放下，轮椅者出来后，再通过按钮操作将底板向上收起，以减小占地空间。如果平台在收放过程中遇到故障，可通过手动方式进行操作。平台运动受阻时，升降机会停止运动。

（2）驱动机，为升降机的动力装置，一般采用直流电动机。同时，驱动机配合常闭的制动器，通电时制动器松闸使电动机运转，断电时使电动机制停。

（3）导轨，为两根上下平行的钢轨，设置在楼梯侧面的墙上，可确保轮椅平台的平稳运行。钢轨上面一般为齿条，驱动机带动的齿轮可沿着齿条上下移动。

（4）召唤盒。每台楼梯升降机在上下端部的对讲机立柱上安装有召唤盒，盒上有召唤按钮、平台折叠按钮，钥匙开关。使用升降机时，在召唤端由经过授权的专业工作人员先用专用钥匙打开锁，按下召唤按钮，平台自动运行到召唤端后自动打开；平台使用完毕，按下折叠按钮，平台自动折叠到位后，处于停止使用状态。装在出入口上端部的召唤盒能在露天条件下使用。

（5）充电装置。其作用是将市电的交流电变为直流电并充电给蓄电池，为平台的移动及相关部件的收放、蜂鸣器、指示灯、安全保护装置等提供电源，如电力不足，还有蜂鸣器进行充电提示。升降机的上下端部均有充电位，当升降机正确驶入充电装置，蓄电池开始充电，充电器黄色指示灯快速闪烁；当蓄电池充满电，充电器黄色指示灯慢速闪烁，蓄电池进入浮充状态；如绿色指示灯常亮，则表示充电装置供电正常。

（6）前、后护栏开关，通过检测前、后护栏是否在正确位置来判断控制回路。例如，护栏呈水平放置的保护状态，表示升降机可运行，否则停止运行。

（7）安全钳与限速器。额定负载下，安全钳在 150 mm 距离内制停平台并保持平台在原位。安全钳动作时应同时切断驱动电机和制动器的电源。限速器能在平台速度超过 0.3 m/s 之前，使安全钳动作进行升降机的制停。

（8）上、下限位开关，设置在上、下导轨的终端位置。若升降机运行超过此位置，则制停。

（9）终端限位开关。升降机行至楼梯的上、下端部位置时，若设备继续运行而超出正常终端停止位置 40 mm，可强制升降机制停，确保人员安全。

（10）受阻保护开关。平台上设置有触刃和触面，碰上障碍物后，在 20 mm 距离内应使平台停下。触刃两端和中点测量的平均阻力不应超过 30 N。

（11）急停开关，设置在平台的两侧，为红色的按钮、非自动复位式。如遇紧急情况，可及时按下急停开关使升降机制停。

2．产品规格

以海诺品牌的 HIRO 350 轮椅升降平台为例，其产品规格，如表 4-1 所示。

表 4-1　HIRO 350 轮椅升降平台的产品规格

规格名称	规格参数
驱动方式	齿轮齿条驱动
轨道形式	直线型
轨道材质	优质高强度铝合金
额定速度	0.1 m/s
额定载重	250 kg
适用范围	室内或室外
标准尺寸	800 mm×1 000 mm（载人平台），折叠时 400 mm
供电电源	单相 AC 220 V、5 A
驱动电源	DC 24 V 蓄电池供电
楼道宽度	最小宽度 1 200 mm
整机功耗	0.75 kW

楼梯升降机的优越性在于载人平台折叠后，楼道空间占用少，还可实现无线遥控运行。其主要执行标准为 GB 24806—2009《行动不便人员使用的楼道升降机》。

地铁车站（如广州地铁）楼梯升降机常用品牌有海诺等。

除斜挂式升降平台外，部分地铁车站也会用到垂直式升降平台，有带井道和不带井道之分。以海诺品牌的 HIRO 450、480 垂直升降平台为例，垂直式升降平台的产品规格，如表 4-2 所示。

表 4-2　垂直式升降平台的产品规格

垂直升降平台类型	产品规格
 HIRO 450 垂直升降平台	驱动方式：齿轮齿条驱动。 轨道材质：优质碳素结构钢。 额定速度：0.05 m/s。 额定载重：250 kg。 适用范围：室内或室外。 标准尺寸：900 mm×1 250 mm（载人平台）。 供电电源：单相 AC 220 V、5 A。 驱动电源：DC 24 V 蓄电池供电。 提升高度：不大于 1 000 mm。 整机功耗：0.75 kW。 停靠站：2 个。 优越性：实现无线遥控运行，具有阻止异物进入运行中设备内部的功能

续表

垂直升降平台类型	产品规格
 HIRO 480 垂直升降平台	驱动方式：螺杆螺母驱动。 轨道材质：普通碳素结构钢。 额定速度：0.10 m/s。 额定载重：250 kg。 适用范围：室内或室外。 标准尺寸：1 000 mm×1 340 mm（载人平台）。 供电电源：三相 AC 380 V、10 A。 控制电源：DC 24 V 蓄电池供电。 救援用电源：DC 24 V 蓄电池供电。 提升高度： 不大于 4 000 mm。 主电机功耗：2.2 kW。 救援电机功耗：80 W。 停靠站：2 个。 优越性：紧急情况下，具有电动救援作用。同时，还具有阻止异物进入运行中设备内部的功能

垂直升降平台的城轨交通车站应用，如图 4-3 所示。

图 4-3　垂直升降平台的城轨交通车站应用

3．工作条件

（1）可全天候工作，露天情况下有一定防水功能。

（2）能沿楼梯的侧面进行直线、曲线上升和下降，运行倾斜角不大于 35°。

（3）楼梯的最小净空高度不小于 2.3 m。

（4）能适应城轨交通每年 365 天、每天 20 h 的工作制度。

项目二　爬楼机

一、爬楼机的概念

爬楼机，又称爬楼车、轮椅爬楼机；是利用本身配备的动作执行机构，以实现上下楼动作，进而完成上下楼目的的爬楼设备；为一种新型的载人（载物）爬楼工具。

在国外，尤其是欧美发达国家，爬楼机的发展已经有几十年的发展历史，有相对成熟的产品，市场认知度也相对高一些，各种类型的爬楼机均有相对成熟的产品。但是我国早期无类似产品，且进口爬楼机售价高昂，所以没能在国内广泛普及。随着技术的引进和自主的开发，在我国爬楼机近些年也开始逐渐应用多起来。

爬楼机有多种分类方式，按照动力源，可以分为手动爬楼机和电动爬楼机；按照载重能力，可以分为轻载爬楼机、中载爬楼机、重载爬楼机；按照用途，可以分为载人爬楼机和载物爬楼机；按照驱动原理，可以分为星轮式爬楼机、履带式爬楼机、支腿式爬楼机、推臂式爬楼机和其他类型爬楼机。其中，履带式爬楼机又可以分为无源和有源驱动两种形式。无源式履带爬楼机常见于小载重机型，并且机器上楼操作需要耗费很大的体力。有源驱动的履带式爬楼机应用广泛，载重大，可以承受高达 1 000 kg 货物，可实现自动上下楼操作，因此重载式爬楼机常见于这种形式。

地铁车站通常采用的是有源驱动的履带式爬楼机，一般应用于车站的进出口有楼梯的地方。其作用是直接将该设备与行动不便人员乘坐的手动轮椅车等连接固定后，由专业人员操作进行楼梯的上下移动。

地铁车站的爬楼机，如图 4-4 所示。

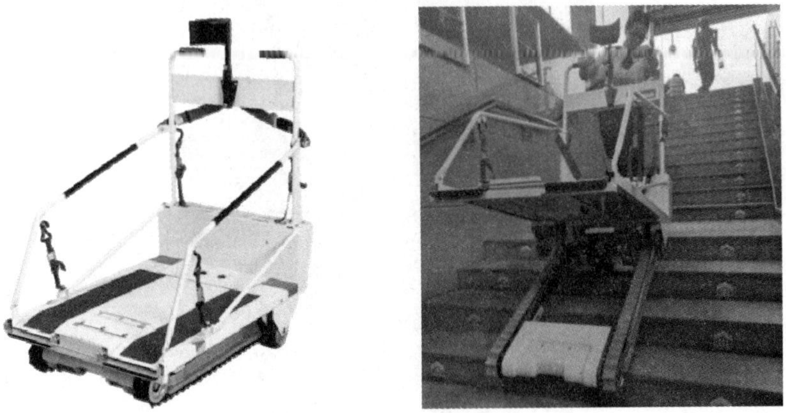

图 4-4　爬楼机

广州地铁采用的爬楼机品牌为日本三和等。

二、爬楼机的结构特点和应用

1．结构特点

履带式爬楼机执行结构类似于坦克的履带，因为履带比较长，可以同时覆盖两个以上台阶，依靠两条履带的滚动实现上下楼梯的移动。

爬楼机的两条履带，可以由一台电机驱动，也可以利用两台电机独立驱动。一台电机驱动的爬楼机，结构简单，但是无法实现转向；两台电机独立驱动的履带式爬楼机，虽然结构复杂，但是可以实现方向随意调节，类似车辆的自由行驶，能够完成上下楼梯、平地上的行驶和转向。

另外，对于载物托板的重心角度调节，也分为手动调节和自动调节两种。手动调节较为简单，但是需要人为的操作，较为烦琐，不安全；自动调节，要求的技术含量高，是整套的嵌入式自动化系统，利用芯片控制的集成电路来实现全自动的识别和重心调节控制，调节起来安全、快速、智能、无需人为操作和干扰，最后一级台阶可实现安全自动调整。

实际应用时，整个轮椅可平稳安置在爬楼机的载物托板上，用专人操作进行楼梯的上下移动。平时不用时，可放置在不阻碍交通的楼梯附近。

2．产品规格

以广州地铁车站采用的日本三和 TRE-52 平台电动履带式轮椅爬楼机为例，其产品规格参数，如表 4-3 所示。

表 4-3　TRE-52 平台电动履带式轮椅爬楼机的产品规格

规格名称	规格参数
较大载重	200 kg
设备自重	115 kg
设备尺寸	长：1 258 mm，宽：757 mm，高：1 290 mm
设备平台高度	235 mm
设备平台倾角度	约 40°
设备平台坡度角度	11°
制动装置（刹车）	无励磁性电磁刹车
上下速度（搭载时）	上升时：21 段/分（约 6.5 m/min）； 下降时：30 段/分（约 9.5 m/min）
设备楼梯较大角度	35°
电机形式	磁石式直流电机
电机输出功率	2×210 W/30min
动力电池类型	小型密封铅蓄电池
动力电池容量	24V-24Ah/20 h（12V/2 个直列）
动力充电器	附电子计时器自动充电器
动力充电一次可使用的时间	约 40 min
行车车轮/mm	前轮：1×125，后轮：2×150，轴距：505/445，轮距：688
驱动带/mm	宽：50 m×2，接地长：900，轮距：524

需补充说明的是，部分教材或网络视频的介绍中，有时也将楼梯升降机称为爬楼机，读者在学习过程中须留意区分。

3．工作条件

（1）可全天候工作。

（2）能沿楼梯的表面进行直线、曲线上升和下降，运行倾斜角不大于35°。

（3）楼梯的最小净空高度不小于2.3 m。

（4）能适应城轨交通每年365天、每天20 h的工作制度。

复习思考

（1）论述楼梯升降机的概念、结构组成及应用场合。

（2）论述爬楼机的概念、结构组成及应用场合。

（3）通过网络下载与楼道升降机、爬楼机相关的标准规范并进行自学。

（4）通过网络搜索楼梯升降机、爬楼机等无障碍升降机有关结构原理的视频、课件等进行自学。

（5）用思维导图整理出本模块的知识要点。

模块五

城市轨道交通电梯设备的安全及维护管理

内容导读

城轨交通车站每天的客流量都很大，许多乘客的安全知识和安全意识不够，导致在乘梯的过程中常常出现意外情况并对人身安全及设备造成影响。因此，具备一定的安全乘用知识可减少乘客意外事故的发生以及设备的损坏。同时，为确保电梯设备能长期安全、可靠地工作，需要进行必要的检修及维护管理。

本模块的主要学习内容包括：城轨交通扶梯的安全乘用指南；电梯设备检修及维护管理的概述；电梯的维护管理；自动扶梯的维护管理；楼梯升降机的维护管理。

通过学习，读者可了解电梯、自动扶梯、自动人行道的安全乘用知识和注意事项，为今后的安全乘梯提供参考。同时，在了解检修及维护管理概念的基础上，进一步弄清电梯、自动扶梯、楼梯升降机检修以及维护管理的项目内容、标准、方法、步骤等。

学习目标

（1）了解电梯、自动扶梯、自动人行道的安全乘用知识。

（2）熟悉电梯设备运行服务的内容，了解各服务组织的工作职责。

（3）熟悉电梯设备故障处理的原则。

（4）了解电梯设备的使用管理和维护保养的规定。

（5）了解电梯应急响应的级别分类。

（6）了解电梯困人的应急处理方法及操作。

（7）了解电梯、自动扶梯、楼梯升降机的维护保养分类、项目内容、要求、常见故障处理等。

（8）了解电梯、自动扶梯的现场检修实作。

项目一　城轨交通电梯设备的安全乘用指南

知识点一　电梯的安全乘用指南

乘客安全乘用电梯指南：

（1）禁止携带易燃、易爆、有毒或有害危险品乘用电梯。

（2）禁止乘用明示处于非安全状态下的电梯。

（3）禁止在火灾、水灾或地震等灾害时乘用电梯。

（4）禁止撞击层门、轿门和轿壁，或扒层门、轿门。
（5）禁止使用肢体或货物阻碍电梯的正常开关门。
（6）禁止在电梯轿厢内玩耍、打闹或跳跃。
（7）禁止倚靠在层门和轿门上。
（8）禁止用坚硬、锋利的物品去触碰按钮。
（9）不应运载超重、外形尺寸超长的物品。
（10）不应超载乘用电梯，当电梯超载时，最后进入的乘客应主动退出。
（11）进出电梯时，防止绳索或皮带、薄板状物体（如平板玻璃）被门夹住。
（12）请勿在乘用电梯时，将手放在门与门之间，以及门与门框之间。
（13）请勿让儿童、行动不便人员单独乘用电梯。
（14）请勿在进出电梯门区域内玩耍、踢撞或逗留。
（15）请勿在电梯轿厢内吸烟。
（16）允许携带宠物乘用时，请尽量抱起宠物，不便抱起时，应控制好宠物。
（17）发生电梯困人故障时，

① 请使用轿厢内部紧急呼叫按钮，与值班室或监控室联系，或拨打轿厢内指示的应急救援电话，然后静待专业人员救援。

② 请保持冷静，因为电梯轿厢内部不是完全封闭结构，没有窒息危险。

③ 请耐心等待专业人员救援，禁止采用扒门等方法自救。救援人员赶到时，应听从专业人员指挥有序撤离。

知识点二　自动扶梯的安全乘用指南

乘客安全乘用自动扶梯指南：
（1）禁止携带易燃、易爆、有毒或有害危险品乘用自动扶梯。
（2）禁止在自动扶梯上行走、奔跑、嬉戏或攀爬、骑跨扶手带。
（3）禁止将伞尖等异物插在梯级的凹槽或缝隙中。
（4）禁止在自动扶梯出入口逗留。
（5）不应将身体和携带物件的任何部分伸出扶手装置。
（6）不应在自动扶梯上使用婴儿车或轮椅。
（7）不应蹲或坐在自动扶梯上。
（8）不应倚靠在自动扶梯护壁板或扶手带上。
（9）请勿使用自动扶梯运输货物。
（10）请勿将随身携带的物品放置在扶手带上。
（11）请勿让儿童、行动不便人员单独乘用自动扶梯。
（12）请勿赤脚或穿软质胶鞋乘坐自动扶梯。
（13）注意鞋带或高跟鞋的鞋跟不要被凹槽或缝隙卡住。

（14）进出自动扶梯出入口时，请向前迈步。

（15）乘用时请握住扶手带，面向运行方向站立在梯级警示线内，并应注意避免衣裙被自动扶梯运动间隙夹住。

（16）允许携带宠物乘用时，应抱着宠物。

项目二　电梯设备检修及维护管理概述

知识点一　电梯设备的运行服务及故障处理原则

所谓电梯设备，是安装完成并经检验合格的电梯、自动扶梯和自动人行道的统称。

一、电梯设备的运行服务

依据GB/T 34146—2017《电梯、自动扶梯和自动人行道运行服务规范》，电梯设备的运行服务，是指电梯设备从交付使用至报废期间，为满足乘客需要并保障设备正常运行，需要有专门的服务组织提供相应的运行管理及维修等服务。

电梯设备的运行服务包括管理、维修、维护等，分别由管理组织、维修组织、维护组织进行实施。

1．电梯设备的维护、修理、维修

（1）电梯设备的维护，是指在安装完成后及其整个使用寿命期内，为确保电梯设备及其部件的安全和预期功能而进行的必要操作。

（2）电梯设备的修理，是指以相应新的零部件取代旧的零部件或对旧的零部件进行加工、修配的工作，这些工作并不影响电梯设备的特性。

（3）电梯设备的维修，是指电梯设备交付使用后的所有维护、修理和改造。即在电梯安装完成后及在其使用寿命范围内，为了确保电梯安全及其部件的正常工作，对电梯部件进行检查、润滑、清洁、调整、修理和更换的过程。

2．电梯设备的管理组织、维修组织、维护组织

（1）管理组织。

业主或受业主合同委托管理电梯设备及运行服务的组织，称为管理组织。

由管理组织委派负责电梯设备日常运行管理的人员，称为管理人员。

所谓业主，又称产权所有者，是指拥有所运行电梯设备的财产权，有权处置该设备和决定其管理组织的法人或自然人。

（2）维修组织。

具有规定的资质，承担电梯设备维修工作的法人，称为维修组织。

具有规定的资格，经维修组织委派，负责承担电梯设备维修工作的人员，称为维修人员。

（3）维护组织。

具备规定资格的，代表电梯设备所有人并由称职的维护人员执行维护工作的法人或法人下属部门，称为维护组织。

已经过适当的培训，拥有足够的知识和实际经验，并得到其所在维护组织必要的指导和支持以便能够安全地进行所要求的维护操作的维护人员，称为称职的维护人员。

电梯设备的维护，应由取得规定资格的维护组织根据制造商提供的维护说明书的要求来进行，以保证电梯设备处于维护说明书中所要求的正常工作状态。为达到该目的，电梯设备应定期维护，必要时还需进行修理或改装，以保证电梯设备的正常运行，尤其是电梯设备的安全性能。维护保养的具体操作，由称职的维护人员来实施。

电梯的维护包括下列操作：

① 润滑，清洁工作等，但下列清洁工作不属于维护范围：

a. 电梯井道以外部分的清洁工作；

b. 自动扶梯或自动人行道外部的清洁工作；

c. 轿厢内的清洁工作。

② 检查工作；

③ 乘客救援；（注：救援，是自获取电梯中人员受困的信息开始，直到电梯中受困人员获救为止的整个救援过程）

④ 设定和调整操作；

⑤ 易损件的更换工作，这些工作不能影响电梯设备特性。

下列内容不属于维护工作范围：

① 主要零部件或安全部件的改变或更换，即使新零部件的特性与原件相同；

② 整台电梯设备的替换；

③ 电梯设备的更新，包括电梯设备特性的任何变化；

④ 消防部门执行的救援工作。

二、电梯设备的故障处理原则

对地铁交通枢纽，每天运营期间都会面临庞大的客流，一旦出现电梯设备的故障而导致无法正常运行，如不及时处理，则容易导致客流拥堵现象的发生，从而影响正常的交通秩序。因此，在地铁运营期间，需遵循“先修复后分析”的故障处理原则，确保乘客的流动顺畅。

在接到设备故障报告后，维修人员应在 30 min 内赶到现场并开始进行故障处理。若维修人员所遇故障无法处理而需要技术人员协助时，技术人员应在接到通知后 1 h 内赶到现场并协助处理。当故障处理完后，维修人员向维修调度回报消除故障信号并按规定填写相关故障处理记录。对重大的设备故障，由技术人员分析并提供故障处理分析报告，以避免今后类似故障的发生，同时制定相应的故障处理工艺，连同故障分析报告归档。

知识点二　电梯设备的使用管理规定

依据国家质量监督检验检疫总局颁布的 TSG T5001—2009《电梯使用管理与维护保养规则》，对电梯设备的使用管理规定如下（摘录或节选部分内容）。

第四条 使用单位应当加强对电梯的安全管理，严格执行特种设备安全技术规范（以下简称安全技术规范）的规定，对电梯的使用安全负责。

使用单位应当购置符合安全技术规范的电梯，保证电梯安全运行所必需的投入，严禁购置国家明令淘汰的产品。

使用单位，是指具有电梯管理权利和管理义务的单位或个人。其既可以是电梯产权所有者，也可以是受电梯产权所有者授权或委托，具有电梯管理权利和管理义务者。

第五条 使用单位应当根据电梯安全技术规范以及产品安装使用维护说明书的要求和实际使用状况，组织进行维保。

使用单位应当委托取得相应电梯维修项目许可的单位（以下简称维保单位）进行维保，并且与维保单位签订维保合同，约定维保的期限、要求和双方的权利义务等。维保合同至少包括以下内容：

（一）维保的内容和要求；

（二）维保的时间频次与期限；

（三）维保单位和使用单位双方的权利、义务与责任。

第六条 使用单位应当设置电梯的安全管理机构或者配备电梯安全管理人员，至少有一名取得《特种设备人员证》的电梯安全管理人员承担相应的管理职责。

第七条 使用单位应当根据本单位实际情况，建立以岗位责任制为核心的电梯使用和运营安全管理制度，并且严格执行。安全管理制度至少包括以下内容：

（一）相关人员的职责；

（二）安全操作规程；

（三）日常检查制度；

（四）维保制度；

（五）定期报检制度；

（六）电梯钥匙使用管理制度；

（七）人员与相关运营服务人员的培训考核制度；

（八）意外事件或者事故的应急救援预案与应急救援演习制度；

（九）安全技术档案管理制度。

第八条 电梯在投入使用前或者投入使用后 30 日内，使用单位应当向设区的市的质量技术监督部门（以下简称登记机关）办理使用登记。办理使用登记时，应当提供以下资料：

（一）组织机构代码证书或者电梯产权所有者（指个人拥有）身份证（复印件 1 份）；

（二）《特种设备使用注册登记表》（一式两份）；

（三）安装监督检验报告；

（四）使用单位与维保单位签订的维保合同（原件）；

（五）电梯安全管理人员、电梯司机[适用于按照第九条第（五）款要求配备的电梯司机]等与电梯相关的特种设备人员证书；

（六）安全管理制度目录。

维保单位变更时，使用单位应当持维保合同，在新合同生效后 30 日内到原登记机关办理变更手续，并且更换电梯内维保单位相关标志。

电梯报废时，使用单位应当在 30 日内到原使用登记机关办理注销手续。

电梯停用 1 年以上或者停用期跨过 1 次定期检验日期时，使用单位应当在 30 日内到原使用登记机关办理停用手续，重新启用前，应当办理启用手续。

第九条 使用单位应当履行以下职责：

（一）保持电梯紧急报警装置能够随时与使用单位安全管理机构或者值班人员实现有效联系；

（二）在电梯轿厢内或者出入口的明显位置张贴有效的《安全检验合格》标志；

（三）将电梯使用的安全注意事项和警示标志置于乘客易于注意的显著位置；

（四）在电梯显著位置标明使用管理单位名称、应急救援电话和维保单位名称及其急修、投诉电话；

（五）医院提供患者使用的电梯、直接用于旅游观光的速度大于 2. 5 m/s 的乘客电梯，以及采用司机操作的电梯，由持证的电梯司机操作；

（六）制定出现突发事件或者事故的应急措施与救援预案，学校、幼儿园、机场、车站、医院、商场、体育场馆、文艺演出场馆、展览馆、旅游景点等人员密集场所的电梯使用单位，每年至少进行一次救援演练，其他使用单位可根据本单位条件和所使用电梯的特点，适时进行救援演练；

（七）电梯发生困人时，及时采取措施，安抚乘客，组织电梯维修人员实施救援；

（八）在电梯出现故障或者发生异常情况时，组织对其进行全面检查，消除电梯事故障隐患后，方可重新投入使用；

（九）电梯发生事故时，按照应急救援预案组织应急救援，排险和抢救，保护事故现场，并且立即报告事故所在地的特种设备安全监督管理部门和其他有关部门；

（十）监督并且配合电梯安装、改造、维修和维保工作；

（十一）对电梯安全管理人员和操作人员进行电梯安全教育和培训；

（十二）按照安全技术规范的要求，及时采用新的安全与节能技术，对在用电梯进行必要的改造或者更新，提高在用电梯的安全与节能水平。

使用单位的安全管理人员应当履行下列职责：

（一）进行电梯运行的日常巡视，记录电梯日常使用状况；

（二）制定和落实电梯的定期检验计划；

（三）检查电梯安全注意事项和警示标志，确保齐全清晰；

（四）妥善保管电梯钥匙及其安全提示牌；

（五）发现电梯运行事故隐患需要停止使用的，有权作出停止使用的决定，并且立即报告本单位负责人；

（六）接到故障报警后，立即赶赴现场，组织电梯维修人员实施救援；

（七）实施对电梯安装、改造、维修和维保工作的监督，对维保单位的维保记录签字确认。

第十一条 使用单位应当建立电梯安全技术档案。安全技术档案至少包括以下内容:

（一）《特种设备使用注册登记表》;

（二）设备及其零部件、安全保护装置的产品技术文件;

（三）安装、改造、重大维修的有关资料、报告;

（四）日常检查与使用状况记录、维保记录、年度自行检查记录或者报告、应急救援演习记录;

（五）安装、改造、重大维修监督检验报告，定期检验报告;

（六）设备运行故障与事故记录。

日常检查与使用状况记录、维保记录、年度自行检查记录或者报告、应急救援演习记录，定期检验报告，设备运行故障记录至少保存 2 年，其他资料应当长期保存。

使用单位变更时，应当随机移交安全技术档案。

第十二条 在用电梯每年进行一次定期检验。使用单位应当按照安全技术规范的要求，在《安全检验合格》标志规定的检验有效期届满前 1 个月，向特种设备检验检测机构提出定期检验申请。未经定期检验或者检验不合格的电梯，不得继续使用。

第十三条 电梯乘客应当遵守以下要求，正确使用电梯:

（一）遵守电梯安全注意事项和警示标志的要求;

（二）不乘坐明示处于非正常状态下的电梯;

（三）不采用非安全手段开启电梯层门;

（四）不拆除、破坏电梯的部件及其附属设施;

（五）不乘坐超过额定载重的电梯，运送货物时不得超载;

（六）不做其他危及电梯安全运行或者危及他人安全乘坐的行为。

知识点三 电梯设备的维护保养规定

依据国家质量监督检验检疫总局颁布的 TSG T5002—2017《电梯维护保养规则》，对电梯设备的维护保养做如下规定（摘录或节选部分内容）:

第四条 电梯维保单位应当在依法取得相应的许可后，方可从事电梯的维保工作。

第五条 维保单位应当履行下列职责:

（一）按照本规则、有关安全技术规范以及电梯产品安装使用维护说明书的要求，制定维保计划与方案;

（二）按照本规则和维保方案实施电梯维保，维保期间落实现场安全防护措施，保证施工安全;

（三）制定应急措施和救援预案，每半年至少针对本单位维保的不同类别（类型）电梯进行一次应急演练;

（四）设立 24 h 维保值班电话，保证接到故障通知后及时予以排除；接到电梯困人故障报告后，维保人员及时抵达所维保电梯所在地实施现场救援，直辖市或者设区的市抵达时间不超过 30 min，其他地区一般不超过 1 h;

（五）对电梯发生的故障等情况，及时进行详细的记录；

（六）建立每台电梯的维保记录，及时归入电梯安全技术档案，并且至少保存 4 年；

（七）协助电梯使用单位制定电梯安全管理制度和应急救援预案；

（八）对承担维保的人员进行安全教育与培训，按照特种设备人员考核要求，组织取得相应的《特种设备人员证》，培训和考核记录存档备查；

（九）每年度至少进行一次自行检查，自行检查在特种设备检验机构进行定期检验之前进行，自行检查项目及其内容根据使用状况确定，但是不少于本规则年度维保和电梯定期检验规定的项目及其内容，并且向使用单位出具有自行检查和审核人员的签字、加盖维保单位公章或者其他专用章的自行检查记录或者报告；

（十）安排维保人员配合特种设备检验机构进行电梯的定期检验；

（十一）在维保过程中，发现事故隐患及时告知电梯使用单位；发现严重事故隐患，及时向当地特种设备安全监督管理部门报告。

第六条 电梯的维保项目分为半月、季度、半年、年度等四类。维保单位应当依据各附件的要求，按照安装使用维护说明书的规定，并且根据所保养电梯使用的特点，制定合理的维保计划与方案，对电梯进行清洁、润滑、检查、调整，更换不符合要求的易损件，使电梯达到安全要求，保证电梯能够正常运行。

现场维保时，如果发现电梯存在的问题需要通过增加维保项目内容予以解决的，维保单位应当相应增加并且及时修订维保计划与方案。

当通过维保或者自行检查，发现电梯仅依据合同规定的维保内容已经不能保证安全运行，需要改造、修理（包括更换零部件）、更新电梯时，维保单位应当书面告知使用单位。

第七条 维保单位进行电梯维保，应当进行记录。记录至少包括以下内容：

（一）电梯的基本情况和技术参数，包括整机制造、安装、改造、重大修理单位名称，电梯品种（型式），产品编号，设备代码，电梯型号或者改造后的型号，电梯基本技术参数（内容见第八条）；

（二）使用单位、使用地点、使用单位内编号；

（三）维保单位、维保日期、维保人员（签字）；

（四）维保的项目内容，进行的维保工作，达到的要求，发生调整、更换易损件等工作时的详细记载。

维保记录应当经使用单位安全管理人员签字确认。

第八条 维保记录中的电梯基本技术参数主要包括以下内容：

（一）曳引与强制驱动电梯（包括曳引驱动乘客电梯、曳引驱动载货电梯、强制驱动载货电梯），为驱动方式、额定载重、额定速度、层站门数；

（二）液压驱动电梯（包括液压乘客电梯、液压载货电梯），为额定载重、额定速度、层站门数、油缸数量、顶升型式；

（三）杂物电梯，为驱动方式、额定载重、额定速度、层站门数；

（四）自动扶梯与自动人行道（包括自动扶梯、自动人行道），为倾斜角、名义速度、提升高度、名义宽度、主机功率、使用区段长度（自动人行道）。

第九条 维保单位的质量检验（查）人员或者管理人员应当对电梯的维保质量进行不定期检查，并且进行记录。

第十条 采用信息化技术实现无纸化电梯维保记录的，其维保记录格式、内容和要求应当满足相关法律、法规和安全技术规范的要求。使用无纸化电梯维保记录系统的，其数据在保存过程中不得有任何程度和任何形式的更改，确保储存数据的公正、客观和安全，并可实时进行查询。

项目三　城轨交通电梯的维护管理

知识点一　电梯困人的应急处理

一、电梯应急的响应级别

电梯作为特种设备的一种，在运行过程中难免会有困人等意外情况的发生，此时应有相关的应急响应预案及时处理。

对地铁车站电梯，其应急响应主要是指因突然发生的、造成或可能造成人身安全和财物损失事件而启动的应急响应，分为Ⅰ、Ⅱ、Ⅲ、Ⅳ四个等级，如表 5-1 所示。

表 5-1　地铁车站电梯的应急响应等级、条件及处理规定

响应级别	响应条件	生产安全事故（事件）调查处理规定
Ⅰ级	电梯轿厢滞留人员 2 h 及以上	事件苗头
Ⅱ级	电梯轿厢滞留人员 90 min 以上 120 min 以下	一般事件
Ⅲ级	电梯轿厢滞留人员 60 min 以上 90 min 以下	险性事件
Ⅳ级	电梯轿厢滞留人员 30 min 以上 60 min 以下	一般事故

二、电梯困人的应急处理

1. 无机房电梯困人的应急处理

（1）车站人员接报（发现）无机房电梯困人后立即到现场安抚乘客并将困人信息通报环调、维修人员。

（2）维修人员接报无机房电梯困人后，马上组织人员进行抢修。

（3）维修人员第一时间向现场人员了解设备现状，困人位置等，初步判断解救方式。

（4）人员解救后，向环调汇报并进一步进行故障分析及处理。

（5）车站服务部及时将检查的情况及处理结果报环调。

（6）故障处理过程中，各部门保持信息沟通交流。

（7）故障处理完成后，确认设备投入使用。

2. 有机房电梯困人的应急处理

（1）若电梯故障但未困人，现场人员则立即用铁马或隔离带围蔽电梯，并采取必要的措施防止人员误入电梯。

（2）电梯困人时，车站人员立即到现场安抚受困人员，并按流程进行汇报，视情况报 120、119、110。

（3）专业抢险人员到场后，组织、配合专业人员抢险。

（4）成功解救出被困人员后，对伤者进行必要的救助；若当事人没有受伤时，则带到设备区或乘客较少的地方处理。

（5）严格保护事故现场，采取拍照、摄像、绘图、采样等方法记录事故现场原貌，妥善保护事故现场物证。

（6）车站人员应做好物证、人证等取证工作。

（7）抢险完毕后及时汇报。

三、电梯困人的救援操作方法

电梯困人时，需在确保安全的情况下进行被困人员的救援。这里以菱王电梯为例进行有关电梯困人应急处理的介绍，其余品牌电梯的救援操作可参考厂家的相关资料。

（一）救援前的准备工作

1．钥匙开柜

维修人员到场后，用专用钥匙打开检修柜。检修柜位置如图 5-1 所示。

图 5-1　电梯检修柜位置

2．对讲联系

维修人员拿起检修柜内对讲机与轿厢内乘客联系，确认停梯位置和人员数量，告知乘客维修人员正在施救，保持镇静，不要自行用手扒门、用脚踢门，并提醒乘客在救援过程中轿厢存在振动的情况时请勿惊慌。对讲机的外形如图 5-2 所示。

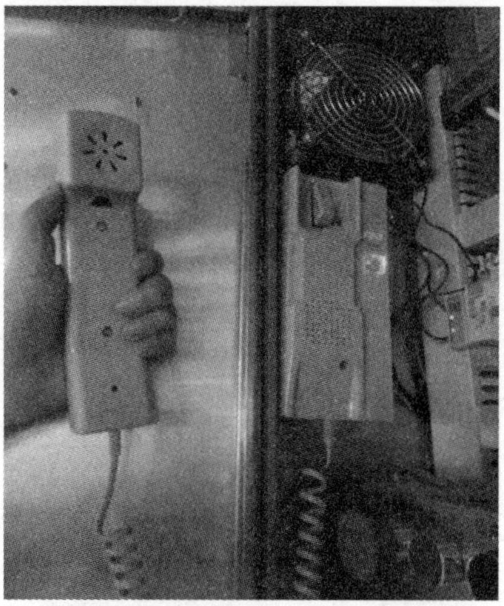

图 5-2　电梯检修柜内的对讲机

（二）轿厢位置的判断

电梯如遇突然停电或故障时，往往停在运行过程中的某一个位置，且该位置不一定处在楼层的平层位置。要实施有效救援，则需判断轿厢的大致位置是否处在能安全撤人的位置。

1．井道观察法

通过玻璃井道，直接观察轿厢停留的位置。该方法适用于如地铁站厅内玻璃井道的电梯，如图 5-3 所示。

图 5-3　电梯玻璃井道

2．主板平层感应器指示灯观察法

对地铁非玻璃井道的电梯，可通过控制柜里的主板平层感应器指示灯闪烁情况，观察轿厢位置，如图 5-4 所示。

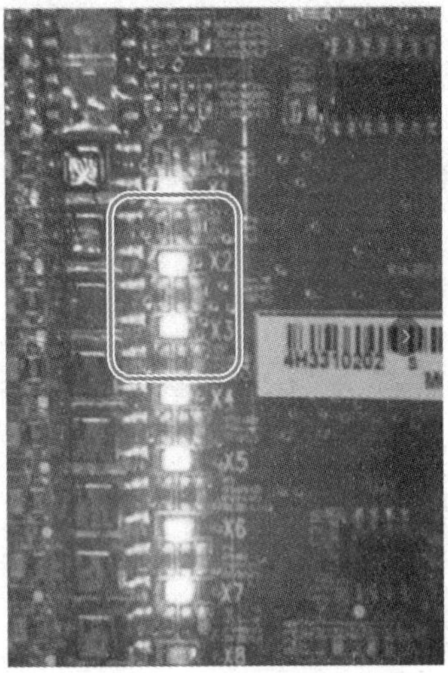

图 5-4　主板观察法

例如，通过主板平层感应器指示灯 X1 ~ X3 观察轿厢位置，当 X1、X2、X3 指示灯有一盏或多盏点亮时，轿厢位于可救援区域。

3．主板平层灯观察法

可通过控制柜内平层灯的亮或灭来观察轿厢位置，如图 5-5 所示。

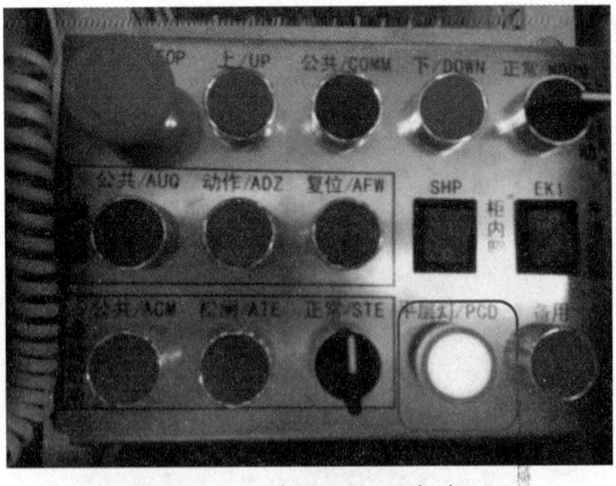

图 5-5　主板平层灯观察法

平层灯亮时，轿厢位于可救援区域。该方法适用于主电源断电的情况。

4．打开厅门观察法

通过专用锁匙打开厅门来观察轿厢位置，如图 5-6 所示。

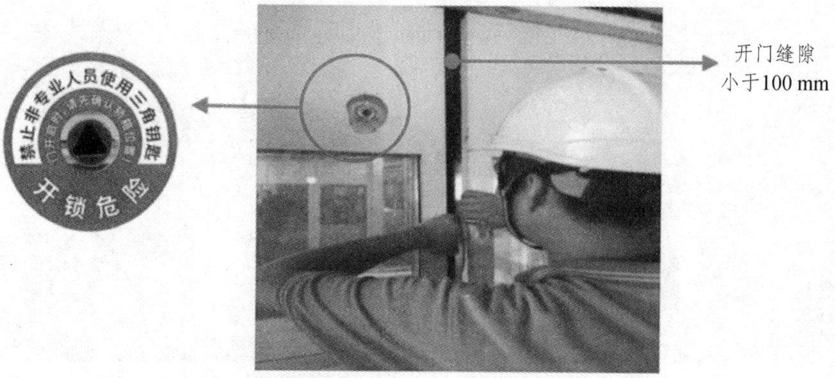

图 5-6　打开厅门观察法

用此法观察轿厢前，需确保电梯控制柜里的急停开关（红色）已按下，断开主电源，确保操作过程的安全。同时厅门打开不能超过 100 mm，如图 5-7 所示。

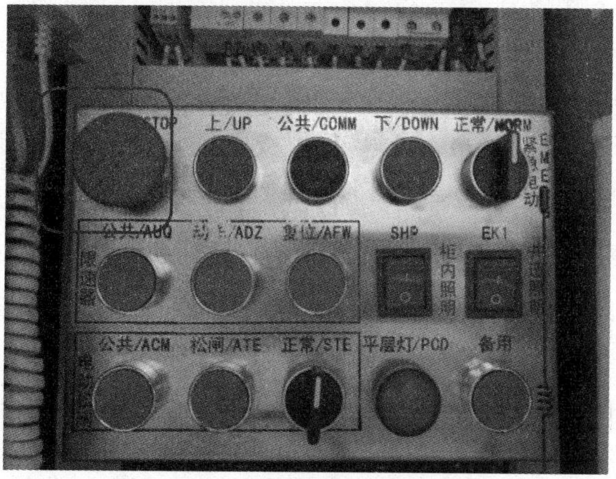

图 5-7　控制柜内的急停按钮

该方法适用于前面 3 种方法都无有效观察轿厢位置的情况。

（三）轿厢移动的操作

轿厢处在不平层位置时，需将轿厢移动到可安全撤人的平层位置。

轿厢的移动一般采取检修运行和电动松闸两种方式进行操作。

1．轿厢以检修运行方式移动的操作

即轿厢的控制方式为检修运行，使轿厢慢速移动来进行平层的调整。

当轿厢地坎与厅门门槛高度差大于 300 mm，为方便乘客救援需将轿厢移动至距离厅门高度差小于 300 mm 位置。

操作方法：打开控制柜，将控制柜内检修开关打到紧急电动状态。观察安全回路指示灯 X4 及门锁回路指示灯 X5 是否亮起，如亮起，根据轿厢所在位置，同时按下检修柜按钮控制板上黑色紧急电动运行公共按钮 COMM 和紧急电动上行按钮 UP 或紧急电动下行按钮 DOWN 操作电梯轿厢移动至开门区位置，如图 5-8 所示。

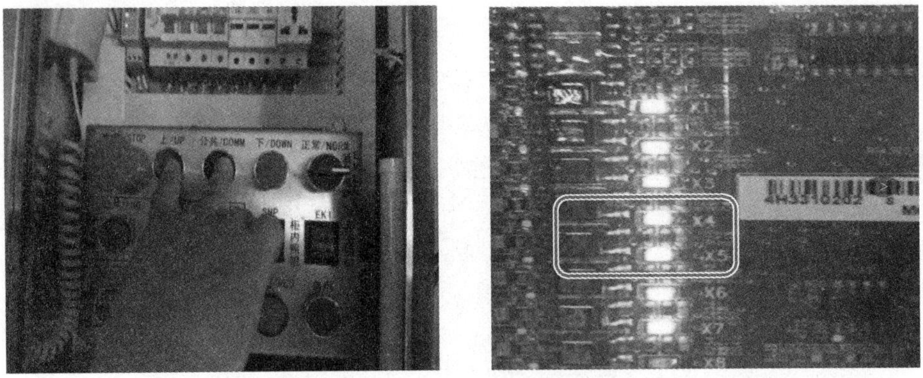

（a）按钮操作　　　　（b）指示灯 X4、X5 位置

图 5-8　轿厢以检修运行方式移动的操作

2．轿厢以电动松闸方式移动的操作

即通过曳引机电动松闸的方式来进行轿厢平层的调整。

操作方法：当检修运行方式无法移动轿厢，这时可采用电动松闸方式进行操作。先确保检修开关打至紧急电动位，并按下急停按钮。然后将电气松闸开关打至 STE 位，同时按下检修柜按钮控制板上电动松闸蓝色运行公共按钮 ACM 和松闸 ATE 按钮，等到观察轿厢达到平层位置或平层感应器指示灯 X1 ~ X3 有一盏以上亮起时松开按钮。

3．轿厢以手动松闸方式移动的操作

即通过曳引机电动松闸的方式来进行轿厢平层的调整。

当电动松闸方式无法移动轿厢，这时可尝试手动松闸方式进行操作。

操作方法：

（1）先确保检修开关打至紧急电动位，并按下急停按钮，断开主升关 QF 和电源廾关 3RD、2RD（注意不能断开轿厢照明及通风开关 F1、F2），如图 5-9 所示。

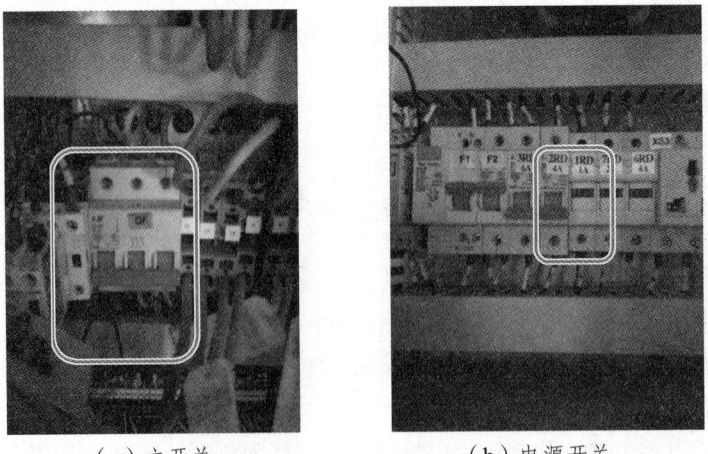

（a）主开关　　　　（b）电源开关

图 5-9　主开关、电源开关断开示意

（2）将两个松闸手柄插入手动松闸机构，同时将松闸手柄往上提，注意观察轿厢移动情况，

轿厢达到平层位置或平层灯 PCD 亮起时放下松闸手柄，如图 5-10 所示。

（a）手动松闸机构　（b）松闸手柄　（c）手动手柄上提松闸

图 5-10　手动松闸

4．轿厢与对重无法移动的操作

若轿厢在进行移动操作时，出现轿厢与对重无法移动的情况，则需要采取相应措施来处理。操作方法如下：

（1）确保检修开关打至紧急制动位，并按下急停按钮，断开主开关 QF 和电源开关 3RD、2RD，若层站到轿顶距离小于 1 m，则尝试往轿顶增加重物（如沙包），然后再执行电气或机械松闸操作移动轿厢至平层位置，救出乘客。

（2）若层站到轿顶距离大于 1 m，不易往轿顶增加重物，则尝试进入底坑牵拉补偿链并执行电气或机械松闸操作移动轿厢至平层位置，救出乘客，如图 5-11 所示。

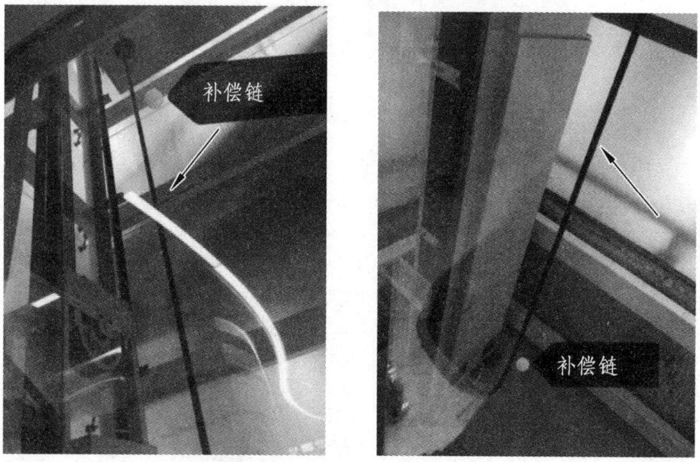

图 5-11　补偿链位置

（3）若上述两点无法操作，则短接安全回路并使用检修运行来控制轿厢。当主板指示灯 X4 不亮时短接 15、114 端子排，X5 不亮时短接 120-118 端子排，X4、X5 指示灯亮起后可通过上述第（1）点使用检修运行移动轿厢至平层位置，如图 5-12 所示。

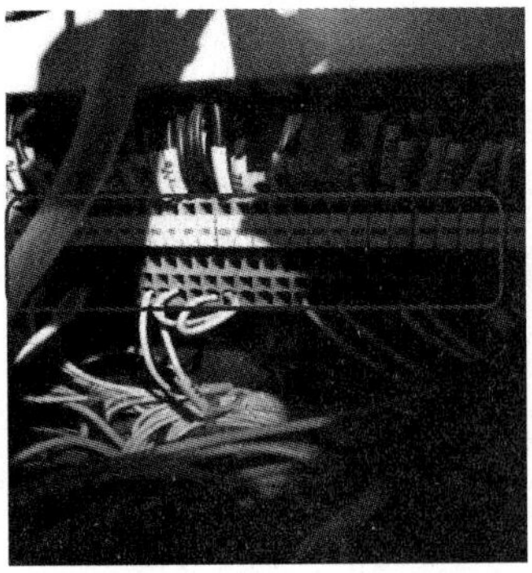

（a）端线排

（b）主板指示灯 X4、X5

图 5-12　主板端线排及指示灯

（四）开门救援操作

轿厢处于平层位置时，可实施开门救援操作。操作方法如下：

（1）当轿厢地坎与厅门地坎高度差小于 300 mm，可执行开门救援工作，操作前需确保检修开关打至紧急电动位，并按下急停按钮，断开主开关 QF 和电源开关 3RD、2RD，如图 5-13 所示。

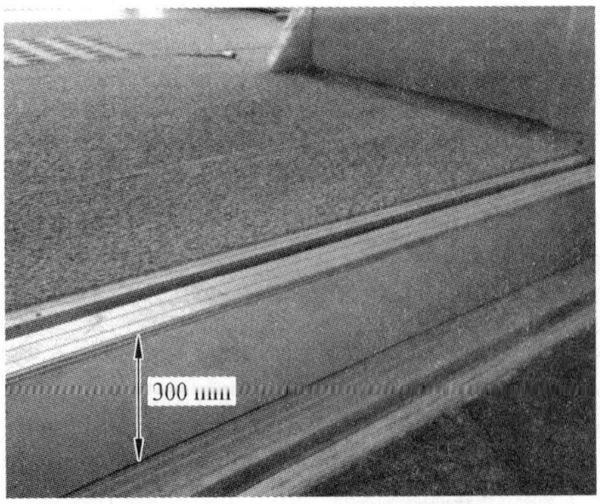

图 5-13　厅门及轿门地坎的高度差

（2）使用 L 形三角钥匙逆时针方向打开厅门，然后再打开层门。注意：打开层门之前，须双脚站稳并确认轿厢位置和其他人员均处于安全的位置。开门要“一慢，二看，三操作”，切勿用力过猛，如图 5-14 所示。

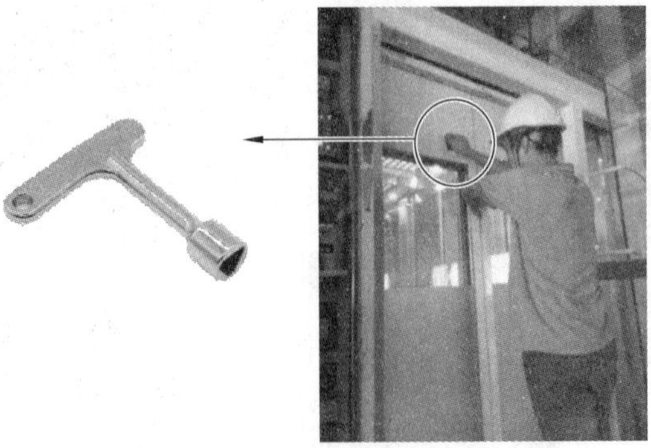

图 5-14　L 形三角锁匙开启厅门

（3）轿门的门机安装有机械门锁，开门解锁力较大。如一次操作未解锁打开轿门，则重复开门直至轿门打开，如图 5-15 所示。

图 5-15　轿门门锁

知识点二　电梯的常见故障及处理

电梯常见故障的现象、原因及处理方法，如表 5-2 所示。

表 5-2　电梯常见故障的现象、原因及处理

故障现象	故障原因	故障处理方法
局部回路熔丝经常烧断	组件导线有可能碰地	查出碰地点并及时处理
	继电器绝缘被击穿	加强绝缘片绝缘或更换继电器
	熔丝容量过小	更换与额定电流相匹配的熔丝
主回路熔丝经常烧断（或主回路开关经常跳闸）	部分原因同上	处理方法同上
	启动、制动时间设置过长或过短	按电梯技术说明书调整启动、制动时间
	启动、制动电抗器（电阻）接头压片松动	紧固接头
闭合基站锁匙开关，基站电梯不能开门	厅外开关门钥匙开关接触不良或损坏	更换钥匙开关
	开门第一限位开关的接点接触不良	更换限位开关
	基站厅外开关门控制开关接点接触不良或损坏	更换开关门控制开关
	开门继电器损坏或其控制电路有故障	更换维电器或检查故障线路并修复
按关门按钮不能关门	关门继电器损坏或关门回路有故障	更换继电器或检查关门回路并修复
	关门第一限位开关触点接触不良	更换限位开关
	安全触板卡死或开关损坏	调整安全触板或更换触板开关
	门区光电保护装置故障	修复、调整或更换

续表

故障现象	故障原因	故障处理方法
电梯运行时轿厢有异常或噪声	导轨润滑不良	清洗导轨并加油
	导向轮或反绳轮与轴套润滑不良	清洗并更换润滑油脂
	感应器与隔磁板碰撞	调整感应器或隔磁板位置
	导靴靴衬磨损严重	更换靴衬
	滚动导靴轴承磨损	更换轴承
	制动器间隙过大或过小	调整制动器间隙
	轿厢顶挂件松动或井道有异物	紧固挂件，清除异物
关门时门区保护装置失灵	安全触板的行程开关短路	检查门控开关，排除短路点或更换
	安全触板传动机构失灵	调整安全触板传动机构，使其灵活可靠
	安全触板微动开关被卡死，不能动作	修复或更换微动开关
	门区光电感应、光幕失灵	检查并修复

知识点三　电梯的检修实作

这里以某地铁车站采用的上海三菱无机房电梯（ELENESSA、ELENESSA-NZ31S 等型号）为例，结合 GB 7588—2003《电梯制造与安装安全规范》及厂家电梯产品维护手册，进行无机房电梯检修的介绍。具他品牌的电梯可参考生产厂家的维护手册来执行。

无机房电梯的检修，通常包括：日检、双周（或半月）检、季检、半年检、年检。

无论进行何种检修，均须做好检修记录。

一、日　检

1. 条　件

（1）基本人数为 1 人。

（2）人员应有相应的资质。

2. 工器具

卷尺 1 把、塞尺 1 把。

3. 安全要点

（1）日常巡检人员，应通过上岗考试，并取得《岗位合格证》，且证件在有效期内。

（2）所有人员必须遵章守纪，按要求穿戴安全防护用品。

（3）巡检设备时，禁止双脚跨站在电梯轿厢门与层门之间进行检查。

4. 检修项目的步骤、方法和标准

（1）检修前准备。

时间：2 min。

方法：告知车控室值班员电梯日检；车控室借好三角机房钥匙。

（2）轿厢照明。

时间：1 min。

方法：目测轿厢照明灯具。

标准：无损坏，照明灯具正常工作。

（3）轿厢风扇。

时间：1 min。

方法：耳听轿厢风扇。

标准：运行应平稳，无噪音。

（4）上下运行情况。

时间：1 min。

方法：体感轿厢运行情况。

标准：无抖动，运行过程平稳，耳听无噪声或异响。

（5）平层准确度。

时间：2 min。

方法：测量平层准确度。

标准：电梯处于平层位时，用卷尺测量轿厢地坎与厅门地坎高度差为 ± 5 mm；同方法依次检查轿厢地坎与各层厅门地坎之间的高度差，如图 5-16 所示。

（6）地坎情况。

时间：1 min。

方法：目视轿厢各厅门地坎。

标准：干净、无杂物。

图 5-16　平层准确度测量

（7）内外呼梯按钮。

时间：3 min。

方法：目视检查内外呼梯按钮控制面板。

标准：触内外呼梯按钮安装牢固，无松脱；按钮无损坏，操作按钮时，按钮指示灯点亮，能正常呼梯，求助按钮可正常接通，功能有效。

（8）运行指示灯。

时间：1 min。

方法：目测电梯轿厢内楼层显示面板。

标准：上下运行指示、楼层显示数字完整。

（9）门与门套间隙。

时间：1 min。

方法：检查门与门套间隙。

标准：轿厢处于平层位时，用卷尺测量左右厅门套间隙为 2 ~ 6 mm；左右轿门套间隙为 2 ~ 6 mm。如图 5-17 所示。

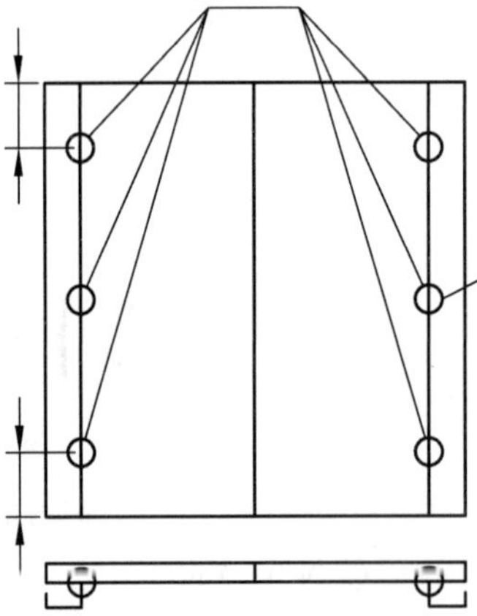

层门、轿门与门套间隙：2~6 mm

图 5-17 层门、轿门与门套间隙测量位置

（10）楼层运行显示。

时间：1 min。

方法：目测电梯出入口及站内电梯层门楼层显示面板。

标准：上下运行指示、楼层显示数字完整。

（11）层门自动关闭装置。

时间：1 min。

方法：目测门自闭传动装置。

标准：门钢丝绳、钢丝绳线锥、滑轮完好，无脱落，电梯自动开关门顺畅、无异响。

（12）层门 HIP 检修盒。

时间：2 min。

方法：目测层门 HIP 检修盒。

标准：关闭且锁紧、无松动，如图 5-18 所示。

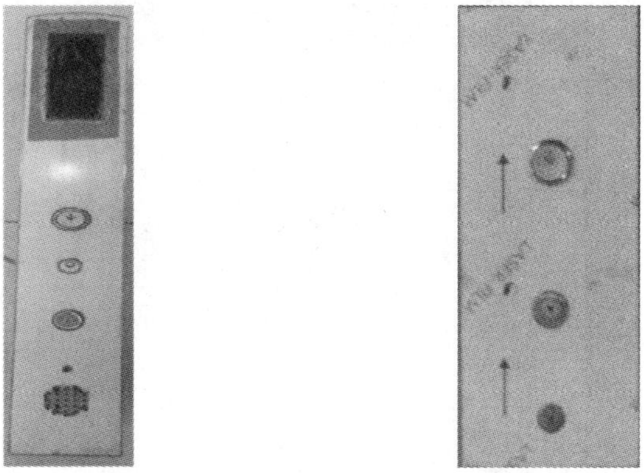

（a）出入口 HIP 检修盒　　（b）站内 HIP 检修盒

图 5-18　检修盒

（13）光幕开关。

时间：1 min。

方法：测试光幕遇到障碍物能反向开门。

标准：面对轿门，在轿门关闭过程中，模拟轿门间有异物，轿门会自动打开，则光幕开关功能正常，如图 5-19 所示。

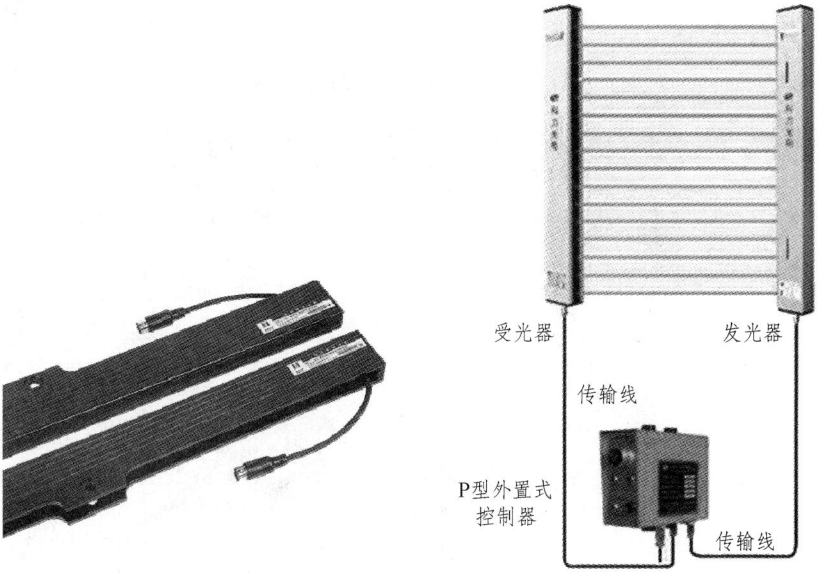

图 5-19　光幕及原理

（14）电梯使用标志、电梯维保标志、电梯保险标志。

时间：1 min。

方法：目视检查电梯使用标志、电梯维保标志、电梯保险标志。

标准：标志完好，电梯使用标志中，下次检验日期在有效期内；电梯维保标志中，维保有效合同期限及下次维保日期在有效期内；电梯保险标志中，保险截止期限在有效期内；标识底盒及盖板无松动，无缺失，粘贴牢固。如图 5-20 所示。

图 5-20　电梯使用标志、电梯维保标志、电梯保险标志

（15）电梯安全提示标示牌。

时间：1 min。

方法：目视检查电梯安全提示标示牌。

标准：标志完好，无松动，无缺失，粘贴牢固，如图 5-21 所示。

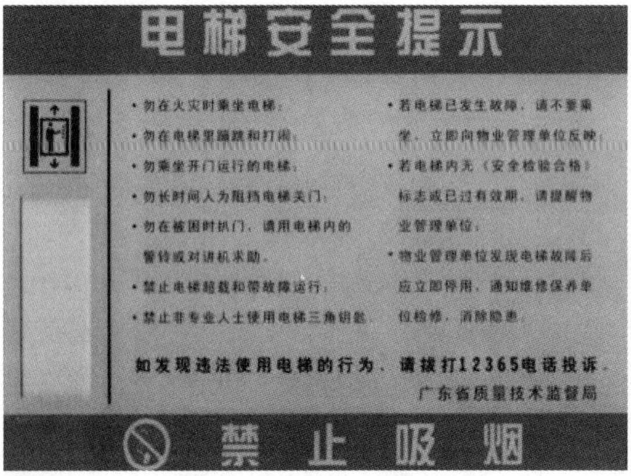

图 5-21　电梯安全提示标示牌

（16）层门锁警示标志牌。

时间：1 min。

方法：目视检查电梯层门锁警示标志牌。

标准：标志完好，无缺失，粘贴牢固。

（17）收尾工作。

时间：1 min。

方法：清理现场，保持现场清洁和卫生；填写巡检记录表格并做好定期存档管理。

二、双周检

1. 条　件

（1）基本人数为 2 人 。

（2）人员应有相应的资质。

2. 工器具

卷尺 1 把、开口扳手 1 套、内六角扳手 1 套、钢丝钳 2 把、套筒扳手 1 套、塞尺 1 把。

3. 材　料

抹布 1 条。

4. 安全要点

（1）委外维保单位人员，应持《电梯维修证》《施工证》上岗，并且证件在有效期内。

（2）所有人员必须遵章守纪，并按要求穿安全鞋、戴安全帽等安全防护品。

（3）熟知危险源，掌握管控措施，如表 5-3 所示。

表 5-3　危害编号、危害说明、位置、管控措施

序号	危害编号	危害说明	位置	管控措施
1	JD/01/017	电梯应急电源失效造成松抱闸功能失效	车站出入口/公共区	（1）按照规程对电梯进行双周检，对点抱闸动功能进行测试； （2）应急电源纳入双周检修内容，发现存在问题的应急电源立即更换； （3）车站发现电梯故障及时报修，现场隔离引导乘客
2	JD/01/018	轿厢坠落导致设备受损及人员受伤	车站出入口/公共区	（1）按照规程对电梯进行双周检，检查抱闸、钢丝绳及限位开关； （2）检修中发现存在问题的元器件立即进行更换
3	JD/01/019	电梯发生故障冲顶，造成设备损害	车站出入口/公共区	（1）按照规程对电梯进行双周检，检查限位开关、编码器、变频器； （2）检修中发现存在问题的元器件立即进行更换

（4）设备维护时，禁止双脚跨站在电梯轿厢门与层门、轿厢顶与井道结构之间。

（5）检查设备机械旋转部位时（如曳引轮、反绳轮、限速器绳轮、皮带轮、张紧轮、滑轮组），须确认电梯已处于停止状态，电源已断开，防止机械旋转部位造成人身伤害。

（6）工作时与带电导体至少保持 0.7 m 的安全距离，防止触电。

（7）禁止在轿厢顶、井道底坑交叉，防止坠物伤人。

5. 检修项目的步骤、方法和标准

（1）检修前准备。

时间：5 min。

方法：办理请点手续；召集所有人员召开班前会并完成安全交底；在电梯每层出入口设置安全防护，防止乘客误入。

（2）曳引机运行状况。

时间：3 min。

方法：检修人员位于轿顶，检修运行至曳引机处，进行检查、调整、紧固。

标准：运行时曳引机无异常、无振动、无异响；电磁制动器动作灵活、无异响。

电梯曳引机位置如图 5-22 所示。

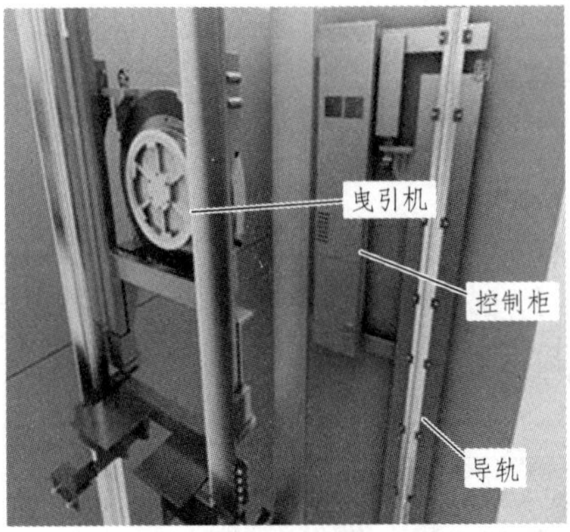

图 5-22　电梯曳引机位置

（3）编码器。

时间：3 min。

方法：检查编码器。

标准：断开主电源后，人员系安全带进行检查；编码器安装牢固，无松动，其固定螺丝无松动；编码器至控制柜信号线路敷设整齐，线路无异常挤压及开路。如图 5-23 所示。

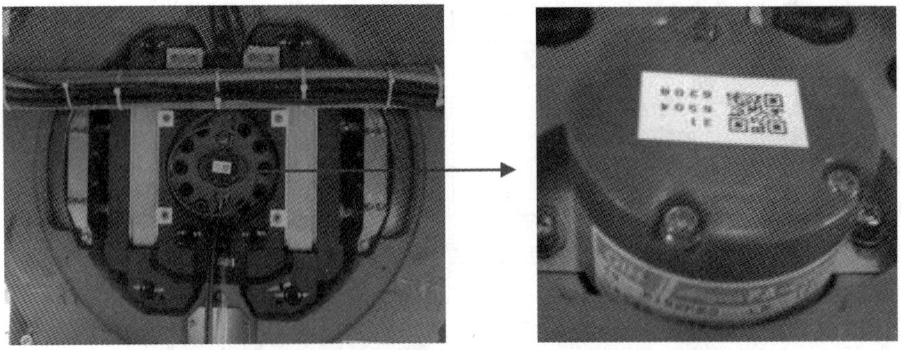

图 5-23　编码器

（4）制动器轴销润滑、闸瓦间隙及磨损。

时间：3 min。

方法：检查制动器轴销润滑、闸瓦间隙及磨损情况。

标准：断开主电源后，人员系安全带进行检查；润滑，动作灵活，制动靴衬与制动轮不发生摩擦，间隙不大于 0.12 mm；制动靴衬磨损量不超过厂家规定；检查曳引机内张是制动器螺栓及周边各螺栓紧固，且定位线无移动。如图 5-24 所示。

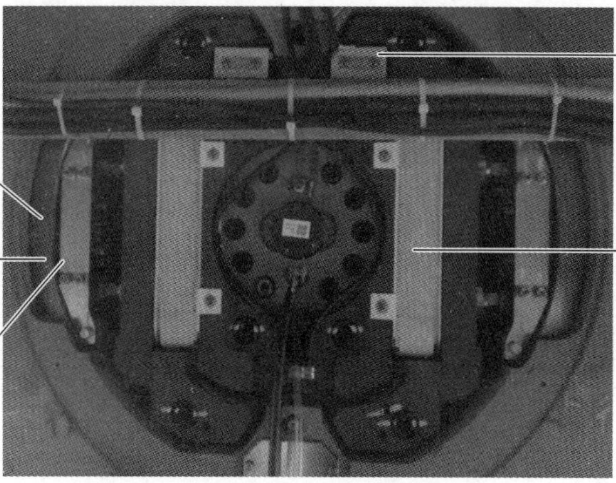

图 5-24　制动器部件

（5）限速器轴、销及运转情况。

时间：5 min。

方法：检查限速器轴、销及运转情况。

标准：限速器轮无磨损和转动噪声；限速器轴、销部位的润滑正常；限速器校验封记良好；限速器电气开关触点及接线正常；限速器远程控制动作及开关复位功能正常；必要时清洁和润滑限速器钢丝绳。如图 5-25 所示。

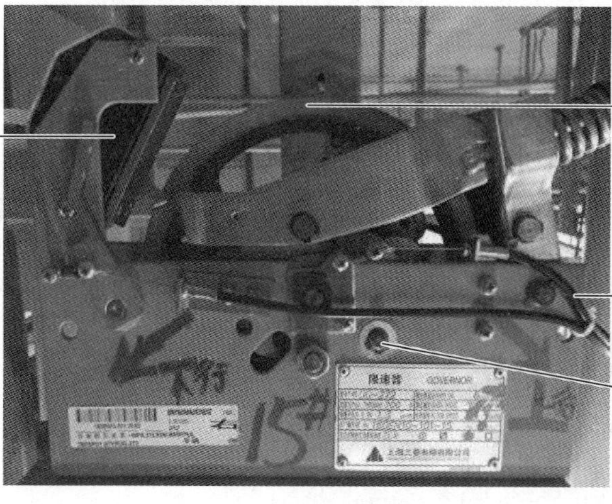

图 5-25　限速器部件

（6）记录电梯运行次数。

时间：1 min。

方法：检查及记录电梯运行次数。

标准：记录运行次数及时间，如图 5-26 所示。

图 5-26　电梯运行记录

（7）轿顶环境、防护栏、井道照明。

时间：2 min。

方法：检查轿顶环境、防护栏、井道照明。

标准：保养时需清洁轿顶，检查护栏安全可靠，轿顶护栏安全开关正常；井道照明工作正常。如图 5-27 所示。

图 5-27　轿顶护栏检测开关

（8）轿顶检修、运行开关、急停开关。

时间：1 min。

方法：检查、测试轿顶检修、运行开关、急停开关。

标准：测试轿顶检修、运行开关、急停开关工作正常，如图 5-28 所示。

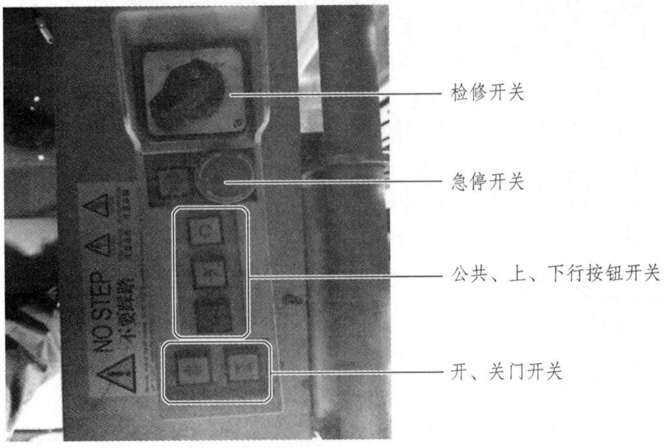

图 5-28　轿顶检修、运行开关、急停开关

（9）油杯及油量。

时间：1 min。

方法：检查油杯及油量。

标准：油杯安装固定方式正常，外观无破损；油刷毛毡（芯）齐全，润滑良好；油量适宜、无渗漏油现象。如图 5-29 所示。

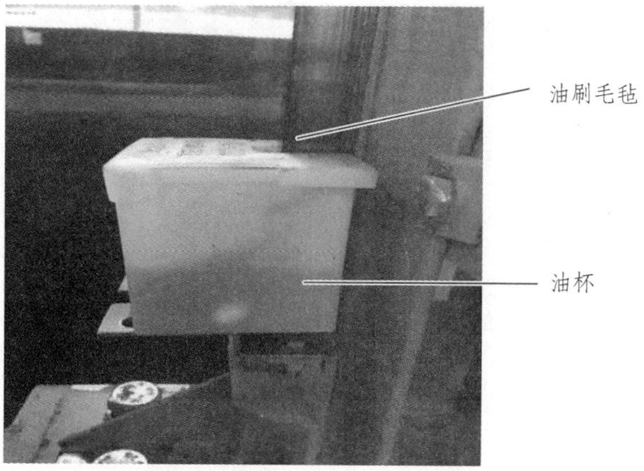

图 5-29　油杯及油刷毛毡

（10）限速器钢丝绳与安全钳拉杆连接。

时间：2 min。

方法：检查限速器钢丝绳与安全钳拉杆连接。

标准：限速器钢丝绳及绳轮无异常磨损；清洁限速器钢丝绳及绳轮，无油污；限速器钢丝绳与安全钳拉杆连接可靠；钢丝绳夹安装数量、安装方向正确、紧固。

（11）对重架、对重压板块及紧固。

时间：1 min。

方法：检查对重架、对压板重块及紧固。

标准：对重块无松动、对重块压板紧固；玻璃井道对重不锈钢屏挡，安装牢固，无松动，螺丝紧固，无缺失。如图 5-30 所示。

图 5-30　对重块及压板

（12）轿门安全触板、光幕、光电。

时间：1 min。

方法：检查、测试轿门安全触板、光幕、光电。

标准：轿门安全触板或光幕的功能正常；轿门安全触板或光幕的固定螺丝紧固。如图 5-31 所示。

图 5-31　轿门光幕

（13）轿门门锁触点、验证关闭的电气装置。

时间：3 min。

方法：检查、测试轿门门锁触点、验证关闭的电气装置。

标准：轿门关闭至距门中心（5 ± 1）mm 时，OLT、CLT 灯点亮；正常状态时，确认打开轿门电梯不能运行；轿门关闭至距门中心（9 ± 1）mm 时 GS（轿厢门电气开关）导通；检查调整门锁开关触点及随动量。如图 5-32 所示。

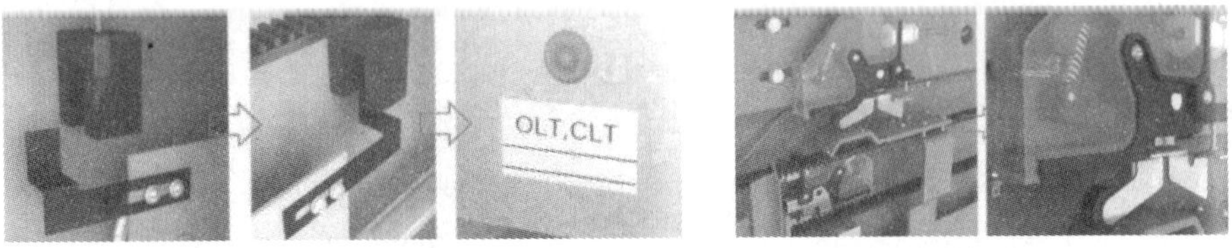

（a）OLT、CLT 灯　　（b）门锁电气开关

图 5-32　轿门门锁触点、验证关闭的电气装置

（14）轿门运行及传动机构。

时间：3 min。

方法：检查轿门运行及传动机构。

标准：各传动皮带、链条的滑轮及齿轮无松动或偏心；各传动带张力良好；传动链条及销轴各处加适量的润滑油；清洁门导轨，确认轿门运行时无异响；轿门门刀与门锁滚轮的啮合深度大于 8 mm，完全关闭时，间距不小于 6 mm。如图 5-33 所示。

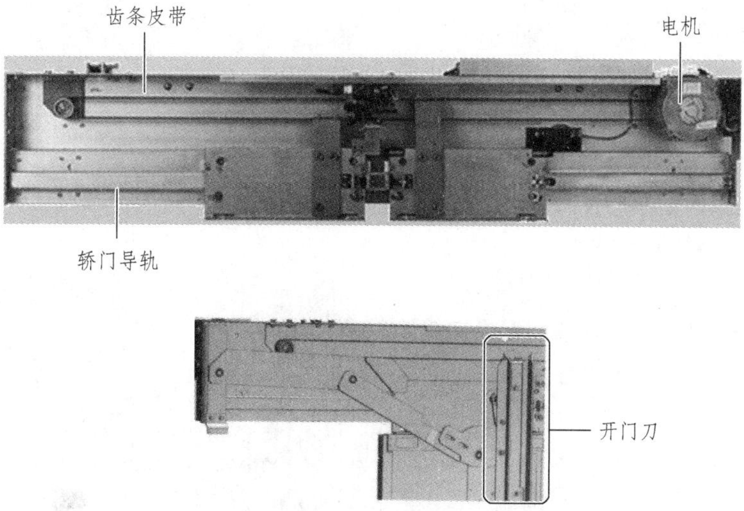

图 5-33　轿门运行及传动机构

（15）轿内显示、指令按钮及通话报警装置。

时间：2 min。

方法：检查、测试轿内显示、指令按钮及通话报警装置。

标准：轿厢操纵箱外观无异常；轿内显示完整，楼层显示正常；轿厢操纵盘各指令按钮工作正常；测试警铃按钮有效，警铃工作正常；测试五方对讲通话装置正常，通话声音清晰；确认轿内张贴电梯使用标志，并在有效期内；目测轿内照明及风扇工作正常。如图 5-34 所示。

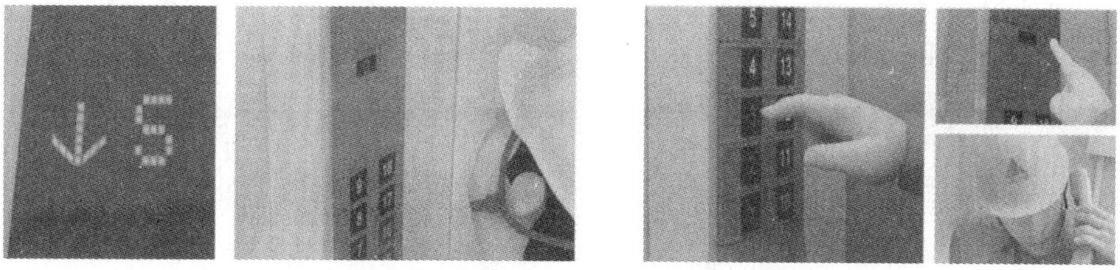
图 5-34　轿内显示、指令按钮及通话报警装置

（16）轿内操纵箱分门内开关。

时间：1 min。

标准：测试轿内操纵箱分门内开关。

标准：轿厢操纵箱内各开关工作正常，如图 5-35 所示。

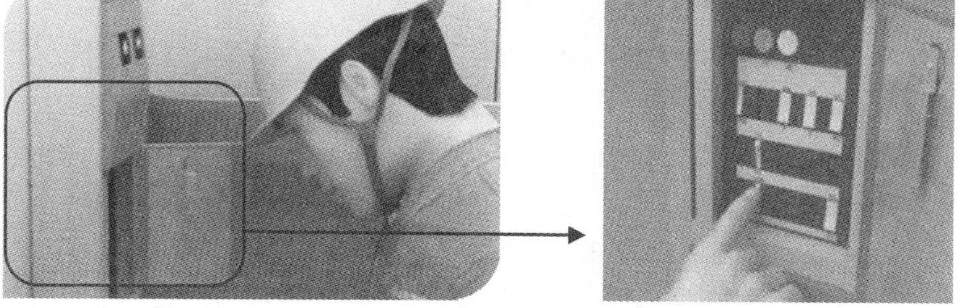
图 5-35　轿内操纵箱分门内开关

（17）轿内照明、风扇、应急照明。

时间：1 min。

方法：检查轿内照明、风扇、应急照明。

标准：在 HIP 检修盒内切断轿厢照明电源，测试轿内应急照明灯，工作正常；操作轿内操作箱内照明及风扇开关，检查照明及风扇工作正常。

（18）层站显示、召唤按钮。

时间：1 min。

方法：检查、测试层站显示、召唤按钮。

标准：层站显示器和召唤按钮工作正常；确认层站显示器面板内部插件牢固，无松脱。如图 5-36 所示。

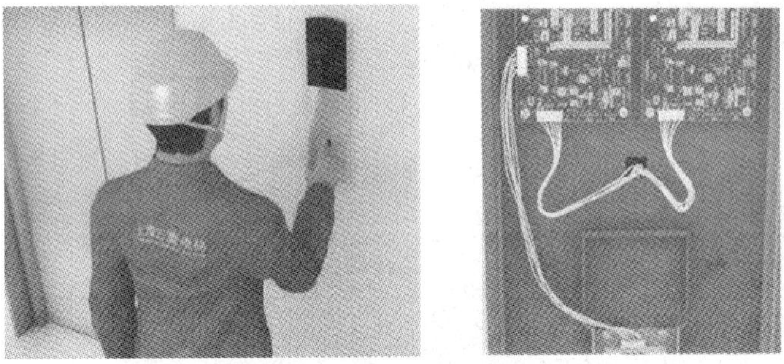

图 5-36　层站显示器面板内部插件

（19）地坎及门滑块。

时间：3 min。

方法：检查地坎及门滑块。

标准：清洁地坎杂物，检查轿门及层门地坎无异常变形；层门及轿门各门滑块安装螺栓紧固；门滑块磨损量不超过标准，门滑块厚度小于 9 mm 应进行更换；轿门地坎与层门开门轮的间隙距离为（8 ± 1）mm；轿门门刀与层门地坎之间的间距为 7 ~ 9 mm。如图 5-37 所示。

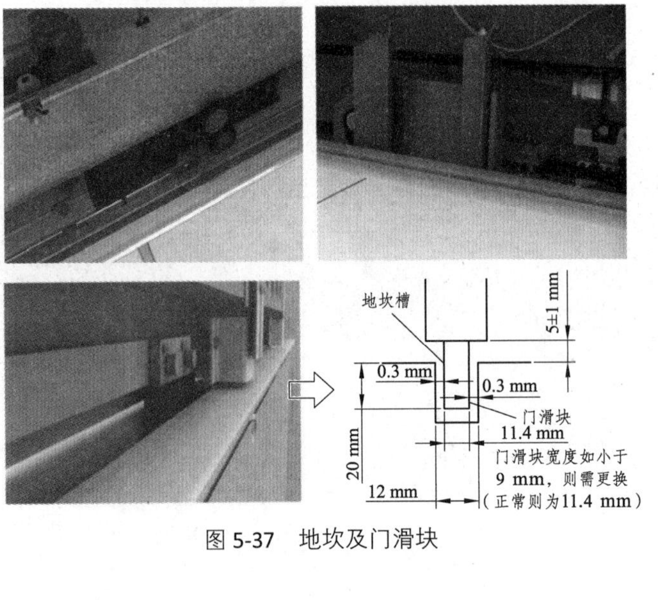

图 5-37　地坎及门滑块

（20）层门强迫关门装置。

时间：3 min。

方法：测试层门强迫关门装置。

标准：测试各层层门强迫关门装置是否有效；滑轮转动无异常；层门强迫关门重锤钢丝绳防跳装置与滑轮间距离适中，能有效防止钢丝绳脱槽；重锤在滑槽中移动无卡滞。如图 5-38 所示。

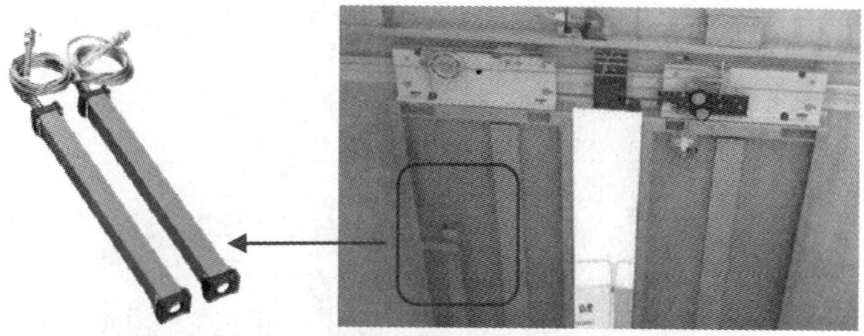

（a）重锤

（b）防止钢丝绳脱槽的挡绳装置

图 5-38　层门强迫关门装置（重锤式）及挡绳装置

（21）层门锁紧机构及三角锁芯。

时间：4 min。

方法：测试、调整层门锁紧机构及三角锁芯。

标准：在层门电气开关导通前，门锁活动挂钩与固定钩锁之间的啮合深度至少为 7 mm；固定及活动锁钩的有效啮合宽度为（2 ± 1）mm；手动开锁装置释放后，门锁应能自动复位。如图 5-39 所示。

（a）层门锁紧机构

（b）三角锁芯

图 5-39　层门锁紧机构及三角锁芯

（22）层门电气联锁锁装置及接线。

时间：4 min。

方法：测试、调整、紧固层门电气联锁装置及接线。

标准：层门门锁触点的随动量不小于（2 ± 0.5）mm；层门主、副门锁动、静触点干净无锈蚀，接触良好；层门主、副门锁动、静触点位置准确，接线牢固可靠。如图 5-40 所示。

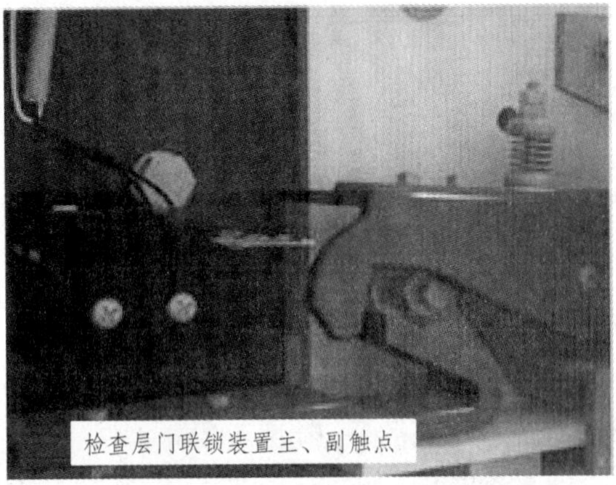

图 5-40　层门电气联锁触点

（23）底坑环境（渗积水）及爬梯。

时间：2 min。

方法：检查、清理底坑环境（渗积水）及爬梯。

标准：进入底坑前应设置安全防护栏和警示标志，层门口安排人员进行监护；检查底坑爬梯，安装应牢固、稳固；检查底坑，应照明工作正常；清洁、清扫底坑卫生，检查有无渗水和积水。如图 5-41 所示。

图 5-41　底坑

（24）底坑停止开关。

时间：1 min。

方法：测试底坑停止开关。

标准：底坑停止开关功能正常，安装位置正确，如图 5-42 所示。

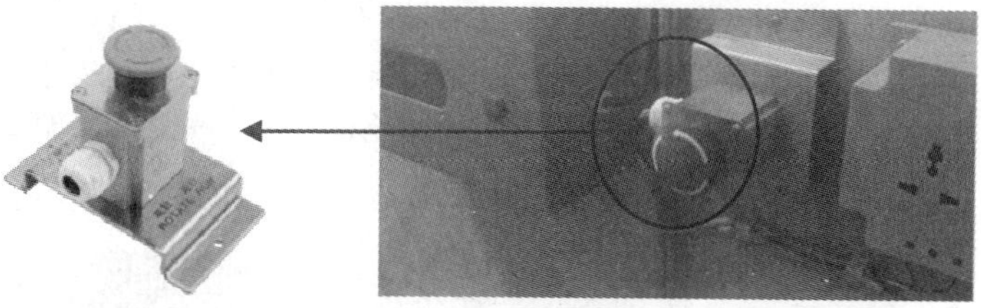

图 5-42　底坑停止开关

（25）电梯起制动及运行舒适感。

时间：3 min。

方法：体感电梯起制动及运行舒适感。

标准：自动模式上、下运行电梯，启动、制动和运行舒适感良好，无异常振动及异响。

（26）电梯平层位置准确性。

时间：1 min。

方法：目测检查电梯平层位置准确性。

标准：电梯正常停站时，轿厢平层位置误差在 5 mm 以内，如图 5-43 所示。

图 5-43　电梯平层（厅门地坎及轿门地坎平齐）

（27）基站停梯控制开关 HOS。

时间：1 min。

方法：测试基站停梯控制开关 HOS。

标准：基站停梯控制开关功能正常，如图 5-44 所示。

图 5-44　基站停梯控制开关

（28）层站紧急操作和测试装置的安装及锁闭状况。

时间：3 min。

方法：检查、测试层站紧急操作和测试装置的安装及锁闭状况。

标准：层站 HIP 检修盒内各开关功能正常；测试 HIP 检修盒内限速器联动操作，功能应正常，钢丝绳完好，并摆放整齐；检查完成后，确认层站 HIP 检修盒锁闭。如图 5-45 所示。

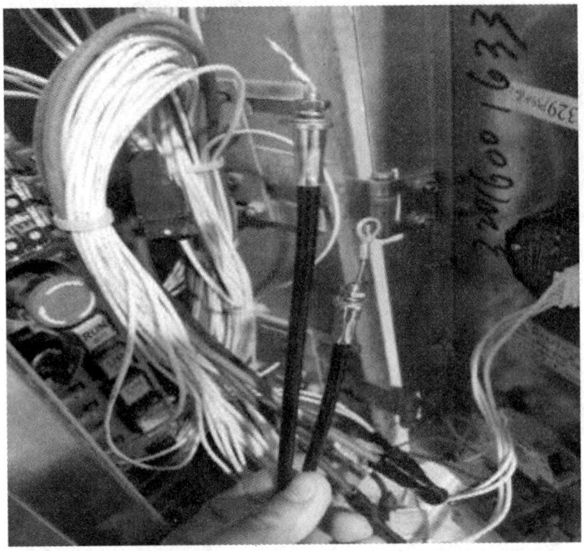

图 5-45 层站 HIP 检修盒

（29）层站紧急操作和测试装置内的各指示等状况。

时间：3 min。

方法：检查层站紧急操作和测试装置内的各指示等状况。

标准：层站 HIP 检修盒内板卡数码管显示正常，板卡指示灯，工作正常；检查操作面板上各指示灯，工作正常。

（30）面板内预习、停止、松闸开关功能。

时间：2 min。

方法：测试面板内预习、停止、松闸开关功能。

标准：层站 HIP 检修盒内紧急松闸功能，功能正常；测试层站 HIP 检修盒内急停开关，功能在正常。

（31）曳引钢丝绳表面。

时间：3 min。

方法：曳引钢丝绳表面检查。

标准：曳引钢丝绳表面无磨损、无断丝、无断股现象；曳引钢丝绳表面无油污，无异物。

（32）REMES 远程监控。

时间：1 min。

方法：检查 REMES 远程监控。

标准：REMES 远程监控系统工作正常。

（33）配电箱内必要标贴。

时间：1 min。

方法：目测检查配电箱内必要安全标贴。

标准：配电箱内安全标贴无缺失。

（34）控制柜内标贴。

时间：1 min。

方法：检查控制柜内标贴。

标准：控制柜内各标志无缺失。

（35）层站安全标贴。

时间：1 min。

方法：目测检查层站安全标贴。

标准：层门三角锁警示标志，无缺失，如图 5-46 所示。

图 5-46　层站安全标贴

（36）三角钥匙上安全标记。

时间：1 min。

方法：目测检查三角钥匙上安全标记。

标准：层门三角钥匙上安全标志，无缺失，如图 5-47 所示。

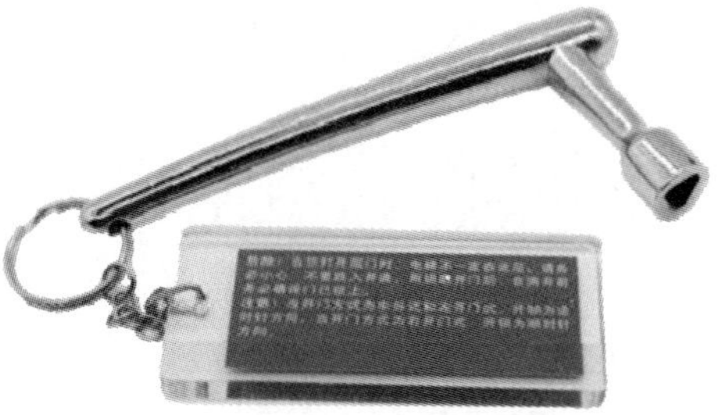

图 5-47　三角钥匙及安全标记

（37）底坑开关处安全标记。

时间：1 min。

方法：目测检查底坑开关处安全标记。

标准：底坑紧急停止开关安全标志，无缺失，如图 5-48 所示。

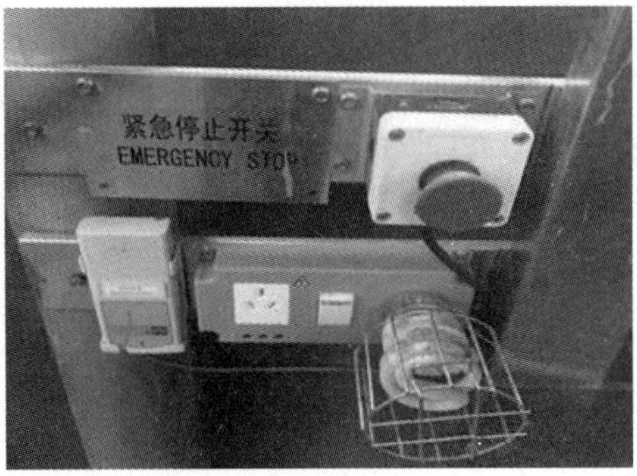

图 5-48　底坑开关及安全标记

（38）轿顶安全灯照明及插座。

时间：1 min。

方法：检查轿顶安全照明灯及插座。

标准：轿顶安全照明灯及插座完好，功能正常，安装牢固可靠、灯具无破损，如图 5-49 所示。

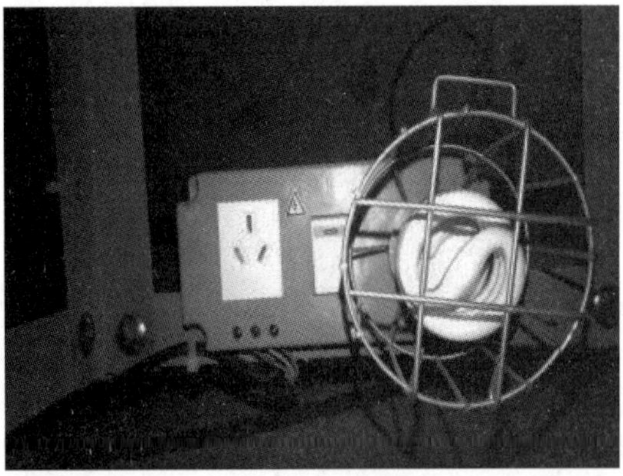
图 5-49　轿顶安全灯照明及插座

（39）工作结束取走所有跨接线。

时间：5 min。

方法：工作结束取走所有跨接线。

标准：工作结束后，检查并拆除留在板子上的短接线，确认设备无任何短接跨接线。

（40）工作结束关闭所有层门。

时间：1 min。

方法：工作结束关闭所有层门。

标准：工作结束后，层门关闭完好。

（41）紧急松闸装置。

时间：2 min。

方法：测试紧急松闸装置。

标准：在断电的情况下，测试紧急电动松闸装置，确保电池供电正常，抱闸正常打开。如下方式检查应急电池功能：① 测量浮充电压 DC 13.5 V；② 测量电池放电电压 DC 12.5 V 是否正常；

③ 检查电池外观有无异常变形、凸出、开裂，接线端处有无氧化，且接线牢固。

（42）收尾工作。

时间：10 min。

方法：清理现场，保持现场清洁和卫生；确认所有急停开关已经复位，关闭检修用照明；试运行 3 次，确认设备运行无异常；撤除保养服务牌或护栏，将电梯投入正常服务；填写检修记录表格并做好定期存档管理；车控室办理销点手续，告知车务人员完成。

三、季　检

1. 条　件

（1）基本人数为 2 人。

（2）人员应有相应的资质。

2. 工器具

卷尺 1 把、开口扳手 1 套、内六角扳手 1 套、钢丝钳 2 把、套筒扳手 1 套、塞尺 1 把。

3. 材　料

抹布 1 条。

4. 安全要点

（1）委外维保单位人员，应持《电梯维修证》《施工证》上岗，并且证件在有效期内。

（2）所有人员必须遵章守纪，并按要求穿安全鞋、戴安全帽等安全防护品。

（3）熟知危险源，掌握管控措施，如表 5-4 所示。

表 5-4　危害编号、危害说明、位置、管控措施

序号	危害编号	危害说明	位置	管控措施
1	JD/01/017	电梯应急电源失效，造成松抱闸功能失效	车站出入口/公共区	（1）按照规程对电梯进行双周检，对点抱闸动功能进行测试； （2）应急电源纳入双周检修内容，发现存在问题的应急电源立即更换； （3）车站发现电梯故障及时报修，现场隔离引导乘客
2	JD/01/018	轿厢坠落导致设备受损及人员受伤	车站出入口/公共区	（1）按照规程对电梯进行双周检，检查抱闸、钢丝绳及限位开关； （2）检修中发现存在问题的元器件立即进行更换
3	JD/01/019	电梯发生故障冲顶，造成设备损害	车站出入口/公共区	（1）按照规程对电梯进行双周检，检查限位开关、编码器、变频器； （2）检修中发现存在问题的元器件立即进行更换

（4）设备维护时，禁止双脚跨站在电梯轿厢门与层门、轿厢顶与井道结构之间。

（5）检查设备机械旋转部位时（如曳引轮、反绳轮、限速器绳轮、皮带轮、张紧轮、滑轮组），必须确认电梯已处于停止状态，电源已断开，防止机械旋转部位造成人身伤害。

（6）工作时与带电导体至少保持 0.7 m 的安全距离，防止触电。

（7）禁止在轿厢顶、井道底坑交叉，防止坠物伤人。

（8）需身体探出轿厢顶范围外进行检查时，应停止设备运行，按压两个以上轿厢顶安全回路开关，佩戴安全带，确认设备已无法运行后，再进行检查。

5. 检修项目的步骤、方法和标准

（1）检修前准备。

时间：5 min。

方法：办理请点手续；召集所有人员召开班前会并完成安全交底；在电梯每层出入口设置安全防护，防止乘客误入。

（2）曳引机油量。

时间：2 min。

方法：检查曳引机油量。

标准：曳引机应温度正常，且清洁良好、无杂物； 检查各油管是否有漏油现象、并根据主机型号进行加油。如图 5-50 所示。

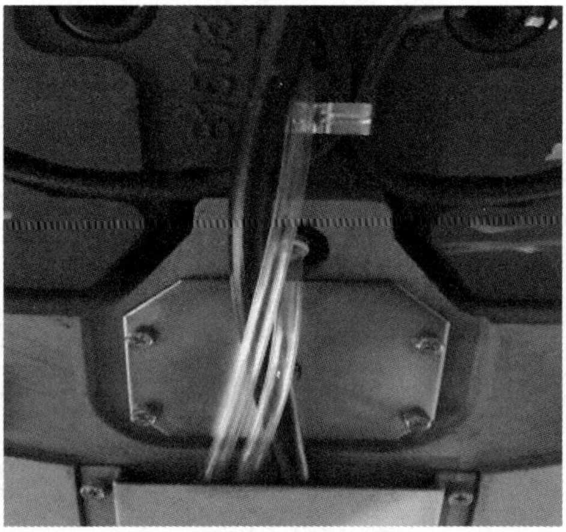

图 5-50　曳引机油管

（3）曳引轮、导向轮转轴部、曳引轮绳槽。

时间：5 min。

方法：检查、测量曳引轮、导向轮转轴部、曳引轮绳槽，断开主电源后，人员系安全带进行下列检查。

标准：曳引机、曳引轮的轴承无异常噪声或振动；曳引机安装座及周边各螺丝紧固，定位线无移位，螺丝紧固无松动；防振橡胶应良好、无裂纹；曳引轮的润滑状态，应按照铭牌要求进行润滑；曳引轮的防护装置安装紧固、无缺失、无异常摩擦；所有电气连接的安全性和状态良好；编码器的状况无异响，安装紧固。如图 5-51 所示。

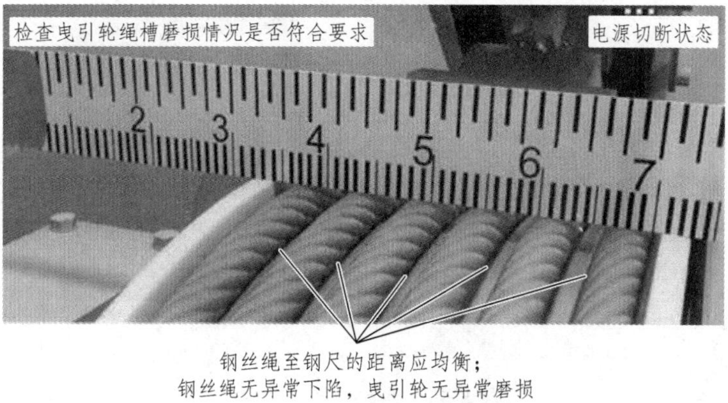

图 5-51　曳引轮绳槽测量示意

（4）限速器轮槽、限速器钢丝绳。

时间：5 min。

方法：检查限速器轮槽、限速器钢丝绳。

标准：限速器轮的磨损状态好和转动噪声无异常；限速器轴、销部位的润滑，按照要求进行润滑；限速器校验封记（铅封）良好，无缺失，无松动；限速器电气开关触点及接线正常，功能有效；限速器远程控制动作及开关复位功能正常；清洁限速器钢丝绳及滑轮油污；限速器钢丝绳无断丝、无断股；滑轮无异常磨损；限速器固定螺丝紧固，无松动，螺丝定位线无移位；必要时清洁和润滑限速器钢丝绳；在 HIP 检修盒内拉动限速器钢丝绳，测试限速器动作及复位功能，功能应正常。如图 5-52 所示。

图 5-52　限速器

（5）轿厢上滑动导靴、滚轮导靴。

时间：5 min。

方法：检查轿厢上滑动导靴、滚轮导靴。

标准：检查靴衬的磨损情况，靴衬磨损严重，间隙过大应进行更换；检查油盒的油位，必要时更换或添加导轨油；导靴的靴衬侧面与导轨间隙为 0.5 ~ 1 mm；滑动导靴靴衬与导轨顶面无间隙，必要时进行调整；导靴与轿厢架的螺丝紧固，无松动；检查导轨润滑情况，清理靴衬内的污渍。如图 5-53 所示。

（a）滑动导靴

（b）油盒

图 5-53　滑动导靴、油盒

（6）对重、滑动导靴、滚轮导靴。

时间：5 min。

方法：检查对重、滑动导靴、滚轮导靴。

标准：检查靴衬的磨损情况，靴衬磨损严重，间隙过大应进行更换；检查油盒的油位，必要时更换或添加导轨油；导靴的靴衬侧面与导轨间隙为 0.5 ~ 1 mm；滑动导靴靴衬与导轨顶面无间隙，必要时进行调整；导靴与对重框架的螺丝紧固，无松动；检查导轨润滑情况，清理靴衬内的污渍。

（7）曳引钢丝绳张紧力。

时间：5 min。

方法：检查、测量曳引钢丝绳张紧力。

标准：各曳引钢丝绳之间的张力误差不大于 5%；曳引钢丝绳张紧力不均时，须及时调整，并反复确认。

（8）轿厢下滑动导靴、滚轮导靴。

时间：5 min。

方法：检查轿厢下滑动导靴、滚轮导靴。

标准：检查靴衬的磨损情况，靴衬磨损严重，间隙过大应进行更换；检查油盒的油位，必要时更换或添加导轨油；导靴的靴衬侧面与导轨间隙为 0.5 ~ 1 mm；滑动导靴靴衬与导轨顶面无间隙，必要时进行调整；导靴与轿厢架、对重框架的螺丝紧固，无松动；检查导轨润滑情况，清理靴衬内的污渍。如图 5-54 所示。

图 5-54　轿厢下滑动导靴

（9）轿厢及对重缓冲器。

时间：5 min。

方法：检查轿厢及对重缓冲器。

标准：缓冲器电气开关安装及接线牢固，开关功能有效；缓冲器与底座固定螺栓紧固；检查柱塞有无异常锈蚀；检查缓冲器油位，油位不足须进行添加。如图 5-55 所示。

（a）缓冲器底坑安装位置

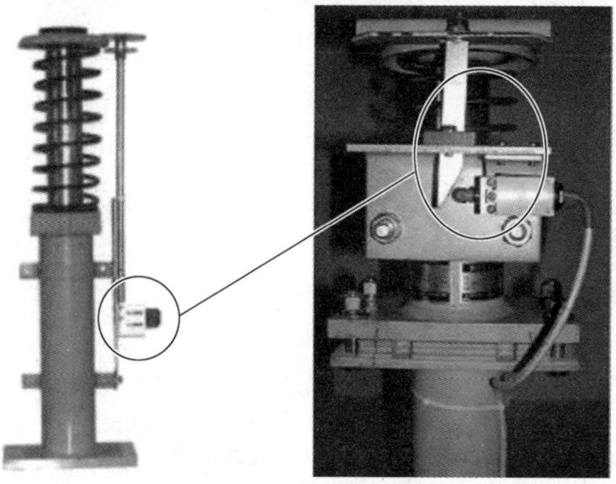

（b）缓冲器及电气开关

图 5-55　对重缓冲器

（10）限速器张紧轮及开关。

时间：3 min。

方法：检查限速器张紧轮及开关。

标准：检查及调整限速器钢丝绳；测试张紧装置开关动作时，电梯应停止运行；限速器固定支架、张紧轮螺丝，牢固可靠；限速器钢丝绳无磨损、无断丝断股；清理限速器张紧轮、限速器钢丝绳污渍。如图 5-56 所示。

（11）消防运行或火灾应急返回。

时间：2 min。

方法：测试消防运行或火灾应急返回。

标准：消防运行或火灾应急返回，功能正常。

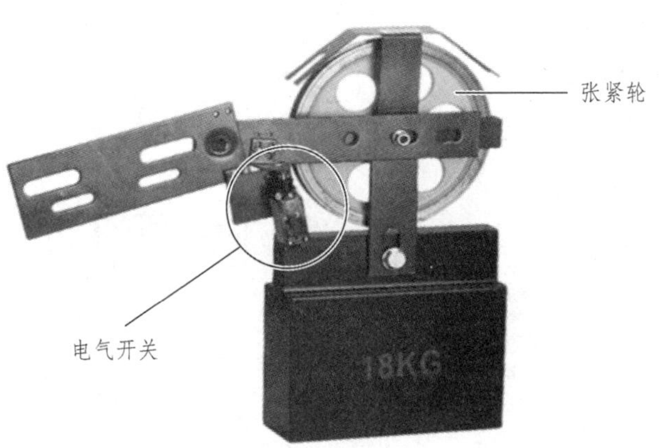

图 5-56　限速器张紧轮及电气开关

（12）层门挂板导轨、滑轮及上压滚轮。

时间：2 min。

方法：检查层门挂板导轨、滑轮及上压滚轮。

标准：层门开关门过程平稳运行，无异常磨损和噪声；门挂板滑动无卡滞和异响；层门地坎和门导轨，无异常变形和磨损；门挂板上压滚轮与门导轨下端面的间隙为 0.2 ~ 0.5 mm；层门门锁滚轮与轿厢地坎的间隙为 7 ~ 9 mm。如图 5-57 所示。

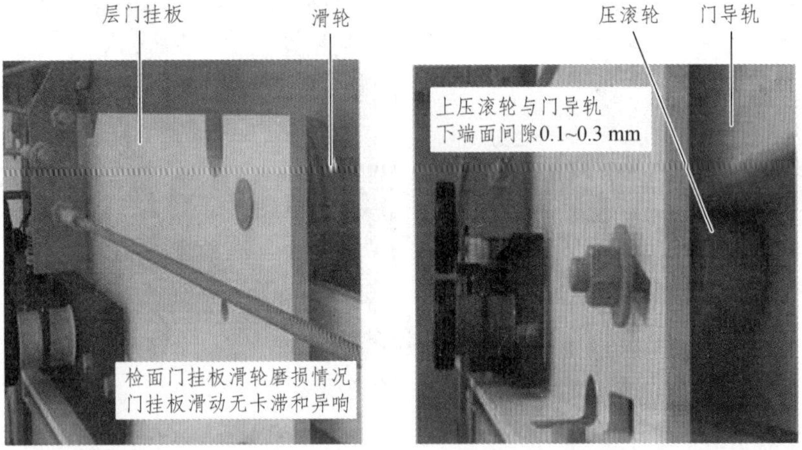

图 5-57　层门挂板导轨、滑轮及上压滚轮

（13）层门传动钢丝绳及张紧力。

时间：3 min。

方法：检查层门传动钢丝绳及张紧力。

标准：钢丝绳与防跳装置的间隙为 1 ~ 2 mm；层门强迫关门装置动作正常；紧固层门传动钢丝绳绳头连接丝杆螺栓紧固；检查及测试层门传动钢丝绳的张紧力是否符合要求；层门传动钢丝绳完好，无断丝、无磨损、无缠绕；层门传动钢丝绳绳头及连接丝杆连接正确，无松脱；层门传动钢丝绳端部开口销安装正确，无缺失。如图 5-58 所示。

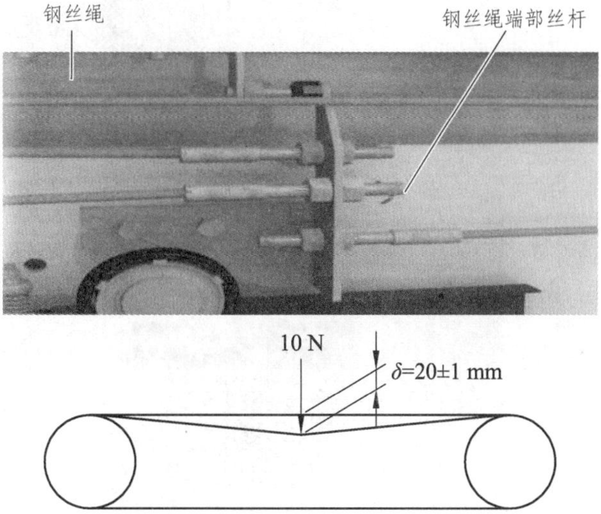

图 5-58　层门传动钢丝绳及张力示意

（14）控制柜蓄电池充放电回路。

时间：3 min。

方法：检查控制柜蓄电池充放电回路。

标准：控制柜蓄电池充放电回路，线路紧固无松脱；蓄电池电压正常；电池外观无异常变形、凸出、开裂，接线端处无氧化，且接线牢固。如图 5-59 所示。

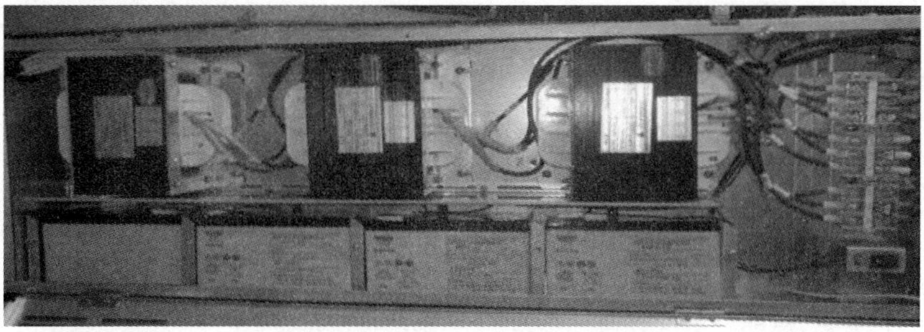

图 5-59　控制柜蓄电池充放电线路

（15）AS 司机服务。

时间：1 min。

方法：测试 AS 司机服务。

标准：轿厢内检修盒内各电气安全装置功能有效、动作可靠；AS 司机服务功能正常。如图 5-60 所示。

（16）IND 独立运行。

时间：1 min。

方法：测试 IND 独立运行。

标准：轿厢内检修盒内各电气安全装置功能有效、动作可靠；IND 独立运行功能正常。

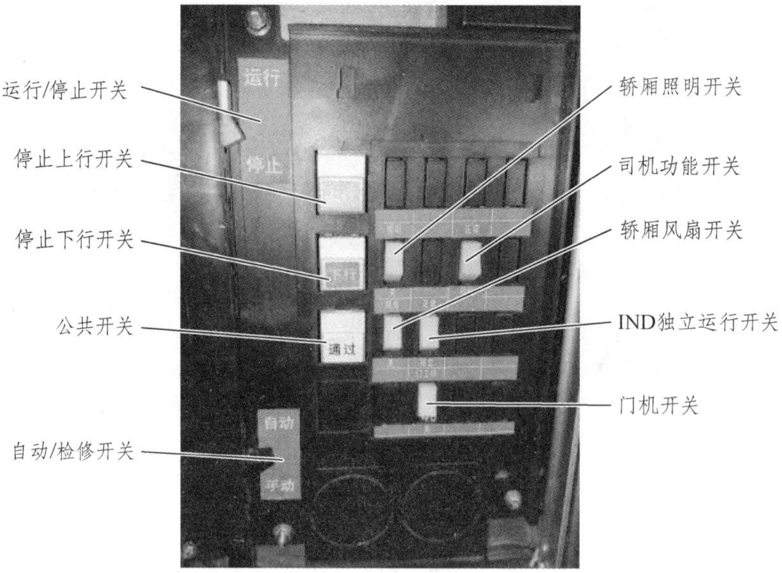

图 5-60　轿厢内检修盒

（17）风扇/照明自动关闭。

时间：1 min。

方法：测试风扇/照明自动关闭。

标准：轿厢内检修盒内各电气安全装置功能有效、动作可靠；轿厢风扇/照明自动关闭功能正常。

（18）警铃及内部通话装置。

方法：测试警铃及内部通话装置。

时间：1 min。

标准：警铃及五方对讲通话装置功能正常；检查五方对讲通话装置蓄电池及板卡，确认线路紧固无松脱，蓄电池电压正常；电池外观无异常变形、凸出、开裂，接线端处无氧化，且接线牢固。如图 5-61 所示。

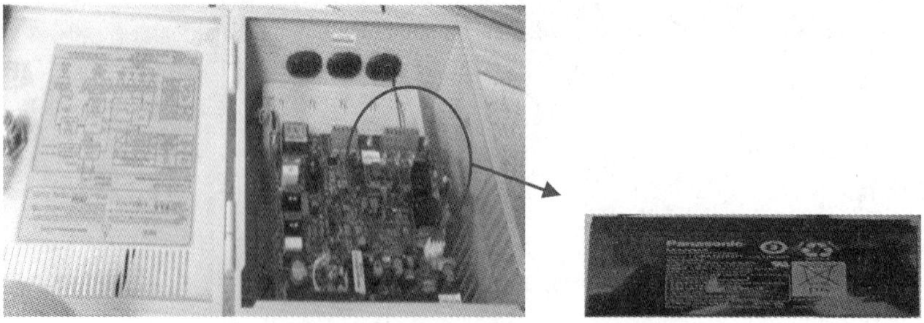

图 5-61　五方对讲通话装置接线板及蓄电池

（19）超载报警。

时间：2 min。

方法：测试超载报警功能。

标准：当轿厢内人员超过额定重力时轿厢内会发出报警声音，并显示超载，层门及轿门打开，电梯不运行；超载报警功能正常。

（20）自动语音报站装置。

时间：1 min。

方法：检查自动语音报站装置。

标准：轿厢自动语音报站装置声音清晰、音量适中、播报正确。

（21）再平层。

时间：2 min。

方法：测试再平层功能。

标准：测试轿厢再平层功能，功能正常。

（22）基站停梯控制 HOS。

时间：1 min。

方法：测试基站停梯控制 HOS 功能。

标准：测试基站停梯控制 HOS 功能正常；停梯锁完好。

（23）其他所配功能。

时间：2 min。

方法：测试其他所配功能。

标准：工作正常。

（24）收尾工作。

时间：10 min。

方法：清理现场，保持现场清洁和卫生；确认所有急停开关已复位，关闭检修用照明；试运行 3 次，确认设备运行无异常；撤除保养服务牌或护栏，将电梯投入正常服务；填写检修记录表格并做好定期存档管理；车控室办理销点手续，告知车务人员完成。

四、半年检

1. 条　件

（1）基本人数为 2 人。

（2）人员应有相应的资质。

2. 工器具

卷尺 1 把、开口扳手 1 套、内六角扳手 1 套、钢丝钳 2 把、套筒扳手 1 套、塞尺 1 把。

3. 材　料

抹布 1 条。

4. 安全要点

（1）委外维保单位人员，应持《电梯维修证》《施工证》上岗，并且证件在有效期内。

（2）所有人员必须遵章守纪，并按要求穿安全鞋、戴安全帽等安全防护品。

（3）熟知危险源，掌握管控措施，如表 5-5 所示。

表 5-5　危害编号、危害说明、位置、管控措施

序号	危害编号	危害说明	位置	管控措施
1	JD/01/017	电梯应急电源失效，造成松抱闸功能失效	车站出入口/公共区	（1）按照规程对电梯进行双周检，对点抱闸动功能进行测试； （2）应急电源纳入双周检修内容，发现存在问题的应急电源立即更换； （3）车站发现电梯故障及时报修，现场隔离引导乘客
2	JD/01/018	轿厢坠落导致设备受损及人员受伤	车站出入口/公共区	（1）按照规程对电梯进行双周检，检查抱闸、钢丝绳及限位开关； （2）检修中发现存在问题的元器件立即进行更换
3	JD/01/019	电梯发生故障冲顶，造成设备损害	车站出入口/公共区	（1）按照规程对电梯进行双周检，检查限位开关、编码器、变频器； （2）检修中发现存在问题的元器件立即进行更换

（4）设备维护时，禁止双脚跨站在电梯轿厢门与层门、轿厢顶与井道结构之间。

（5）检查设备机械旋转部位时（如曳引轮、反绳轮、限速器绳轮、皮带轮、张紧轮、滑轮组），必须确认电梯已处于停止状态，电源已断开，防止机械旋转部位造成人身伤害。

（6）工作时与带电导体至少保持 0.7 m 的安全距离，防止触电。

（7）禁止在轿厢顶、井道底坑交叉，防止坠物伤人。

（8）需身体探出轿厢顶范围外进行检查时，应停止设备运行，按压两个以上轿厢顶安全回路开关，佩戴安全带，确认设备已无法运行后，再进行检查。

5. 检修项目的步骤、方法和标准

（1）检修前准备。

时间：5 min。

方法：办理请点手续；召集所有人员召开班前会并完成安全交底；在电梯每层出入口设置安全防护，防止乘客误入。

（2）电动机和制动器接线盒。

时间：5 min。

方法：检查电动机和制动器接线盒；断开主电源后，人员系安全带进行下列检查。

标准：曳引机和制动器接线紧固可靠，无松动；清洁曳引机和制动器灰尘及杂物，卫生良好；检查曳引机、曳引轮的轴承有无异常噪声或振动；检查曳引机、曳引轮的润滑状态，按照铭牌要求进行润滑；检查制动闸瓦是否有异常磨损；松闸时制动轮与闸瓦表面不发生摩擦，间隙均匀且不大于 0.12 mm；检查并清洁制动轮，禁止油类或异物粘在制动轮表面；定期进行制动试验，确认符合要求。如图 5-62 所示。

（3）BK 触点及动作距离。

时间：5 min。

方法：检查 BK 触点及动作距离。

标准：制动器的制停状态正常、触点打开及闭合灵活可靠。

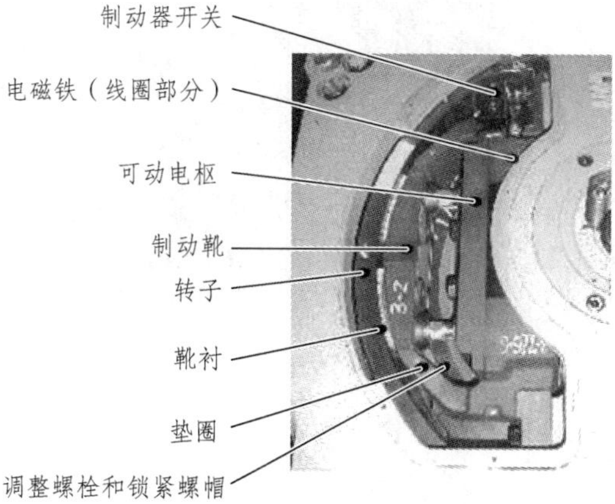

图 5-62　制动器及部件

（4）限速器校验封记。

时间：2 min。

方法：目测检查限速器校验封记。

标准：限速器校验封记完好。

（5）限速器电气开关触点及接线。

时间：5 min。

方法：检查限速器触点及接线。

标准：限速器开关接线可靠；开关触点接触良好；手动检查开关是否动作正常。如图 5-63 所示。

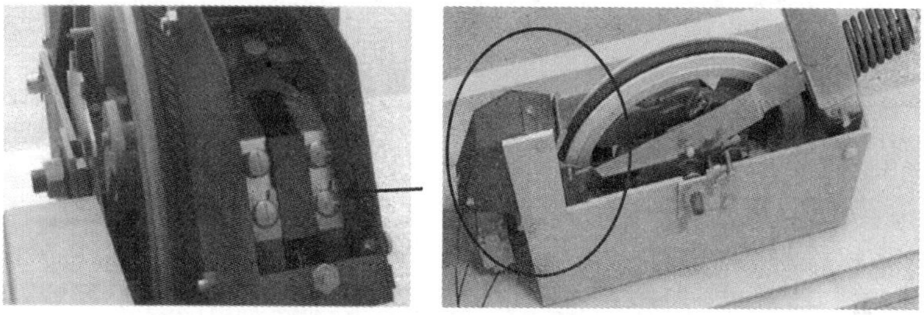

图 5-63　限速器电气开关及触点

（6）控制屏各挡工作电压及各仪表。

时间：3 min。

方法：检查控制屏各挡工作电压及各仪表。

标准：控制屏各挡工作电压及各仪表工作正常；保险丝（空气开关）、电压和接地回路状态正常。如图 5-64 所示。

图 5-64　控制屏电压测量位置

控制屏各挡工作电压，如表 5-6 所示。

表 5-6　控制屏各挡工作电压

回路类型	测量端子	标准电压值	允许偏差
主电源	Hp、H1、H2 Xp、X1、X2	380 ~ 399 V 400 ~ 420 V	±5%
制动器、接触器、继电器开关组件	420－400（接线端子）	DC 48.5 V	48.5（1±5%）V
板卡各工作电源	－12V－GND（P1 印板）	DC－12 V	－12（1±10%）V
	+12V－GND（P1 印板）	DC +12 V	+12（1±10%）V
	+5V－GND（P1 印板）	DC +5 V	+5（1±5%）V
照明	LG1－LG2（接线端子）	AC 220 V （国产照明器具）	210 ~ 230 V
电池充电回路在连接电池组之前测量	BP+－BOON （ELD 开关二次侧）	DC 55 V	54 ~ 56 V

（7）控制屏电源及接线端子。

时间：5 min。

方法：检查控制屏电源及接线端子。

标准：控制屏电源电压测量正常；断开主电源及各控制回路电源，紧固各接线端子；各接线端子、接插件无松动，安装牢固可靠。如表 5-7 所示。

表 5-7　控制屏测量端子电源电压

回路类型	测量端子	标准电压值	允许偏差
主电源	Hp、H1、H2 Xp、X1、X2	380 ~ 399 V 400 ~ 420 V	±5%

（8）轿顶轮、对重轮安装及转轴部。

时间：5 min。

方法：检查轿顶轮、对重轮安装及转轴部。

标准：轿顶轮、对重轮运转无异常噪音，对轴承进行必要的润滑；轿顶轮、对重轮绳槽无异常磨损情况；轿顶轮、对重轮各安装螺丝和开口销，无松动、无缺失；清洁轿顶轮、对重轮油污及杂物，防止异物进入绳与绳槽之间。如图 5-65 所示。

图 5-65　对重轮

（9）钢丝绳绳头部件及称量装置。

时间：3 min。

方法：检查钢丝绳绳头部件及称量装置。

标准：曳引钢丝绳表面无磨损、无断丝断股情况；曳引绳悬挂系统绳端固定牢固可靠，弹簧、螺母、开口销部件无缺损。如图 5-66 所示。

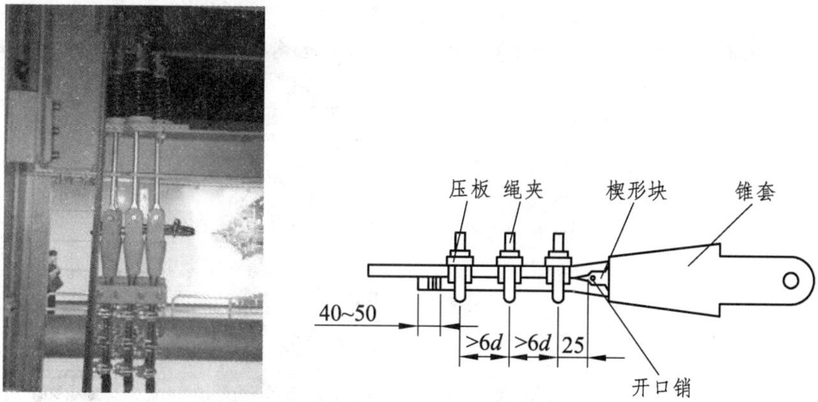

图 5-66　钢丝绳绳头部件（d —钢丝绳直径，单位：mm）

（10）曳引钢丝绳、补偿绳磨损断丝情况。

时间：5 min。

方法：检查曳引钢丝绳、补偿绳磨损断丝情况。

标准：曳引钢丝绳表面无磨损、无断丝断股的情况；各曳引钢丝绳之间的张紧力误差不大于 5%；曳引钢丝绳张紧力不均时，须及时调整，并反复确认；曳引绳绳端固定可靠，制作符合要求。弹簧、螺母、开口销部件无缺损；清洁各条钢丝绳表面油污及异物；钢丝绳应干燥，适当润滑曳引钢丝绳。

（11）终端减速、限位、极限开关。

时间：5 min。

方法：检查终端减速、限位、极限开关。

标准：各终端减速、限位、极限开关工作测试正常；各开关滚轮表面和撞弓边缘距离至少为 10 mm，开关接线盒与撞弓之间的距离为（58 ± 2）mm；滚轮无磨损；开关触点无氧化，接线端子紧固无松脱；滚轮轴处动作灵活可靠。如图 5-67 所示。

图 5-67　极限开关

（12）井道内电缆、分支箱、接线箱。

时间：5 min。

方法：检查井道内电缆、分支箱、接线箱。

标准：随行电缆挂线架安装牢固；电缆防勾部件安装牢固；层站电源盒固定可靠、罩盖完整电源盒输入输出接线良好；井道电缆线布线及固定可靠、分支箱安装牢固、罩盖完整分支箱内部线缆接头良好。如图 5-68 所示。

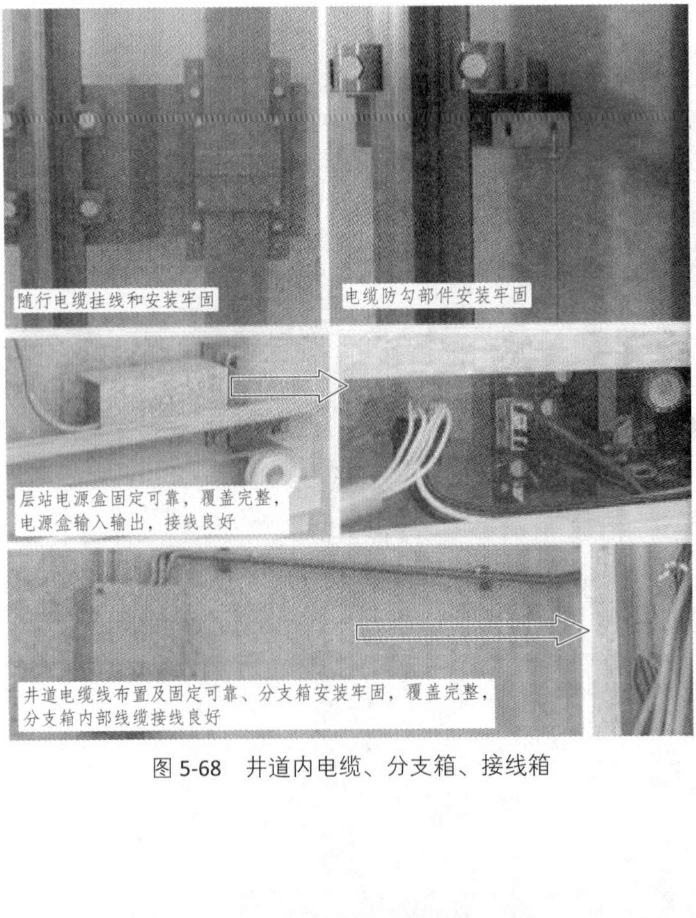

图 5-68　井道内电缆、分支箱、接线箱

（13）层门、轿门门扇。

时间：5 min。

方法：检查层门、轿门门扇。

标准：层门、轿门外观无凹陷、无凸出等异常情况；层门、轿门关闭时中间缝隙为 0 ~ 2 mm；测量层门、轿门门扇之间、门扇与立柱和门楣之间的间隙为 4 ~ 6 mm；测量门扇与地坎的间隙为 3 ~ 6 mm。如图 5-69 所示。

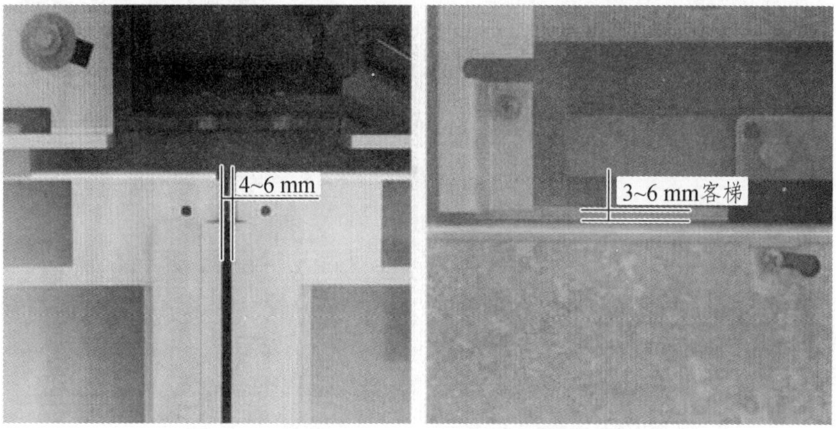

图 5-69　层门、轿门门扇

（14）对重缓冲距。

时间：3 min。

方法：测量对重缓冲距。

标准：测量对重至缓冲器距离，并进行调整，符合 GB 7588—2003《电梯制造与安装安全规范》的要求，如图 5-70 所示。

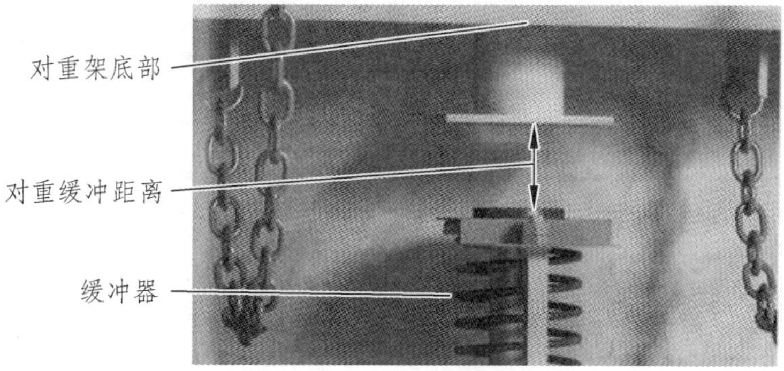

图 5-70　对重缓冲距示意

（15）安全钳及电气开关。

时间：5 min。

方法：检查、测试安全钳及电气开关。

标准：安全钳各安装螺栓及开口销紧固、无缺失；安全钳电器开关工作正常，接线牢固可靠；安全钳楔块与导轨侧面的间隙符合要求。如图 5-71 所示。

（a）安全钳联动装置

（b）联动装置的电气开关

图 5-71　安全钳联动装置及电气开关

（16）补偿链（绳）及补偿链（绳）吊架。

时间：4 min。

方法：检查补偿链（绳）及补偿链（绳）吊架。

标准：补偿链及其挂臂，各螺丝及开口销紧固，无松动；补偿链吊架及导承完好，无缺失、固定可靠；试运行电梯上、下运行，确认补偿链无异响；补偿链距离地面之间距离符合要求。如图 5-72 所示。

图 5-72　补偿链

（17）停电应急停靠装置。

时间：2 min。

方法：测试停电应急停靠装置。

标准：测试停电、电梯就近平层功能，工作正常。

（18）轿底反绳轮。

时间：5 min。

方法：检查轿底反绳轮。

标准：轿底反绳轮运转无异常噪声，对轴承进行必要的润滑；轿底反绳轮绳槽无异常磨损情况；轿底反绳轮各安装螺丝和开口销紧固，无松动、无缺失；清洁轿底反绳轮油污及杂物，防止异物进入绳与绳槽之间。如图 5-73 所示。

（19）收尾工作。

时间：10 min。

方法：清理现场，保持现场清洁和卫生；确认所有急停开关已复位，关闭检修用照明；试运行 3 次，确认设备运行无异常。撤除保养服务牌或护栏，将电梯投入正常服务；填写检修记录表格并做好定期存档管理；车控室办理销点手续，告知车务人员完成。

图 5-73　轿底反绳轮

五、年　检

1. 条　件

（1）基本人数为 2 人 。

（2）人员应有相应的资质。

2. 工器具

卷尺 1 把、开口扳手 1 套、内六角扳手 1 套、钢丝钳 2 把、套筒扳手 1 套、塞尺 1 把。

3. 材　料

抹布 1 条。

4. 安全要点

（1）委外维保单位人员，应持《电梯维修证》《施工证》上岗，并且证件在有效期内。

（2）所有人员必须遵章守纪，并按要求穿安全鞋、戴安全帽等安全防护品。

（3）熟知危险源，掌握管控措施，如表 5-8 所示。

表 5-8　危害编号、危害说明、位置、管控措施

序号	危害编号	危害说明	位置	管控措施
1	JD/01/017	电梯应急电源失效，造成松抱闸功能失效	车站出入口/公共区	（1）按照规程对电梯进行双周检，对点抱闸动功能进行测试； （2）应急电源纳入双周检修内容，发现存在问题的应急电源立即更换； （3）车站发现电梯故障及时报修，现场隔离引导乘客
2	JD/01/018	轿厢坠落导致设备受损及人员受伤	车站出入口/公共区	（1）按照规程对电梯进行双周检，检查抱闸、钢丝绳及限位开关； （2）检修中发现存在问题的元器件立即进行更换
3	JD/01/019	电梯发生故障冲顶，造成设备损害	车站出入口/公共区	（1）按照规程对电梯进行双周检，检查限位开关、编码器、变频器； （2）检修中发现存在问题的元器件立即进行更换

（4）设备维护时，禁止双脚跨站在电梯轿厢门与层门、轿厢顶与井道结构之间。

（5）检查设备机械旋转部位时（如曳引轮、反绳轮、限速器绳轮、皮带轮、张紧轮、滑轮组），必须确认电梯已处于停止状态，电源已断开，防止机械旋转部位造成人身伤害。

（6）工作时与带电导体至少保持 0.7 m 的安全距离，防止触电。

（7）禁止在轿厢顶、井道底坑交叉，防止坠物伤人。

（8）需身体探出轿厢顶范围外进行检查时，应停止设备运行，按压两个以上轿厢顶安全回路开关，佩戴安全带，确认设备已无法运行后，再进行检查。

5. 检修项目的步骤、方法和标准

（1）检修前准备。

时间：5 min。

方法：办理请点手续；召集所有人员召开班前会并完成安全交底；在电梯每层出入口设置安全防护，防止乘客误入。

（2）制动臂闸瓦、制动臂分解保养。

时间：5 min。

方法：检查制动臂闸瓦、制动臂。

标准：检查制动闸瓦是否有异常磨损，紧固制动臂各螺丝；松闸时制动轮与闸瓦表面不发生摩擦，间隙均匀且不大于 0.7 mm；检查并清洁制动轮，禁止油类或异物粘上制动轮表面；检查制动器的制停状态和触点打开及闭合是否灵活可靠；进行制动力试验，确认符合要求。

（3）曳引机及周边各安装螺栓。

时间：5 min。

方法：检查、紧固曳引机及周边各安装螺栓，须断开主电源后，人员系安全带进行下列检查。

标准：清洁曳引机和制动器灰尘及杂物，卫生良好；检查曳引机安装座和安全性，无异常情况；检查、紧固曳引机及周边各安装螺栓；检查防振橡胶的干燥和裂缝；检查电动机、曳引轮的轴承有无异常噪声或振动。

（4）上行超速保护装置试验。

时间：2 min。

方法：测试上行超速保护装置试验。

标准：上行超速保护装置各部件完好，无缺失；测试上行超速保护装置功能可靠。

（5）限速器与安全钳联动试验。

时间：3 min。

方法：测试限速器与安全钳联动试验。

标准：测试限速器与安全钳联动试验，功能可靠。

（6）控制屏接触器、继电器触点。

时间：4 min。

方法：检查控制屏接触器、继电器触点。

标准：控制屏内各接触器、继电器外观无损坏；接触器、继电器触点良好，无氧化、无拉弧现象，触点无烧蚀；各接触器、继电器线圈动作正常，各接线端子紧固无松动。如图 5-74 所示。

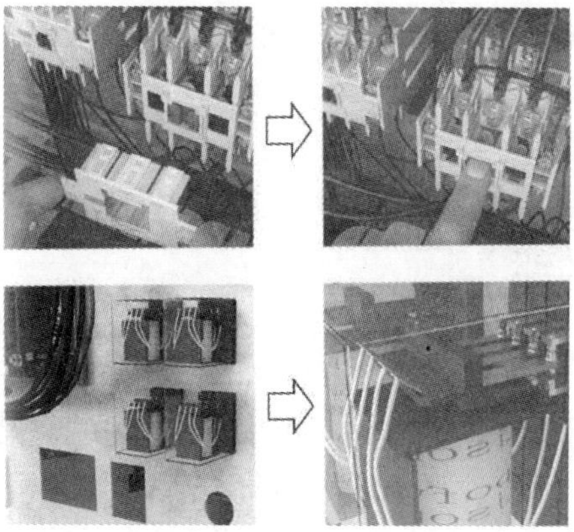

图 5-74 控制屏接触点及继电器触点检查

（7）控制屏各部件。

时间：4 min。

方法：检查控制屏各部件。

标准：控制屏整体外观完好；控制屏内各部件固定良好，风扇功能正常；控制屏内各接线牢固、整齐。如图 5-75 所示。

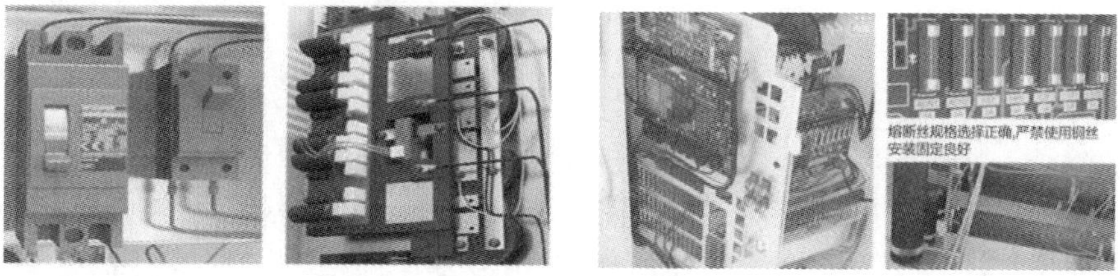

图 5-75 控制屏接线检查

（8）层高数据及称量数据更新。

时间：5 min。

方法：层高数据及称量数据更新。

标准：更新层高数据，并写入寄存器；更新称量数据，并写入寄存器。

（9）导电回路绝缘性能测试。

时间：5 min。

方法：检查导电回路绝缘性能，并测试。

标准：所有零部件清洁、无破损和腐蚀；每个通电导体与地之间的绝缘电阻：动力电路、照明电路和电气安全装置等电路不小于 0.5 MΩ；电气元件标志和导线端子编号或接插件编号清晰；零线和接地线应始终分开。如表 5-9 所示。

表 5-9 导电回路电压、电阻对应值

标称电压/V	测试电压（直流）/V	绝缘电阻/MΩ
安全电压	250	≥0.25
≤500	500	≥0.50
>500	1 000	≥1.00

（10）轿顶站接线、应急灯电源。

时间：5 min。

方法：检查轿顶站接线、应急灯电源。

标准：轿顶各线缆、接线牢固、整齐；测试轿厢内应急灯功能正常。

（11）轿顶、轿厢架及附件安装螺栓。

时间：5 min。

方法：检查、紧固轿顶、轿厢架及附件安装螺栓。

标准：轿厢架各连接螺栓紧固，无松动、无缺失；轿顶减振橡胶固定螺栓紧固，无松动、无缺失；轿壁板固定螺丝紧固，无松动、无缺失；轿顶部件各安装螺丝紧固，无松动、无缺失。如图 5-76 所示。

图 5-76　轿顶、轿厢架及附件螺栓安装示意

（12）支架、导轨、平层感应板安装。

时间：10 min。

方法：检查、紧固支架、导轨、平层感应板安装。

标准：导轨支架和导轨压板固定螺丝紧固，无松动、无缺失；导轨连接板螺栓固定螺丝紧固，无松动、无缺失；各层平层感应板固定螺丝紧固，无松动、无缺失；平层感应板无异常扭曲；平层感应器与各层感应板之间的间隙良好。如图 5-77 所示。

（a）导轨支架

（b）导轨压板

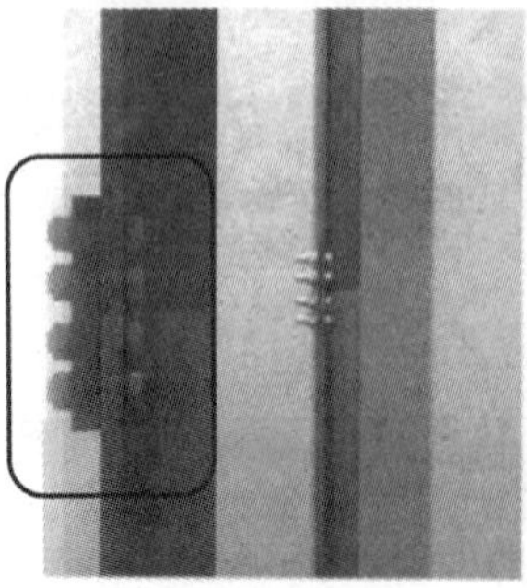

（c）导轨连接板

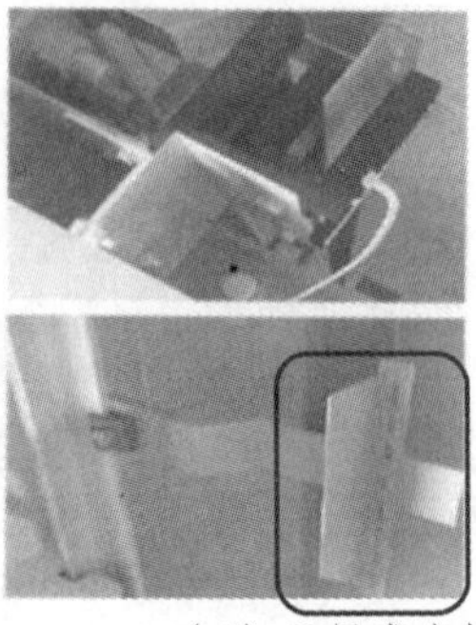

（d）平层感应板

图 5-77　支架及压板、导轨连接板、平层感应板安装示意

（13）轿底、轿厢架、安全钳座及附件安装螺栓。

时间：5 min。

方法：检查、紧固轿底、轿厢架、安全钳座及附件安装螺栓。

标准：轿底减振胶及各螺栓紧固，无松动、无缺失；轿底限位螺栓间隙正常；终端开关撞弓安装螺栓及轿厢架立柱固定螺栓紧固，无松动、无缺失；轿壁固定螺丝紧固，无松动、无缺失；轿厢护脚板固定螺栓紧固，无松动、无缺失。如图 5-78 所示。

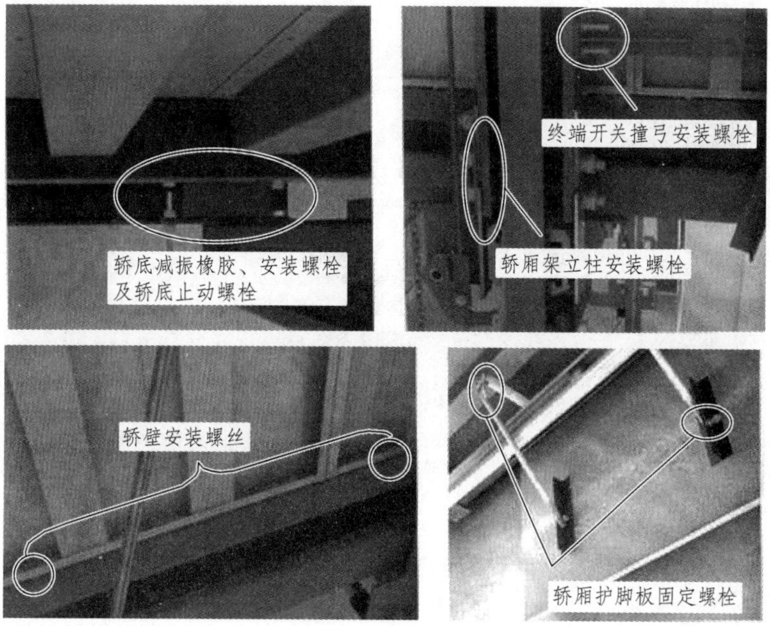

图 5-78　轿底、轿厢架、安全钳座及附件螺栓安装示意

（14）随行电缆及其挂线架。

时间：5 min。

方法：检查、紧固随行电缆及其挂线架。

标准：随行电缆及挂线架无松动；随行电缆弯曲半径符合要求；测试电梯上下运行，随行电缆运行平稳、无异常摆动、无刮蹭井道其他部件。如图 5-79 所示。

（a）随行电缆

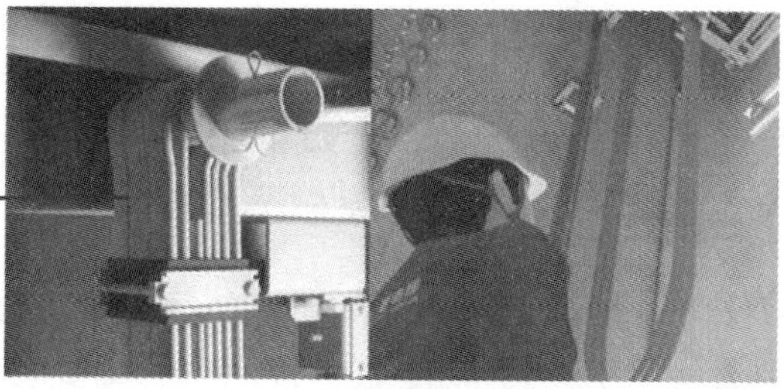

（b）随行电缆挂线架

图 5-79　随行电缆及其挂线架

（15）制动器力矩调整螺栓及锁紧螺母。

时间：5 min。

方法：检查、紧固制动器力矩调整螺栓及锁紧螺母。

标准：制动器锁紧螺母紧固，无松动；根据测试制动器力矩的数据，制动力矩调整螺栓及锁紧螺母。

（16）限速器控制动作及开关复位。

时间：3 min。

方法：检查、测试限速器控制动作及开关复位。

标准：限速器控制、动作及开关复位功能可靠。

（17）制动器力矩确认。

时间：5 min。

方法：测试制动器力矩确认。

标准：电梯正常运行时制动器力矩可靠，如表 5-10 所示。

表 5-10　额定载重及验证值

额定载重	验证值		
	PML-FXXXEB	PMF3P7S，PMF6P5S	PMF011S
630（545）（550）（610）	145 或以下	141 或以下	143 或以下
825（700）（750）（800）	142 或以下	……	135 或以下
1 050（885）（900）（950）（1 000）	134 或以下	……	128 或以下

（18）收尾工作。

时间：10 min。

方法：清理现场，保持现场清洁和卫生；确认所有急停开关已经位，关闭检修用照明；试运行 3 次，确认设备运行无异常；撤除保养服务牌或护栏，将电梯投入正常服务；填写检修记录表格并做好定期存档管理；车控室办理销点手续，告知车务人员完成。

项目四　城轨交通自动扶梯的维护管理

自动扶梯是乘客在地铁车站由站台厅进入候车厅的重要运载工具，在自动扶梯的运行过程中，如遇控制系统失灵、超载、未按安全要求乘坐等，会导致突然逆行、突然加速运行、踏板翘起、梯级塌陷、乘客或衣物被夹等故障风险。为有效防控各种可能故障隐患带来的安全风险，地铁公司会同相关部门针对自动扶梯制订相关安全管理规章制度及控制体系，以确保乘客的人身安全。

知识点一　自动扶梯客伤的预防原则和处理要求

一、预防自动扶梯伤客的基本原则

预防自动扶梯客伤的基本原则主要有重点巡视和监控原则；密切关注特殊乘客，主动引导和服务原则；强化扶梯口的指引和疏导原则；根据地域、天气和时间等特性，重点预防原则。

1．重点巡视和监控原则

（1）自动扶梯开启后，车控室主控电脑须调到扶梯监控界面，行车值班员做好监控工作，发现异常时及时通知车站人员到现场确认。

（2）车站每班均须明确各岗位的区域负责范围，属岗位区域内的自动扶梯必须每 2 h 对扶梯运行情况进行巡查（长大扶梯每 1 h 巡查 1 次），发现自动扶梯外观（如扶手带、梳齿板等）、运行状态、运行声音有异常时立即关停扶梯，做好安全防护并进行报修。

（3）车站员工发现有人在自动扶梯上走动或没有扶好扶手时，应主动提醒乘客注意安全、不要在扶梯上走动、紧握扶手、站稳扶好，避免发生不必要的危险。

2．密切关注特殊乘客，主动引导和服务原则

（1）各车站须重点关注老年人、行动不便人士、小孩等特殊乘客搭乘扶梯的安全。发现有老年人、行动不便人士、小孩等乘客进站，各岗位要有效联动，主动安排人员上前进行引导和提供帮助，提醒其注意扶梯乘坐安全，建议其乘坐专用电梯或走楼梯，防患于未然。此外，车站还应了解其出行的目的车站，提前通知相应车站。

（2）针对携带大件行李的乘客，各车站员工严格执行《地铁乘坐守则》的行李标准，从入闸处进行监督，严禁乘客携带超高、超长物品进站乘车。对携带大件行李的乘客要积极引导和主动进行帮助，指引该乘客去搭乘液压梯（没有液压梯的车站，引导该类乘客在人流上、下完扶梯后或在人流较小时搭乘扶梯）。

3．强化扶梯口的指引和疏导原则

（1）设有扶梯岗时，扶梯岗需在指定扶梯口引导乘客安全搭乘扶梯；要求扶梯岗必须主动提醒乘客安全上、下扶梯注意安全。

（2）乘客容易在扶梯口聚集的现象，各车站要及时加强扶梯口的主动指引和疏导，如发现扶梯出口堵塞严重，扶梯继续运行可能危及到乘客人身安全时，应立即采取安全防护措施，果断关停扶梯，将扶梯改为步梯用，待客流聚集、拥堵现象解除后及时开启自动扶梯。

4．根据地域、天气和时间等特性，重点预防原则

（1）对于长大扶梯、客流组织的关键扶梯及故障率较高的扶梯，车站必须在早高峰、晚高峰时段安排扶梯岗。

（2）节假日及遇大型活动期间，长大扶梯、客流密集的扶梯均要设置扶梯岗，以加大对扶梯安全的保障。

（3）对于换乘车站的换乘关键扶梯，去往汽车站/火车站等客流密集的自动扶梯，车站均需加大监控和巡视，重点进行防护。

（4）如遇雨天，车站须加强出入口自动扶梯的监控和巡视，原则上每 0.5 h 巡视一次。自动扶梯出入口地面有湿滑现象时，要及时铺设防滑垫，并通知保洁人员加强雨水的清理。下雨天，乘客容易在扶梯口聚集导致扶梯口客流拥堵，各车站应加强巡视和对出入口乘客进行疏导，确保扶梯口的通畅；如发现有乘客滞留较多堵塞扶梯出口，可能危及扶梯运行和乘客人身安全时，应关停自动扶梯。

（5）各车站应定期核查扶梯故障报修记录，对于故障率较高的自动扶梯，要主动加强安全保障措施。

二、自动扶梯发生客伤时的处理要求

（1）一般自动扶梯客伤事件。车站工作人员应第一时间对受伤乘客进行必要的帮助和救治，现场处理过程中以收集意见为主，尽量避免激化矛盾。加强调查取证，以“按事实说话、以法律法规为准”的原则进行处理。在处理过程中，加强对现场证据的查找力度，必要时进行拍照、录像、录音等取证工作，做好目击证人的寻找、证词记录。

（2）群体性自动扶梯客伤事件。车站应立即按信息上报流程进行汇报，做好现场秩序的维护和对受伤乘客进行必要的帮助。如群体性自动扶梯发生在出入口时，及时疏散乘客出站并立即封闭该出入口两端；发生在站厅站台区域时，及时将该区域围蔽，避免造成围观。

（3）在引导和帮助乘客安全离开故障扶梯之后，车站立即在故障扶梯上下两端设置围蔽，并设置“正在维修”警示牌，查看有无乘客受伤，检查扶梯是否有障碍物，报告车控室，通知维修人员维修。

知识点二　自动扶梯故障时的应急处理

一、常规自动扶梯故障时的常规应急处理

（1）发生自动扶梯故障时，立即安排人员到现场进行确认并立即停止使用，并按流程进行汇报，现场人员视情况报 120、119、110。

（2）事故处理主任用铁马（见图 5-80）或屏风围蔽扶梯上下两端，设置紧急疏散通道，做好现场秩序控制和客流引导。

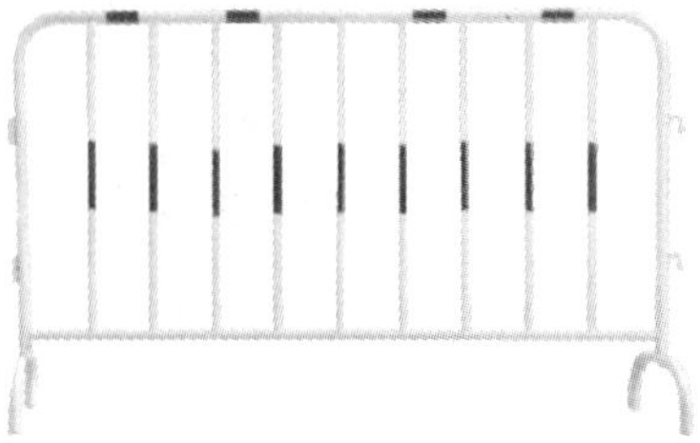

图 5-80　铁马

（3）若发生人员伤亡，确认当事人的伤势情况，进行紧急救助（简单的包扎等），用担架将受伤人员送到出口处等候救护车；同时，车站工作人员需组织收集物证、人证的取证工作。

（4）抢险专业人员赶到现场后，事故处理主任组织、配合专业人员进行抢修。

（5）严格保护事故现场，采取拍照、摄像、绘图、采样等方法记录事故现场原貌，妥善保护事故现场物证。

（6）车站人员应做好物证、人证等取证工作。

（7）抢险完毕后及时汇报。

二、长大自动扶梯故障时的应急处理

1．长大自动扶梯的概念和级别划分

以广州地铁为例，依据《广州地铁长大扶梯故障应急处理程序》，垂直提升高度超过 12 m（包含 12 m）的自动扶梯定义为长大扶梯，如图 5-81 所示。

图 5-81　长大自动扶梯

长大自动扶梯通常应用在地铁有中转车站或地下深度大的车站。

为方别控制管理，长大自动扶梯按垂直提升高度的不同，可分为 4 个控制级别，如表 5-11 所示。

表 5-11　长大自动扶梯的控制级别分类

控制级别	垂直提升高度/m
1 级	18～20（含 18）
2 级	14～18（含 14）
3 级	12～14（含 12）
4 级	12 以下

2．长大自动扶梯故障时的应急处理方式

在非紧急情况下，如车站需进行大客流疏导，在站内只能通过两台并排的自动扶梯实现站台与站厅连接，无固定楼梯的情况下，扶梯专业人员须详细检查，确认不存在安全问题的前提下，才允许将发生故障自动扶梯作步梯使用。站务人员应密切注意自动扶梯上乘客的动态，做好乘客引导，确保乘客安全。

（1）专业维修人员应在响应时间内到达现场（运营期间不超过 30 min，非运营期间不超过 120 min），在特殊规定的时期应按照指定的时间到达现场，经车控室请点后方可进行故障处理。

（2）处理故障时务必要做好防护措施，设置隔阻护栏，张贴、悬挂警示标志；同时必须做到"一人操作（检修）、一人监护"，安全防护措施要严密、可靠，防止无关人员进入检修区域，无人员看护和防护的情况下严禁单独进行维修。

（3）故障处理完毕后，以检修模式测试扶梯运行情况，待检修运行正常后，按照正常模式分别测试自动扶梯上、下方向运行情况，运行无异常后，清理现场，将扶梯机房盖板盖好，确保扶梯内不得遗留任何杂物和工具，除去扶梯上下端部的围蔽护栏及维修警示牌，并通知站务人员恢复设备正常运行。

（4）专业维修人员按流程进行汇报，并填写故障处理记录。

知识点三　自动扶梯巡查、故障维修的具体要求

在自动扶梯运行过程中，专业人员须定时巡查，确保设备的可靠工作。

一、自动扶梯巡查的具体要求

车站人员按扶梯巡视频率要求对自动扶梯外观、运行状态进行检查，发现异常根据指引采取相应措施进行处理，并按要求在相应台账上做好每次巡查情况记录，不得提前或延迟填写。具体方法如下。

1．自动扶梯外观检查

（1）梳齿板检查。

主要目视检查梳齿板是否有断齿、卡异物等情况，并且站在扶梯入口位置留意梳齿入口位置是否有异响。

（2）扶手带检查。

目测扶手带表面是否有裂纹、破损，同时用手触摸扶手带表面是否有异常发热等情况，观察扶手带入口开关处是否有异物卡住。

（3）梯级检查。

乘坐自动扶梯时，目测梯级踏面齿是否有断齿、卡异物，或乘坐时感觉梯级是否有异常跳动等情况。

（4）扶梯表面螺丝检查。

扶梯表面螺丝一般为装饰用螺丝，各品牌自动扶梯表面螺丝位置及作用各有不同，主要检查

表面螺丝是否有松动或缺螺丝等情况。

2．车站发现以下情况立即停用扶梯并报修（需按施工要求办理施工手续，车站需监督维修人员做好防护，并做好乘客引导）

（1）自动扶梯出现梯级塌陷、踏板翘起、扶梯有部件松脱等紧急情况时，需立即提醒乘客站稳扶好并按压紧急停止按钮停梯，紧急停梯前大声告知乘客：紧急停梯，请站稳扶好。

（2）自动扶梯的梯级连续断两齿或间隔断三齿时，立即在做好防护情况下使用钥匙停梯并报修更换。

（3）自动扶梯的梳齿板断一齿时，立即在做好防护情况下使用钥匙停梯并报修更换。

（4）除以上情况外，如巡视过程中发现扶梯有异响、卡异物等其他涉及扶梯安全的情况时，在做好围蔽防护情况下使用钥匙停梯。

二、自动扶梯运营前检查及维修要求

1．运营前检查

（1）当车站有涉及一类负荷短时切换，二、三类负荷停电时，原则上车站完成运营前检查后，在 4:30—5:00 完成电扶梯开关梯测试，发现故障及时报修避免影响正常运营。

（2）车站开启扶梯前按规定检查地铁扶梯等设备、设施的状态，如扶手带是否有损伤，扶梯缝隙、边缘是否有异物等，开启后通过听扶梯设备运转情况判断是否有异常，发现异常立即保修，确保扶梯的安全运行，将一切可能发生的安全隐患消灭在萌芽状态。

2．维修要求

（1）扶梯维修前，维修人员必须到车控室报到并进行施工登记请点，征得车站同意后方可进行扶梯维修，严禁擅自进行维修。

（2）在扶梯等设备设施维修停用期间，车站应认真检查安全防护设置情况，严格按照扶梯施工相关要求办理。期间，车站必须加强巡视，防止乘客使用故障扶梯设备导致客伤。

（3）扶梯开盖维修时，开盖一端的防护设置，用铁马围出 U 形的区域，并用扎带将铁马扎好，同时摆放“正在维修”警示牌。非开盖一端的防护设置，用 3 ~ 4 个铁马围成口字形防护区域，并用扎带将铁马扎好，同时摆放“正在维修”警示牌，如图 5-82 所示。

图 5-82　检修围栏

知识点四　自动扶梯的检修实作

与无机房电梯的检修一样，自动扶梯（以下简称“扶梯”）的检修包括：日检、双周（或半月）检、季检、半年检、年检。

无论进行何种检修，均需做好检修记录。

这里以某地铁车站所采用的奥的斯电梯（520NPE 型号）为例，结合 GB 16899—2011《自动扶梯和自动人行道的制造与安装安全规范》及厂家电梯产品维护手册，进行自动扶梯检修的介绍。其他品牌的电梯可参考生产厂家的维护手册资料来执行。

一、日　检

1. 条　件

（1）基本人数为 1 人 。

（2）人员应有相应的资质。

2. 工器具

手电筒 1 支。

3. 安全要点

（1）巡检人员，应通过上岗考试，并取得《岗位合格证》，且证件在有效期内。

（2）所有人员必须遵章守纪，按要求穿戴安全防护用品。

（3）巡检人员乘搭自动扶梯检查设备，应站稳扶好，脚应站在梯级黄色警示条内。

（4）发现扶梯卡异物或异常情况，应在梯级上无乘客的情况下，停止扶梯运行，报车控室及委外维修人员，现场做好设备防护，防止无关人员进入。

4. 检修项目的步骤、方法和标准

（1）检修前准备。

时间：2 min。

方法：告知车控室值班员电梯日检；车控室借好三角机房钥匙。

（2）扶梯卫生情况。

时间：1 min。

方法：目视检查。

标准：目视通道上方没有杂物堆积，干净、整洁；目视扶梯上、下盖板 6S 标志完好，盖板稳固、干净、整洁。如图 5-83 所示。

（3）使用标志。

时间：1 min。

方法：目视检查。

标准：自动扶梯的“电梯使用标志”“电梯维保标志”“电梯保险标志”完好；电梯使用标

志中，下次检验日期在有效期内；电梯维保标志中，维保有效合同期限及下次维保日期在有效期内；电梯保险标志中，保险截止期限在有效期内。标志底盒及盖板无松动，无缺失，粘贴牢固。

图 5-83　扶梯卫生检查区域

（4）梯级运行情况。

时间：3 min。

方法：乘搭扶梯目视检查梯级运行情况。

标准：梯级踏板面无断齿、运行平稳、无异响，如图 5-84 所示。

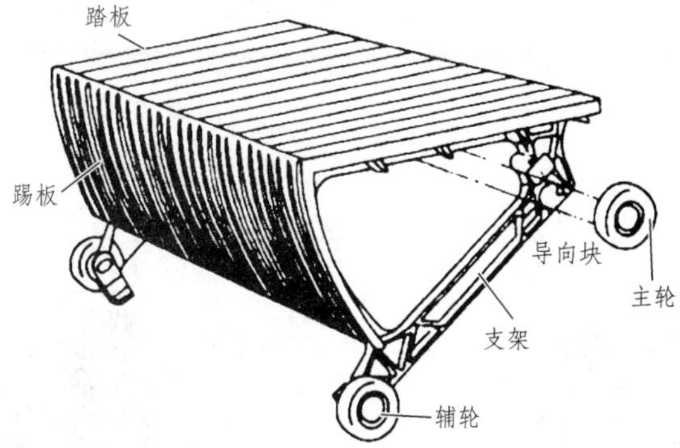

图 5-84　梯级

（5）毛刷。

时间：1 min。

方法：目视检查毛刷。

标准：毛刷牢固、无脱落，如图 5-85 所示。

（6）装潢部件。

时间：1 min。

方法：目视检查装潢部件。

标准：内衬板无凹陷、接头平整、连接处无松脱，接缝间隙不大于 4 mm；扶手盖板接缝平滑，无异常凸起；防滑球固定牢固，无松脱；外包板无松动，无变形。如图 5-86 所示。

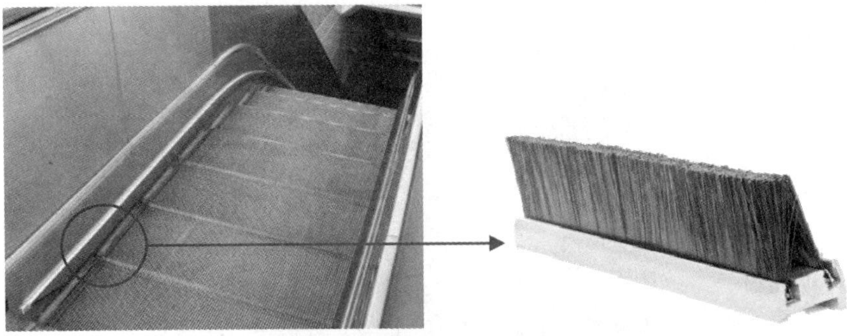

图 5-85　毛刷及安装位置

图 5-86　自动扶梯装潢部件

（7）扶手带运行情况。

时间：3 min。

方法：乘搭扶梯检查扶手带运行情况。

标准：扶手带驱动无异响、运行平稳，扶手带便面无破损、无污垢、无异常抖动，如图 5-87 所示。

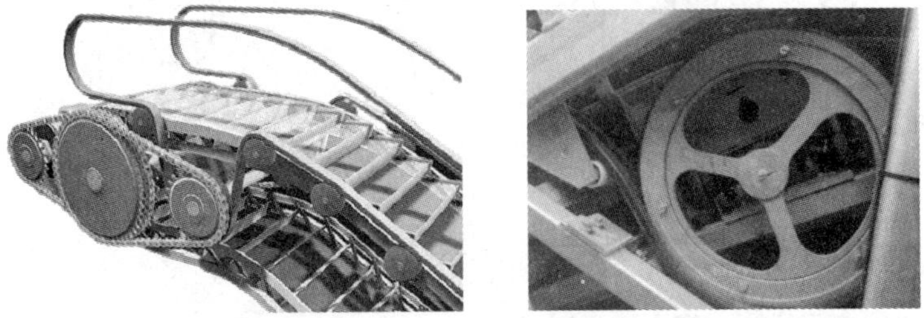

图 5-87　扶手带驱动

（8）梳齿板。

时间：2 min。

方法：目视检查。

标准：梳齿板无断齿，无卡异物，如图 5-88 所示。

图 5-88　梳齿板

（9）梯级黄色警示条。

时间：2 min。

方法；目视梯级。

标准：梯级黄色警示条无断裂、无翘起，如图 5-89 所示。

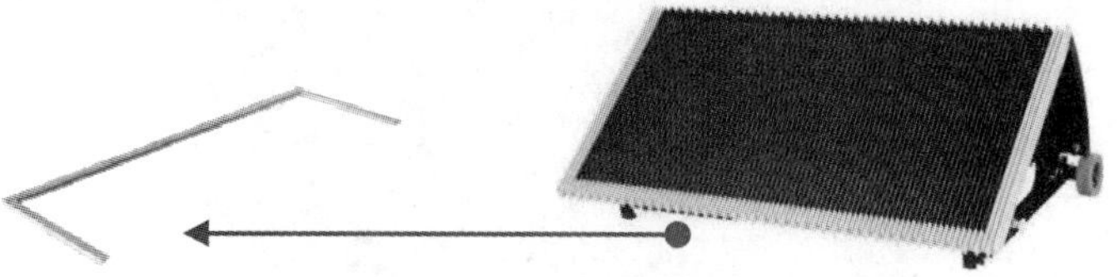

图 5-89　梯级黄色警示条

（10）三角警示牌。

时间：1 min。

方法：目视检查三角警示牌。

标准：三角警示牌无破损，警示语字迹清晰，如图 5-90 所示。

图 5-90　三角警示牌

（11）扶梯安全警示标志。

时间：1 min。

方法：目视扶梯安全警示标志。

标准：扶梯安全警示标志齐全、醒目、无缺失，如图 5-91 所示。

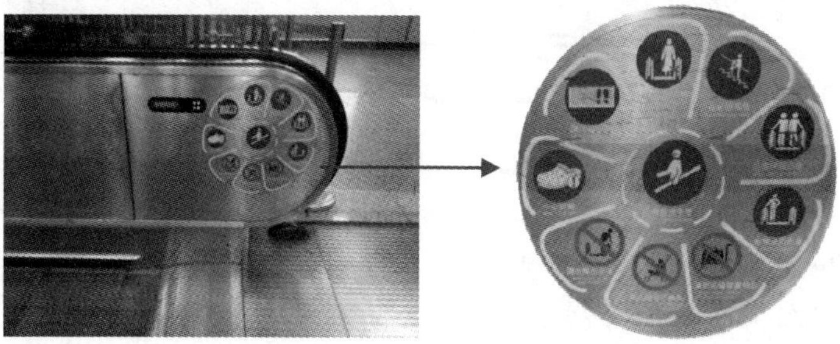

图 5-91　扶梯安全警示标志

（12）设备间。

时间：2 min。

方法：目视检查机房及卫生情况。

标准：机房卫生干净整洁，无杂物堆积；机房无结构渗漏水；查看各类标志完好齐备。如图5-92所示。

图 5-92　设备间

（13）收尾工作。

时间：5 min。

方法：清理现场，保持现场清洁和卫生；　填写巡检记录表格并做好定期存档管理。

二、双周检

1. 条　件

（1）基本人数为 2 人 。

（2）人员应有相应的资质。

2. 工器具

标准检修工具 1 套、安全护栏 1 套。

3. 材　料

抹布 1 条。

4. 安全要点

（1）委外维保单位人员，应持《电梯维修证》《施工证》上岗，并且证件在有效期内。

（2）所有人员必须遵章守纪，按要求穿戴安全防护用品。

（3）上、下扶梯入口处做好安全防护，防止无关人员进入。

（4）两人，一人操作、一人监护。首尾呼应，监护人时刻留意人员身体部位的位置，防止发生意外。

（5）工作时与带电导体至少保持 0.7 m 的安全距离，防止触电。

（6）维保，必须接上检修盒，并以检修速度检查各部件，如需调整应停止扶梯运行，并断开扶梯主电源，方可进行。

（7）进入上、下机仓内工作时，须按压急停开关或断开主电源，如无人监护，禁止打开机仓盖板。

（8）检查机械旋转运动部件必须确认扶梯已处于停止状态，电源已断开。

（9）过程中，工器具、设备部件、物料应摆放整齐，禁止工器具摆放在梯级上或遗留在扶梯内部，完成应清点工器具。

5. 检修项目的步骤、方法和标准

（1）检修前准备。

时间：5 min。

方法：到车控室借取机房钥匙，清点并办理好施工登记手续；召集所有人员召开班前会并完成安全交底；准备好检修工具和护栏，做好现场隔离工作；查询扶梯运行故障记录，了解扶梯上次检修以来运行情况，对故障进行重点维护。

（2）电气部件。

时间：5 min。

方法：检查、清理、紧固各电气部件。

标准：各接触器、继电器、电子板，无灰尘；各接线端子紧固、无虚接；地线连接牢固；控制柜门及门锁能有效关闭且锁紧，控制柜内无异味。如图 5-93 所示。

图 5-93　控制柜电气部件

（3）电子板。

时间：1 min。

方法：检查、清理、紧固各电子板。

标准：电子板及板载信号灯功能正常，表面无粉尘；芯片插口、焊点无氧化、无虚接；各线路号码管与图纸一致；电子板复位键复位。如图 5-94 所示。

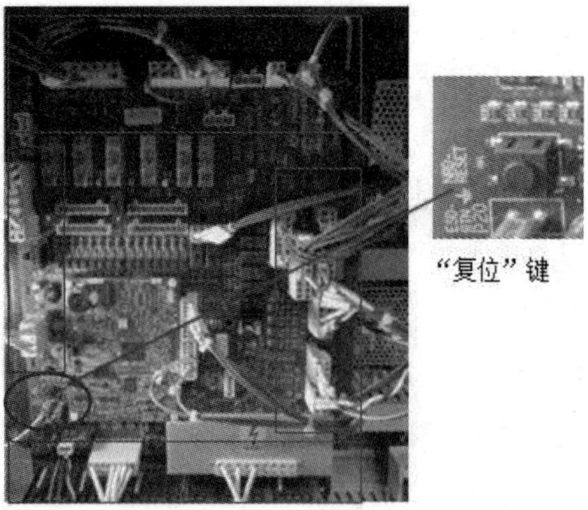

图 5-94　电子板复位键

（4）杂物和垃圾。

时间：5 min。

方法：清扫，清洁。

标准：机仓整洁无杂物，无明显可见灰尘及油污；清洁桁架内、主、副轨无油污。如图 5-95 所示。

图 5-95　自动扶梯机仓

（5）设备运行正常。

时间：5 min。

方法：利用耳听、眼看、鼻嗅、手触、脚碰、体感等方法，乘坐扶梯进行检查。

标准：乘搭扶梯，双手轻握两侧扶手带与双脚基本在一个平面，乘搭扶梯感受扶手带运行是否平稳，应无异常停顿、无抖动；两侧扶手带运行速度基本一致；梯级在运行中无异常颠簸、抖动、前后窜动，梯级运行平稳流畅；乘搭扶梯检查上下平台处扶梯运行方向灯是否明亮，箭头方向是否与扶梯运行方向一致；检查上下平台光幕工作是否正常；扶手带入口部件无缺损，扶手带与入口胶圈间隙符合国标要求；按压扶手带入口开关，扶梯应立即停止运行；上下平台入口急停开关无遮挡、无异物堵塞，动作有效；梳齿板处无异物、无断齿，梯级进入梳齿板无刮蹭，固定梳齿板螺丝紧固、齐全；裙板、扶手带内外盖板、内衬板、外包板、防滑球、盖板等，无脱焊、无翘起、无变形。

（6）主驱动链。

时间：2 min。

方法：检查、调整在扶梯运行及停止情况下，观察主驱动链运行情况。

标准：主驱动链运转正常，目测无磨损；停梯状态下检测链条张紧度，单侧松的情况下能抬起松侧链条中部位置 10 ~ 15 mm 并不大于 20 mm，根据检查情况调整，确认主驱动链断裂开关功能可靠。如图 5-96 所示。

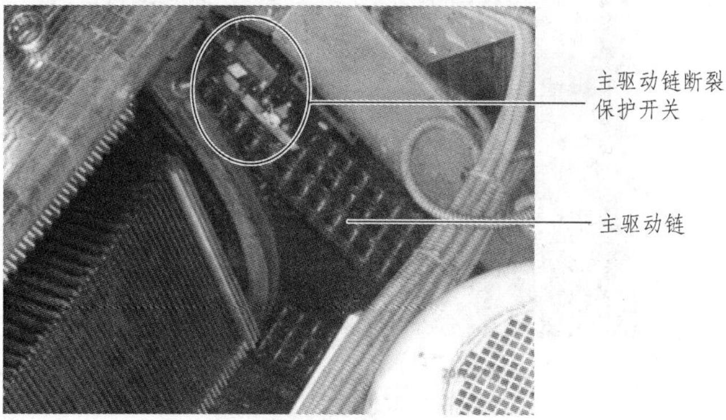

图 5-96　主驱动链及断裂保护开关

（7）制动器机械装置清洁。

时间：3 min。

方法：检查、清洁、调整制动器机械装置。

标准：制动装置清洁，动作正常，两端弹簧的长度必须相同；抱闸闸瓦和抱闸臂连接可靠，抱闸闸瓦表面无油污，制动轮上无油渍；抱闸机械装置清洁，动作正常。如图 5-97 所示。

图 5-97　制动器

（8）制动检测开关。

时间：3 min。

方法：检查、测试、调整制动检测开关。

标准：主机制动检测开关安装在主机工作制动器两侧；制动臂上的螺栓与顶杆间的间隙为 1 ~ 1.5 mm；检查制动器长螺杆上的螺母和弹簧的紧固程度；检查制动臂的活动性和制动臂销轴上的开口销装配；检查制动闸衬的磨损情况。如图 5-98 所示。

图 5-98　制动器检测间隙

（9）制动触点。

时间：2 min。

方法：清洁、调整制动触点。

标准：制动触点测试工作正常；制动触点与支架板固定牢固，制动触点与制动器之间的间隙为 3 mm。如图 5-99 所示。

图 5-99　制动器制动触点调整

（10）减速机润滑油。

时间：2 min。

方法：检查减速机润滑油油品质量。

标准：减速机润滑油油量适中，无渗油；定期更换油品质量合格，无渗油；通过油尺检查减速机润滑油油品质量、油位。如图 5-100 所示。

（a）减速机润滑油检查口

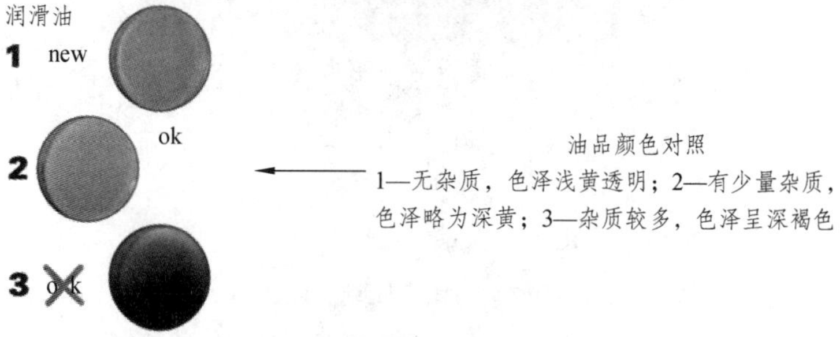

（b）油品颜色对照

图 5-100　润滑油检查

（11）电机通风口。

时间：1 min。

方法：检查电机通风口。

标准：清洁、紧固，风扇罩开启开关功能正常，风扇罩与主机扇叶无摩擦；风扇罩通风口清洁，螺栓紧固。如图 5-101 所示。

图 5-101　电机通风口

（12）检修控制装置。

时间：2 min。

方法：测试检修控制装置。

标准：检修控制装置测试工作正常；进行公共按钮操作测试上下行，急停按钮有效。如图 5-102 所示。

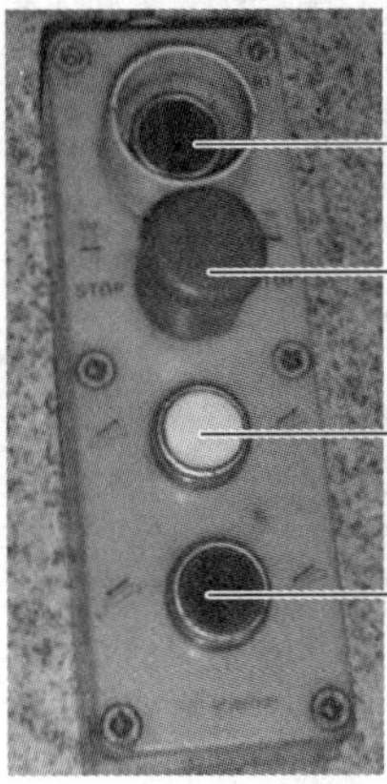

图 5-102　控制装置

（13）自动润滑油罐油位。

时间：1 min。

方法：检查自动润滑油罐油位。

标准：自动润滑油系统油罐油位正常，润滑系统工作正常，无漏洞；主驱动链、梯级链、扶手驱动链油路通畅，油管、油壶无漏油或滴油在链片重叠关节处。如图 5-103 所示。

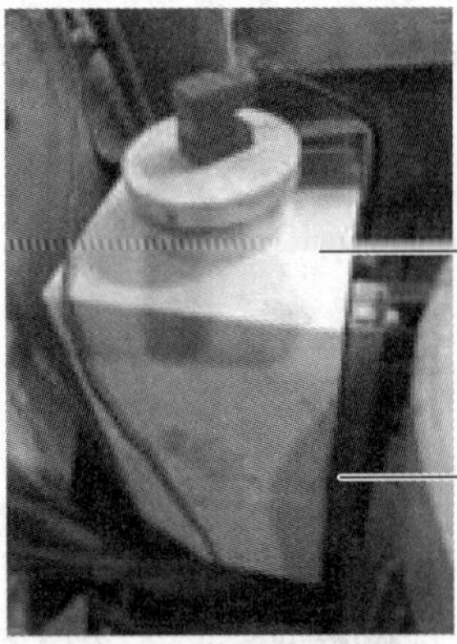

图 5-103　自动润滑油罐

（14）梳齿板开关。

时间：2 min。

方法：清扫、测试梳齿板开关。

标准：清洁开关、螺栓紧固，触点与支架间隙为 0.3 ~ 0.5 mm，梳齿板开关工作正常；梳齿板开关电缆固定，不与运动部件摩擦。如图 5-104 所示。

（15）梳齿板梳齿与踏板面齿槽导向胶带。

时间：4 min。

方法：检查梳齿板梳齿与踏板面齿槽导向胶带情况。

标准：梳齿板完好无损，梳齿板梳齿与踏板面齿槽、导向块及啮合正常；梳齿板超过 1 个齿损坏须更换，梳齿板螺丝紧固，梳齿与裙板渐进间隙为 0 ~ 4 mm；导向块紧固，无破损，与提及间隙为 0.1 ~ 0.6 mm；梳齿板根部与梯级踏面之间的间隙为 3.5 ~ 4 mm。如图 5-105 所示。

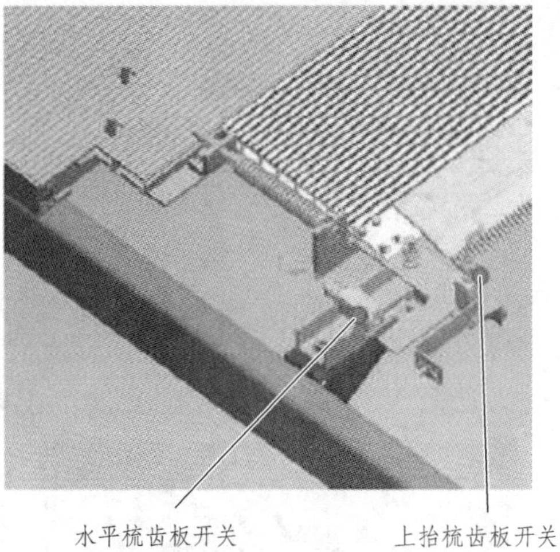

图 5-104　梳齿板开关

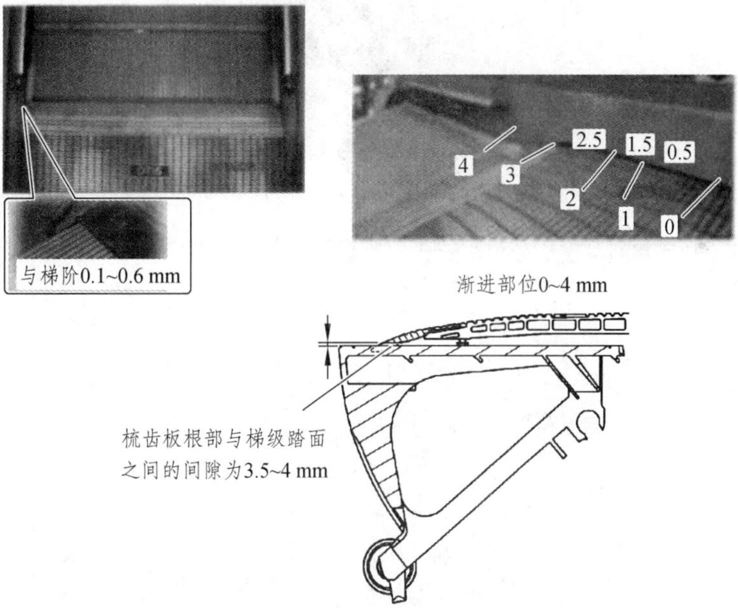

图 5-105　梳齿板与梯级、围裙板的间隙

（16）梯级或踏板下陷保护开关。

时间：2 min。

方法：检查、测试梯级或踏板下陷保护开关。

标准：拆下一级梯级踏板，检修运行踏板缺失处至梯级下陷保护开关位置，检查及测试梯级下陷保护装置，工作应正常，如图 5-106 所示。

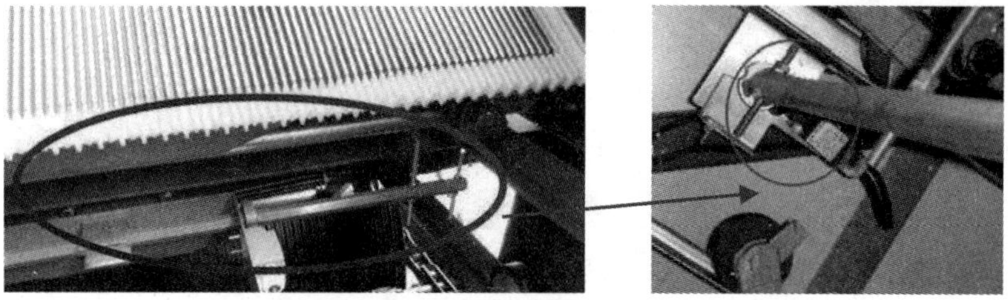

图 5-106　梯级下陷保护开关

（17）梯级链张紧开关。

时间：2 min。

方法：检查、测试梯级链张紧开关。

标准：梯级链张紧开关位置正确，开关动作正常，梯级链断裂安全装置有效，如图 5-107 所示。

图 5-107　梯级链张紧开关

（18）梯身上部三角挡板。

时间：1 min。

方法：目测梯身上部三角挡板。

标准：扶梯夹角安装的安全警示三角牌挡板紧固，无松脱、无丢失、字迹清晰；三角牌警示挡板安装至少两块，外侧挡板高度不应小于 300 mm，且至少延伸至扶手带下缘 25 mm。如图 5-108 所示。

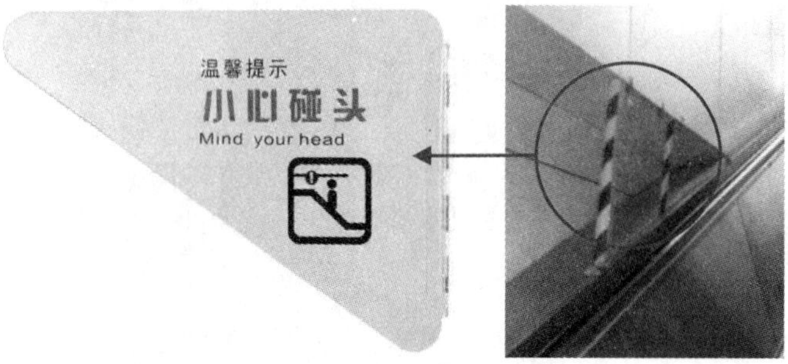

图 5-108　三角牌警示挡板

（19）梯级滚轮和梯级导轨。

时间：5 min。

方法：检查、清洁梯级滚轮和梯级导轨。

标准：梯级轮无破损，转动正常；梯级轮导轨面平整无杂物，上平台圆弧段导轨面磨损不应大于 1 mm。如图 5-109 所示。

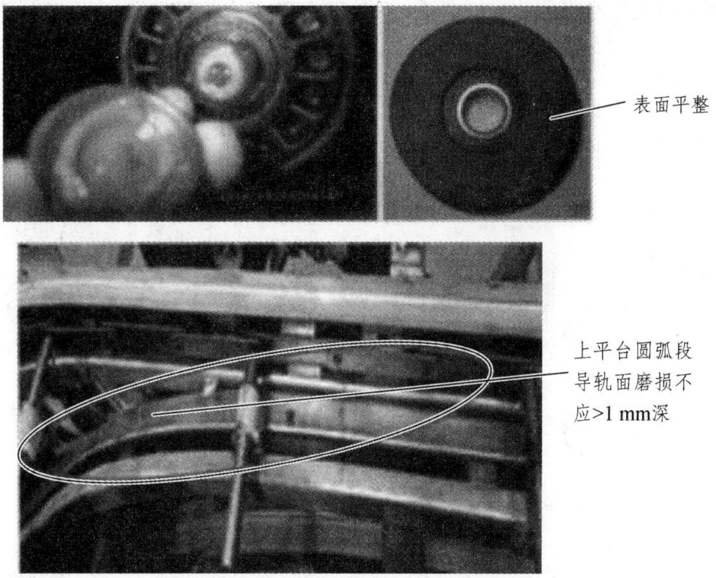

图 5-109　梯级滚轮和梯级导轨

（20）梯级、踏板与围裙板。

时间：2 min。

方法：检查、调整梯级、踏板与围裙板。

标准：梯级、踏板与围裙板任一侧水平间隙符合要求（单侧不大于 4 mm、两侧之和不大于 7 mm），如图 5-110 所示。

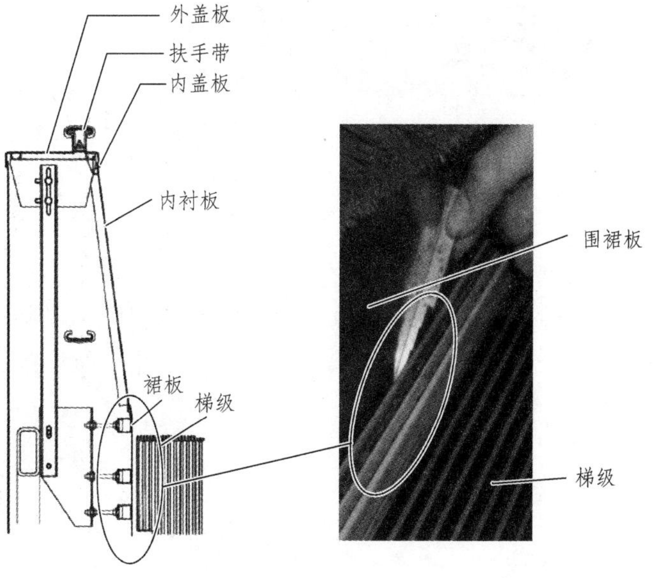

图 5-110　梯级与围裙板

（21）运行方向显示。

时间：1 min。

方法：目测交通灯运行方向显示。

标准：扶梯上、下出入口处运行方向显示正常、正确，图案完整，如图 5-111 所示。

图 5-111　交通灯显示

（22）扶手带入口处保护开关。

时间：1 min。

方法：测试扶手带入口处保护开关。

标准：扶手带入口保护开关，动作灵活可靠，入口处干净，如图 5-112 所示。

图 5-112　扶手带入口保护开关位置

（23）扶手带。

时间：2 min。

方法：目测、检查扶手带情况。

标准：扶手带表面无明显发热、无毛刺、无开裂、无异常鼓起、无机械损伤，出入口，运行无摩擦；扶手带龙头处居中，单侧间隙不大于 8 mm。

（24）扶手带运行。

时间：2 min。

方法：目测、检查扶手带情况。

标准：扶手带运行平稳，无抖动、颤动、停顿等现象，基本与梯级运行速度一致。

（25）扶手护壁板。

时间：1 min。

方法：目测检查扶手护壁板平整度。

标准：扶手带护壁板牢固可靠，护壁板之间的间隙为 1.5 ~ 3.0 mm，插入裙板部分与扶手带盖板连接部分牢固、紧密可靠。

（26）上下出入口处的照明。

时间：1 min。

方法：目测上下出入口的照明。

标准：照度明亮，符合设计要求。

（27）上下出入口和扶梯之间保护栏杆。

时间：1 min。

方法：测量上下出入口扶梯和保护栏杆之间的间隙。

标准：扶梯和保护栏杆之间的水平间隙不大于 80 ~ 120 mm，高度大于扶手带面至少 100 mm；牢固可靠，符合标准。如图 5-113 所示。

图 5-113　扶梯保护栏杆

（28）出入口安全警示标志。

时间：1 min。

方法：检查出入口安全警示标志。

标准：出入口安全警示标志齐全、整洁、无损坏，如图 5-114 所示。

图 5-114　出入口安全警示标志

（29）分离机房、各驱动和转向站。

时间：5 min。

方法：清洁机房及上下机仓。

标准：机房及上下机仓卫生清洁、无杂物；所有线缆、线槽及线管应可靠固定并远离旋转部件，以防损坏。

（30）自动运行功能。

时间：1 min。

方法：测试自动运行各功能。

标准：工作正常，雷达、光电传感器工作灵敏，功能有效；工作正常，间歇操作开关功能有效。

（31）急停开关。

时间：1 min。

方法：检查、测试急停开关。

标准：急停开关工作正常，无破损，无遮挡，如图 5-115 所示。

图 5-115　急停开关

（32）曳引机固定螺栓。

时间：2 min。

方法：检查、紧固曳引机固定螺栓。

标准：主底座固定，有无松动迹象，固定螺栓标记线无错位，如图 5-116 所示。

图 5-116　曳引机固定螺栓

（33）地板及地板边框。

时间：1 min。

方法：检查地板及地板边框完整。

标准：地板及地板边框，无磨损、无翘起、无异常鼓起，螺丝无缺失；地板横梁位置正确；地板与地板边框间隙不大于 3 mm，相邻地板平整。如图 5-117 所示。

图 5-117　扶梯地板

（34）梯级。

时间：5 min。

方法：检查梯级情况。

标准：外观无磨损、无异响、无振动，梯级愣齿无缺失，黄色警示胶条无缺失、无断裂，如图 5-118 所示。

图 5-118　扶梯梯级

（35）制动衬面磨损监控装置。

时间：1 min。

方法：测试制动衬面磨损监控装置。

标准：设备功能正常，线路牢固无松脱；制动衬面磨损量不超过厂家标准。如图 5-119 所示。

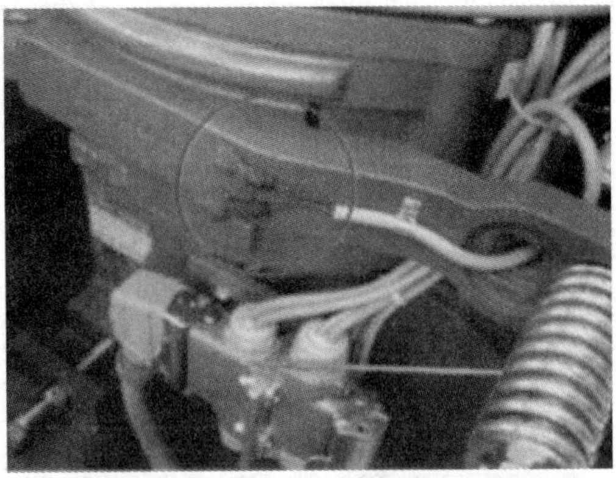

图 5-119　制动衬面磨损监控装置

（36）缺梯级保护装置。

时间：2 min。

方法：测试缺梯级保护装置。

标准：缺梯级保护装置工作正常，功能有效，如图 5-120 所示。

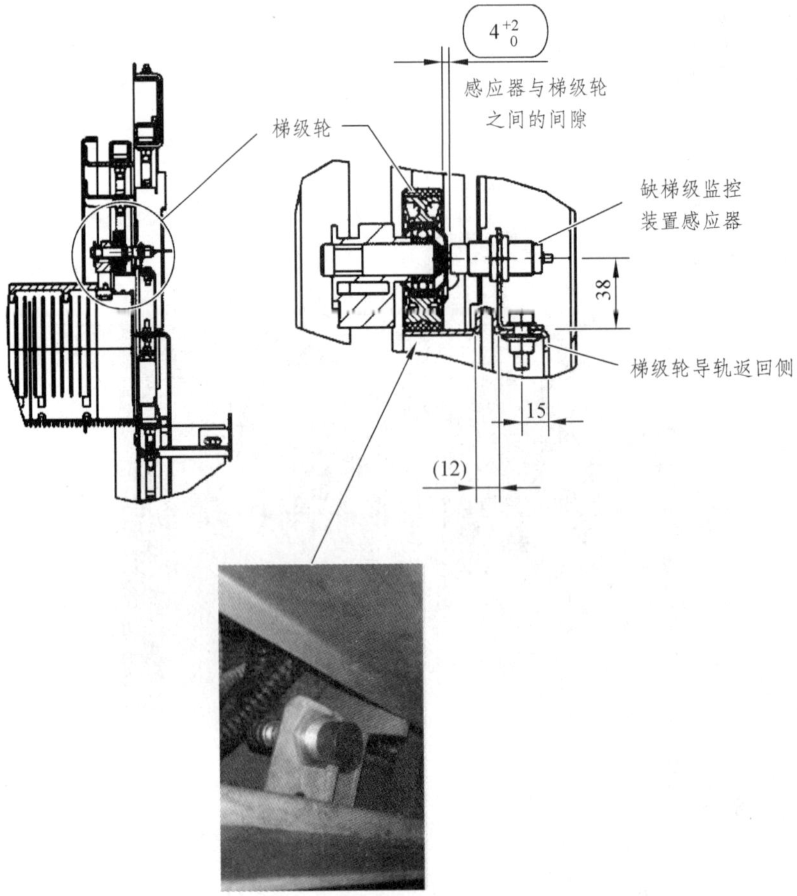

图 5-120　缺梯级保护装置（单位：mm）

（37）栏杆扶手转向端。

时间：3 min。

方法：检查栏杆扶手转向端。

标准：设备状态正常、无噪声，整洁干净；扶栏支撑固定牢固，轴承无卡阻，转动自如，无明显噪声；清理回转部位及凹槽处灰层。如图 5-121 所示。

图 5-121　栏杆扶手转向端

（38）主驱动链保护装置。

时间：1 min。

方法：测试主驱动链保护装置。

标准：主驱动链保护装置，功能正常，主驱动链保护装置无污渍，紧固开关支架，如图 5-122 所示。

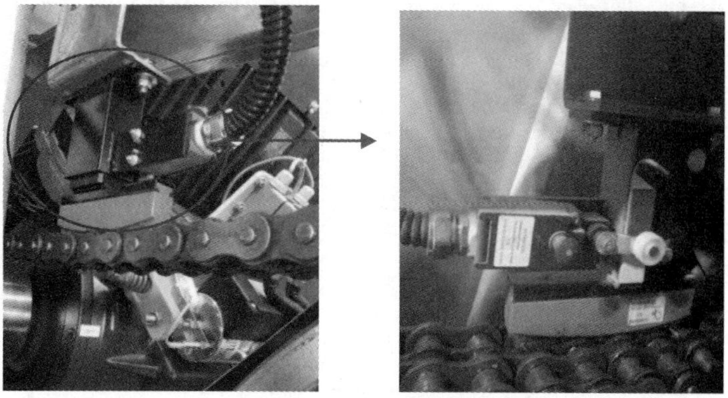

图 5-122　主驱动链保护装置

（39）主机位移检测开关。

时间：1 min。

方法：测试主机位移检测开关。注：双主机具有该项功能。

标准：设备状态正常、功能有效；主机各固定螺栓紧固。如图 5-123 所示。

图 5-123　主机位移检测开关

（40）标志标识。

时间：1 min。

方法：目测检查各标志标识。

标准：自动扶梯的"电梯使用标志""电梯维保标志""电梯保险标志"完好；电梯使用标志中，下次检验日期在有效期内；电梯维保标志中，维保有效合同期限及下次维保日期在有效期内；电梯保险标志中，保险截止期限在有效期内；标志底盒及盖板无松动，无缺失，粘贴牢固。

（41）收尾工作。

时间：10 min。

方法：清理现场，保持现场清洁和卫生；确认所有急停开关已经复位，关闭检修用照明；试运行 3 圈，确认设备运行无异常；撤除保养服务牌或护栏，将自动扶梯投入正常服务；填写检修记录表格并做好定期存档管理；车控室办理销点手续，告知车务人员完成。

三、季　检

1. 条　件

（1）基本人数为 2 人。

（2）人员应有相应的资质。

2. 工器具

标准检修工具 1 套，安全护栏 4 个。

3. 材　料

抹布 1 条。

4. 安全要点

（1）委外维保单位人员，应持《电梯维修证》《施工证》上岗，并且证件在有效期内。

（2）所有人员必须遵章守纪，按要求穿戴安全防护用品。

（3）上、下扶梯入口处做好安全防护，防止无关人员进入。

（4）两人，一人操作、一人监护。首尾呼应，监护人时刻留意人员身体部位的位置，防止发生意外。

（5）工作时与带电导体至少保持 0.7 m 的安全距离，防止触电。

（6）维保时，必须接上检修盒，并以检修速度检查各部件，如需调整应停止扶梯运行，并断开扶梯主电源，方可进行。

（7）进入上、下机仓内工作时，须按压急停开关或断开主电源，如无人监护禁止打开机仓盖板。

（8）检查机械旋转运动部件必须确认扶梯已处于停止状态，电源已断开。

（9）过程中，工器具、设备部件、物料应摆放整齐，禁止工器具摆放在梯级上或遗留在扶梯内部，完成应清点工器具。

5. 检修项目的步骤、方法和标准

（1）检修前准备。

时间：5 min。

方法：到车控室借取机房钥匙，清点并办理好施工登记手续；召集所有人员召开班前会并完成安全交底；准备好检修工具和护栏，做好现场隔离工作；查询扶梯运行故障记录，了解扶梯上次检修以来运行情况，对故障进行重点维护。

（2）控制柜。

时间：3 min。

方法：打开控制柜门，检查柜内接线及卫生。

标准：柜体内部清洁，控制门能有效开启与关闭；控制柜及主电源开关接线牢固；所有电器元件表面清洁、标志清晰准确。如图 5-124 所示。

图 5-124　控制柜

（3）主开关/检修盒插座/维修插座及开关。

时间：3 min。

方法：检查主开关/检修盒插座/维修插座及开关。

标准：主开关/检修盒插座/维修插座及开关各设备状态正常、功能有效，如图 5-125 所示。

图 5-125　主开关/检修盒插座/维修插座及开关

（4）防灌水保护装置。

时间：1 min。

方法：测试防灌水保护装置（注：出入口扶梯有此项保护开关）。

标准：动作可靠，功能有效，如图 5-126 所示。

图 5-126　防灌水保护装置

（5）梯级下照明。

时间：1 min。

方法：目测梯级下照明。

标准：设备状态正常、功能有效，如图 5-127 所示。

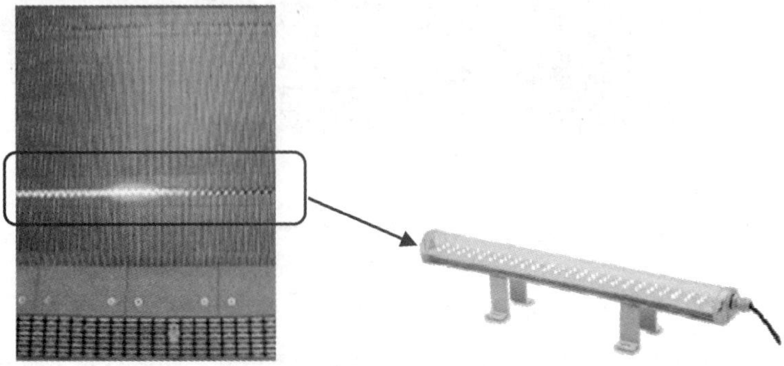

图 5-127　梯级下照明

（6）油水分离器。

时间：5 min。

方法：清洁油水分离器。

标准：清除旧油，并检查水位，如图 5-128 所示。

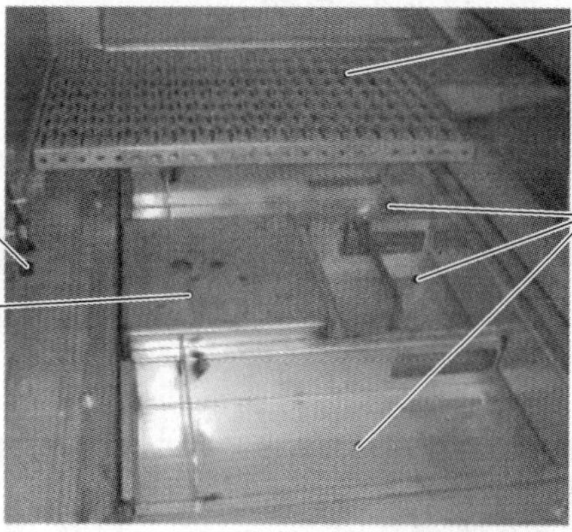

图 5-128　油水分离器

（7）梯级链张紧装置。

时间：3 min。

方法：测试、调整梯级链张紧装置。

标准：工作正常，弹簧压缩尺寸正确；检查张紧架左右两侧压簧的螺杆和滑动面；检查压簧的状况和调整螺母紧固程度；调整压簧尺寸为 145 mm；清洁滑动面，并按照环保要求合理处理废油；给滑动面涂上新的润滑油。如图 5-129 所示。

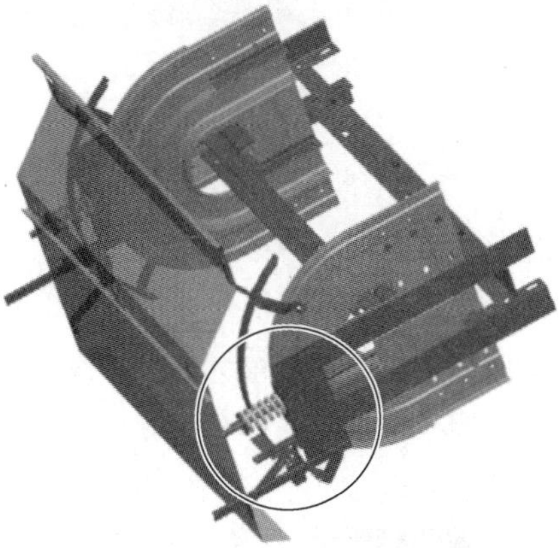

图 5-129　梯级链张紧装置

（8）梯级轴衬。

时间：10 min。

方法：检查、润滑梯级轴衬。

标准：梯级上的弹簧卡销和梯级衬套、梯级链轴的润滑情况良好；梯级的弹簧卡销和梯级轴紧固情况良好；润滑梯级轴左右两侧的梯级轴套润滑。如图 5-130 所示。

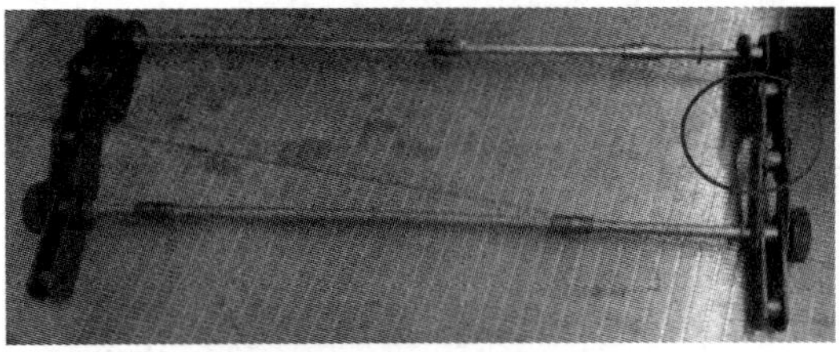

图 5-130　梯级轴衬

（9）梯级链润滑。

时间：15 min。

方法：检查梯级链润滑情况。

标准：运行工况正常；两梯级之间间距不大于 6 mm；卡簧无松脱、变形；润滑良好，梯级链无锈蚀、干涩。如图 5-131 所示。

图 5-131　梯级链润滑

（10）扶手带的运行速度。

时间：3 min。

方法：检查、测量扶手带的运行速度。

标准：靠近扶手回转处，选取扶手带和梯级位置并用标签（或电工胶带）分别标记；利用检修盒开启运行自动扶梯，2 ~ 3 m 后停止；分别测量扶手带运行距离和梯级运行距离；利用公式来计算扶手带和梯级运行的同步性；相对于梯级、踏板或胶带的速度允差为 0 ~ +2%。如图 5-132 所示。

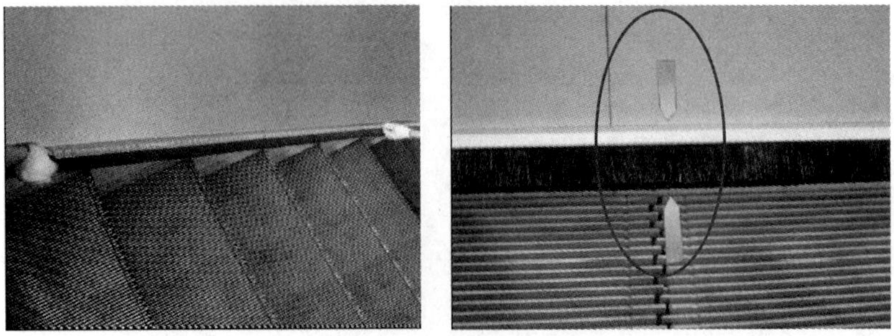

（a）梯级速度测量

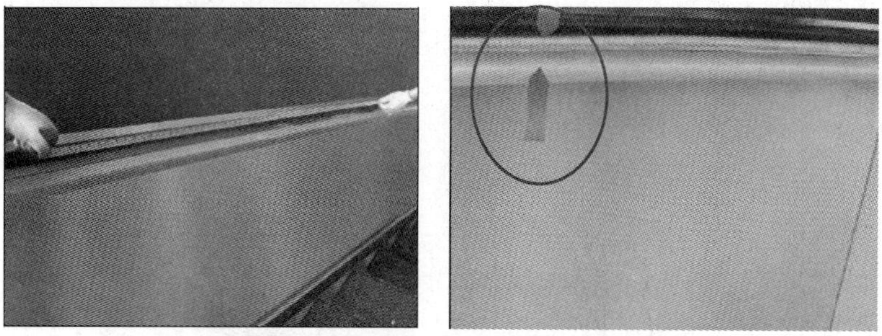

（b）扶手带速度测量

图 5-132　梯级及扶手带运行速度测量（圆圈处为标签）

（11）扶手带驱动装置。

时间：3 min。

方法：检查、调整扶手带驱动装置。

标准：驱动链磨损（延伸率不大于 2%）小、噪声及振动小、张紧力适宜，如图 5-133 所示。

图 5-133　扶手带驱动装置

（12）扶手带长度补偿装置。

时间：5 min。

方法：检查、调整扶手带长度补偿装置。

标准：设备状态有效，导向轮和扶手带无干涉，如图 5-134 所示。

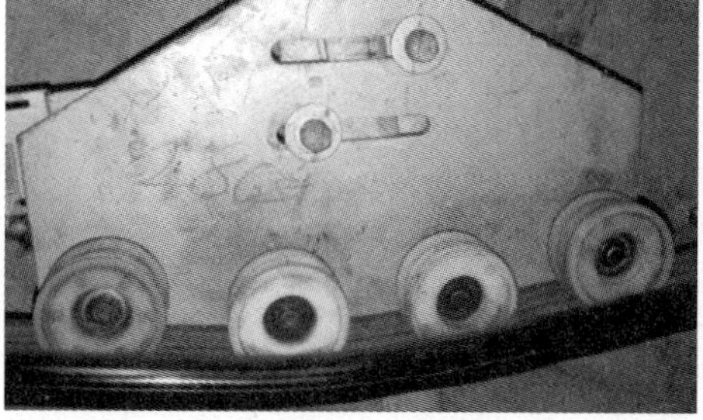

图 5-134　扶手带长度补偿装置

（13）楼层板安全装置。

时间：1 min。

方法：测试楼层板安全装置。

标准：设备状态正常、功能有效，根据检查情况进行调整，如图 5-135 所示。

图 5-135　楼层板安全装置

（14）收尾工作。

时间：10 min。

方法：清理现场，保持现场清洁和卫生；确认所有急停开关已经复位，关闭检修用照明；试运行 3 圈，确认设备运行无异常；撤除保养服务牌或护栏，将自动扶梯投入正常服务；填写检修记录表格并做好定期存档管理；车控室办理销点手续，告知车务人员完成。

四、半年检

1. 条　件

（1）基本人数为 2 人。

（2）人员应有相应的资质。

2. 工器具

标准检修工具 1 套、安全护栏 4 个。

3. 材　料

抹布 1 条。

4. 安全要点

（1）委外维保单位人员，应持《电梯维修证》《施工证》上岗，并且证件在有效期内。

（2）所有人员必须遵章守纪，按要求穿戴安全防护用品。

（3）上、下扶梯入口处做好安全防护，防止无关人员进入。

（4）两人，一人操作、一人监护。首尾呼应，监护人时刻留意人员身体部位的位置，防止发生意外。

（5）工作时与带电导体至少保持 0.7 m 的安全距离，防止触电。

（6）维保时，必须接上检修盒，并以检修速度检查各部件，如需调整应停止扶梯运行，并断开扶梯主电源，方可进行。

（7）进入上、下机仓内工作时，须按压急停开关或断开主电源，如无人监护禁止打开机仓盖板。

（8）检查机械旋转运动部件必须确认扶梯已处于停止状态，电源已断开。

（9）过程中，工器具、设备部件、物料应摆放整齐，禁止工器具摆放在梯级上或遗留在扶梯内部，完成应清点工器具。

5. 检修项目的步骤、方法和标准

（1）检修前准备。

时间：5 min。

方法：到车控室借取机房钥匙，清点并办理好施工登记手续；召集所有人员召开班前会并完成安全交底；准备好检修工具和护栏，做好现场隔离工作；查询扶梯运行故障记录，了解扶梯上次检修以来运行情况，对故障进行重点维护。

（2）减速机润滑油更换。

时间：5 min。

方法：检查减速机润滑油油质。

标准：定期更换，油量适中，油品质量合格，无渗油。

（3）马达轴承和联轴器。

时间：3 min。

方法：检查马达轴承和联轴器。

标准：马达轴承噪声小、振动小、温度适中；联轴器磨损小、噪声小、振动小。

（4）超速保护开关。

时间：5 min。

方法：测试超速保护开关。

标准：设备状态正常、功能有效；正常状态下，开关与限速器支架保持 4 mm 的间隙；室内梯每 12 个月清洁一次，室外梯每 6 个月清洁一次。

（5）防反向装置（NRD）。

时间：3 min。

方法：测试防反向装置。

标准：防反向装置功能有效，可靠制停自动扶梯，如图 5-136 所示。

图 5-136　防反向装置

（6）空载向下运行制动距离。

时间：3 min。

方法：测量空载向下运行制动距离。

标准：恢复设备正常运行，利用开梯向下运行；梯级间的空隙刚刚与梳齿板梳齿对齐时，利用紧急停止开关停止扶梯；测试并确保设备的空载向下的制动距离符合标准要求。如图 5-137 所示。

图 5-137　空载向下运行制动距离

空载向下运行制动距离，如表 5-12 所示。

表 5-12　空载向下运行制动距离

额定速度/（m/s）	制停距离范围/m
0.5	0.20 ~ 0.30
0.65	0.30 ~ 0.40

（7）制动器机械装置。

时间：5 min。

方法：检查、调整制动器机械装置。

标准：抱闸闸瓦和抱闸臂连接可靠，抱闸闸瓦表面应无油污，且制动轮上不得有油污；抱闸机械装置清洁，润滑有效并且动作正常；检查抱闸销轴，并按需要润滑；两抱闸臂动作同步且无异常杂音；工作制动器电磁阀上的螺栓与顶杆间的间隙为 1 ~ 1.5 mm；制动器传感器至电磁阀之间的间隙为 3 mm；测试自动扶梯电磁阀上传感器工作状态是否正常。如图 5-138 所示。

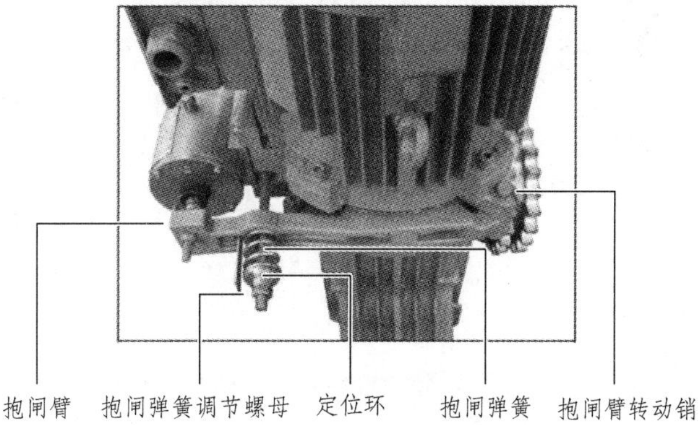

图 5-138　制动器机械装置

（8）调整梳齿板梳齿与踏板面齿槽啮合深度和间隙。

时间：3 min。

方法：调整梳齿板梳齿与踏板面齿槽啮合深度和间隙。

标准：符合标准，深度不小于 4 mm，间隙不大于 4 mm，如图 5-139 所示。

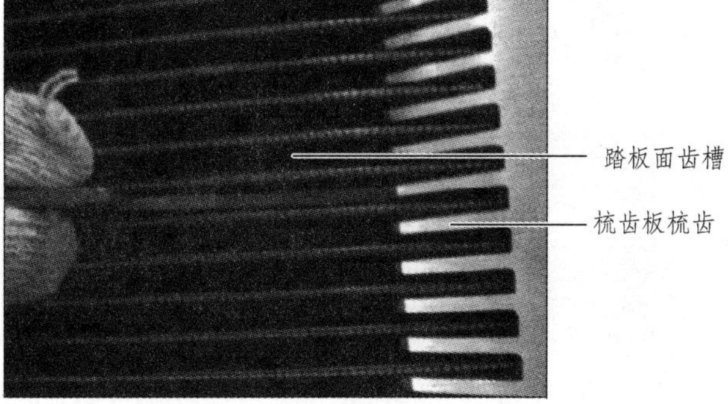

图 5-139　梳齿板梳齿与踏板面齿槽

（9）扶手带张紧度张紧弹簧负荷长度。

时间：3 min。

方法：检查、调整扶手带张紧度张紧弹簧负荷长度。

标准：检查两侧弓形轮和长度补偿装置的紧固程度；检查所有轮子是否有磨损；中部驱动扶手带张紧度张紧弹簧负荷长度符合标准为 95 ~ 98 mm。如图 5-140 所示。

图 5-140　扶手带张紧度调整位置

（10）扶手带速度监控器系统。

时间：2 min。

方法 1：测试扶手带速度监控器系统。

标准：接通主电源，通过检修盒运行至安全开关的位置；断开主电源，检查紧固程度。

方法 2：检查功能。

标准：首先断开左侧的感应器插头；断开检修盒，插上检修插头；接通主电源；在正常运行模式下开启扶梯运行，约 15 s 后，扶梯必须停止运行；断开主电源；重新插上感应器的插头，接通主电源，再启动扶梯运行；重复上述方式测试右侧的感应器插头。如图 5-141 所示。

图 5-141　扶手带速度监控器

（11）附加制动器（扭力测试）。

时间：15 min。

方法：测试附加制动器。

标准：清洁和润滑，功能可靠；检查紧固状态和功能；测试附加制动器制动是否正常；附加制动器动作、自动扶梯可靠制停后，拉起电磁阀拉杆，利用专用检查工器具（3 mm 厚测试片），插入固定制动臂的螺丝间隙处，检查附加制动器制动臂动作行程为（3 ± 0.2）mm；调整完成后，测试运行自动扶梯，检查附加制动器制动臂刹车片有无摩擦制动盘。无异常后恢复设备试运行。如图 5-142 所示。

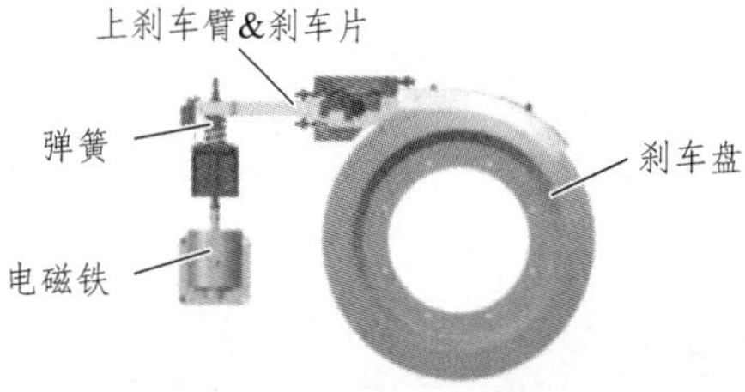

（a）单臂辅助刹车组成

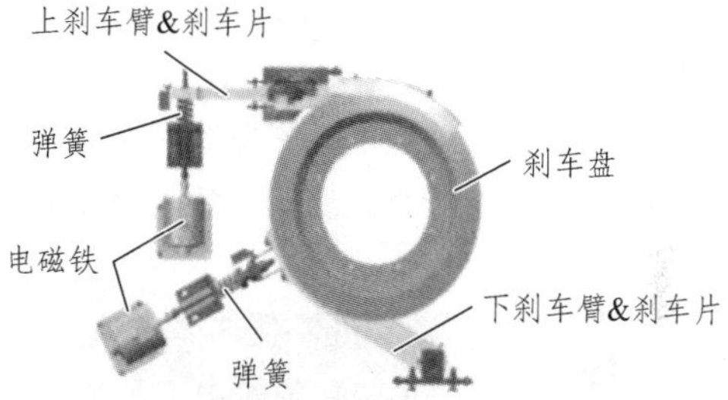

（b）双臂辅助刹车组成

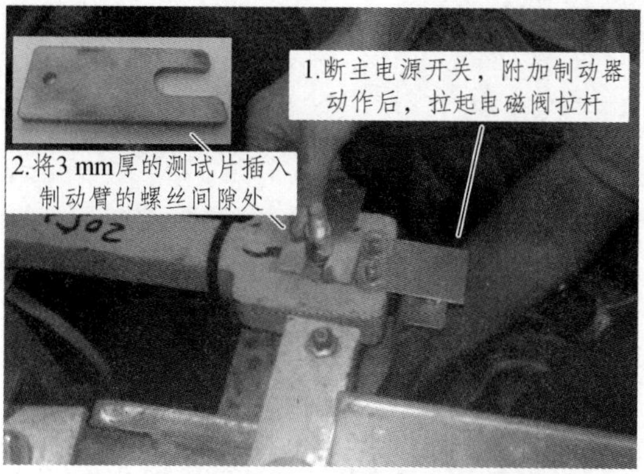

（c）附加制动器制动臂动作行程检查

图 5-142　辅助刹车组成及附加制动器制动臂动作行程检查

（12）主驱动。

时间：10 min。

方法：检查、润滑主驱动。

标准：检查主驱动轮、轴和轴承。每 12 个月清洁一次。根据润滑表润滑，对于公共交通型，室内每 6 个月润滑一次；室外每季度润滑一次；清洁主驱动轴及轴承、通过润滑系统的喷嘴给主驱动两侧的部件添加润滑油，并确保有充足的润滑油；清除旧的润滑油，并按照环保要求处理；检查主驱动链轮齿的状态，并检查是否有异常噪声和振动；检查轮盘螺栓是否移位，如移位须更换新螺栓，并按照扭力值紧固，及时上报上级领导。如图 5-143 所示。

图 5-143　主驱动链轮螺栓检查及润滑油清除

（13）主驱动速度感应器。

时间：3 min。

方法：测试主驱动速度感应器。

标准：设备状态正常，功能有效；测速编码器及支架固定牢固；轮齿或滚轮无异常损坏。如图 5-144 所示。

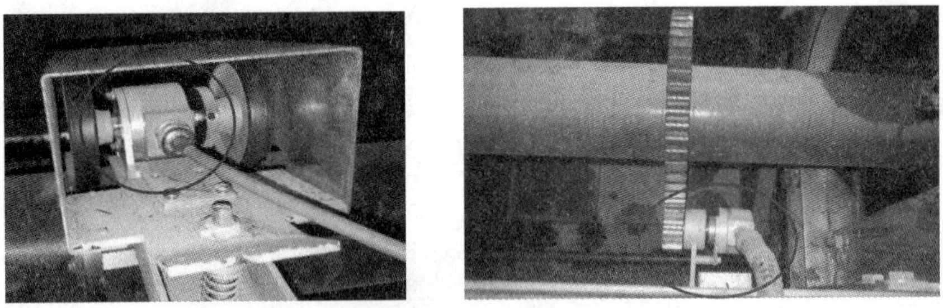

图 5-144　主驱动编码器

（14）主驱动链润滑。

时间：2 min。

方法：主驱动链润滑。

标准：主驱动链为重要传动部件，必须确保链条各部件润滑充分、清洁；用抹布清洁油嘴、检查油管的密封状态；用抹布清洁主驱动链可视部位，确保无锈蚀、润滑无干涩现象；目测梯级链和主驱动链的滴油与润滑情况。如图 5-145 所示。

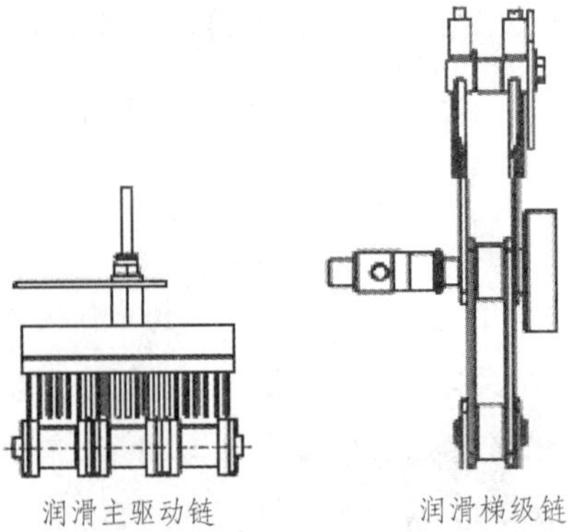

图 5-145　主驱动链和梯级链润滑

（15）主驱动链链条滑块。

时间：2 min。

方法 1：检查主驱动链链条滑块。

标准：主驱动链链条滑块是主驱动链断链保护重要部件，它紧压在至驱动链上面工作，为易损耗部件。

方法 2：清洁，检查厚度符合标准。

标准：清洁滑块及铁壳；如滑块导向部位低于凸台部位，建议更换；链条松弛时，滑块探出铁壳距离 12 mm，活动自如。如图 5-146 所示。

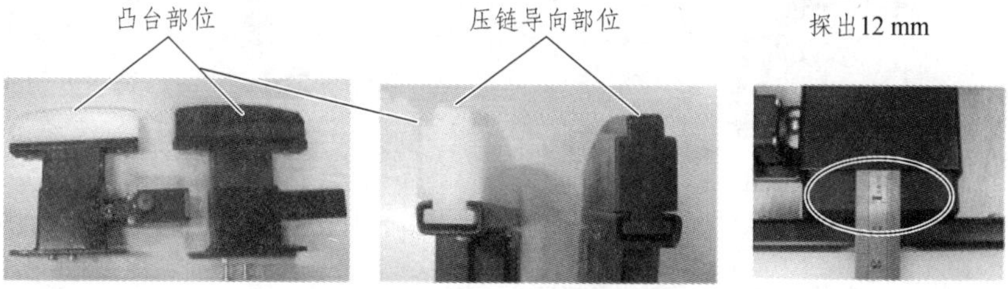

图 5-146　主驱动链链条滑块

（16）制动衬厚度。

时间：2 min。

方法：检查制动衬厚度。

标准： 制动衬面磨损不小于自动扶梯制造单位要求，内衬材料的厚度小于 3 mm 时，更换制动臂；当主机的制动衬垫出现磨损，此监控装置会发出相应的检测信号，提示维保人员检查衬垫。如图 5-147 所示。

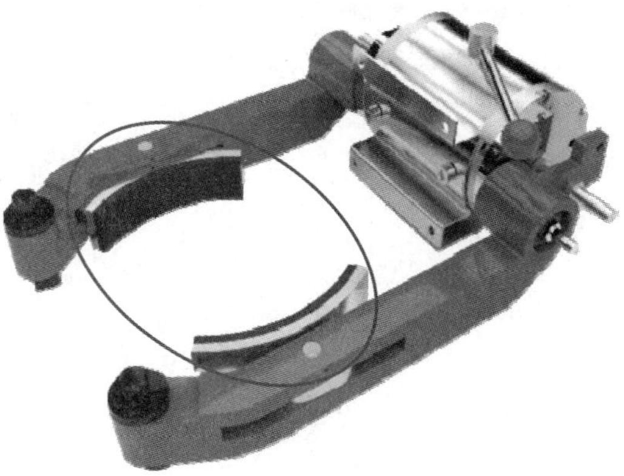

图 5-147　制动衬

（17）收尾工作。

时间：10 min。

方法：清理现场，保持现场清洁和卫生；确认所有急停开关已经复位，关闭检修用照明；试运行 3 圈，确认设备运行无异常；撤除保养服务牌或护栏，将自动扶梯投入正常服务；填写检修记录表格并做好定期存档管理；车控室办理销点手续，告知车务人员完成。

五、年 检

1. 条 件

（1）基本人数为 2 人。

（2）人员应有相应的资质。

2. 工器具

标准检修工具 1 套、安全护栏 4 个。

3. 材 料

抹布 1 条。

4. 安全要点

（1）委外维保单位人员，应持《电梯维修证》《施工证》上岗，并且证件在有效期内。

（2）所有人员必须遵章守纪，按要求穿戴安全防护用品。

（3）上、下扶梯入口处做好安全防护，防止无关人员进入。

（4）两人，一人操作、一人监护。首尾呼应，监护人时刻留意人员身体部位的位置，防止发生意外。

（5）工作时与带电导体至少保持 0.7 m 的安全距离，防止触电。

（6）维保时，必须接上检修盒，并以检修速度检查各部件，如需调整应停止扶梯运行，并断开扶梯主电源，方可进行。

（7）进入上、下机仓内工作时，须按压急停开关或断开主电源，如无人监护禁止打开机仓盖板。

（8）检查机械旋转运动部件必须确认扶梯已处于停止状态，电源已断开。

（9）过程中，工器具、设备部件、物料应摆放整齐，禁止工器具摆放在梯级上或遗留在扶梯内部，完成应清点工器具。

5. 检修项目的步骤、方法和标准

（1）检修前准备。

时间；5 min。

方法：到车控室借取机房钥匙，清点并办理好施工登记手续；召集所有人员召开班前会并完成安全交底；准备好检修工具和护栏，做好现场隔离工作；查询扶梯运行故障记录，了解扶梯上次检修以来运行情况，对故障进行重点维护。

（2）主机速度检测功能。

时间：3 min。

方法：测试主机速度检测功能。

标准：功能可靠，清洁感应面，间隙应符合制造商要求；设备状态正常，主机速度检测功能有效；测速编码器及支架固定牢固；轮齿或滚轮无异常损坏。如图 5-148 所示。

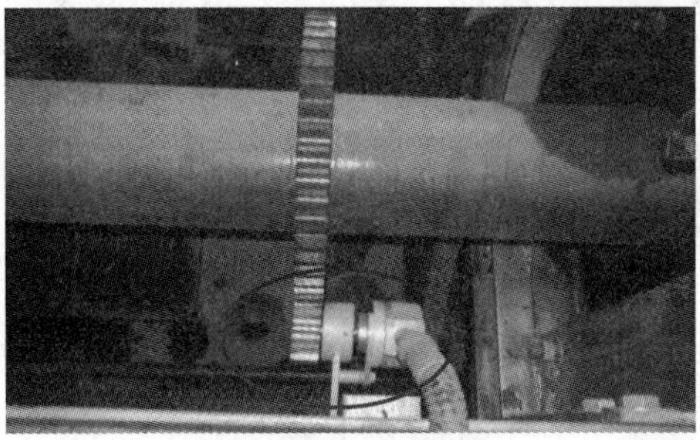

图 5-148　编码器

（3）电缆。

时间：5 min。

方法：检查电缆。

标准：各动力电缆、信号线缆，无破损、无挤压；各线缆保护套完好，接头连接、固定有效；线缆接线鼻无氧化、损坏，与接线桩接线牢固、有效，电缆绝缘皮无老化。如图 5-149 所示。

图 5-149　电缆

（4）电气安全装置。

时间：6 min。

方法：各电气安全装置。

标准：测试各安全保护开关、传感器功能动作可靠；各安全保护开关，固定方法正确且牢固；清洁各安全保护开关。如图 5-150 所示。

（5）扶手带托轮、滑轮群、防静电轮。

时间：3 min。

方法：清洁、调整、扶手带托轮、滑轮群、防静电轮。

标准：清洁各滚轮上异物；检查滚轮外观完好、无破损、磨损；转动滚轮，观察是否有轴承卡阻，如有须更换新滚轮；检查各滚轮支架的固定情况；防静电轮必须露出铜质面；扶手带无破损、弓形轮有效紧固。

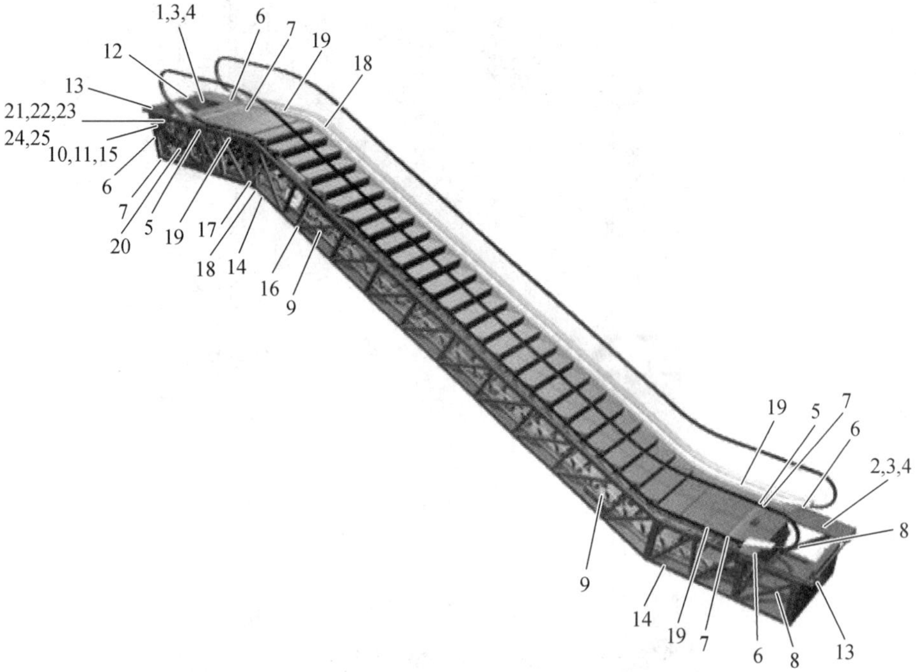

1—主电源开关；2—下平层停止按钮；3—维修电源开关；4—维修电源插座；5—控制装置；
6—扶手带入口箱安全装置；7—梳齿板安全装置；8—梯级链断裂监控装置；
9—梯级断裂及梯级链监控装置；10—主机过热保护装置；11—防逆转装置；
12—电源相序监控装置；13—楼层板安全开关；14—缺梯级监控装置；15—主机盖保护装置；
16—扶手带断裂监控转置；17—扶手带速度监控装置；18—梯级链轮监控装置；
19—裙板安全开关；20—主驱动链监控装置；21—抱闸衬垫磨损监控装置；
22—抱闸动作监控转置；23—超速限速器；24—双回路制动；25—楔形块制动装置。

图 5-150　自动扶梯电气安全装置

（6）扶手带断带保护开关。

时间：3 min。

方法：测试扶手带断带保护开关。

标准：扶手带断裂监控装置功能正常；开关触点轮与扶手带接触面不小于 2/3；模拟测试扶手带断带保护开关有效。如图 5-151 所示。

图 5-151　扶手带断带保护开关

（7）围裙板安全开关。

时间：4 min。

方法：测试裙板安全开关。

标准：裙板安全开关，功能有效；裙板开关固定牢固，触点与裙板之间的间隙为 0 ~ 0.2 mm。如图 5-152 所示。

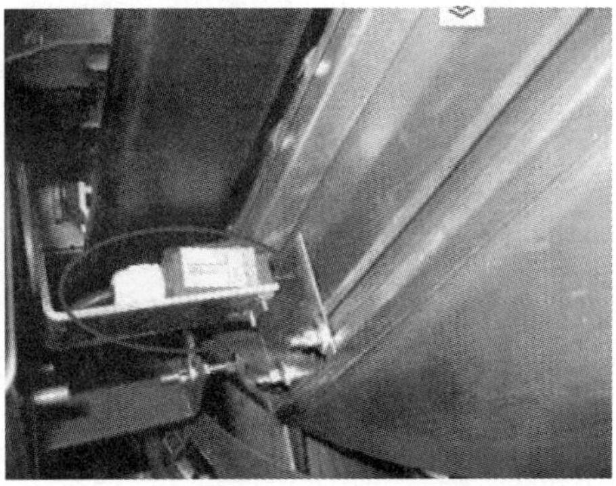

图 5-152　围裙板安全开关

（8）年度清洁检查。

时间：20 min。

方法：年度清洁检查。

标准：拆下约 1/3 的梯级，擦拭拆下的梯级油污，检查梯级轮有无生锈、梯级轮是否转动正常；从上至下，依次，利用铲清除导轨上的污垢，清理扶梯内的垃圾，擦拭导轨及检查导轨面磨损情况、紧固情况；清洁主驱动链、扶手驱动链接油槽，并清洁底板油污及垃圾；清洁上、下机仓、梯级翻转底板上的垃圾、油污；润滑主驱动轴承、张紧站轴承、扶手驱动轴承；恢复拆卸的所有梯级，检查并校正。

（9）主接触器。

时间：5 min。

方法：检查主接触器。

标准：断电检查接线牢固、有效；清洁外观；通电测试及检查主接触器吸合情况。如图 5-153 所示。

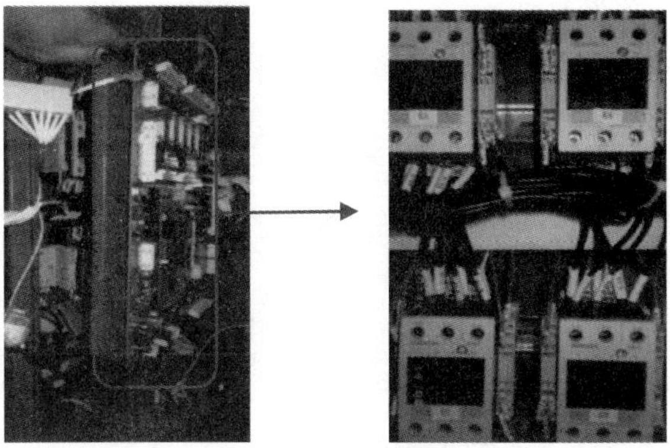

图 5-153　主接触器

（10）内外盖板连接。

时间：2 min。

方法：目测检查内外盖板连接。

标准：内、外盖板紧固螺钉紧固有效，螺栓及盖板无凸起；相邻盖板高度及间隙不大于 0.3 mm，外观无明显缺损、变形，且不妨碍乘客安全。

（11）围裙板对接处。

时间：2 min。

方法：目测检查围裙板对接处。

标准：裙板接口紧密安装，其间隙应不大于 0.3 mm，且无明显凹陷变形；调整梯级与裙板应为 90°，裙板背面加强筋、支架牢固，无脱焊断裂，螺栓及 T 形螺栓旋转方向正确，螺栓、螺母紧固。

（12）扶手带内侧凸缘处。

时间：4 min。

方法：目测检查扶手带内侧凸缘处。

标准：扶手带无损伤、裂开，无鼓起、钢丝绳外露；扶手导轨滑动面清洁；接口平整；扶手带开口处无破损，扶手带开口处与导轨或扶手支架之间的间隙不大于 8 mm。如图 5-154 所示。

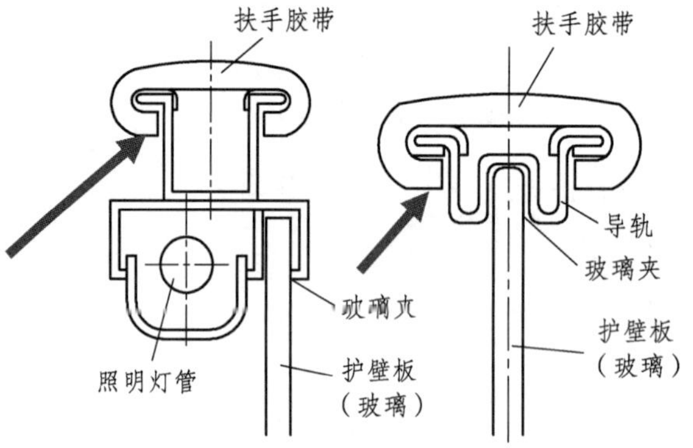

图 5-154　扶手带开口处与导轨或扶手支架之间的间隙

（13）扶手带导向块和导向轮。

时间：5 min。

方法：检查扶手带导向块和导向轮。

标准：清洁，工作正常；各扶手带导向块和导向轮无明显磨损扶手；带返回侧各种起导向作用的导向轮、导向块等部件，无明显磨损、开裂；导向轮左右不能与扶手带唇口有摩擦，导向轮垂直与扶手带应有至少 1 mm 间隙。如图 5-155 所示。

（14）在进入梳齿板处的梯级与导轮的轴向窜动量。

时间：3 min。

方法：检查在进入梳齿板处的梯级与导轮的轴向窜动量。

标准：扶梯上、下平台梳齿板两侧，梯级停止状态下，利用塞尺检查导向块与梯级外缘的间隙应为 0.1 ~ 0.6 mm；不能依靠受力运行梯级。

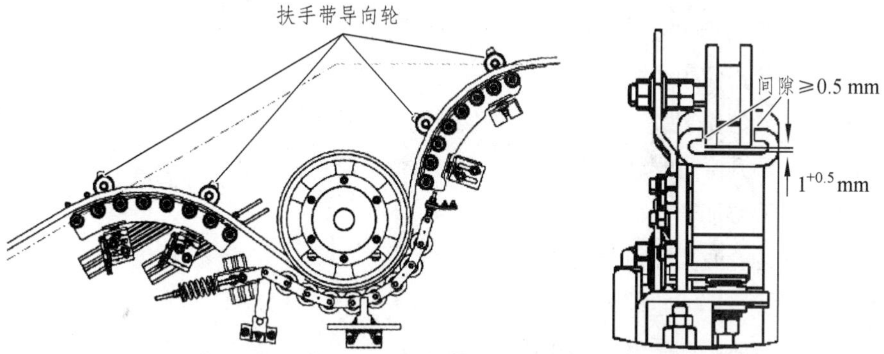

图 5-155　扶手带导向轮、导向轮与扶手带间隙

（15）设备运行。

时间：5 min。

方法：检查设备运行情况。

标准：梯级、扶手带运行无抖动、异常声音，且速度一致；上下平台、中间急停按钮警示文字清晰，按钮固定牢固，按动顺畅不卡阻，动作开关扶梯应立即停梯；测试四个扶手带入口开关，扶梯应立即停梯；上下平台梳齿板有效紧固、齐全不缺损；盖板固定螺栓齐全，盖板踩上去不松软，接口处无台阶；上平台主机运行平稳，无异响或机械撞击声；上下平台梯级翻转声音正常且连贯；扶手带无静电。

（16）收尾工作。

时间：10 min。

方法：清理现场，保持现场清洁和卫生；确认所有急停开关已经复位，关闭检修用照明；试运行 3 圈，确认设备运行无异常；撤除保养服务牌或护栏，将自动扶梯投入正常服务；填写检修记录表格并做好定期存档管理；车控室办理销点手续，告知车务人员完成。

项目五　城轨交通楼梯升降机的维护管理

楼梯升降机的维护可分为日常管理、日常巡检、计划性检修及故障处理。

知识点一　楼梯升降机的日常管理及巡检

为确保楼梯升降机的安全、可靠运行，需对其做好日常的管理及巡检。

一、楼梯升降机的日常管理

楼梯升降机的日常管理主要有如下内容。

（1）楼梯升降机属于残疾人专用设备，禁止使用楼梯升降机载货。
（2）火灾时，禁止使用楼梯升降机。
（3）楼梯升降机禁止超载，且一次只允许运载一位乘客。
（4）如果在楼梯升降机导轨、平台边等有障碍物，切勿使用。
（5）乘客坐好后方能开始启动。
（6）升降机在运行时要注意导轨周围的情况。
（7）切勿让乘客身体或轮椅突出平台。
（8）升降机运行时，在平台上避免不必要的移动。
（9）升降机运行时，切勿将手放置在护栏上或者平台外。
（10）如使用时环境照明不好，切勿使用升降机。
（11）不论在站内还是在站外（出入口），升降机都严禁浸泡。
（12）清洁时，只需用湿布擦干净，不能用水喷。

二、楼梯升降机的日常巡检

维修人员在地铁运营期间对楼梯升降机进行常规巡视，及时发现并消除楼梯升降机存在的安全隐患，确保其无故障并安全运行。

楼梯升降机的日常巡检项目内容及标准，如表 5-13 所示。

表 5-13　楼梯升降机的日常巡检项目内容及标准

项目内容	标　准
检查整体外观情况	导轨间接口应平滑； 导轨、立柱表面无损伤、划痕； 无缺固定螺丝
检查操作开关、按钮情况	开关灵活、按钮完好
检查对讲机功能	通话质量应良好，无杂声
检查充电情况	平台停靠时应能充电
随机检查安全开关动作情况	可靠制动

知识点二　楼梯升降机的计划性检修和故障处理

除日常管理和巡检外，还须做好楼梯升降机的计划性检修和故障处理，确保设备能长期可靠地运行。

一、楼梯升降机的计划性检修

楼梯升降机的计划性检修，可分为半月检、月检、季检、年检，如表 5-14 所示。

表 5-14　楼梯升降机的计划性检修项目内容及周期

周　期	项目内容
半月检	（1）检查整体外观情况； （2）检查操作开关、按钮情况； （3）检查对讲机功能； （4）检查充电情况； （5）随升降机检查安全开关动作情况
月检	（1）包括所有的半月检内容； （2）检查运行情况； （3）检查调整限速器、紧固销； （4）检查各传动链张力； （5）检查制动器； （6）检查充电器； （7）检查信号接收器； （8）检查充电的铜电刷； （9）检查导轨上、下滚轮的松紧度； （10）检查主、控回路线路的接线紧固状况； （11）检查各安全开关
季检	（1）所有的月检内容； （2）检查电池固定情况及电压； （3）检查手动应急解锁功能； （4）检查紧急控制器功能； （5）检查立柱、导轨； （6）检查线槽及电源盒； （7）检查故障码
年检	（1）包括所有的季检内容； （2）测量控制柜内的绝缘电阻； （3）检查并调整工作平台

二、楼梯升降机的常见故障处理

楼梯升降机常见故障的现象、原因及处理方法，如表 5-15 所示。

表 5-15　楼梯升降机常见故障的现象、原因及处理方法

故障现象	故障原因	处理方法
升降机不启动	锁匙开关操作不正确	检查钥匙开关是否在“1”位置，其他钥匙开关在“0”位置或拔出。正确操作钥匙开关
	急停开关已动作	手动旋转或恢复急停开关
	升降机主开关没有位于“1”位置	打开主电源开关
	电源供电异常	合上熔断保险和保护开关
升降机平台展开不能启动	护栏没有在水平位置	轻微向上或者向下复位护栏
	侧板及活动侧板转动不灵活	轻微转动侧板及活动侧板
自动平台不能折叠和展开	锁匙开关操作不正确	检查是否除了操纵者操作的位置外，其他钥匙均在“0”位置。正确操作钥匙开关
	遥控器电池电力不足	检查遥控方式操作时遥控器内电池的电量是否足够。不够则更换遥控器内白的电池

思考练习

（1）论述电梯、自动扶梯、自动人行道的安全乘用指南。

（2）论述电梯设备的维护、修理、维修的区别。

（3）论述城轨交通电梯设备故障处理的原则。

（4）论述城轨交通电梯应急响应的级别分类及无机房电梯困人的应急处理。

（5）论述电梯设备维护保养的类型，并说明电梯、自动扶梯维保的典型项目内容及要求。

（6）论述电梯日检工作的条件、工器具及安全要点。

（7）论述自动扶梯日检工作的条件、工器具及安全要点。

（8）论述楼梯升降机的日常管理和日常巡检内容。

（9）通过网络下载与电梯设备的运行服务、维护管理及检修的相关标准规范并进行自学。

（10）通过网络搜索与电梯、自动扶梯、自动人行道、楼梯升降机、爬楼机等有关安全乘用、维护管理的视频、课件等进行自学。

（11）用思维导图整理出本模块的知识要点。

附　录

附录 A　电梯设备常用图形符号及图形标志

依据 GB/T 31200—2014《电梯、自动扶梯和自动人行道乘用图形标志及其使用导则》，乘用安全标志是指由安全符号与安全色、安全形状等组合形成，传递特定的电梯、自动扶梯和自动人行道的乘用安全信息的标志。

根据安全色与安全形状不同组合所形成的标志含义，乘用安全标志又可分为禁止标志、警告标志、指令标志、提示标志（安全条件标志）和消防设施标志等。各类标志说明如下。

（1）禁止标志。禁止某种行为或动作的乘用安全标志。

（2）警告标志。提醒注意周围环境、事物，避免潜在危害的乘用安全标志。

（3）指令标志。强制采取某种安全措施或做出某种动作的乘用安全标志。

（4）提示标志，又称安全条件标志。提示安全行为或指示安全设备、安全设施以及疏散路线所在位置的乘用安全标志。

（5）消防设施标志。指示消防设施所在位置或提示如何使用消防设施的乘用安全标志。

乘用安全标志，应设置在相应危险位置或部件附近的醒目处。多个标志在一起设置时，应按禁止、警告、指令、提示类型的顺序，先左后右、先上后下地排列。对消防电梯，其乘用安全标志应单独设置。

1．电梯设备的导向信息图形标志

电梯设备的导向信息图形标志及含义说明，如附表 A-1 所示。

附表 A-1　电梯设备的导向信息图形标志及含义说明

序　号	图形符号	含　义	说　明
1		电梯 Elevator； Lift	表示公用电梯或其位置
2		载货电梯 Freight Elevator； Freight Lift； Goods Elevator； Goods Lift	表示主要运输货物的电梯或其位置

续附表

序　号	图形符号	含　义	说　明
3		无障碍电梯 Accessible Elevator； Accessible Lift	表示可供残疾人、老年人、伤病人等行动不便人员乘用的电梯或其位置
4		病床电梯/医用电梯 Bed Elevator； Bed Lift； Hospital Elevator； Hospital Lift	表示运送病床（包括病人）及相关医疗设备的电梯或其位置
5		汽车电梯 Car Elevator； Car Lift	表示运送汽车的电梯或其位置
6		自动扶梯 Escalator	表示自动扶梯或其位置，不表示楼梯
7		上行自动扶梯 Escalator Up	表示上行自动扶梯或其位置，不表示楼梯
8		下行自动扶梯 Escalator Down	表示下行自动扶梯或其位置。不表示楼梯
9		自动人行道 Moving Walk	表示自动人行道或其位置

2．电梯的乘用安全标志

电梯的乘用安全标志、含义说明及设置，如附表 A-2 所示。

附表 A-2　电梯的乘用安全标志、说明及设置

序　号	图形符号	名　称	含义和说明	设置范围和地点
1		消防电梯 Firefighters Lift ; Firefighters Elevator	（1）设置在建筑的耐火封闭结构内，具有前室和备用电源，在正常情况下为乘客使用，在建筑发生火灾时其附加的保护、控制和信号等功能专供消防员使用的电梯。 （2）在轿厢操作面板上标志尺寸为 20 mm×20 mm; 在层站上标志尺寸至少为 100 mm×100 mm；两个出入口消防电梯的消防操作面板上的标志尺寸应为 20 mm×20 mm; （3）消防设施标志	消防电梯的层站入口处和轿厢内（注：一般为单独设置）
2		禁止火灾时使用 Do not use elevator/lift in case of fire	（1）禁止在发生火灾时使用电梯； （2）禁止标志	层站入口处
3		禁止地震时使用 Do not use　elevator/lift in case of earthquake	（1）禁止在发生地震时使用电梯； （2）禁止标志	层站入口处
4		禁止进水时使用 Do not use elevator/lift in case of waterleak	（1）禁止电梯进水时使用电梯； （2）禁止标志	层站入口处和轿厢内
5		禁止入内 No entry	（1）禁止进入易造成人员伤害的场所； （2）禁止标志	机房门、井道安全门等
6		禁止携带易燃及易爆物品 No carrying flammable and explosive materials	（1）禁止携带和运送易燃、易爆物品及其他危险品； （2）禁止标志。	层站入口处和轿厢内
7		禁止携带有毒物品及有害液体 No carrying poisonous materials and harmful liquid	（1）禁止携带有毒物品及有害液体； （2）禁止标志	层站入口处和轿厢内

续附表

序　号	图形符号	名　称	含义和说明	设置范围和地点
8		禁止吸烟 No smoking	（1）禁止在轿厢内吸烟； （2）禁止标志	轿厢内
9		禁止倚靠 No leaning	（1）禁止倚靠在层门和轿门上； （2）禁止标志	轿门和层门
10		禁止撞击 No striking	（1）禁止撞击层门、轿门和轿壁等； （2）禁止标志	层门、轿门和轿壁等
11		禁止扒门 Opening door by hand is not permitted	（1）禁止乘客扒开电梯层门或轿门； （2）禁止标志	层门和轿门
12		禁止玩耍 No playing	（1）禁止在层站附近和轿厢内玩耍、踢撞； （2）禁止标志	层站附近和轿厢内
13		禁止跑入 No rushing	（1）禁止关门时跑入轿厢； （2）禁止标志	层站入口处
14		禁止用尖硬物品按按钮 Do not push with hard and sharp objects	（1）禁止用尖硬、锋利的物品去触碰按钮； （2）禁止标志	层站入口处和轿厢内
15		当心夹手 Warning hands pinching	（1）乘用电梯时，注意手不要放在门与门之间，以及门与门框之间； （2）警告标志	层站入口处和轿厢内
16		当心夹绳 Keep leads clear of opening door	（1）进出电梯时，防止门夹住绳索或皮带； （2）警告标志	层站入口处和轿厢内

续附表

序　号	图形符号	名　称	含义和说明	设置范围和地点
17		当心夹住薄板 Pay attention to thin and long objects	（1）进出电梯时，防止门夹住薄板状物体，如夹板、玻璃板等； （2）警告标志	层站入口处和轿厢内
18		身体阻止关门危险 Don’t use body to hold door open	（1）乘用电梯时，不要跨立在轿厢和层站之间； （2）警告标志	层站入口处和轿厢内
19		请陪同儿童乘电梯 Please attend young children	（1）儿童应在成人陪同下乘电梯； （2）提示标志	层站入口处和轿厢内
20		请伴随行动不便人员乘梯 Please attend disabled or elderly passengers	（1）行动不便人员乘用电梯时，宜有人伴随； （2）提示标志	层站入口处和轿厢内

3．自动扶梯和自动人行道的乘用安全标志

自动扶梯和自动人行道的乘用安全标志、含义说明及设置，如附表 A-3 所示。

附表 A-3　自动扶梯和自动人行道的乘用安全标志、含义说明及设置

序　号	图形标志	名　称	含义和说明	设置范围和地点
1		禁止进入 No entry	（1）禁止从该方向进入自动扶梯和自动人行道； （2）如果该标志类别为电气显示装置，其外圆直径不应小于 50 mm。当显示装置熄灭时，不应出现可见的标志； （3）禁止标志	自动扶梯和自动人行道的出口
2		禁止吸烟 No smoking	（1）禁止在自动扶梯和自动人行道上吸烟； （2）禁止标志	自动扶梯和自动人行道的入口
3		禁止行走或奔跑 No walking	（1）禁止在自动扶梯上行走或奔跑； （2）禁止标志	自动扶梯的出入口

续附表

序　号	图形标志	名　称	含义和说明	设置范围和地点
4		禁止攀爬骑乘扶手带 No climbing or riding on handrail	（1）禁止乘客攀爬、骑乘自动扶梯和自动人行道的扶手带； （2）禁止标志	自动扶梯和自动人行道的出入口
5		禁止玩耍 No playing	（1）禁止在自动扶梯和自动人行道附近玩耍； （2）禁止标志	自动扶梯和自动人行道的出入口
6		禁止在出入口附近停留 Do not loiter	（1）禁止在运行的自动扶梯出入口停留； （2）禁止标志	自动扶梯的出入口
7		禁止赤脚者乘用 No barefoot	（1）禁止赤脚者乘用自动扶梯和自动人行道； （2）禁止标志	自动扶梯和自动人行道的入口
8		禁止反方向站立 Do not face wrong way	（1）禁止反方向站立在运行中的自动扶梯上和自动人行道； （2）禁止标志	自动扶梯和自动人行道的入口
9		禁止运输笨重物品 Do not carry heavy goods	（1）禁止利用自动扶梯和自动人行道运输笨重物品； （2）禁止标志	自动扶梯和自动人行道的入口
10		禁止将物品放在扶手带上 Do not place Goods on handrail	（1）禁止将携带的物品放在扶手带上； （2）禁止标志	自动扶梯和自动人行道的入口
11		禁止携带超长物品 Do not carry long goods	（1）禁止在自动扶梯和自动人行道上携带超长物品； （2）禁止标志	自动扶梯和自动人行道的入口

序　号	图形标志	名　称	含义和说明	设置范围和地点
12		禁止尖硬物插入 Do not insert sharp and hard objects	（1）禁止将尖硬物插入自动扶梯和自动人行道的梯级或踏板的凹槽、缝隙中； （2）禁止标志	自动扶梯和自动人行道的入口
13		禁止蹲或坐 No sitting	（1）禁止在自动扶梯和自动人行道上蹲或坐； （2）禁止标志	自动扶梯和自动人行道的出入口
14		禁止头和肢体伸到扶手带外 Do not lean over handrail	（1）禁止将头和肢体伸到扶手带外； （2）禁止标志	自动扶梯和自动人行道的垂直防护挡板和入口
15		禁止倚靠 No leaning	（1）禁止倚靠自动扶梯和自动人行道的护壁板和扶手带； （2）禁止标志	自动扶梯和自动人行道的入口
16		禁止踩踏 Do not step on skirt deflector	（1）禁止踩踏自动扶梯和自动人行道的防夹装置（如：毛刷、橡胶条）； （2）禁止标志	自动扶梯和自动人行道的入口
17		禁止使用手推车 Push chair not permitted	（1）禁止在自动扶梯和自动人行道上使用手推车； （2）禁止标志	自动扶梯和自动人行道的入口
18		当心碰头 Warning overhead obstacles	（1）注意有碰头危险； （2）警告标志	有可能产生碰头的位置，例如防护挡板处；梯级上方垂直净高度小于 2.3 m 处
19		当心卡住鞋跟 Pay attention when wearing high heels	（1）乘用自动扶梯和自动人行道时，注意高跟鞋的鞋跟不要被凹槽或缝隙卡住； （2）警告标志	自动扶梯和自动人行道的入口

续附表

序号	图形标志	名称	含义和说明	设置范围和地点
20		当心夹住衣物 Pay attention when wearing long dress	（1）乘用自动扶梯和自动人行道时，注意夹住衣物； （2）警告标志	自动扶梯和自动人行道的入口
21		当心夹住软底鞋 Pay attention when wearing soft shoes	（1）乘用自动扶梯和自动人行道时，注意软底鞋不要被缝隙卡住； （2）警告标志	自动扶梯和自动人行道的入口
22		必须拉住小孩 Young children shall be held firmly	（1）乘用自动扶梯和自动人行道时，必须拉住小孩； （2）指令标志	自动扶梯和自动人行道的入口
23		必须抱着宠物 Pets shall be carried	（1）乘用自动扶梯和自动人行道时，必须抱着宠物； （2）指令标志	自动扶梯和自动人行道的入口
24		必须握住扶手带 Use the handrail	（1）乘用自动扶梯和自动人行道时，必须握住扶手带； （2）指令标志	自动扶梯和自动人行道的入口
25		进入方向 Entry	（1）从该入口乘用自动扶梯和自动人行道； （2）如果该标志类别为电气显示装置，其外圆直径不应小于 50 mm。当显示装置熄灭时，不应出现可见的标志； （3）提示标志	自动扶梯和自动人行道的入口
26		请迈步离开 Step over to get off	（1）离开自动扶梯和自动人行道的梯级或踏板时，迈步跨过梳齿板； （2）提示标志	自动扶梯和自动人行道的出口
27		请迈步进入 Step over to get on	（1）乘用自动扶梯和自动人行道时，迈步跨过梳齿板，站立在梯级或踏板上； （2）提示标志	自动扶梯和自动人行道的入口

续附表

序　号	图形标志	名　称	含义和说明	设置范围和地点
28		请站在警示线内 Keep feet within yellow lines	（1）乘用自动扶梯和自动人行道时，双脚站立在警示线内； （2）提示标志	自动扶梯和自动人行道的入口
29	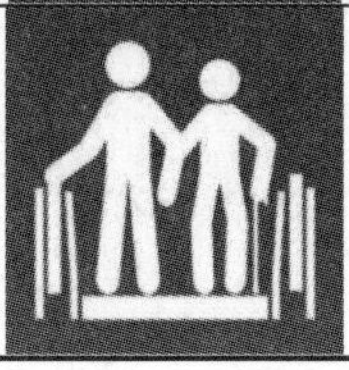	请伴随行动不便人员乘梯 Please attend disabled or elderly passengers	（1）行动不便人员乘用自动扶梯和自动人行道时，应有人伴随； （2）提示标志	自动扶梯和自动人行道的入口

附录 B　城轨交通常用电梯设备品牌

城轨交通常用电梯设备品牌名称及公司网址，如附表 B 所示。

附表 B　城轨交通常用电梯设备品牌及公司网址

序　号	品牌名称	公司网址
1	奥的斯	奥的斯电梯（中国）有限公司 https://www.otis.com/zh/cn/
2	迅达	迅达（中国）电梯有限公司 https://www.schindler.com/cn/internet/zh/about-us.html
3	蒂森克虏伯	蒂森克虏伯电梯（中国）有限公司 https://www.thyssenkrupp-elevator.com.cn/cn/
4	广日	广州广日电梯工业有限公司 http://www.guangri.com.cn/
5	三菱	上海三菱电梯有限公司 https://www.smec-cn.com/cn/index.ashx
6	东芝	东芝电梯（中国）有限公司 http://www.toshiba-elevator.com.cn/
7	日立	日立电梯（中国）有限公司 https://www.hitachi-helc.com/

续附表

序　号	品牌名称	公司网址
8	通力	KONE 通力电梯有限公司 https://www.kone.cn/zh/
9	富士达	FUJITEC 上海华升富士达扶梯有限公司 http://www.fujitec.com.cn/
10	永大	永大电梯 YUNGTAY 永大电梯（中国）设备有限公司 https://www.yungtay.com.cn/index.jsp?lang=CN
11	西奥	XIOLIFT 杭州西奥电梯有限公司 http://www.xiolift.com/
12	康力	KONL® 康力电梯 CANNY ELEVATOR 康力电梯股份有限公司 http://www.canny-elevator.com/index.aspx
13	菱王	WINONE 菱王电梯 菱王电梯有限公司 http://www.winone.cn/
14	海诺	HIRO 湖南海诺电梯有限公司 http://www.hiro.com.cn/
15	evacu8 （日本三和）	evacu8 Evacu8 Services Limited https://evacu8.co.uk/

注：海诺以楼梯升降机为主，evacu8 以爬楼机为主。

附录 C　城轨交通电梯设备视频资源

以下视频资源均来自互联网的公开资源，读者可通过视频链接网址进行拓展学习。

1．电梯视频资源

电梯视频资源网络链接，如附表 C-1 所示。

附表 C-1　电梯视频资源网络链接

序　号	类　别	视频链接网址
1	起源和发展	《解码科技史》 20200523 从升降机到电梯 https://tv.cctv.com/2020/05/23/VIDE5aQWGRvdt1ODRwQrQuJa200523.shtml （视频简介：介绍电梯的发展历史）
		奥的斯电梯品牌宣传片 https://v.qq.com/x/page/x038376 cnyu.html （视频简介：介绍美国奥的斯电梯的发展历程）
2	结构原理	电梯的结构运行原理， 一下子看明白了 https://v.youku.com/v_show/id_XMzUzODA3OTIxNg==.html （视频简介：通过分步骤装配的形式，让读者了解电梯的结构组成）
		科普时间：电梯的工作原理 https://tv.sohu.com/v/dXMvMzM1OTQxNjk1LzExNTQ1 MzYxOC5zaHRtbA==.html （视频简介：通过分步骤装配的形式，让读者了解电梯的结构组成）
		电梯安全卫士（上） https://tv.cctv.com/2019/01/16/VIDE1bIHKT6ylMXESaw57QAX190116.shtml?spm=C53121759377.PtzC1QjHdEia.0.0 （视频简介：介绍电梯运行时的安全隐患及安全保护系统在电梯超速、意外移动等情况下的安全保护原理）
3	应用场景	福州地铁 1 号线无障碍设施体验 https://v.qq.com/x/page/t036368n9 cn.html （视频简介：介绍残疾人志愿者在福州地铁 1 号线体验有关无障碍电梯及其他设施的应用感受）
4	安全教育	被困电梯 https://tv.cctv.com/2016/05/22/VIDEL0l37u6CRYyEudMcnR21160522.shtml （视频简介：通过真实案例分析，介绍垂直电梯安全事故产生的原因、导致的结果及安全保护系统的结构及动作原理，以及被困时如何采取应对措施）
		电梯“吃人”因何频发 https://news.cctv.com/2015/08/05/VIDE1438776119947697.shtml （视频简介：通过真实案例分析，介绍电梯维护保养的规范及操作流程）
		《原来如此》 20130630 电梯逃生记 https://tv.cctv.com/2013/06/30/VIDE1372554923616912.shtml （视频简介：通过电梯模式电梯的故障发生，介绍电梯出现意外事故的原因、电梯的安全保护设置以及应采取的正确应对措施）

续附表

序号	类别	视频链接网址
4	安全教育	[消费主张]化险为夷——你不知道的电梯危机 20121207https://tv.cctv.com/2012/12/07/VIDE1354884361549993.shtml （视频简介：介绍电梯发生意外事故的原因、危害及正确做法）
		电梯超载下坠的反思 https://news.cctv.com/2013/07/19/VIDE1374175918496599.shtml （视频简介：介绍电梯超载导致的事故原因及安全意识的反思）
		电梯自动门感应有盲区? https://tv.cctv.com/2014/10/05/VIDE1412516039587657.shtml （视频简介：通过实验来验证电梯自动门存在盲区，提醒人们注意安全）
		电梯下坠应立刻靠墙屈膝? https://tv.cctv.com/2020/11/07/VIDEcWCuqYdPU3OBlitWR8WT201107.shtml （视频简介：通过实验来验证电梯下坠时采取的正确姿势，提醒人们遇到电梯意外情况时应采取的自救措施）
		电梯冲顶致人死亡 事故频发为哪般? https://tv.cctv.com/2021/05/27/VIDEmsEzO1iiCr0oIvWhgViu210527.shtml （视频简介：通过真实案例介绍电梯冲顶等意外事故发生的原因及各相关部门需为事故所承担的责任）
5	维护管理	电梯的安全使用与管理 https://v.qq.com/x/page/f0188 stmd5x.html （视频简介：介绍电梯、自动扶梯的安全使用与管理的基本知识）

2．自动扶梯视频资源

自动扶梯视频资源网络链接，如附表 C-2 所示。

附表 C-2　自动扶梯视频资源网络链接

序　号	类　别	视频链接网址
1	结构原理	工作原理：电梯是如何运行的? https://tv.sohu.com/v/dXMvMzM1OTQxOTc2LzE3 MjgwOTkxNi5zaHRtbA==.html （视频简介：分步骤进行扶梯运行的演示）
		解惑：地铁里的自动扶梯是如何运行的，踩空盖板为什么会被绞? https://3 g.163.com/v/video/VS94JLEFN.html?referFrom= （视频简介：通过扶梯内部结构的介绍，让读者了解扶梯的运行原理及盖板塌陷的危害）
		解密自动扶梯 https://tv.cctv.com/2018/01/28/VIDEQHoR1pQ7PLIs6ArYTJ4D180128.shtml （视频简介：通过模拟实验，揭示自动扶梯发生意外的原因及注意事项）
		电梯安全卫士（下） https://tv.cctv.com/2019/01/17/VIDEWsmIw1tSYgpbAa8bOouQ190117.shtml?spm=C53121759377.PtzC1QjHdEia.0.0 （视频简介：介绍自动扶梯运行时的安全隐患及安全保护系统在超速、异物夹住等意外事故的安全保护原理）
		扶梯的运行原理及安全保护#日立电梯#立立科普小课堂 https://haokan.baidu.com/v?pd=wisenatural&vid=2089936711885946870 （视频简介：简介自动扶梯和自动人行道的基本结构原理）

续附表

序　号	类　别	视频链接网址
1	结构原理	自动扶梯为啥一出事故就下场惨烈？看生产过程才知道问题在哪！ https://haokan.baidu.com/v?pd=wisenatural&vid=7891579958178088236 （视频简介：通过扶梯的生产了解其内部结构及工作原理，进而了解扶梯在出事故会导致的危害）
2	应用场景	广州地铁楼梯出入口将分批分类加装自动扶梯 https://v.qq.com/x/page/n3263zbkj30.html （视频简介：介绍扶梯在地铁车站的应用场合）
3	安全教育	《原来如此》 20110726 自动扶梯安全吗 https://tv.cctv.com/2011/07/26/VIDE1359978721133737.shtml （视频简介：通过模拟演示，揭示车站扶梯常见的安全事故原因、危害及防范措施等）
		《原来如此》 20160410 扶梯上的意外 https://tv.cctv.com/2016/04/10/VIDEtwQOGRobW6NhEXUHPIQi160410.shtml （视频简介：通过真实案例及模拟实验，分析扶梯产生的意外原因、危害及防范措施）
		《奥秘》 20180828 扶梯上的安全 https://tv.cctv.com/2018/08/28/VIDEDjL92ev84AMpCQBRHkeF180828.shtml （视频简介：通过真实案例及模拟实验，分析扶梯产生的意外原因、危害及防范措施）
		预防扶梯事故 电梯安全必知常识 https://v.qq.com/x/cover/q1 hynbkugoruqn5/n0160ajujud.html （视频简介：通过模拟演示，揭示车站扶梯常见的安全事故原因、危害及防范措施等）
		扶梯上的意外 https://tv.cctv.com/2016/04/10/VIDEtwQOGRobW6NhEXUHPIQi160410.shtml ?spm=C53121759377.Ph2UEh7rmPI9.0.0 （视频简介：通过不同真实案例分析，介绍自动扶梯塌陷、人员或物体滚落等产生的原因及危害、自动扶梯安全保护系统的结构及工作原理）
		安全搭扶梯 广州地铁总动员 http://m.kankanews.com/n/1_7067894.html?utm_source=jinritoutiao （视频简介：介绍扶梯安全乘坐的知识）
		广州地铁不再提倡乘扶梯“左行右立” https://tv.cctv.com/2018/04/29/VIDEpLBAin080EwyKKU4Fmxj180429.shtml （视频简介：介绍扶梯常规“左行右立”的不足之处，建议人们改变传统的扶梯乘坐的错误认知）
		上海地铁扶梯张贴新规 禁止在电梯上“赶路” http://www.kankanews.com/a/2019-04-09/0038812840.shtml （视频简介：介绍上海地铁出台的安全乘坐扶梯的新规）
		一分钟告诉你带小孩坐自动扶梯需要注意什么？ https://haokan.baidu.com/v?pd=wisenatural&vid=3956556738971907338 （视频简介：介绍带孩子安全乘坐扶梯的注意事项）
		哪些东西不要带上电扶梯？ https://haokan.baidu.com/v?pd=wisenatural&vid=4500842963284051121 （视频简介：介绍安全乘坐扶梯的基本知识）

续附表

序号	类别	视频链接网址
3	安全教育	一线城市喊停地铁扶梯“左行右立” 要文明还是要安全? https://haokan.baidu.com/v?pd=wisenatural&vid=538950715266720150 （视频简介：介绍扶梯常规“左行右立”的不足之处，建议人们改变传统的扶梯乘坐的错误认知）
		两乘客扶梯上摔倒辅警5秒关停设备 https://haokan.baidu.com/v?pd=wisenatural&vid=4813534462906414088 （视频简介：通过真实案例，让读者了解乘客在扶梯摔倒时急停开关的应急操作）
		男童凉鞋被夹 地铁电扶梯惊险一幕 https://news.cctv.com/2015/07/19/VIDE1437300122211153.shtml （视频简介：通过真实案例，让读者了解乘坐扶梯的安全隐患及注意事项，提高安全乘坐意识）
		危险 地铁扶梯不能玩耍 https://tv.cctv.com/2016/11/25/VIDENRqz4L4NgalZsjH57evM161125.shtml （视频简介：通过真实案例，介绍在扶梯上玩耍的危害性）
		女乘客抱幼儿滚下地铁扶梯 警方提醒：怀抱幼儿或推行李最好乘直梯 https://news.cctv.com/2018/05/18/VIDEOm50RhI38dh6aPI15Lgc180518.shtml （视频简介：通过真实案例，让读者了解乘坐扶梯的安全隐患及注意事项，提高安全乘坐意识）
		广西：女子坐地铁遇尴尬 高跟鞋“逼停”扶梯 https://haokan.baidu.com/v?pd=wisenatural&vid=3575811194701773284 （视频简介：通过真实案例，让读者了解乘坐扶梯的安全隐患及注意事项，提高安全乘坐意识）
		上海：乘客站立不稳 滚落地铁扶梯 https://news.cctv.com/2015/09/01/VIDE1441071247921695.shtml （视频简介：通过真实案例，介绍乘坐电梯站立不稳的危害，提醒人们乘坐扶梯要提高安全意识）
		《焦点访谈》 20140221 扶梯“咬”人须提防 https://news.cctv.com/2014/02/21/VIDE1392983639383897.shtml （视频简介：通过真实案例与模拟实验，揭示扶梯夹人的原因、危害及防范措施）
		[超级新闻场]安全提示：搭乘自动扶梯 千万留意“救命按钮” https://news.cctv.com/2015/07/28/VIDE1438039562971586.shtml （视频简介：介绍扶梯的急停开关的重要性及应用方法）
4	维护管理	[兰州零距离]记者探访轨道交通：耐心细致做好电梯维护 确保市民地铁出行安全 http://news.cctv.com/2019/07/18/VIDEHi7 g6PJQomwWkgDrelUC190718.shtml （视频简介：介绍扶梯维护管理的实施及重要性）

3．自动人行道视频资源

自动人行道视频资源网络链接，如附表C-3所示。

附表 C-3　自动人行道视频资源网络链接

序　号	类　别	视频链接网址
1	应用场景	【广州地铁】黄村站运转：21 号线换乘 4 号线（自动步道）+4 号线 3 号站台 https://www.bilibili.com/video/av883343677/ （视频简介：广州地铁黄村站自动人行道在不同线路换乘的应用场景）

4．楼梯升降机视频资源

楼梯升降机视频资源网络链接，如附表 C-4 所示。

附表 C-4　楼梯升降机视频资源网络链接

序　号	类　别	视频链接网址
1	应用场景	上海地铁站设“爬楼神器”方便乘客受欢迎 https://tv.sohu.com/v/cGwvOTEzMTI1Ny85 MDg1NzExMS5zaHRtbA==.html （视频简介：上海某地铁站楼梯升降机的应用介绍）
		广州地铁 5 号线淘金站 A 口轮椅升降机 https://www.bilibili.com/video/BV1KA411x7GQ （视频简介：地铁工作人员操作空载的升降机运行）
		北京地铁轮椅悬挂升降装置 https://v.youku.com/v_show/id_XMTI1Njg0NjcyOA== （视频简介：北京地铁站的楼梯升降机的实际应用）
		现场跟拍地铁升降车运送轮椅乘客全过程 https://v.youku.com/v_show/id_XNDUxNzI1NjA=.html （视频简介：视频由普通乘客在地铁车站内跟拍的爬楼机的实际应用）

5．爬楼机视频资源

爬楼机视频资源网络链接，如附表 C-5 所示。

附表 C-5　爬楼机视频资源网络链接

序　号	类　别	视频链接网址
1	应用场景	TRE-52 平台履带式轮椅爬楼车 https://v.qq.com/x/page/m0388zh9rbh.html （视频简介：介绍日本三和的 TRE-52 平台履带式轮椅爬楼车的操作方法。注：目前国内有部分地铁车站应用该类型爬楼车）
		厦门地铁现“电动爬楼车” https://v.youku.com/v_show/id_XNTE4 MDUwOTIwNA== （视频简介：介绍厦门地铁某站的电动爬楼车的应用场景）
		便民“爬楼机”亮相地铁三阳广场站 https://v.qq.com/x/page/q0175wy92tv.html （视频简介：介绍无锡地铁某站的爬楼机的应用场景）

附录 D　城轨交通及电梯设备常用标准规范

我国标准的分类：

（1）按应用范围的不同，可分为国家标准、行业标准、地方标准、团体标准、企业标准等。

（2）按约束性质的不同，可分为强制性标准、推荐性标准、标准化指导性技术文件。例如，强制性国标为 GB 开头，推荐性国标为 GB/T 开头，指导性国标为 GB/Z 开头。

城轨交通及电梯设备常用标准规范（国标），如附表 D 所示。

附表 D　城轨交通及电梯设备常用标准规范（国标）

序　号	类　型	标准规范名称
1	城轨交通类	GB/T 38707—2020《城市轨道交通运营技术规范》
		GB/T 33668—2017《地铁安全疏散规范》
		GB 50157—2013《地铁设计规范》
		GB 50490—2009《城市轨道交通技术规范》
2	电梯设备类（包括电梯、自动扶梯、自动人行道等）	GB/T 7588.1—2020《电梯制造与安装安全规范　第 1 部分：乘客电梯和载货电梯》
		GB/T 39078.1—2020《自动扶梯和自动人行道安全要求　第 1 部分：基本安全要求》
		GB/T 8903—2018《电梯用钢丝绳》
		GB/T 24476—2017《电梯、自动扶梯和自动人行道物联网的技术规范》
		GB/T 34146—2017《电梯、自动扶梯和自动人行道运行服务规范》
		GB/T 33505—2017《自动扶梯梯级和自动人行道踏板》
		GB/Z 31822—2015《公共交通型自动扶梯和自动人行道的安全要求指导文件》
		GB/T 31200—2014《电梯、自动扶梯和自动人行道乘用图形标志及其使用导则》
		GB/T 30692—2014《提高在用自动扶梯和自动人行道安全性的规范》
		GB/T 30560—2014《电梯操作装置、信号及附件》
		GB/T 12974.2—2014《交流电梯电动机通用技术条件　第 2 部分：永磁同步电动机》
		GB/T 12974—2012《交流电梯电动机通用技术条件》
		GB 16899—2011《自动扶梯和自动人行道的制造与安装安全规范》
		GB/T 18775—2009《电梯、自动扶梯和自动人行道维修规范》
		GB/T 24806—2009《行动不便人员使用的楼道升降机》

续附表

序　号	类　型	标准规范名称
2	电梯设备类（包括电梯、自动扶梯、自动人行道等）	GB/T 24804—2009《提高在用电梯安全性的规范》
		GB/T 24803.1—2009《电梯安全要求　第1部分：电梯基本安全要求》
		GB/T 24478—2009《电梯曳引机》
		GB/T 10058—2009《电梯技术条件》
		GB/T 24477—2009《适用于残障人员的电梯附加要求》
		GB/T 7024—2008《电梯、自动扶梯、自动人行道术语》
		GB/T 22562—2008《电梯T型导轨》
		GB/T 7025.2—2008《电梯主参数及轿厢、井道、机房的型式与尺寸　第2部分：Ⅳ类电梯》
		GB/T 7025.1—2008《电梯主参数及轿厢、井道、机房的型式与尺寸　第1部分：Ⅰ、Ⅱ、Ⅲ、Ⅵ类电梯》
		GB 7588—2003《电梯制造与安装安全规范》

注：表中所列标准均为国标，相关电梯的其他行业标准、地方标准、团体标准、企业标准等可登录“全国标准信息公共服务平台”进行查询。

参考文献

[1] 住房和城乡建设部. GB 50490—2009 城市轨道交通技术规范[S]. 北京：中国建筑工业出版社，2019.
[2] 国家质量监督检验检疫总局，建设部. GB 50157—2013 地铁设计规范[S]. 北京：中国标准出版社，2013.
[3] 国家质量监督检验检疫总局，国家标准化管理委员会. GB/T 33668—2017 地铁安全疏散规范[S]. 北京：中国标准出版社，2017.
[4] 国家质量监督检验检疫总局，国家标准化管理委员会. GB/T 7024—2008 电梯、自动扶梯、自动人行道术语[S]. 北京：中国标准出版社，2009.
[5] 国家质量监督检验检疫总局，国家标准化管理委员会. GB/T 18775—2009 电梯、自动扶梯和自动人行道维修规范[S]. 北京：中国标准出版社，2010.
[6] 国家质量监督检验检疫总局. GB 7588—2003/XG1—2015 电梯制造与安装安全规范国家标准第 1 号修改单[S]. 北京：中国标准出版社，2016.
[7] 国家质量监督检验检疫总局. GB 16899—2011 自动扶梯和自动人行道的制造与安装安全规范[S]. 北京：中国标准出版社，2011.
[8] 国家质量监督检验检疫总局. GB/T 24476—2017 电梯、自动扶梯和自动人行道物联网的技术规范[S]. 北京：中国标准出版社，2017.
[9] 国家质量监督检验检疫总局. GB/T 31200—2014 电梯、自动扶梯和自动人行道乘用图形标志及其使用导则[S]. 北京：中国标准出版社，2014.
[10] 何志豪. 机电设备维修工——电梯检修[M]. 北京：中国劳动社会保障出版社，2010.
[11] 朱霞涛. 电梯结构及原理[M]. 北京：机械工业出版社，2021.
[12] 孙文涛，张旭涛. 电梯运行与维护[M]. 北京：机械工业出版社，2020.
[13] 何滨. 电梯工程常用图标手册[M]. 北京：机械工业出版社，2013.
[14] 何志豪. 机电设备检修工（电梯检修）[M]. 北京：中国劳动社会保障出版社，2012.
[15] 金晴川. 电梯与自动扶梯技术词典[M]. 上海：上海交通大学出版社，2005.